国内外经典教材辅导系列·金融类

《金融学》
考研题库【考研真题精选+章节题库】
（适用黄达教材）

主编：圣才考研网
www.100xuexi.com

中国石化出版社
·北京·

内 容 提 要

本书是黄达《金融学》的配套题库。本书由两部分组成：第一部分为考研真题精选，精选了名校的考研真题，按照题型分类，并提供了详细解答。第二部分为章节题库，结合名校考研真题的考察重点，参考该教材的章目进行编排，共分为29章，精选与各章内容配套的考研真题和典型题，并提供了详细的参考答案。

圣才考研网(www. 100xuexi. com)提供黄达《金融学》配套电子书、题库。购书即可享受大礼包增值服务【本书电子书(手机版、电脑版)】。手机扫码(本书封底)领取本书大礼包。

图书在版编目(CIP)数据

《金融学》考研题库：考研真题精选+章节题库/圣才考研网主编.—北京：中国石化出版社，2024. 6.
ISBN 978-7-5114-7476-6

Ⅰ. F830-44

中国国家版本馆CIP数据核字第2024VM3618号

中国石化出版社出版发行

地址：北京市东城区安定门外大街58号
邮编：100011 电话：(010)57512500
发行部电话：(010)57512575
http://www. sinopec-press. com
E-mail：press@ sinopec. com
武汉市新华印刷有限责任公司印刷
全国各地新华书店经销
*
787毫米×1092毫米 16开本 22印张 484千字
2024年6月第1版 2024年6月第1次印刷
定价：68.00元

序　言

我国各大院校一般都把国内外通用的权威教科书作为本科生和研究生学习专业课程的参考教材，这些教材甚至被很多考试(特别是硕士和博士入学考试)和培训项目作为指定参考书。为了帮助读者更好地学习专业课，我们有针对性地编著了一套与国内外教材配套的复习资料，并提供配套的名师讲堂和题库。

黄达主编的《金融学》是我国高校采用较多的金融学权威教材。作为该教材的学习辅导书，本书具有以下几个方面的特点：

1. 精选考研真题，强化知识考点

本书第一部分精选了部分名校近年的金融学考研真题并提供答案详解，特别注重理论联系实际，凸显当前热点。

2. 补充章节习题，提供详尽答案

本书第二部分精选与各章内容配套的考研真题和典型题并进行解析。所选试题基本涵盖了每章的考点和难点，供强化练习。

要深深牢记：考研不同一般考试，概念题(名词解释)要当作简答题来回答，简答题要当作论述题来解答，而论述题的答案要像是论文，多答不扣分。有的论述题的答案简直就是一份优秀的论文(其实很多考研真题就是选自一篇专题论文)，完全需要当作论文来回答！

购书即可享受大礼包增值服务。手机扫码(本书封底)领取本书大礼包。具体包括：本书电子书(手机版、电脑版)。

圣才考研网(www. 100xuexi. com)是圣才学习网旗下的考研考博专业网站，提供考研公共课和全国各高校金融类专业考研考博辅导班【一对一辅导(面授/网授)、网授精讲班等】、电子书、题库、全套资料(历年真题及答案、笔记讲义等)、国内外经典教材名师讲堂、考研教辅图书等。

考研辅导： kaoyan. 100xuexi. com(圣才考研网)
资格考试： www. 100xuexi. com(圣才学习网)

圣才考研网编辑部

目　　录

第一部分　考研真题精选

一、单选题

1．在通货膨胀的对策中，通过公开市场出售政府债券属于(　　)。［上海财经大学2024年研］

A．紧缩性货币政策　　B．控制需求

C．改善供给　　D．收入指数化政策

【解析】中央银行在公开市场上出售政府债券或其他有价证券给商业银行，这会直接从市场回收基础货币，减少银行体系的准备金，进而减少银行的放贷能力，属于紧缩性货币政策。

2．美元与瑞士法郎之间的汇率是浮动的，下列两个事件对汇率的影响是(　　)。

(1)由于美国文化在瑞士深受欢迎，瑞士对美国的进口需求大幅度增加；

(2)由于瑞士人普遍感到美国的经济与政治状况趋于好转，瑞士对美元资产的投资需求大幅度增加。［上海财经大学2024年研］

A．美元升值、美元贬值　　B．美元贬值、美元升值

C．美元升值、美元升值　　D．美元贬值、美元贬值

【解析】当瑞士对美国的进口需求大幅度增加时，意味着瑞士需要更多的美元来购买美国商品。这增加了对美元的需求，根据供需关系，美元相对瑞士法郎会升值。如果瑞士对美元资产的投资需求大幅度增加，这意味着瑞士投资者愿意用瑞士法郎购买更多的美元资产(如美国国债、股票等)。这种投资需求的增加同样推高了对美元的需求，促使美元相对于瑞士法郎升值。因此，两个事件都导致美元升值。

3．市场分割理论的假定是什么？(　　)［中山大学2023年研］

A．人们对于不同期限的债券没有任何偏好

B．不同期限的债券能够完全替代

C．不同期限的债券完全不能替代

D．不同期限的债券能够部分替代

【解析】利率期限结构理论包括预期理论、市场分割理论和流动性溢价理论。AB两项，预期理论认为人们对于不同期限的债券没有任何偏好，不同期限的债券有完全替代性；C项，市场分割理论认为资金在不同期限市场之间基本是不流动的，人们对特定期限的债券有特别的偏好，不同期限的债券完全没有替代性，各种期限的利率仅由该种债券的供求决定；D项，流动性溢价理论认为投资者具有流动性偏好，不同期限债券不能完全替代。

4．物价水平上升，会导致以下哪种情况发生？(　　)［中山大学2023年研］

A．货币的需求曲线向右位移，利率上升

1A　2C　3C　4A

B. 货币的需求曲线向左位移，利率下跌

C. 货币的供给曲线向右位移，利率下跌

D. 货币的供给曲线向左位移，利率上升

【解析】根据凯恩斯的流动性偏好理论，货币供给为外生变量，货币供给曲线是一条不受利率影响的垂线，货币需求与利率反相关，货币需求曲线向下倾斜。当货币供给不变时，物价水平的上升导致对货币的需求增加，货币需求曲线右移，利率上升。

5. 中国双支柱监管框架下宏观审慎政策的主要目标是(　　)。[对外经济贸易大学 2022 年研]

A. 防范系统性金融风险　　B. 经济增长

C. 充分就业　　D. 国际收支平衡

【解析】双支柱监管框架是指货币政策和宏观审慎政策相互配合的调控框架，其中宏观审慎政策在本质上采用的是宏观、逆周期、跨市场的视角，实行自上而下的衡量方法，以防范系统性风险为主要目标，致力于减缓金融体系的顺周期波动和跨市场风险传染对宏观经济及金融稳定造成的冲击。

6. 司马迁在《史记・平准书》中说："农工商交易之路通，而龟贝金钱刀布之币兴焉"，说明了货币的产生是为了(　　)。[中国人民大学 2022 年研]

A. 先王统治的需要　　B. 商品交换流通的需要

C. 社会分工的需要　　D. 私人所有

【解析】对于货币的起源，我国古代史学家司马迁在《史记・平准书》中说："农工商交易之路通，而龟贝金钱刀布之币兴焉"，即他的观点是货币产生于交换的发展之中。

7. 当一国同时处于通货膨胀和国际收支逆差时，应采用(　　)的政策搭配。[暨南大学 2018 年研]

A. 紧缩的货币政策和紧缩的财政政策　　B. 紧缩的货币政策和扩张的财政政策

C. 扩张的货币政策和紧缩的财政政策　　D. 扩张的货币政策和扩张的财政政策

【解析】紧缩的货币政策主要适用于改善国际收支逆差，通过紧缩的财政政策来抑制国内的通货膨胀。

8. 当(　　)时，收益率曲线向下倾斜。[暨南大学 2018 年研]

A. 长期利率高于短期利率　　B. 市场流动性缺乏

C. 投资者风险中性　　D. 通货膨胀预期下降

【解析】收益率曲线是显示一组货币和信贷风险均相同，但期限不同的债券或其他金融工具收益率的曲线。纵轴代表收益率，横轴则是距离到期的时间，根据利率期限结构理论可得，若预期通货膨胀率下降，则市场预期未来的短期利率将会下降，此时收益率曲线是向下倾斜的。

9. 如果一国货币政策的远期中介目标是货币供给量，那么这个国家应该选择(　　)为近期中介目标。[华中科技大学 2017 年研]

A. 基础货币　　B. 联邦基金利率

5A　6B　7A　8D　9A

C. 180 天国库券利率　　　　　　　　D. 90 天国库券利率

【解析】根据中介指标对货币政策工具反应的先后和作用于最终目标的过程，可分为两类：一类是近期指标，另一类是远期指标。超额准备金和基础货币一般视为近期指标。超额准备对商业银行的资产业务规模有直接决定作用，但是，作为中介指标，超额准备金往往因其取决于商业银行的意愿和财务状况而不易为货币当局测度、控制。基础货币是流通中的现金和商业银行的存款准备金的总和，它构成了货币供应量倍数伸缩的基础。与超额准备金不同，它可满足可测性和可控性的要求，数字一目了然，数量也易于调控。不少国家把它视为较理想的近期指标。

10. 虽然货币有许多特点，并担任多个角色，但货币应(　　)。[华中科技大学 2017 年研]

A. 被普遍接受　　　　　　　　B. 有非货币价值

C. 被便宜地生产出来　　　　　　D. 有金作为支撑

【解析】货币是任何在商品或劳务的支付或在偿还债务时被普遍接受的东西。现代的信用货币是由国家法律规定的，强制流通的，不以任何贵金属为基础的，独立发挥货币职能的货币。信用货币与代用货币不同，它与贵金属完全脱钩，信用货币本身是没有价值的。

11. 信贷风险的借款者，常常是找寻贷款最积极，并且最可能得到贷款的人。这些贷款者可能使金融机构面临(　　)问题。[华中科技大学 2017 年研]

A. 搭便车　　　B. 逆向选择　　　C. 道德风险　　　D. 信息不对称

【解析】逆向选择是由于事前的信息不对称所导致的。越是存在潜在信用风险的借款人，就越想获得贷款。如果在进行融资之前，融资者依靠自己在信息方面的优势，对融资的发布和论证有所夸大或隐瞒，就会加大投资者的风险。面对这种情况，投资者会采取相应的保护措施，而这会提高融资的门槛和交易成本，并迫使那些风险较小的融资者退出市场，从而进一步提高了投资者的风险并迫使其采取更加严格的保护措施。双方重复博弈的最终结果会不利于融资活动的良性发展，并有可能导致投融资市场规模的萎缩，而这是双方都不愿看到的。因为逆向选择问题增加了贷款变成不良贷款的可能性，所以贷款人可能就会决定不发放贷款了，即使市场上仍存在信用良好的借款人。

12. 以下不属于国际金本位特点的是(　　)。[华中科技大学 2017 年研]

A. 黄金可自由输出输入　　　　　　B. 金币可自由铸造

C. 多种渠道调节国际收支不平衡　　D. 黄金是国际货币

【解析】金币本位制的主要内容包括：①用黄金来规定货币所代表的价值，每一货币都有法定的含金量，各国货币按其所含黄金的重量而有一定的比价；②金币可以自由铸造；③金币是无限法偿的货币；④各国的货币储备是黄金，国际结算也使用黄金，黄金可以自由输出或输入。国际金本位有自动调节国际收支的机制。

13. 基础货币是指(　　)。[华中科技大学 2017 年研]

A. 流通中的现金

B. 流通中的现金 + 活期存款

10A　11B　12C　13D

C. 流通中的现金 + 定期存款

D. 流通中的现金 + 商业银行存款准备金

【解析】基础货币(又称为高能货币),是指具有使货币总量倍数扩张或收缩能力的货币。它可以引出数倍于自身的可为流通服务的信用货币。基础货币直接表现为中央银行的负债,由流通中的现金(C)和银行体系的准备金总额(R)构成。基础货币 MB 可以用公式表示为:$MB = C + R$。

14. 关于马科维茨投资组合理论的假设条件,描述不正确的是(　　)。[暨南大学 2016 年研]

A. 证券市场是有效的

B. 存在一种无风险资产,投资者可以不受限制地借入和贷出

C. 投资者都是风险规避的

D. 投资者在期望收益率和风险的基础上选择投资组合

【解析】所有经典资产组合或资产定价理论都建立在市场有效的基础上,即假定信息充分、公开、对称,且投资者具有理性。马科维茨投资组合理论的假设条件为:①单期投资,单期投资是指投资者在期初投资,在期末获得回报。②投资者事先知道投资收益率的概率分布,并且收益率满足正态分布的条件。③投资者的效用函数是二次的。④投资者以期望收益率来衡量未来实际收益率的总体水平,以收益率的方差来衡量收益的不确定性(风险),因而投资者在决策中只关心投资的期望收益率和方差。⑤投资者都是不知足的和厌恶风险的,遵循占优原则,即:在同一风险水平下,选择收益率较高的证券,在同一收益率水平下,选择风险较低的证券。B 项,“存在一种无风险资产,投资者可以不受限制地借入和贷出”是资本资产定价模型的假设。马科维茨的资产差异曲线是向右下方凸出的。是否存在无风险资产并不是构造有效组合的必要条件。

15. 下列选项中属于金融创新工具的是(　　)。[中国科学技术大学 2016 年研]

A. 从资产管理到负债管理　　B. 从负债管理到资产负债管理

C. 从营业网点到网上银行　　D. 大额可转让定期存单的推出

【解析】AB 两项是商业银行管理模式的创新。C 项是商业银行组织形式的创新。D 项,大额可转让定期存单是商业银行的创新性金融工具,目的是规避政府关于存款利率上限的限制。

16. 金本位制下,(　　)是决定两国货币汇率的基础。[中国科学技术大学 2016 年研]

A. 货币含金量　　B. 铸币平价　　C. 中心汇率　　D. 货币实际购买力

【解析】金本位制下,各国都规定货币的含金量,两国单位货币含金量之比称为铸币平价,它是决定汇率的基础。实际经济中的汇率则因供求关系而围绕铸币平价上下波动,但其波动的幅度受限于黄金输送点,即黄金输出点和黄金输入点。

17. 鲍莫尔的存货模型是对凯恩斯的(　　)的货币需求理论的重大发展。[中国科学技术大学 2016 年研]

A. 交易动机　　B. 预防动机　　C. 投机动机　　D. 谨慎动机

14B　15D　16B　17A

【解析】20世纪50年代以后，一些凯恩斯学派的经济学家在深入研究凯恩斯货币理论的基础上，进一步丰富和发展了凯恩斯的货币需求理论，其中最具代表性的有平方根定律、立方根定律和资产组合理论等。其中，在1952年，美国经济学家鲍莫尔运用存货模型在平方根理论中深入分析了由交易动机产生的货币需求同利率的关系。

18. 一国物价水平普遍上升，将会导致国际收支______，该国的货币汇率______。( )[四川大学2016年研]

A. 顺差；上升 B. 顺差；下降 C. 逆差；上升 D. 逆差；下降

【解析】一国物价水平普遍上升，将会抑制该国的出口，鼓励该国的进口，导致国际收入小于国际支出，即国际收支出现逆差。国际收支逆差将导致本国货币贬值，汇率下降。

19. 在影响基础货币增减变动的因素中，( )的影响最为主要。[四川大学2016年研]

A. 国外净资产 B. 中央银行对政府债权

C. 固定资产的增减变化 D. 中央银行对商业银行的债权

【解析】基础货币，也称“高能货币”“强力货币”，是指具有使货币总量倍数扩张或收缩能力的货币，它一般由存款准备金和流通在银行体系以外的现金两部分组成。因此，影响基础货币投放的因素主要有商业银行存款准备金和流通在银行体系以外的现金量这两部分。D项，中央银行对商业银行的债权可以直接影响商业银行的存款准备金，是最为主要的影响因素。

20. 下列属于货币政策远期中介指标的是( )。[中国科学技术大学2016年研]

A. 汇率 B. 超额准备金 C. 利率 D. 基础货币

【解析】货币政策中介指标，处于最终目标和操作指标之间，是中央银行通过货币政策操作和传导后能够以一定的精确度达到的政策变量。大多数国家都选择利率、货币供应量、基础货币、超额准备金等金融变量为中介指标。根据指标对货币政策工具反应的先后和作用于最终目标的过程，货币政策中介指标又可分为两类：一类是近期指标，即中央银行对它的控制力较强，但离货币政策的最终目标较远，如：超额准备金和基础货币；另一类是远期指标，即中央银行对它的控制力较弱，但离政策目标较近，如：利率和货币供应量。

21. 个人获得住房贷款属于( )。[中国科学技术大学2015年研]

A. 商业信用 B. 消费信用 C. 国家信用 D. 补偿贸易

【解析】A项，典型的商业信用是工商企业以赊销方式对购买商品的工商企业所提供的信用。B项，消费信用是指工商企业或金融机构对消费者个人提供的、用以满足其消费方面所需货币的信用。现代经济生活中的消费信用是与商品，特别是住房和耐用消费品的销售紧密联系在一起的。住房贷款属于消费信用的一种具体形式。C项，国家信用是指以国家和地方政府为债务人或债权人而出现的一种信用形式。国家信用有内债和外债两种形式。D项，补偿贸易属于国际信用形式。

22. 西方国家所说的基准利率，一般是指中央银行的( )。[中国科学技术大学2015年研]

A. 贷款利率 B. 存款利率 C. 市场利率 D. 再贴现利率

18D 19D 20C 21B 22D

【解析】基准利率是指在整个金融市场上和整个利率体系中处于关键地位、起决定性作用的利率。基准利率的变化会带动和影响其他利率，也叫中心利率，它的变化传递出央行银根紧缩与松动的信息，是货币政策的主要手段之一，是各国利率体系的核心。中国人民银行将对商业银行等金融机构的存贷利率称为基准利率，在西方国家通常是指中央银行再贴现率或短期资金市场利率，如美国的联邦基金利率。

23．国际收支出现大量顺差时，会导致(　　)。[中国科学技术大学2015年研]

A．本币汇率上浮，出口增加　　B．本币汇率上浮，出口减少

C．本币汇率下浮，出口增加　　D．本币汇率下浮，出口减少

【解析】国际收支出现大量顺差，本国外汇市场上外币供给大于需求，本币供给小于需求，结果导致本币汇率上浮，本币升值。本币升值，本币的购买力提高，这有利于进口，而不利于出口，会使进口增加，出口减少。

24．当一国货币升值时，会引起该国外汇储备的(　　)。[华东师范大学2013年研]

A．实际价值增加　　B．实际价值减少　　C．数量增加　　D．数量减少

【解析】外汇储备是一国(或地区)货币当局持有的可以随时使用的可兑换货币资产。本币升值，按照购买力平价理论，外汇储备能够实现的本国产品的购买力下降，即外汇储备的实际价值减少。

25．目前，我国实施的人民币汇率制度是(　　)。[中国科学技术大学2013年研]

A．固定汇率制　　B．弹性汇率制　　C．钉住汇率制　　D．管理浮动汇率制

【解析】2005年7月21日，人民币汇率制度进行了一次重要改革，新的人民币汇率制度是以市场供求为基础的、参考一篮子货币进行调节、有管理的浮动汇率制。

26．如果复利的计息次数增加，则现值(　　)。[中国科学技术大学2013年研]

A．不变　　B．增大　　C．减小　　D．不确定

【解析】以定期付息、到期还本的债券为例，其价值计算公式为：

$$P_B = \sum_{t=1}^{n} \frac{C}{(1+r)^t} + \frac{M}{(1+r)^n}$$

由此可见，在其他条件不变的情况下，债券的现值与其计息次数成反比。所以，每年计息次数越多，现值越小；而每年计息次数越多，终值越大。

27．据传统货币数量论，货币供应上升50%，则(　　)。[上海财经大学2013年研]

A．短期产出上升50%，物价水平在长期上升50%

B．短期产出下降50%，物价水平在长期下降50%

C．物价水平上升50%

D．短期产出上升50%

【解析】传统的货币数量论认为，货币的供应量与物价水平存在某种关系。假定其他因素不变，商品价格水平涨落与货币数量的多少成正比，货币价值的高低与货币数量的多少成反比。根据费雪的货币量方程式：$MV=PT$，M是一个由模型之外的因素所决定的外生变量，V由于制度性因素在短期内不变，因而可视为常数，交易量T对产出水平常常保持固

23B　24B　25D　26C　27C

定的比例，也是大体稳定的。所以在其他条件不变的情况下，当货币供应量 M 上升 50%，物价水平 P 上升 50%。

28．某公司以延期付款方式销售给某商场一批商品，该商场到期偿还欠款时，货币执行的是(　　)职能。[中国科学技术大学 2013 年研]

A．流通手段　　B．支付手段　　C．购买手段　　D．贮藏手段

【解析】赊买赊卖，要以货币的支付结束一个完整的交易过程，这时，货币已经不是流通过程的媒介，而是补足交换的一个独立的环节，即作为价值的独立存在而使早先发生的流通过程结束。这时的货币就是起着支付手段职能的货币。

29．一国货币升值对该国进出口的影响是(　　)。[上海财经大学 2013 年研]

A．出口增加，进口减少　　B．出口减少，进口增加

C．出口增加，进口增加　　D．出口减少，进口减少

【解析】汇率变化对贸易产生的影响一般表现为：一国货币对外贬值后，有利于本国商品的出口，而一国货币对外升值后，则有利于外国商品的进口，不利于本国商品的出口，因而会减少贸易顺差或扩大贸易逆差。

30．下列行为中，货币执行流通手段的是(　　)。[上海财经大学 2013 年研]

A．交纳租金　　B．就餐付账　　C．银行支付利息　　D．分期付款

【解析】流通手段是货币在商品流通中充当交换媒介的职能，是货币的基本职能之一。货币执行流通手段后，直接的物物交换就分离成买和卖两个相对独立的阶段，改变了物物交换的局限性。执行流通手段的货币，不能是想象的或观念上的货币，必须是现实的货币。当执行流通手段职能的货币用货币符号来代替时，货币与商品价格的关系会发生变化。

31．一国货币制度的核心内容是(　　)。[华东师范大学 2013 年研]

A．规定货币名称　　B．规定货币单位　　C．规定货币币材　　D．规定货币币值

【解析】选择何种材料作为本位币的币材，是货币制度首先需要规定的内容。它是整个货币制度赖以存在的基础。

32．长期以来一直采用间接标价法的国家是(　　)。[华东师范大学 2013 年研]

A．日本　　B．法国　　C．英国　　D．德国

【解析】间接标价法是以一定数量的本国货币单位为基准，用折合成多少外国货币单位来表示。英国一直采用这一标价法，美国从 1978 年 9 月 1 日起也改用间接标价法。

33．在诸多信用形式中，最基本的信用形式是(　　)。[华东师范大学 2013 年研]

A．国家信用　　B．商业信用　　C．消费信用　　D．银行信用

【解析】虽然银行信用成了当代经济中信用的主要形式，但它却不能完全代替商业信用，商业信用仍然是整个现代信用制度的基础。商业信用不仅先于银行信用而存在，而且是银行信用发生和发展的基础，一些银行信用业务，如票据贴现、票据抵押贷款等，都是在商业信用的基础上进行的。

34．下列属于商业信用转化为银行信用的是(　　)。[上海财经大学 2013 年研]

28B　29B　30B　31C　32C　33B　34A

A．票据贴现　　B．股票质押贷款　　C．票据背书　　D．不动产质押贷款

【解析】在商业信用中，赊销商品的企业为了保证自己的权益，需要掌握一种能够受到法律保护的债务文书，在这种文书上说明债务人有按照规定金额、期限等约定条件偿还债务的义务，这类文书称为票据。票据贴现，是指票据持票人为提前收回垫支于商业信用的资本，将未到期的票据卖给银行获得流动性的行为。在这个过程中，银行以其自身的信用为贴现人提供资金，而等票据到期时再向票据开立者索要资金。因此，票据贴现的过程属于商业信用转化为银行信用。

35．金融机构创造可变利率债券这种工具的主要原因是（　　）。［中国科学技术大学2013年研］

A．规避风险　　B．技术进步的推动

C．规避行政管理　　D．以上都不对

【解析】银行为了保住存款等负债业务而增大了利息支出，却面对着长期资产业务由于原订契约利率的限制而无足够的收益来支撑。于是进行了避免风险的创新：①创造可变利率的债权债务工具，如可变利率债券、可变利率存款单、可变利率抵押契约、可变利率贷款等。可变的各种利率，通常都是钉住基准利率而浮动；②开发债务工具的远期市场，发展债务工具的期货交易；③开发债务工具的期权市场等。

36．中国人民银行的资产负债表中，最主要的资产项目是（　　）。［中国科学技术大学2013年研］

A．政府存款　　B．国外资产

C．对存款货币银行的债权　　D．对政府的债权

【解析】在中国人民银行的资产负债表中，表内资产方的主要项目有国外资产、对金融机构债权、对政府债权三项，最主要的资产项目是国外资产，其中最主要的是外汇储备。负债方的主要项目有流通中货币、对金融机构负债、政府存款及其他存款和自有资本四项。

37．（　　）最能体现中央银行是“银行的银行”。［上海财经大学2013年研］

A．发行现钞　　B．代理国库　　C．最后贷款人　　D．集中存款准备金

【解析】A项，发行现钞是指垄断银行券的发行权，成为全国唯一的现钞发行机构，体现中央银行是“发行的银行”。B项，代理国库是指中央银行代表国家贯彻执行财政金融政策，代理国库收支以及为国家提供各种金融服务，体现中央银行是“国家的银行”。作为“银行的银行”，中央银行的职能具体表现在三个方面：①集中存款准备；②最终贷款人；③组织全国清算。其中，“最终贷款人”最能体现中央银行是“银行的银行”。

38．下列属于直接金融工具的是（　　）。［华东师范大学2013年研］

A．企业债券　　B．银行债券

C．银行抵押贷款　　D．大额可转让定期存单

【解析】直接金融工具是指资金所有者与融资者直接发生联系，没有中间第三者的参与。A项，企业债券是一种直接融资方式，是融资企业与资金所有者直接发生投融资联系。BCD三项都是间接金融工具，是以银行为中介方来将融资企业与资金所有者建立投融资

35A　36B　37C　38A

联系。

39．在金融实务中，通常把(　　)作为无风险收益率。[中国科学技术大学2013年研]

A．定期存款收益率　　B．活期存款收益率

C．市场预期收益率　　D．短期国库券收益率

【解析】无风险收益率是指把资金投资于一个没有任何风险的投资对象所能得到的收益率。在国际上，一般采用短期国债收益率来作为市场无风险收益率。

40．在宏观经济的最终平衡中占主导地位的是(　　)。[华东师范大学2013年研]

A．商品市场均衡　　B．劳动力市场均衡

C．货币市场均衡　　D．进出口均衡

【解析】商品市场均衡是指商品供给与需求平衡的市场状态，即 $AS=AD$。当商品市场出现均衡时，此时商品价格达到这样一种水平，使得消费者愿意购买的数量等于生产者愿意供给的数量。在这种状态下，买者与卖者都不再希望改变当时的价格与买卖的数量。

货币市场均衡是指货币供给满足货币需求，即 $M_s=M_d$。当货币市场出现均衡时，会产生相应的均衡利率，引导着各经济主体的行为，并对宏观经济产生影响。

商品市场和货币市场的均衡是最主要的平衡，但是货币政策的实施最终还是为了实现商品市场的实物市场均衡。

41．国际收支平衡表是从哪种角度反映各项交易？(　　)[浙江财经大学2013年研]

A．流量　　B．存量　　C．期初余额　　D．期末余额

【解析】国际收支平衡表是反映一定时期一国同外国的全部经济往来的收支流量表。国际收支平衡表是对一个国家与其他国家进行经济技术交流过程中所发生的贸易、非贸易、资本往来以及储备资产的实际动态所作的系统记录，是国际收支核算的重要工具。通过国际收支平衡表，可综合反映一国的国际收支平衡状况、收支结构及储备资产的增减变动情况，为制定对外经济政策，分析影响国际收支平衡的基本经济因素，采取相应的调控措施提供依据，并为其他核算表中有关国外部分提供基础性资料。

42．菲利普斯、弗里德曼研究表明，当预期通胀率(　　)实际通胀率时，失业率处于自然失业率。[上海财经大学2013年研]

A．高于　　B．等于　　C．低于　　D．不一定

【解析】自然失业率是弗里德曼对菲利普斯曲线发展的一种观点，他将长期的均衡失业率称为“自然失业率”，它可以和任何通货膨胀水平相对应，且不受其影响。他们认为：在短期内，预期通货膨胀率不等于实际通货膨胀率，通常小于实际通货膨胀率，因此失业率与实际通货膨胀率呈负相关关系。在长期内，实际通货膨胀率等于预期通货膨胀率，则失业率等于自然失业率。或者说，在长期内，菲利普斯曲线成为一条垂直线，这意味着无论通货膨胀率如何上升，失业率等于自然失业率而不会降低。该结论即为自然率假说。根据此观点，决策者通过采用通货膨胀政策来降低失业率的做法在短期内可能有效，而从长期看则只能导致通货膨胀率的提高，无法将失业率降低到自然失业率之下。

43．金融市场风险中不属于系统风险的是(　　)。[华东师范大学2013年研]

39D　40A　41A　42B　43A

A. 经营　　B. 政策　　C. 利率　　D. 物价

【解析】系统风险又称市场风险，也称不可分散风险。该风险是指由于某种因素的影响和变化，导致股市中所有股票价格的下跌，从而给股票持有人带来损失的可能性。系统风险的诱因发生在企业外部，上市公司本身无法控制它，其带来的影响面一般都比较大。BCD三项都是国家宏观经济环境的基本面因素，所以都是系统风险。

44. 证券组合的收益序列方差是反映(　　)的指标。[上海财经大学2013年研]

A. 证券组合预期收益率　　B. 证券组合实际收益率

C. 样本期收益率平均值　　D. 投资证券组合的风险

【解析】证券组合收益率的方差，用以测定该证券组合的风险大小。

45. 某人以10000元投资买A股票，预计持有半年后将其售出，预计未来半年内获利800元，未来半年股票市值为10500元可能性为60%，市值为11000元可能性为20%，市值为9500元可能性为20%，投资者预期年持有收益率为(　　)。[上海财经大学2013年研]

A. 3.9%　　B. 6%　　C. 9.6%　　D. 12%

【解析】期望市值=10500×60%+11000×20%+9500×20%=10400(元)，所以持有期收益率=(400+800)/10000=12%。

46. 公司将一张面额为10000元、3个月后到期的商业票据变现，若银行年贴现率为5%，应付金额为(　　)。[上海财经大学2013年研]

A. 125　　B. 150　　C. 9875　　D. 9800

【解析】实付贴现额即票据贴现的额度，按承兑票据的票面金额扣除贴现利息计算。计算公式是：实付贴现额=贴现票据面额-贴现利息，贴现利息=票据面额×年贴现率×(未到期天数/360天)。所以，贴现额=10000×[1-5%×90÷360]=9875(元)。

47. 20世纪，商业银行在资产、负债和中间业务方面都有所创新。以下不属于商业银行负债创新的是(　　)。[上海财经大学2013年研]

A. NOW账户　　B. ATS账户　　C. CDs账户　　D. 票据便利发行

【解析】票据发行便利是一种融资方法，借款人通过循环发行短期票据，达到中期融资的目的。它是银行与借款人之间签订的在未来一段时间内由银行以承购连续性短期票据的形式向借款人提供信贷资金的协议，协议具有法律约束力。如果承购的短期票据不能以协议中约定的最高利率成本在二级市场全部出售，承购银行则必须自己购买这些未能售出的票据，或者向借款人提供等额银行贷款，银行为此每年收取一定费用。因此，票据发行便利是一种商业银行的资产创新，不属于负债创新。

48. 易受资本结构影响的财务指标有(　　)。[浙江财经大学2013年研]

A. ROA　　B. ROE　　C. ROIC　　D. 托宾-Q

【解析】A项，ROA代表资产收益率，资产收益率=净利润/总资产总额，与资本结构无关；C项，ROIC代表资本回报率，资本回报率是指投出和/或使用资金与相关回报(回报通常表现为获取的利息和/或分得利润)之比例。用于衡量投出资金的使用效果；D项，托宾的Q比率是公司市场价值对其资产重置成本的比率，反映的是一个企业两种不同价值估

44D　45D　46C　47D　48B

计的比值。B项是Return on Equity的缩写，股本回报率，又称产权收益率或产权报酬率，是用以评估公司盈利能力的指标，可以用作比较同一行业内不同企业盈利能力的拥有指标，是净收入与股东股本（股东权益）的比值。这与股本在总资本中所占比例即资本结构有关系。

49. 以下哪一选项不应计入美国的国际储备？（　　）［厦门大学2012年研］

A. 美元　　B. 欧洲美元

C. 特别提款权（SDR）　　D. 黄金

【解析】一国的国际储备主要包括黄金储备、外汇储备、在IMF的储备头寸、特别提款权（SDR）、备用信贷、互惠信贷协议、借款总安排和本国商业银行的对外短期可兑换货币资产。美元是美国的本国货币，不应计入美国的国际储备。欧洲美元是存放在美国以外银行的不受美国政府法令限制的美元存款或是从这些银行借到的美元贷款。由于这种境外存款、借贷业务开始于欧洲，因此称为欧洲美元。

50. 国际清偿力不包括一国的（　　）。［南京大学2012年研］

A. 自有储备　　B. 借入储备

C. 国际银行同业拆借　　D. 在IMF的SDR

【解析】国际清偿能力是一国现有的对外清偿能力和可能有的对外清偿能力之和，是一国直接掌握的在必要时可以用于调节国际收支、清偿国际债务的国际流通资产。主要包括：①自有储备，包含黄金、外汇储备、在IMF（国际货币基金组织）中的储备地位和SDR（特别提款权）；②借入储备，包含备用信贷、互惠信贷、支付协议及其他类似安排；③诱导储备，是指商业银行的对外短期可兑换货币资产。

51. 最不发达国家的国际收支不平衡主要是由于（　　）引起。［南京大学2012年研］

A. 货币价值变动　　B. 经济结构落后　　C. 国民收入变动　　D. 经济循环周期

【解析】造成一国国际收支不平衡的原因有：临时性不平衡、结构性不平衡、货币性不平衡、收入性不平衡以及预期性不平衡。其中结构性不平衡是指国内经济、产业结构不能适应世界市场的变化而发生的国际收支失衡。经济结构落后带来的国际收支不平衡在经济不发达的国家中表现尤为突出，因此最不发达国家的国际收支不平衡主要是由于经济结构落后引起的。

52. 根据托宾的q理论，企业在下列哪一情况下会增加投资？（　　）［南京大学2012年研］

A. 企业资产的市场价值超过企业资产的重置价值

B. 企业资产的重置价值超过企业资产的市场价值

C. 企业资产的市场价值超过企业金融资产的面值

D. 企业金融资产的市场价值超过企业资产的面值

【解析】托宾q理论中的q表示企业的市场价值与其资产的重置成本之比，即q=公司的市场价值/资产重置成本。托宾认为，当$q>1$时，即当资本的市场价值大于其重置成本时，新厂房设备的资本要低于企业的市场价值。这种情况下，公司可发行较少的股票而买到较多的投资品，投资支出便会增加；反之，当$q<1$时，即公司市场价值低于资本的重置成

49A　50C　51B　52A

本，厂商将不会购买新的投资品。如果公司想获得资本，它将购买其他较便宜的企业而获得旧的资本品，这样投资支出将会降低。

53. 存款货币创造中的“存款货币”，一般指的是（　　）。［浙江工商大学2012年研］

A. 定期存款　　B. 储蓄存款　　C. 现金存款　　D. 活期存款

【解析】存款货币是指能够发挥货币作用的银行存款，主要是指能够通过签发支票办理转账结算的活期存款。

54. 期货是一种标准化的金融合约，以下哪一项是一般的期货合约中没有被标准化的？（　　）［厦门大学2012年研］

A. 合约规模　　B. 交割日期　　C. 交割方式　　D. 交割地点

【解析】期货合约是交易双方按约定价格在未来某一期间完成特定资产交易行为的一种方式。期货合约的交易是在有组织的交易所内完成的，合约的内容，如相关资产的种类、数量、价格、交割时间、交割地点等，都有标准化的特点。

55. 关于SDR，下列说法正确的是（　　）。［南京大学2012年研］

A. SDR是由美元、欧元、日元和瑞士法郎四种货币来定值的

B. SDR总共分配过两次

C. SDR是基金组织创造的账面资产

D. SDR可以充当储备资产，用于国际贸易支付和国际投资

【解析】SDR（特别提款权），是指IMF（国际货币基金组织）分配给成员国的在原有的普通提款权之外的一种使用资金的权利，它是相对于普通提款权而言的。SDR不具有内在价值，是IMF人为创造的账面上的资产。A项，目前，SDR是由美元、欧元、人民币、英镑和日元五种货币来定值的。B项，到2009年，IMF共进行了三期SDR分配，其中第一期和第二期分别有3次分配。D项，SDR具有严格限定的用途，可用于偿付国际收支逆差或偿还IMF贷款，但不能直接用于贸易或非贸易的支付。

56. 某公司每股盈利为0.58元，同行业可比公司平均市盈率倍数为30，则该公司的股票价值为（　　）元。［厦门大学2012年研］

A. 15.25　　B. 15.5　　C. 12.8　　D. 17.40

【解析】市盈率又称本益比，是指股票市场价格与盈利的比率，其计算公式为：市盈率＝每股价格/每股收益，因此该公司的股票价值为：$0.58\times30=17.40$（元）。

57. 商业银行的资本充足率指（　　）。［厦门大学2012年研］

A. 资本和期限加权资产的比率　　B. 资本和风险加权资产的比率

C. 资本和期限加权负债的比率　　D. 资本和风险加权负债的比率

【解析】商业银行的资本充足率是指商业银行持有的符合相关规定的资本与商业银行风险加权资产之间的比率。

58. 商业银行与其他金融机构区别之一在于其能接受（　　）。［浙江财经大学2011年研］

A. 原始存款　　B. 定期存款　　C. 活期存款　　D. 储蓄存款

53D　54C　55C　56D　57B　58C

【解析】职能分工体制下的商业银行，与其他金融机构的最大差别在于：①只有商业银行能够吸收使用支票的活期存款；②商业银行一般以发放 1 年以下的短期工商信贷为其主要业务。D 项，储蓄存款，有的国家严格限定只准专门的金融机构经营，存款货币银行以及其他金融机构则不准经营。也有较多的国家，储蓄业务准许存款货币银行经营。

59．投资性外汇交易最主要靠哪种方式获利？（　　）[东北财经大学 2011 年研]

A．两地汇差　　B．汇率变动　　C．两地利差　　D．两地价差

E．汇率固定

【解析】从外汇交易的数量来看，由国际贸易而产生的外汇交易占整个外汇交易的比重不断减少，据统计，这一比重只有 1% 左右。可以说外汇交易的主流是投资性的，是以在外汇汇价波动中获利为目的的。因此，现货、合约现货以及期货交易在外汇交易中所占的比重较大。

60．目前我国一年期定期存款年利率为 2.50%，假设 2010 年官方公布的 CPI 为 3.80%，则一年期定期存款的实际年利率为（　　）。[浙江工商大学 2011 年研]

A．1.30%　　B．－1.30%　　C．－1.25%　　D．－1.27%

【解析】名义利率是指包括补偿通货膨胀（或通货紧缩）风险的利率。名义利率的计算公式可以写成：$r=(1+i)\times(1+p)-1$。式中，r 为名义利率；i 为实际利率；p 为借贷期内物价水平的变动率，它可能为正，也可能为负。则实际年利率为：$i=(1+r)/(1+p)-1=(1+2.5\%)/(1+3.80\%)-1=-1.25\%$。

二、多选题

1．关于费雪方程式，描述正确的是（　　）。[中央财经大学 2024 年研]

A．关注的是货币流通量与物价水平变动的关系

B．费雪认为短期内货币流通速度可视为不变的常量

C．货币量乘以流通速度等于价格乘以交易总量

D．从微观角度分析货币需求

E．基于现金余额说

【解析】DE 两项描述的是剑桥方程式的内容。

2．在中央银行的货币政策工具中，公开市场业务的优点有（　　）。[中央财经大学 2019 年研]

A．调控效果猛烈　　B．主动性强　　C．灵活性高　　D．影响范围广

E．容易对经济产生副作用

【解析】公开市场业务具有如下几个重要的优点：首先，在公开市场业务中，中央银行处于主动的地位，它买进或卖出有价证券的规模完全由它自主决定。其次，公开市场业务具有很大的灵活性。中央银行既可通过大量的买进或卖出有价证券对基础货币实行较大规模的调节，也可通过少量的买进或卖出有价证券对基础货币实行"微调"。最后，公开市场业务对基础货币的调节不仅迅速、灵活，而且它所调节和控制的乃是整个银行系统的基础货币总量，这就使这种政策工具的运用符合政策目标的需要。E 项，容易对经济产生副作

59B　60C　❙　1ABC　2BCD

用是公开市场业务的缺点。

3. 现行的人民币汇率制度实行(　　)。[东北财经大学 2011 年研]

A. 直接标价　　B. 买卖双价

C. 现汇和现钞卖出双价　　D. 双轨制

E. 单一汇率制

【解析】人民币汇率制度的形成经历了几个过程。我国现行的汇率制度是 1994 年 1 月 1 日外汇体制改革以后逐步建立起来的，属管理浮动类型，正式的表述是，以市场供求为基础的、单一的、有管理的浮动汇率制度。“单一的”是确定要把改革前的官定汇率和外汇调剂市场汇率合二为一而言的。2005 年 7 月 21 日，人民币放弃单一钉住美元，开始实行以市场供求为基础、参考一篮子货币进行调节、有管理的浮动汇率制度。2015 年 8 月 11 日，中国人民银行决定综合考虑外汇供求情况以及国际主要货币汇率的变化，借以完善人民币汇率中间价报价机制。D 项，双轨制是指人民币同时存在两个汇率，即国家对外公布的人民币汇率牌价和调剂市场上的人民币调剂价，主要特点是由买卖双方根据外汇供求状况议定，中国人民银行适度进行市场干预。我国在 1994 年以前实行的汇率制度是双轨制。

4. 外汇银行与外汇银行之间的外汇交易一般称为(　　)。[东北财经大学 2011 年研]

A. 批发市场　　B. 同业交易　　C. 欧式市场　　D. 零售市场

E. 柜台交易

【解析】外汇市场的交易可以分为三个层次：①银行与顾客之间的外汇交易(零售市场)。为了满足顾客用汇的需要，银行一方面从顾客手中买入外汇，另一方面又将外汇卖给顾客。实际上在满足顾客用汇需要的同时，银行充当了外汇的终极供求双方的中介，赚取外汇买卖差价。②银行同业间的外汇交易。银行之间出于轧平各种货币头寸、投机、套汇、套利等目的而从事同业的外汇交易。银行同业间的外汇交易构成了外汇市场上绝大部分的外汇交易，因此同业交易市场也被称为“批发外汇市场”。③银行与中央银行之间的外汇交易。中央银行通过在外汇市场进行公开市场操作来调节汇率：向外汇银行购入某种外币，增加市场对该种外币的需求量，以促使银行调高其汇率；反之，向银行出售该外汇的储备，以促使其汇率下跌。

5. 具有以小博大特征的证券交易方式是(　　)。[上海大学 2011 年研]

A. 信用交易　　B. 现货交易　　C. 期货交易　　D. 期权交易

E. 垫头交易

【解析】AE 两项，信用交易又称垫头交易，是指证券交易的当事人在买卖证券时，只向证券公司交付一定的保证金，或者只向证券公司交付一定的证券，而由证券公司提供融资或者融券进行交易，是以小博大的证券交易方式。B 项，现货交易是最传统的交易方式，是钱货的对等交易。CD 两项，期货交易和期权交易都是利用金融衍生工具进行的交易方式，衍生金融工具的基本特征之一就是杠杆效应，即具有以小搏大的能量，借助不到合约标的物市场价值 5% ~10% 的保证金或者支付一定比例的权益费而获得一定数量合约标的物在未来时间交易的权利。

3ABCE　4AB　5ACDE

6．成本推动型通货膨胀又可细分为（　　）引起的通货膨胀。［上海大学 2011 年研］

A．工资推动　　B．预期推动　　C．价格推动　　D．利润推动

E．财政赤字推动

【解析】成本推动的通货膨胀，又称成本通货膨胀或供给通货膨胀，是指在没有超额需求的情况下由于供给方面成本的提高所引起的一般价格水平持续和显著的上涨。成本推动的通货膨胀根据其形成的原因不同可以分为工资推动的通货膨胀和利润推动的通货膨胀。工资推动的通货膨胀是指不完全竞争的劳动市场造成的过高工资所导致的一般价格水平的上涨。利润推动的通货膨胀是指垄断企业和寡头企业利用市场势力谋取过高利润所导致的一般价格水平的上涨。

三、判断题

1．通货作为基础货币的一部分，其自身也会随着存款货币的派生过程多倍增加。（　　）［中南财经政法大学 2024 年研］

【解析】通货作为基础货币的一部分，其总量在中央银行创造后不会随着存款货币的派生过程增加。基础货币的总量是固定的，只有存款货币会通过贷款和存款过程多倍增加。货币创造是中央银行和商业银行通过不同机制增加货币供应量的过程。中央银行直接创造基础货币，而商业银行则通过贷款过程间接增加存款货币，导致货币供应量的整体增加。存款货币倍增是指商业银行利用基础货币进行贷款和存款过程，使得存款货币量增加，但基础货币量保持不变。

2．作为外汇储备的一部分，SDR 的性质等同于国际货币，可用于偿付任何国家的债务。（　　）［对外经济贸易大学 2022 年研］

【解析】SDR（特别提款权）是国际储备的一部分，具有价值尺度、支付手段和贮藏手段的职能，但不具有流通手段的职能，也不能被私人部门持有和使用，因而无法完全等同于世界货币。

3．资产证券化将降低银行资本充足率从而影响其积极性。（　　）［对外经济贸易大学 2022 年研］

【解析】资本充足率 = 资本/信用风险加权资产。资产证券化下银行将持有的贷款打包出售，资产方贷款下降，也即分母信用风险加权资产下降，资本充足率上升。

4．一直实行全能型银行的国家有德国、日本、英国、瑞典。（　　）［中国人民大学 2022 年研］

【解析】始终采用全能型商业银行模式的国家以德国、奥地利和瑞士等国为代表。美国、日本等国的商业银行在大萧条后长达 80 多年的时间里都采用职能分工型银行模式。

5．社会融资规模是由国际清算银行提出的，中国最先普及，表示实体经济从金融体系得到支持。（　　）［中国人民大学 2022 年研］

【解析】社会融资规模由中国首创，是指在一定时期内（每月、每季或每年）实体经济从金融体系中获得的资金额，是中国货币当局致力于改进与完善金融统计制度的一项成果。

6AD　　❙　　1×　2×　3×　4×　5×

由中国首创的社会融资规模指标得到了IMF、BIS等国际金融组织的认可，中国是迄今唯一统计该指标的国家。目前，社会融资规模已成为衡量和判断中国金融支持实体经济状况以及资金松紧程度的重要指标。

6．保费收入聚集起大量货币资本，是金融体系长期资本的重要来源。(　　)［中国人民大学2022年研］

【解析】由于保险公司获得的保费收入经常远超它的保费支付，因而聚集起大量的货币资本。这些货币资本往往比银行存款更为稳定，是西方国家金融体系长期资本的重要来源。保险公司的资金运用业务，主要是长期证券投资，如投资于公司债券和股票、市政债券、政府公债，以及发放不动产抵押贷款、保单贷款等。

7．根据货币投机需求，当利率高于其正常水平时，人民持有货币而非债券。(　　)［中南财经政法大学2020年研］

【解析】凯恩斯的货币投机需求认为，随着利率i的上升，货币的机会成本增加(持有货币相对于持有债券变得更加昂贵)，货币需求下降。

8．贴现是票据持有人为了取得存款现款，将尚未到期的各种票据向中央银行换取现金的行为。(　　)［四川大学2016年研］

【解析】贴现是票据持有人为了取得存款现款，将尚未到期的各种票据向商业银行换取现金的行为。再贴现是指商业银行将已同客户办理过贴现的未到期的商业票据提交中央银行并要求付给现款的一种行为。

9．结构性通货膨胀表现为一些经济部门因供不应求出现物价上涨，另一些经济部门供过于求物价下跌，但是价格总水平呈上涨趋势。(　　)［四川大学2016年研］

【解析】结构性通货膨胀是指由于需求转移、劳动生产率增长的不平衡或世界通货膨胀率的变化，一个部门的工资、物价上升会引起另一个部门工资、物价的同比例上升，结果是引起物价总水平普遍而持续地上涨。

10．在证券市场上，投资者可以通过投资品种的多样化对宏观经济政策导致的投资风险加以分散。(　　)［四川大学2016年研］

【解析】投资者可以通过增加证券的种类来分散甚至消除非系统性风险，宏观经济政策导致的投资风险属于系统性风险，以同样的方式对所有证券的收益产生影响，所以无法通过分散投资消除。

11．场外交易市场是在证券交易所之外进行证券交易的场所。场外交易由交易双方协商定价，既可以通过证券商的柜台交易，也可以通过面谈、传真、电报等方式进行。(　　)［四川大学2015年研］

【解析】场外交易可以通过交易商或经纪人，也可以由客户直接进行；场外交易一般由双方协商议定价格，不同于交易所采取的竞价制度。由于场外交易的相当部分是在券商的柜台上进行的，所以也有“柜台交易”或“店头交易”的称谓。

12．回购交易中，由于充当抵押的一般是信用等级较低的证券，所以其回购协议利率

6√　7×　8×　9×　10×　11√　12×

往往高于同业拆借利率。（　　）［四川大学 2015 年研］

【解析】由于回购交易相当于有抵押品的借贷，充当抵押的一般是信用等级较高的证券，如国债、银行承兑汇票等，因而具有风险低、流动性高的特点。

13. SDR 作为国际储备的一部分，可以用于会员国向其他会员国换取可兑换货币外汇，支付国际收支差额，偿还 IMF 的贷款，用于会员国之间贸易或非贸易的支付。（　　）［四川大学 2015 年研］

【解析】SDR（特别提款权）是国际货币基金组织为了解决国际储备不足问题，分配给成员国的在原有的一般提款权以外的一种资金使用权利。它是一种以黄金保值的记账单位，不能直接用于国际贸易支付和结算。SDR 只是一种记账单位，不是真正的货币，所以使用时必须先换成其他货币，不能直接用于贸易或非贸易的支付。

14. 一种货币相对另一种货币贬值 5%，则另一种货币相对这种货币升值 5%。（　　）［东北财经大学 2013 年研］

【解析】以欧元和美元为例，假设贬值前 1 美元 = A 欧元，即 1 欧元 = 1/A 美元，那么若美元对欧元贬值 5%，则贬值后，1 美元 = A ×（1 − 5%）欧元，即 1 欧元 = 1/［A ×（1 − 5%）］美元 = 1.0526/A 美元 =（1 + 5.26%）/A 美元，所以，欧元对美元升值 5.26%。

15. 只有满足自由兑换性、普遍接受性和可偿性三个条件的外币及其所表示的资产才是外汇。（　　）［广东财经大学 2013 年研］

【解析】外汇不仅指外国的钞票和硬币，以外币履行支付义务的票据、银行的外币存款和以外币标示的有价证券，如外国政府的债券、外国公司的债券和股票等等也是外汇；而且，非钞票和硬币形态的外汇是外汇存在的主要形态。

16. 一国的国际收支不平衡可能由多种原因引起，其调节方法大体相同。（　　）［广东财经大学 2013 年研］

【解析】一国的国际收支不平衡，可以由多种原因引起，并适用不同的解决方法。国际收支失衡的原因有以下几种：①处于经济发展的初始阶段，因生产和技术能力的限制而出现的国际收支失衡。②受经济结构制约。③受物价和币值的影响。④受汇率变化的影响。⑤受利率变化的影响。⑥受经济周期性变化的影响。因此针对不同类型的国际收支失衡，要用不同的方法来调节，不能一概而论。

17. 一般情况下，石油的价格与美元的汇率变动成反比。（　　）［东北财经大学 2013 年研］

【解析】假设美元贬值，石油价格自然上升，此外，大家持有美元的意愿减少，增加对石油的购买，也会刺激石油价格上涨。

18. 信用是价值运动的一种特殊形式，它建立在货币的支付职能的基础上。（　　）［广东财经大学 2013 年研］

【解析】货币的支付手段职能是指在商品交换过程中发生赊买赊卖的行为时，要以货币的支付结束一个完整的交易过程，此时，货币已经不是流通过程的媒介，而是补足交换的

---

13 ×　14 ×　15 ×　16 ×　17√　18√

一个独立的环节，即作为价值的独立存在而使早先发生的流通过程结束。信用活动是包含债权债务关系的过程，信用作为借贷行为的特征是以收回为条件的付出，或以归还为义务的取得；而且贷者之所以贷出，是因为有权取得利息，借者之所以可能借入，是因为承担了支付利息的义务。在商业信用中，赊购商品的企业与赊销商品的企业最终结清货款，则体现了货币的支付手段职能。支付手段发挥作用的一个重要场所是银行信用领域，银行的吸收存款和发放贷款，都是货币作为价值的独立存在形态所进行的运动，因而是作为支付手段在起作用。

19．外汇期货交易的最大损失是保证金的丧失。（　　）[东北财经大学2013年研]

【解析】期货交易所一般有初始保证金和维持保证金的规定。当期货合约的保证金账户余额低于维持保证金要求时，必须追缴差额，否则将被强行平仓。

20．不兑现的纸币一般是财政部发行，国家赋予无限法偿能力。（　　）[广东财经大学2013年研]

【解析】目前，世界上几乎所有国家的现钞都由中央银行发行。国家通常赋予无限法偿能力，其含义是：法律保护取得这种能力的货币，不论每次支付数额多大，不论属于何种性质的支付，即不论是购买商品、支付服务、结清债务、缴纳税款等，支付的对方均不得拒绝接受。

21．一国汇率高估往往会使外汇供应增加，国际收支出现顺差。（　　）[东北财经大学2012年研]

【解析】若一国汇率高估，会造成该国产品价格相对增加，从而导致出口下降，同时进口商品价格下降，导致进口增加。从而减少贸易顺差或增加贸易逆差。

22．现买现卖的外汇交易就是即期外汇交易。（　　）[东北财经大学2012年研]

【解析】所谓即期外汇交易，是指在外汇买卖成交后，原则上在2个工作日内办理交割的外汇交易，而不一定是现买现卖。实际上，一般是在成交后的第二个营业日进行。如果交割的那一天正逢银行节假日就顺延。

23．买方有权在到期日按约定价格卖出特定数量外汇给卖方的期权为看涨期权。（　　）[东北财经大学2012年研]

【解析】按持有者的交易目的，期权可分为买入期权（也称看涨期权）和卖出期权（看跌期权）。看涨期权的买方有权在某一确定的时间以确定的价格购买相关资产；看跌期权的买方有权在某一确定的时间以确定的价格出售相关资产。

24．商业信用的规模通常与产业资本的周期动态相一致。（　　）[中国海洋大学2012年研]

【解析】商业信用的局限性之一是，这种信用形式存在于工商企业之间，所以它的规模大小是以产业资本的规模为度，其最大作用是产业资本的充分利用。商业信用的发展程度直接依存于商品生产和流通的状况，即商业信用的数量和规模与工业生产、商品流通的数量、规模是相适应的，在动态趋向上是一致的。生产扩大，商业信用需求增加；生产缩小，

19× 20× 21× 22× 23× 24√

商业信用需求减少。

25. 外国货币就是外汇。(　　)[东北财经大学2011年研]

【解析】外汇有动态和静态之分。动态意义上的外汇指一国货币兑换成另一国货币的实践过程，通过这种活动来清偿国际的债权债务关系；静态意义上的外汇是指国际上为清偿债权债务关系进行的汇兑活动所凭借的手段和工具，或者说是用于国际汇兑活动的支付手段和工具。

26. 不能用特别提款权直接兑换黄金。(　　)[东北财经大学2011年研]

【解析】特别提款权是国际货币基金组织为了解决国际储备不足问题，分配给成员国的在原有的一般提款权以外的一种资金使用权利。它是一种以黄金保值的记账单位，不能直接用于国际贸易支付和结算，也不能直接兑换成黄金。特别提款权可以用于偿付国际货币基金组织的贷款和支付利息费用；参加国之间只要双方同意，也可直接使用特别提款权提供和偿还贷款，进行赠予，以及用于远期交易和借款担保等各项金融业务。

27. 知识产权使用费应当记录在资本账户中。(　　)[对外经济贸易大学2023年研]

【解析】知识产权使用费应当记录在经常账户中，而不是资本账户。经常账户记录的是商品、服务、收入以及经常转移的国际交易，而知识产权使用费属于服务贸易的一部分。

28. 回购协议实质上是资金余缺双方的证券买卖交易。(　　)[西南财经大学2002年研]

【解析】回购协议是指在出售证券的同时，和证券的购买商签订协议，约定在一定期限后按原定价格或约定价格购回所卖证券，从而获取即时可用资金的一种交易行为。从本质上说，回购协议是一种质押贷款，其质押品为证券。

29. 证券投资基金有稳定证券市场的责任。(　　)[西南财经大学2002年研]

【解析】证券投资基金是按照共同投资、共享收益、共担风险的基本原则和股份公司的某些原则，运用现代信托关系的机制，以基金方式将各个投资者彼此分散的资金集中起来，交由投资专家运作和管理，主要投资于证券等金融产品，以实现预定的投资目标的投资组织制度。证券投资基金一般采取组合投资、专家理财、长期投资、注重投资产品的成长性，对稳定市场、减少股票市场的大幅度波动、促进证券市场的健康发展具有其他投资者不可替代的作用。证券投资基金有稳定证券市场的作用并不意味着它具有稳定证券市场的责任。

30. 如果银行用现金贷款，则无法创造派生存款。(　　)[西南财经大学2002年研]

【解析】派生存款是商业银行用转账结算方式发放贷款或进行其他资产业务时所创造出来的存款。商业银行是通过吸收存款来发放贷款的，在它的存贷过程中会产生存款货币创造的过程。但是，这种创造是有条件的，并受若干因素的制约。一般而言，只有具备了部分准备金制度和非现金结算制度(或部分提取现金)这两个基本条件，银行才能创造派生存款。如果银行用现金贷款，则在贷款归还之前这笔现金始终在公众手中流通，而不被存入银行，这时不会有存款创造。同时，这笔现金又未被存入别的银行，所以别的银行的资产和负债都保持不变。这样整个银行系统存款和贷款的增加都是一次性的，不存在多倍的存款创造。

---

25 ×　26√　27 ×　28 ×　29 ×　30√

31．通货膨胀使各个集团的收入调整速度产生差异。（　　）［西南财经大学2001年研］

【解析】通货膨胀一般被定义为商品和服务的价格总水平明显、持续上涨的现象。通货膨胀是一种隐蔽的收入再分配的方式。在通货膨胀时期，大部分人的名义收入水平可能都会有所上涨，但扣除通货膨胀影响之后的实际收入水平则不一定。有些人的实际收入水平会因通货膨胀而上升，另一些人的实际收入水平则会下降。通货膨胀的受害者是货币收入的增长速度低于物价上涨速度的社会阶层，主要是依靠工资生活的人和收入相对固定的人。在通货膨胀时期，如果名义工资水平不变或名义工资的增长率低于通货膨胀率，都会使工资收入者遭受损失。而在现实中，工资水平的调整普遍滞后于物价的上升。因此，依靠工资生活的阶层通常会在通货膨胀中遭受损失，且工资调整滞后的时间越长，损失越大。此外，固定利息的债权人或依靠租金取得收入的人也会遭受损失。

反之，在通货膨胀中受益的则是收入增长速度高于物价上涨速度的社会阶层，主要是从企业利润中取得收入者。在通货膨胀时期，工资调整的滞后以及产品价格上涨速度高于原材料成本上涨速度都会引起企业利润增加，从而使从企业利润中取得收入者受益。此外，固定利息的债务人也会从通货膨胀中受益。在通货膨胀中，政府往往是最大的受益者。

通货膨胀的收入再分配效应是以各个集团的收入调整速度存在差异为基础的，但是并非通货膨胀使各个集团的收入调整速度产生差异。题目中把因果关系颠倒过来是错误的。

四、概念题

1．国际收支［同济大学2024年研］

答：国际收支是一国记录其一定时期内各种对外往来所引起的全部国际经济交易的簿记系统。国际收支是流量的事后概念，其以交易为基础，而非以支付为基础。

由于一个国家的商品的进出口劳务收支和资本输出入都不可能完全相等，因此每个具体的借贷方难以做到收支相抵，总会出现差额，如贸易差额、经常项目差额等，统称为局部差额。各局部差额的合计构成国际收支的总差额。一个国家的外汇收入大于支出，有了盈余，称国际收支顺差；一个国家的外汇收入小于支出，有了亏空，称国际收支逆差。

国际收支主要包括以下几个项目：①经常账户，反映实际资源在国际流动的经济行为的项目，它是国际收支中最基本、最重要的项目，主要包括货物、服务、收入和经常转移。②金融账户，反映国际交易中资产和负债所有权变更的所有权交易的账户，包括直接投资、证券投资、其他投资和储备资产。

2．欧洲美元［中南财经政法大学2023年研］

答：欧洲美元是指存放于美国境外的不受美国政府法令限制的美元存款或从美国银行的境外分支机构获取的美元存款。由于这种境外存放业务开始于欧洲，因此得名。它与美国境内流通的美元是一种货币，具有同样的价值，区别只是账务处理不同。欧洲美元的存在，首先要有一笔美元存款。比如，一家公司或单位在欧洲一家银行存进一笔欧洲美元，实际上是把它原来在美国银行里的一笔美元存款转存到这家欧洲银行在美国银行的账上。同样，一家欧洲银行贷一笔欧洲美元，归根到底也只能是把原来存在美国银行里的一笔美元活期存款转给对方而已。

欧洲美元的出现和欧洲美元市场的发展，对扩展国际贸易，帮助一些国家平衡其国际

---

31 ×

收支，促进一些发展中国家的经济发展等，都有一定的积极作用，但由于欧洲美元不受任何国家政府的管制，经常追随各地高利率而四处流动，因而助长了外汇投机买卖，促使有关货币汇率的波动幅度增大，导致了外汇市场的动荡不安，甚至造成规模庞大的国际金融风潮。

3. 债券到期收益率［厦门大学 2023 年研］

答：债券到期收益率是指使债券的价格等于本金与利息现值之和的贴现率。对于息票债券来说，到期收益率是使未来各年息票利息支付额的现值与最后偿还的债券面值的现值之和，等于债券当前价值（即债券价格）的利率。到期收益率是事前评价债券收益的重要指标。

4. 托宾税［中南财经政法大学 2023 年研］

答：1972 年托宾在普林斯顿大学演讲时提议“往飞速运转的国际金融市场这一车轮中抛些沙子”，首次提出对现货外汇交易课征全球统一的交易税，以减少资金的过度流动和纯粹的投机性交易，缓解跨境流动带来的冲击，经济学家后来将这种外汇交易税称为“托宾税”。

5. 非系统性风险［厦门大学 2023 年研］

答：非系统性风险是指那种通过增加持有资产的种类数就可以相互抵消的风险。经验数据证明，如果持有的资产种类数超过 20 种，资产组合中的非系统性风险就会被完全抵消。资产组合的风险分为两类：系统性风险和非系统性风险。系统性风险是指无法通过增加持有资产的种类数而消除的风险。

6. 股利政策［厦门大学 2023 年研］

答：股利政策是指股份公司如何确定分配给股东的股利占净利润的比率（即股利支付比率），以及选择和确定股利分派的时间、方式、程序等方面的方针和对策。其核心是股利支付比率的确定。公司的股利分配方案取决于公司的股利政策，而股利政策又取决于决策者对股利分配的理解与认识，即股利分配理论。股利分配理论是指人们对股利分配的客观规律的科学认识与总结，其核心问题是股利政策与公司价值的关系问题。在市场经济条件下，股利分配要符合财务管理目标，实现公司价值最大化。长期以来，财务学界就股利分配与公司价值（股票市价）的关系等展开了一系列的讨论，由此形成和发展了不同的股利政策理论。

7. 特别提款权［上海大学 2025 年研；同济大学 2024 年研；厦门大学 2023 年研；东北财经大学 2023 年研；武汉大学 2013 年研］

答：特别提款权（SDR），亦称“纸黄金”，最早发行于 1969 年，最初发行时每一单位等于 0. 888 克黄金，与当时的美元等值，是国际货币基金组织为了解决国际储备不足的问题，经过长期的谈判后，于 1969 年在基金组织第 24 届年会上创设的新的国际储备资产，实质上是用于补充原有储备资产的一种国际流通手段。它是国际货币基金组织根据会员国认缴的份额分配的，可用于偿还国际货币基金组织债务、弥补会员国政府之间国际收支逆差的一种账面资产。会员国在发生国际收支逆差时，可用它向基金组织指定的其他会员国换取外汇，以偿付国际收支逆差或偿还基金组织的贷款，还可与黄金、自由兑换货币一样充当国际储备。其具有两大特征：价值稳定和仅限于政府间使用。特别提款权是一种依靠国际纪律而创造出来的储备资产，它的分配是无偿的。它具有价值尺度、支付手段、贮藏手段的职能，但没有流通手段的职能，不能被私人直接用于国际商品的流通。因此，它还不是一种完全的世界货币。其价值目前由美元、欧元、人民币、日元和英镑组成的一篮子储备货币决定，所占权重分别为41.73%、30.93%、10.92%、8.33%和8.09%。

8. 机会成本［中山大学2023年研；贵州大学2017年研；西南科技大学2016年研］

答：机会成本是指企业为从事某项经营活动而放弃另一项经营活动的机会，或利用一定资源获得某种收入时所放弃的另一种收入。在决策分析过程中，存在多个互斥方案可供选择来实现决策目标，则机会成本必然存在，决策者必须要把已放弃方案可能获得的潜在收益，作为被选用方案的成本，才能对该方案的经济效益作出全面的、合理的评价，并判断选用的方案是否真正最优。机会成本是进行项目决策考虑增量现金流量时的重要因素。

9. 交易性货币需求［东北财经大学2023年研］

答：交易性货币需求是指企业或个人为了应付日常的交易而愿意持有一部分货币。这是由于货币的交易媒介职能而导致的一种需求。由于收入的获得和支出的发生之间总会有一定的间隔，在这段间隔内，企业或个人固然可以把收入转换成货币以外的资产形式加以保存，但是为支付时的方便起见，仍必须持有一定量的货币。凯恩斯认为，虽然货币的交易性需求也受其他一些次要因素的影响，但它主要还是取决于收入的大小，收入越大，则交易性货币需求越大；反之，则越小。另外，交易性货币需求还受到两次收入之间的间隔时间的长短的影响，间隔时间越长，则交易性货币需求越大；反之，则越小。

10. 保值性外汇交易［东北财经大学2023年研］

答：保值性外汇交易是指银行、企业或个人为规避汇率的不利变化对其暴露的汇率头寸造成的风险而进行的具有套期保值性质的外汇交易，目的是通过外汇交易降低外汇风险带来的损失，而不是通过外汇风险投机赚取利润。保值性外汇交易通过卖出（或买入）金额等于所持有的（或所承担的）一笔外币资产（或负债）的远期外汇，使这笔外币资产（或外币负债）以本币表示的价值免受汇率变动的影响，从而达到保值目的。保值性外汇交易主要包括远期外汇交易、掉期交易和外汇衍生交易。

11. 金融衍生工具［广东外语外贸大学2024年研；中央民族大学2023年研；对外经济贸易大学2022年研；华中师范大学2021年研；广西大学2014年研］

答：金融衍生工具亦称金融衍生商品、金融衍生产品，是指从原生金融商品的价值中派生出自身价值的金融商品。根据原生商品的性质不同，可分为远期、掉期、期货和期权。一般根据利率或债务工具的价格、外汇汇率、股票价格或股票指数、商品期货价格等金融资产的价格走势的预期而定值，可以支付少量保证金签订远期合约或互换不同金融商品的交易合约。

金融衍生工具主要有三大特点：①虚拟性。当金融衍生工具的原生商品是实物或货币时，投资于金融衍生工具所得的收益并非得自相应的原生商品的增值，而是得自这些商品的价格变化；当原生商品是股票、债券等虚拟资本时，相应的衍生工具则更具有双重虚拟性。②杠杆性。金融衍生工具的交易只需缴存一定比例的押金或保证金，便可得到相关资产的管理权，通常无需支付相关资产的全部价值。③高风险性。对于金融衍生工具来说，至少存在价格风险、运作风险、交割风险、流动性风险、信用风险和法律风险。

迅速发展的金融衍生工具，使规避形形色色的金融风险有了灵活方便、极具针对性且交易成本日趋降低的手段，这对现代经济的发展起了有力的促进作用，甚至可以说，没有金融衍生工具，今天的经济运作是难以想象的。然而，金融衍生工具的发展也促成了巨大的世界性投机活动。

12. 资产证券化[中央民族大学 2022 年研；中国人民大学 2021 年研；南开大学 2013 年研]

答：资产证券化是指通过对流动性差，或者说不能立即变现，但却有稳定的预期收益的资产进行重组，将其转换为可以公开买卖的证券的过程，它是证券化的高级阶段。按照被证券化的资产种类区分，资产证券化可以被分为实物资产的证券化和金融资产的证券化。

作为银行主要资产的贷款业务，由于其期限的固定性或相对固定性，使银行必然时刻承受着各种金融风险压力，特别是流动性风险的强大压力。正是贷款流动性的限制，使得银行不敢多放中长期贷款；而中长期贷款既是经济生活所必需的，同时也是银行保证必要盈利水平的业务品种。贷款证券化就是解决流动性问题的一种创新。

资产证券化的几个关键步骤是：①资产的出售，资产出售须以买卖双方已签订的书面资产买卖协议为依据，出售时卖方拥有对标的资产的全部权利，买方要对标的资产支付对价；②信用提高，资产证券化需要对资产支持证券进行信用提高，信用提高可以由发起人，也可以由第三方进行；③资产证券的信用评级，信用评级由专门评级机构应资产证券发行人或承销人的委托进行，评级考虑因素不包括由利率变动等因素导致的市场风险，或基础资产提前支付所引起的风险，而主要考虑资产的信用风险；④发售证券，经过信用提高和信用定级后，即可通过投资银行发售证券，获取收入，以向发起人支付购买资产的价格。

13. 通货紧缩[华南农业大学 2021 年研；兰州大学 2012 年研]

答：通货紧缩是指商品和劳务的货币价格总水平持续下降的过程，并伴随有经济的负增长或货币供给的缩减，并伴随有经济的实际增长率低于潜在的可能增长率。

长期的货币紧缩会抑制投资与生产，导致失业率升高及经济衰退。萨缪尔森对通货紧缩的定义：价格和成本正在普遍下降即是通货紧缩。经济学者普遍认为，当消费者物价指数 CPI 连跌两季，即表示已出现为通货紧缩。通货紧缩就是物价、工资、利率、粮食、能源等各类价格持续下跌，而且全部处于供过于求的状况。

14. 复汇率制[山东大学 2017 年研]

答：复汇率制又称多重汇率制，是指外汇管理当局根据不同情况和需要制定两种或两种以上的汇率。复汇率是外汇管制的产物。

复汇率制在达到和维持内外均衡的政策目标上的作用有：①维持一定数量的国际储备并保持官方汇率；②隔绝来源于外国的冲击；③达到产业政策的目的，政府实行复汇率制可以体现政府对不同的国际经贸活动实行区别对待的政策意图，充分发挥汇率的杠杆作用，达到政策目的；④实现财政收支的目的。

复汇率制对经济也会产生很大的损害，这主要体现在：①管理成本较高；②实行复汇率制扭曲了汇率形成机制，复汇率容易引发国际社会的非议甚至报复，不利于国际经济合作的发展。

15. 单一监管体制与多头监管体制［辽宁大学 2017 年研］

答：单一监管体制是指由一家金融监管机关对金融业实施高度集中监管的体制。单一监管体制下的监管机关通常是各国的中央银行，也有另设独立监管机关的。监管职责是归中央银行还是归单设的独立机构，并非确定不变。目前，实行单一监管体制的发达市场经济国家有英国、澳大利亚、比利时、卢森堡、新西兰、奥地利、意大利、瑞典、瑞士等国。此外，大多数发展中国家，如巴西、埃及、泰国、印度、菲律宾等国，也实行这一监管体制。

多头监管体制是指根据从事金融业务的不同机构主体及其业务范围的不同，由不同的监管机构分别实施监管的体制。而根据监管权限在中央和地方的不同划分，又可将其区分为分权多头式监管体制和集权多头式监管体制两种。

①实行分权多头式监管体制的国家一般为联邦制国家。其主要特征表现为：不仅不同的金融机构或金融业务由不同的监管机关来实施监管，而且联邦和州（或省）都有权对相应的金融机构实施监管。美国和加拿大是实行这一监管体制的代表。

②实行集权多头式监管体制的国家，对不同金融机构或金融业务的监管，由不同的监管机关来实施，但监管权限集中于中央政府。一般来说，该体制以财政部、中央银行或监管当局为监管主体，日本和法国等国采用这一监管体制。

16. 在险价值（VaR）［华中科技大学 2017 年研］

答：在险价值（VaR）是指一种用标准统计技术估计金融风险的方法。它是一种可以在正常的市场环境下，给定一定的时间区间和置信度水平，预计某种资产或资产组合最大损失的方法。VaR 技术适用于复杂的投资组合，用来说明投资的杠杆作用和分散的效果。VaR 技术的局限性在于，VaR 表明的是一定置信度内的最大损失，但并不能绝对排除发生高于这个损失的可能性。

17. 全额实时结算系统与净额批量清算系统［辽宁大学 2017 年研］

答：全额实时结算系统（RTGS），是指对每一笔支付业务的发生额立即单独全部进行交割，表现为每笔转账的支付指令发出时，无须参与轧差而是逐笔直接进行结算。在 RTGS 系统下，各家商业银行或参与结算的客户要保证自己在支付系统的清算账户上有足够的支付金额。此方式的优点是支付效率高，从支付指令发出到最终结算之间的时间短、责任明确，有利于支付风险的控制；缺点是商业银行或客户在支付系统账户中占用的用于结算的资金较多。

净额批量清算系统，是指累计多笔支付业务的发生额之后，在一个清算周期结束前，用净额清算系统的参与者从系统中其他所有参与者那里应收到的全部转账金额与他对其他参与者应付出的转账金额轧出差额，形成据以结算的净借记余额或净贷记余额。这些净余额的计算可以是双边的或多边的。该方式的优点是占用商业银行或客户的清算资金少，缺点是净额结算过程中应付方容易发生透支现象，给收款方造成结算风险。

18. 期权［华中科技大学 2017 年研］

答：期权是一种选择权，是指期权的买方有权在约定的时间或约定的时期内，按照约定的价格买进或卖出一定数量的相关资产，也可以根据需要放弃行使这一权利。为了取得这样一种权利，期权合约的买方必须向卖方支付一定数额的费用，即期权费。期权的买方收益无限，损失有限，所亏损的也仅限于期权费；期权的卖方损失无限，收益有限，有限的收益也即期权费。按照相关资产的不同，金融期权又分外汇期权、利率期权、股票期权、股指期权等。

期权分看涨期权和看跌期权两个基本类型。看涨期权的买方有权在某一确定的时间以确定的价格购买相关资产；看跌期权的买方有权在某一确定的时间以确定的价格出售相关资产。

期权又分美式期权和欧式期权。按照美式期权，买方可以在期权的有效期内任何时间行使权利或者放弃行使权利；按照欧式期权，期权买方只可以在合约到期时行使权利。

19. 基准汇率［山东大学 2016 年研］

答：基准汇率是指本币与对外经济交往中最常用的基本外币之间的汇率。目前，各国一般都以美元为基本外币来确定基准汇率。通常选择一种国际经济交易中最常使用、在外汇储备中所占的比重最大的、可自由兑换的关键货币作为主要对象，与本国货币对比，算出汇率，这种汇率就是基准汇率。关键货币一般是指一个世界货币，被广泛用于计价、结算、储备货币、可自由兑换、国际上可普遍接受的货币。目前作为关键货币的通常是美元，把本国货币对美元的汇率作为基准汇率。

20. 回购市场［兰州大学 2016 年研］

答：回购市场是指对回购协议进行交易的短期资金融通的场所。回购协议是指由卖方将一定数额证券临时性地售予买方，并承诺在日后将该证券如数买回，同时买方也承诺在日后将买入的证券回售给卖方的协议。以回购方式进行的证券交易其实是一种有质押的贷款：证券的购买，实际是买方将资金出借给卖方；约定卖方在规定的时间购回，实际是通过购回证券归还借款；质押品就是相关的证券。

回购协议市场的交易流动性强，安全性高，收益稳定且超过银行存款收益，商业银行利用回购协议融入的资金不用缴纳存款准备金。

21. 离岸金融市场［对外经济贸易大学 2024 年研；华中科技大学 2016 年研］

答：离岸金融市场是指从事境外金融业务的金融市场。离岸金融市场不是指某一市场的地理位置，而是指市场中交易的货币的性质，即离岸金融市场上某种货币的交易，是在该货币发行国的境外进行的。离岸金融市场业务与各国国内金融市场是完全分开的，它不受所在国金融、外汇政策的限制，可以自由筹措资金，进行外汇交易，实行自由利率，无需缴纳存款准备金。

世界上也有一些国际金融中心将离岸市场与国内或地区内市场融合在一起，这主要是那些经济规模较小、市场以离岸性业务为主的新兴国际金融中心，典型的如香港等。

离岸金融市场的业务规定、制度结构、利率决定以及资金借贷方式等都和国内金融市场不同，但是它仍然和各国国内市场在信用工具、利率及资金的相互利用方面保持着密切的联系。

22. 契约型基金与公司型基金［辽宁大学 2016 年研］

答：契约型基金是指根据一定的信托契约原理组建的代理投资基金。委托者、受托者和受益者三方订立契约，由经理机构（委托者）经营信托资产；银行或信托公司（受托者）保管信托资产；投资人（受益人）享有投资收益。

契约型基金在实际运作中还分为单位式契约基金与基金式契约基金两种。①单位式契约基金有确定的筹资规模和存续期限，到期后，信托契约自动解除，基金终止。②基金式契约基金的筹资规模和存续期均没有严格限定，投资人可以比较灵活地随时向基金买卖受益凭证，与基金建立信托契约或解除信托契约，受益凭证的价格根据基金净资产价值调整，这种运作方式类似于开放式基金。

公司型基金是指按照股份公司方式运营的基金。投资者购买公司股票成为公司股东，股东大会选出董事会成员，后者选出公司总经理。公司选择某一投资管理公司，委托管理本公司的资产。公司型基金涉及四个当事人：投资公司，是公司型基金的主体；管理公司，为投资公司经营资产；保管公司，为投资公司保管资产；承销公司，负责推销和回购公司股票。

公司型基金分为封闭式基金和开放式基金两种。①封闭式基金发行的股票数量固定不变，发行期满基金规模就封闭起来，不再增加和减少股份。已发行出去的股票如果要继续买卖，需要在股票二级市场上进行，股票的交易价格与基金的每股净资产不一定一致。②开放式基金又称共同基金，与封闭式基金不同的是，开放式基金的股票数量和基金规模不封闭，投资人可以随时根据需要向基金购买股票以实现投资，也可以回售股票以撤出投资。开放式基金的价格与基金的每股净资产一致。

23．证券投资基金［首都经济贸易大学 2016 年研］

答：证券投资基金是指通过公开发售基金份额筹集资金，由基金管理人管理，基金托管人托管，为基金份额持有人的利益，以资产组合方式进行证券投资活动的基金。我国的证券投资基金可投资于股票、债券和国务院证券监督管理机构规定的其他证券品种。

证券投资基金具有以下特点：①证券投资基金是一种集合投资制度；②证券投资基金是一种信托投资方式；③证券投资基金是间接的证券投资方式；④证券投资基金具有集合投资、分散风险以及专业理财的重要功能。

证券投资基金具有不同的类型：①按照基金的组织方式可以分为契约型基金和公司型基金；②按照基金运作方式可以分为开放式基金和封闭式基金；③按投资目标可以分为收入型基金、成长型基金和平衡型基金；④按投资标的不同可以分为债券基金、股票基金、货币市场基金和混合型基金；⑤按投资理念可以分为主动型基金和被动型基金；⑥按资本来源和流向可以分为国内基金、国际基金、离岸基金和海外基金。

24．违约风险［广西大学 2016 年研］

答：违约风险属于信用风险，是指证券发行人在证券到期时无法还本付息而使投资者遭受损失的风险。由于债券发行者的收入会随经营状况而改变，因此债券本息的偿付能力不同，这就给债券本息能否及时偿还带来了不确定性。违约风险低的债券利率也低，违约风险高的债券的利率也高。如政府债券的违约风险低，因而利率也低。由于违约风险增加造成的利率的提高称为违约风险溢价。

25．金融深化［云南大学 2016 年研］

答：金融深化是指为实现经济迅速增长而必须实现一系列的金融自由化的政策。其核心是促进实际货币需求的增长，主要内容包括：①取消不恰当的利率限制；②控制名义货币的增长率；③放松汇率限制；④财政改革；⑤放松对金融业过多的限制，允许金融机构之间开展竞争；⑥大力发展各类金融市场，增加金融工具等。

金融深化的理论贡献主要有：①强调了金融体制和政策在经济发展中的核心地位，第一次把金融和经济发展密切结合起来；②批判了传统的经济理论，主张发展中国家的货币和实物资本具有互补性；③剖析了外源性融资的危害，主张发展中国家应依靠内源性融资；④主张发展中国家应注意促进中小企业的改造和提高，而不能只重视大企业。

26. 市盈率（P/E）［中国科学技术大学2016年研］

答：市盈率又称“市价与每股盈余比率”“本益率”，指普通股的市价与每股收益的比率。其中，每股收益＝（净利润－优先股股利）/发行在外的普通股股数。以P表示普通股的市价，E表示每股收益，D表示普通股每股股利，则

$$市盈率=P/E=\frac{D/E}{D/P}$$

其中D/E即为股利支付率，D/P即为股利价格比。

市盈率是衡量公司普通股市价高低的重要指标，也是投资者进行投资决策、发行人确定发行价格的重要参照指标，同时该指标衡量了股份制企业的盈利能力。股价与每股收益进行比较反映投资者对每1元净利润所愿支付的价格。这一比率越高，意味着公司未来成长的潜力越大。一般说来，市盈率越高，表明市场对公司的未来越看好。在市价确定的情况下，每股收益越高，市盈率越低，投资风险越小；反之，每股收益越低，市盈率越高，投资风险也就越大。在每股收益确定的情况下，市价越高，市盈率越高，风险越大；反之，市价越低，市盈率越低，风险也就越小。

27. 名义汇率与实际汇率［兰州大学2015年研；辽宁大学2011年研］

答：根据纸币制度下汇率是否经过通货膨胀调整，汇率可分为名义汇率和实际汇率。

名义汇率是指由官方公布的或在市场上通行的没有剔除通货膨胀因素的汇率，它是随着外汇市场上外汇供求的变动而变动的外汇买卖价格，不能反映两种货币的实际价值变化。

实际汇率是指在名义汇率基础上剔除了通货膨胀因素后的汇率。实际汇率的计算公式为：$e=E\cdot P^*/P$，其中e和E分别代表实际汇率和名义汇率，P^*和P分别代表外国和本国的有关价格指数。实际汇率剔除了通货膨胀对于货币实际价值的影响，因此它比名义汇率更能反映不同货币实际的购买力水平，并且可以用来衡量两国产品在国际市场上的相对（价格）竞争力。

28. 冲销性操作和非冲销性操作［辽宁大学2015年研］

答：牵涉到国内的货币供给，中央银行的外汇操作方式有两种：冲销性操作和非冲销性操作。

冲销性操作是指当汇率出现不恰当波动时，中央银行一方面进入外汇市场抛出或补进外汇，使汇率处于适当水平。同时，中央银行则通过购买或出售政府债券等国内资产来抵消因干预外汇汇率而释放或回笼本国货币的影响，以维持货币供应量不变。

非冲销性操作是指中央银行在买卖外汇、干预外汇市场的同时，并未采取任何抵消因干预汇率而影响本国货币供给的措施，从而外汇买卖的结果是国内货币的供应量的净增或净减。

一般来说，兼顾内外的冲销性操作是较好的选择。

29. 最优货币区［武汉大学 2025 年研］

答：最优货币区是指一个地理区域，在这个区域内，几个国家或地区采用单一货币或者它们的货币汇率固定，这样的安排有利于促进贸易、投资和经济增长。在最优货币区内，成员间经济结构相似、劳动力市场灵活、价格与工资具有弹性，并且存在财政转移机制来应对不对称冲击。欧元区是当今世界最著名的最优货币区实例。这种货币联盟能够减少交易成本、提高价格透明度并加强成员国之间的经济联系，但同时也要求各国放弃独立的货币政策以适应共同的经济环境。此外，最优货币区的建立需要成员国之间有高度的政治意愿和协调能力，以确保经济政策的一致性和有效性。然而，如果成员国间的经济差异过大，可能会导致某些国家面临更大的经济调整压力。

30. 马歇尔－勒纳条件［上海大学 2025 年研；云南大学 2015 年研］

答：马歇尔－勒纳条件是指美国经济学家勒纳在研究既定的进出口供给条件下一国货币贬值对国际收支的影响时提出的贬值改善国际收支的条件。在假定贸易商品进出口供给弹性无穷大的前提下，一国货币贬值能否改善国际收支取决于本国贸易品的需求价格弹性。假定以 X 表示本币计值的出口量，M 表示外币计值的进口量，E 表示外汇汇率，B 表示以外币计值的贸易收支差额，则有：

$$B = X/E - M$$

对外汇汇率 E 求导、并变形有：

$$\frac{\mathrm{d}B}{\mathrm{d}E} = -\frac{X}{E^2}\left(1 - \frac{\mathrm{d}X}{\mathrm{d}E} \cdot \frac{E}{X} + \frac{ME}{X} \cdot \frac{\mathrm{d}M}{\mathrm{d}E} \cdot \frac{E}{M}\right)$$

令 $|\eta_x|$、$|\eta_m|$ 分别表示出口商品和进口商品弹性的绝对值，则有：

$$\frac{\mathrm{d}B}{\mathrm{d}E} = -\frac{X}{E^2}\left(1 - \eta_x - \frac{ME}{X}\eta_m\right)$$

由于假设初始国际收支处于均衡状态，即 $ME = X$，有：

$$\frac{\mathrm{d}B}{\mathrm{d}E} = -\frac{X}{E^2}(1 - \eta_x - \eta_m)$$

很显然，当 $|\eta_x| + |\eta_m| > 1$ 时，$\mathrm{d}B/\mathrm{d}E > 0$，即本币贬值有助于改善国际收支。条件 $|\eta_x| + |\eta_m| > 1$ 就是马歇尔－勒纳条件。马歇尔－勒纳条件表明，在进出口供给弹性无穷大的前提下，只要一国进出口需求弹性绝对值之和大于 1，本国货币贬值就会改善国际收支状况。而且进出口需求价格弹性越大，本币贬值对贸易收支状况改善的作用越大。

马歇尔－勒纳条件是弹性分析法的核心，也是一国是否采用货币贬值政策改善国际收支状况的理论依据，具有重要的理论价值和实用价值。但马歇尔－勒纳条件是以进出口商品供给弹性无穷大为前提，在充分就业条件下，这一假设显然并不存在。因此，马歇尔－勒纳条件的应用也有很大的局限性。

31. 债券收益率曲线［广西大学 2015 年研］

答：债券收益率曲线是指反映风险相同但期限不同的债券到期收益率与期限关系的曲线。收益率曲线有四种基本图形：向上倾斜状、向下倾斜状、水平状、驼峰状。如下图所示。

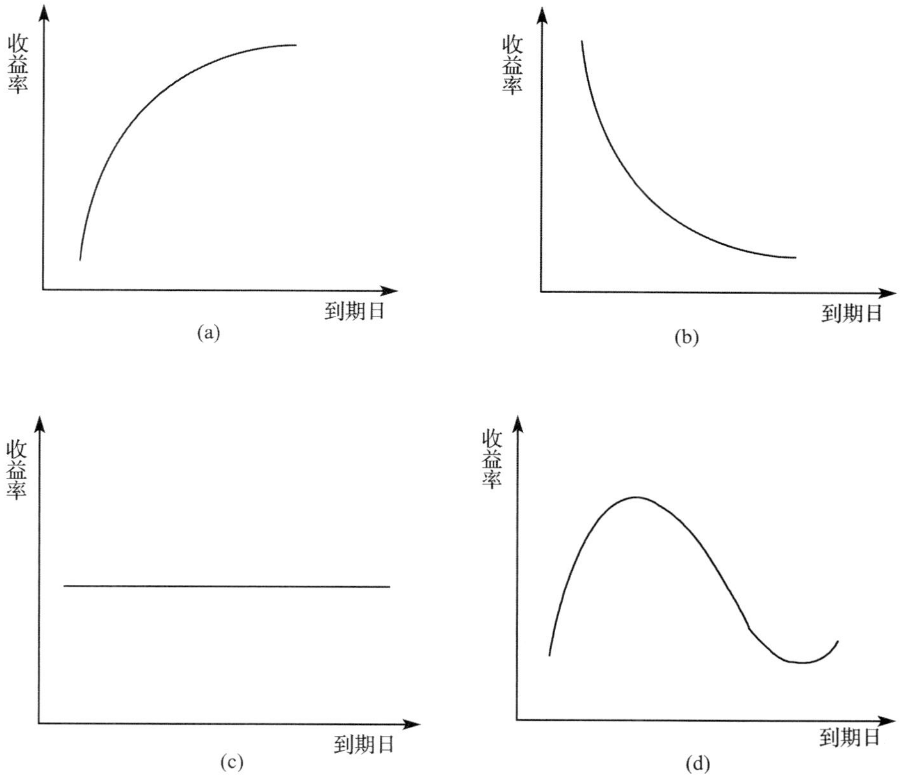

收益率曲线

如果收益率曲线向上倾斜，则表明随着期限的增长，利率越来越高，即长期利率高于短期利率；如果收益率曲线呈水平状，则长期利率等于短期利率；如果收益率曲线向下倾斜，则长期利率小于短期利率。

32．货币政策与金融政策［兰州大学 2015 年研］

答：货币政策是指货币当局为实现一定的宏观经济目标而采取的各种有关控制和调节货币供应量或信用的方针、政策和措施，包括宏观经济最终目标、政策工具、操作目标、中介目标（中间目标）及货币政策操作技巧的总和。

金融政策包括货币政策、信贷政策、外汇政策、支付清算政策，与证券市场和保险市场等运行和发展相联系的所有政策和法规，以及各种金融子市场的监管政策和协调政策等等。由于金融业涉及银行、证券、保险、信托、租赁等十分宽泛的内容，所以在我国，金融政策是个含义甚广的概念。

货币政策可以认为是金融政策中的一部分，并居于核心的地位。在我国的实务和理论文献中，经常将货币政策与金融政策混用。特别常见的是：虽然讲的是货币政策，但实际涉及银行体系的所有政策，虽然用词是金融政策，其实要说的只是货币政策等等。

33．逆向选择与道德风险［兰州大学 2015 年研］

答：不对称信息可能导致逆向选择和道德风险。

①逆向选择

逆向选择是指在买卖双方信息非对称的情况下，差的商品总是将好的商品驱逐出市场；

或者说拥有信息优势的一方，在交易中总是趋向于做出尽可能地有利于自己而不利于别人的选择。

逆向选择是交易之前发生的信息不对称问题。具有潜在的不良贷款风险的人正是那些积极寻求贷款的人，由于信息不对称，贷款者也往往将资金贷给易违约的借款者。逆向选择的存在使得市场价格不能真实地反映市场供求关系，导致市场资源配置的低效率。一般在商品市场上卖者关于产品的质量、保险市场上投保人关于自身的情况等都有可能产生逆向选择问题。

解决逆向选择问题的方法主要有：政府对市场进行必要的干预和利用市场信号。

②道德风险

道德风险是指交易双方在交易协定签订后，其中一方利用多于一方的信息，有目的地损害另一方的利益而增加自己利益的行为。

道德风险是交易发生后出现的信息不对称问题。贷款者发放贷款后会面临这样的风险：借款者可能会从事那些从贷款者观点出发不能从事的活动，这些活动会提高贷款违约的可能性。道德风险的存在不仅使得处于信息劣势的一方受到损失，而且会破坏原有的市场均衡，导致资源配置的低效率。

解决道德风险的主要方法是风险分担。

34. 金融脆弱性与金融监管［首都经济贸易大学 2015 年研］

答：狭义的金融脆弱性是指金融业由于具有高负债经营的行业特点而容易失败。广义的金融脆弱性泛指一切融资领域——包括金融机构融资和市场融资中的风险积聚。由于金融脆弱性，所以必须加强金融监管。

金融监管是金融监督和金融管理的复合词。金融监管也有狭义和广义之分：狭义的金融监管是指金融主管当局依据国家法律法规的授权对金融业（包括金融机构以及它们在金融市场上的业务活动）实施监督、约束、管制，使它们依法稳健运行的行为总称。广义的金融监管除主管当局的监管之外，还包括金融机构的内部控制与稽核、行业自律性组织的监督以及社会中介组织的监督等。

35. 掉期交易［广西大学 2014 年研］

答：掉期交易是指交易双方约定在未来某一时期相互交换某种资产的交易形式，更准确地说，掉期交易是当事人之间约定在未来某一期间内相互交换他们认为具有等价经济价值的现金流的交易。较为常见的是货币掉期交易和利率掉期交易。货币掉期交易，是指两种货币之间的交换交易，在一般情况下，是指两种货币资金的本金交换。利率掉期交易是同种货币资金的不同种类利率之间的交换交易，一般不伴随本金的交换。其形式大致可以分为三类：即期对远期、明日对次日和远期对远期。掉期交易与期货、期权交易一样，已成为国际金融机构规避汇率风险和利率风险的重要工具。

36. 资本盈余［武汉大学 2014 年研］

答：资本盈余即资本公积，是指发行普通股时，发行的实际价格高于股票票面价值的部分，即股票发行的溢价部分。资本盈余并非股票发行者的利润，而是普通股股东投资股本的一部分，因而应列入缴纳的股本总额中。由于股票的面值通常很低，实际价格不太可能低于票面价值，而且，有的国家法律规定禁止股票的发行价格低于面值，因此，公司的资本盈余账户不会出现负值。

37. 市场利率与官定利率［兰州大学 2014 年研］

答：根据是否按市场规律自由变动的标准，利率可以划分为市场利率和官定利率。

市场利率是指随市场规律的变化而自由变动的利率，是市场资金借贷成本的真实反映。

官定利率又称法定利率，是指由政府金融管理部门或者央行确定的利率，是国家为了实现政策目标的一种经济手段，反映了非市场的强制力量对利率形成的干预。官定利率常常是只规定利率的上限或下限，在上限之下、下限之上由市场利率调节。

38. 公开型通胀与隐蔽型通胀［兰州大学 2014 年研］

答：公开型通货膨胀是指在较为完善的市场机制条件下，由于价格对供求反应灵敏，过度需求通过价格的变动得以消除，通货膨胀通过一般物价上涨形式表现出来，即表现为物价总水平明显的、直接的上涨。

隐蔽型通货膨胀是指物价水平的上涨并没有完全通过公开的物价指数上涨表现出来的通货膨胀，即货币工资水平没有下降、物价总水平也未提高，但居民实际消费水准却程度不同地有所下降的一种情况。隐蔽型通货膨胀的形成条件大体有以下几个：①经济体系中已积累了难以消除的过度需求压力；②存在着严格的价格管制，这种管制包括对生产企业的定价管理和流通企业的销价管制两方面的内容；③实行排斥市场机制的单一行政管理体制。

在存在隐蔽性通货膨胀的条件下，消费品供不应求的矛盾，主要是以非价格的方式表现出来的，包括国家牌价与自由市场价或黑市价之间的巨大价差、一些产品在价格不变的情况下质量下降等。按国家物资调拨计划进行管理的生产资料，其供不应求的矛盾则表现为质量下降，实际供货数量低于交易量，索取价外的报酬，直到事实上拒绝按照官定价格供货等。在隐蔽性通货膨胀条件下，经济体系中已存在的多余购买力无法通过市场供求的自我调节予以消除，而且还必然助长贪污腐败之风。

39. 菲利普斯曲线［对外经济贸易大学 2025 年研；厦门大学 2014 年研］

答：菲利普斯曲线是说明失业率和货币工资率之间交替变动关系的一条曲线。它是由英国经济学家菲利普斯根据 1861～1957 年英国的失业率和货币工资变动率的经验统计资料提出来的，故称之为菲利普斯曲线。因为西方经济学家认为，货币工资率的提高是引起通货膨胀的原因，即货币工资率的增加超过劳动生产率的增加会引起物价上涨，从而导致通货膨胀。所以，菲利普斯曲线又成为当代经济学家用以表示失业率和通货膨胀率之间此消彼长、相互交替关系的曲线。其含义为：失业率高，通胀率就低；失业率低，通胀率就高，并认为二者间这种关系可为政府进行总需求管理提供一份可供选择的菜单，即通胀率或失业率太高时，可用提高失业率的紧缩政策或提高通胀率的扩张政策来降低通胀率或降低失业率，以免经济过分波动。菲利普斯曲线可用下图说明。

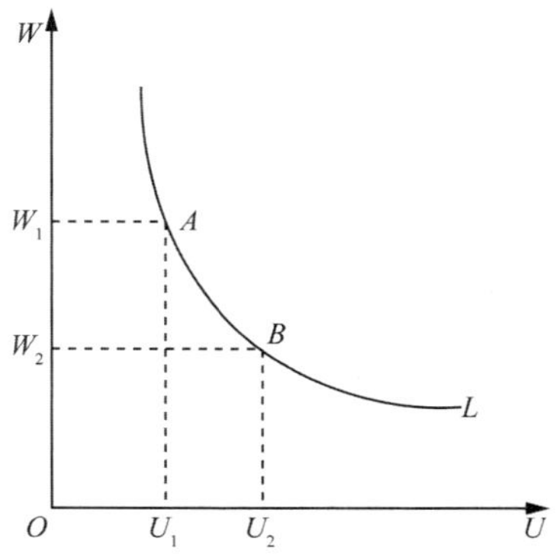

图中，W 为货币工资变动率，U 为社会的失业率，L 即为菲利普斯曲线。当失业率由 U_2 降到 U_1 时，货币工资增长率就由 W_2 上升到 W_1，这表明失业率与货币工资变动

率有着一种交替关系。也就是说，要实现充分就业就必然会出现较高的物价上涨率。由于货币工资变动率与物价上涨率有关，而通货膨胀又用物价上涨率来表示。所以，进一步引申，便可表示通货膨胀率与失业率之间的关系。

40. 道义劝告［兰州大学2014年研］

答：道义劝告是指中央银行利用其声望和地位，对商业银行和其他金融机构发出通告、指示或与各金融机构的负责人举行面谈，劝告其遵守政府政策并自动采取贯彻政策的相应措施。例如，在国际收支出现赤字时劝告各金融机构减少海外贷款；在房地产与证券市场投机盛行时，要求商业银行缩减对这两个市场的信贷等。道义劝告是中央银行对商业银行的一种间接信用控制，间接影响商业银行的信用创造。

道义劝告等间接信用指导的优点是较为灵活，但它只有在中央银行在金融体系中有较强的地位、较高的威望和拥有控制信用的足够的法律权力和手段的情况下才能起作用。

41. 一价定律［广东财经大学2013复试］

答：一价定律是关于在自由贸易条件下国际商品价格定价规律的一种理论。该理论认为，在自由贸易条件下，贸易者的套利行为会使得同一种可贸易商品无论在什么地方出售，扣除运输费用外，其价格都是相同的。所谓可贸易商品是指套利活动能使其地区间的价格差异保持在较小范围内的商品。根据此定律，由于各国所采用的货币单位不同，同一可贸易商品以不同货币表示的价格经过均衡汇率的折算，在数值上相等。用公式表示为：$P_a = e \cdot P_b$（P_a、P_b表示同一可贸易商品在两个国家的价格，e表示两国货币的汇率）。

一价定律是19世纪末20世纪初期，英国金块主义者J. 威得利首次提出的概念，它反映了一种国际商品的套利条件。一价定律的成立基于自由贸易的严格假定，即商品与服务能在国家之间自由流动。这一定律的意义在于现实中自由贸易的条件在大多数情况下不能满足，因此国际间就会产生商品套购，套购者根据贱买贵卖的原则，在低价国购买，运到高价国出售，从中获取无风险套购利润。一价定律与绝对购买力平价学说在内容上是一致的，是绝对购买力学说的前提之一，为购买力平价理论提供基本的绝对形式，可以说购买力平价说是一价定律的翻版。

42. 相对购买力平价［武汉大学2013年研；青岛大学2013年研］

答：相对购买力平价是将汇率在一段时间内的变化归因于两个国家在这段时期中的物价水平或货币购买力的变化。即在一定时期内，汇率的变化要与同一时期内两国物价水平的相对变动成比例，用公式表示为：

$$r_1 = r_0 \times \frac{P_{A1}/P_{B1}}{P_{A0}/P_{B0}}$$

式中，r_0为基期汇率；r_1为某一时期汇率；P_{A0}、P_{B0}和P_{A1}、P_{B1}分别为A、B两国在基期和某一时期的物价指数。

将上式写成对数形式，再取变动率，即得：$\Delta r = \Delta P - \Delta P^*$，$\Delta r$为汇率的变动，$\Delta P$为本国物价的变动，$\Delta P^*$为外国物价的变动。

该式即为相对购买力平价的一般形式，它意味着汇率的升值与贬值是由两国的通胀率的差异决定的。如果本国通胀率超过外国，则本币将贬值。与绝对购买力平价相比，相对购买力平价更具有应用价值，因为它避开了前者过于脱离实际的假定，并且通胀率的数据更易于得到。

43. 铸币税[华东师范大学 2013 年研]

答：铸币税是指政府由于拥有货币铸造的垄断权而获得的净收入，即一种货币发行收入。

①从历史发展来看，在金属货币时代，货币产生于实体经济，购买力取决于所含金属的重量即内在价值。货币与商品的交换，是一个等价交换的过程。在这一过程中，基本上不存在货币的发行收入。但当货币形式发展到不足值货币，特别是到了信用货币时代，货币发行脱离了实体经济的束缚，货币发行就成为一种特权，能为发行者带来发行收入。西方政府曾对私人银行发行现钞课税，作为允许他们拥有货币发行特权的交换，铸币税就出现了。中央银行建立后，垄断了货币发行权，货币的发行收入归属政府，这种收入也被称为“铸币税”。这时铸币税已不是一种真正的税种，只是将政府垄断货币发行收入具体化，使之可以进行实际的操作，在实践上实现货币发行收入归政府所有。

②设铸币税为 S，M_t是 t 期的货币发行量，M_{t+1}是 $t+1$ 期的货币发行量，考虑到价格因素，$S=(M_{t+1}-M_t)/P_t$，P_t为 t 期的价格水平。从上述公式中反映出：货币发行收入与价格水平成反比，物价水平越低，中央银行同等数额货币发行的铸币税就越高；货币发行收入与新增货币发行量成正比，新增货币发行量越大，铸币税越高。

③在国际金融中，铸币税是指一国因其货币为他国所持有而得到的净收益。如其他国家持有美元，则意味着美国可以用本国发行的没有内在价值的美元购买他国的商品和金融资产，也就是说美国无偿占有了他国资源。这是由于美元作为国际货币的地位而取得的特权。因此一国因货币输出赚取的物质利益也被称为“铸币税”。

44. 远期合约与期货合约[辽宁大学 2013 年研]

答：远期合约是指合约双方约定在未来某一时期按约定的价格买卖约定数量的相关资产。远期合约交易最早是作为一种锁定未来价格的工具，交易双方需要确定交易的标的物、有效期和交割时的执行价格等内容，双方都必须履行协议。一般说来，双方协议确定合约的各项条款，其合约条件是为买卖双方量身定制的，满足了买卖双方的特殊要求，一般通过场外交易市场(OTC)达成。

在远期合约的有效期以内，合约的价值随相关资产市场价格的波动而变化。若合约到期时以现金结清的话，当市场价格高于合约约定的执行价格时，应由卖方向买方支付价差金额；当市场价格低于执行价格时，则由买方向卖方支付价差金额。按照这样一种交易方式，远期合约的买卖双方可能形成的收益或损失都是“无限大”的。

期货合约是指交易双方按约定价格在未来某一期间完成特定资产交易行为的一种方式，是期货交易所为期货交易而制订发行的标准化合同。期货合约的交易是在有组织的交易所内完成的，合约的内容(如相关资产的种类、数量、价格、交割时间、交割地点等)都有标准化的特点，因此，期货交易更为规范化，也更便于管理。

两者区别在于：①远期合约一般不在规范的交易所内进行，规模较小，较为灵活，交易双方易于按各自的愿望对合约条件进行磋商。②期货合约的交易是在有组织的交易所完成，合约的内容，如相关资产的种类、数量、价格、交割时间、交割地点等，都已标准化。

45. 债券［武汉大学2013年研］

答：债券是指政府、金融机构、工商企业等机构直接向社会借债筹措资金时，向投资者发行，并且承诺按一定利率支付利息并按约定条件偿还本金的债务凭证。

①要素：期限、面值与利息、税前支付利息、求偿等级、限制性条款、抵押与担保、选择权。

②债券按发行主体的不同可以分为政府债券、公司债券和金融债券。

③发行程序：决定发行计划；选择中介机构；签订承销合同；申请资信等级；呈主管部门批准；制作申购认购书；发行募集公告；投资者认购；呈报发行情况。

46. 抵押债券［厦门大学2013年研］

答：抵押债券是指一种以实物资产作抵押的债券，该债券赋予持有人对抵押品的留置权，一旦债务人无法履行偿付责任时，债券持有人可以出售抵押品。由于抵押债券给了债券持有人一定的偿付保障，因而信用风险相对较低。公司债券的种类比较多，包括抵押债券、担保信托债券、信用债券、次级信用债券、担保债券等。

47. 名义利率［华东师范大学2013年研］

答：名义利率是指央行或其他提供资金借贷的机构所公布的未调整通货膨胀因素的利率，即利息（报酬）的货币额与本金的货币额的比率。名义利率是包括补偿通货膨胀（包括通货紧缩）风险的利率。其公式为：1＋名义利率＝（1＋实际利率）×（1＋通货膨胀率），也可以将公式简化为：名义利率≈实际利率＋通货膨胀率。其中通货膨胀率可用CPI增长率来代替。

48. 窗口指导［首都经济贸易大学2013年研］

答：窗口指导是指中央银行通过劝告和建议来影响商业银行信贷行为的一种温和的、非强制性的货币政策工具，是一种劝谕式监管手段。监管机构向金融机构解释说明相关政策意图，提出指导性意见，或者根据监管信息向金融机构提示风险。窗口指导是监管机构利用其在金融体系中特殊的地位和影响，引导金融机构主动采取措施防范风险，进而实现监管目标的监管行为。窗口指导可以是指导性政策也可以是指令性政策。作为一种货币政策工具，窗口指导虽非法律规定，只是劝告性指导，但由于这种指导来自享有很高信誉和权威的中央银行，实际上带有很大程度的强制性。如果民间金融机构不听从指导，尽管不承担法律责任，但最终要承受因此带来的其他方面的经济制裁。

49. 金融危机［厦门大学2013年研］

答：金融危机是指金融体系和金融制度的混乱和动荡。金融危机的特征是人们基于经济未来将更加悲观的预期，整个区域内货币币值出现较大幅度的贬值，经济总量与经济规模出现较大幅度的缩减，经济增长受到打击，往往伴随着企业大量倒闭的现象，失业率提高，社会普遍的经济萧条，有时候甚至伴随着社会动荡或国家政治层面的动荡。主要表现是：强制清理旧债；商业信用剧减；银行资金呆滞，存款者大量提取现钞，部分金融机构倒闭；有价证券行市低落，发行锐减；货币饥荒严重，借贷资金匮乏，市场利率猛烈提高，本币币值下降，金融市场动荡不安等。金融危机可以分为货币危机、债务危机、银行危机、次贷危机等类型。

50. 电子货币［武汉大学 2012 年研］

答：电子货币是指利用电子计算机系统储存和处理的电子存款或信用支付工具，亦称“数字货币”。自电子计算机运用于金融业后，各种信用卡或银行卡正在逐步取代现钞和支票，成为经济生活中广泛运用的支付工具，许多交易结算都利用银行系统的电子计算机网络进行电子化转账支付。电子货币的出现，是现代商品经济高度发达和银行转账清算技术不断进步的产物，将进一步发展。电子货币主要具有以下功能：①转账结算功能：直接消费结算，代替现金转账；②储蓄功能：使用电子货币存款和取款；③兑现功能：异地使用货币时，进行货币汇兑；④消费贷款功能：先向银行贷款，提前使用货币。

51. 固定汇率制［兰州大学 2012 年研］

答：固定汇率制是指一国货币与美元或其他货币保持固定汇率的制度。固定汇率是在金本位制度下和布雷顿森林体系下通行的汇率制度，这种制度规定本国货币与其他国家货币之间维持一个固定比率，汇率波动只能限制在一定范围内，由官方干预来保证汇率的稳定。

52. 成本推动型通货膨胀［南开大学 2012 年研］

答：成本推进型通货膨胀，是指由于生产成本上升而引起的物价持续上涨的现象。这种成本的提高主要是由于存在强大的、对市场价格具有操纵力量的压力团体（如工会、垄断大公司）所致。其成因主要是指工资推进和利润推进，当然还包括垄断推进及汇率成本推进等因素。因此，成本推进型通货膨胀又可分为下列小类：

①工资推进型通货膨胀，是指由于工人工资的增加超过了劳动生产率的提高而引起的通货膨胀。西方经济理论认为，由于工会的强大垄断力量操纵了劳动力市场的价格，工资出现“刚性”，即只升不降的现象。因此，即使没有出现对劳动力的过度需求，甚至存在失业的条件下，也迫使厂商让工资增长超过劳动生产率的增长，从而使商品成本增加，物价上涨，而且在物价上涨之后，工人又要求提高工资，再度引起物价上涨，如此循环往复，形成一种工资－物价的“螺旋上升”。

②利润推进型通货膨胀，是指垄断组织和垄断企业为了保证一定利润而抬高价格引起的一般物价水平的持续上涨。

③操纵价格的通货膨胀，是指垄断企业和寡头对部分产品卖价进行操纵，人为抬高价格而引起的通货膨胀。

④汇率成本推进型通货膨胀，是指由于本国货币对他国货币汇率贬值而引起的出口产品成本上升所引起的物价持续上涨。本国货币对外贬值，导致进口原材料及其他商品价格上涨，从而使利用这些原材料进行生产的企业成本增加，使商品价格提高，并带动国内其他商品价格的连续上涨。

53. 普惠金融［华中科技大学 2025 年研］

答：普惠金融是指让尽可能多的个人和企业能够使用金融服务，特别是那些传统金融体系难以覆盖的弱势群体。根据世界银行定义，它强调的是高比例的个人和企业能够利用金融服务。联合国则指出，普惠金融旨在通过有效且可负担的方式，使每个人都能获得方便、及时、有尊严且高质量的金融服务。这不仅限于储蓄、贷款等基本服务，还包括保险和其他金融产品。重要的是，普惠金融并非慈善或救济，而是基于市场机制运作，追求可持续发展，确保所有人都能以合理的价格获取所需的金融服务。

五、简答题

1. 简述货币危机的定义和类型，探讨通胀上升压力背景下美联储快速加息对新兴经济体货币汇率的影响。［复旦大学 2024 年研］

答：(1)货币危机的定义

狭义的货币危机是指市场参与者通过外汇市场的操作导致该国固定汇率制度的崩溃和外汇市场持续动荡的事件。货币危机通常表现为固定汇率制度的崩溃或被迫调整(如法定贬值或汇率浮动区间的扩大等)，国际储备的急剧减少(国际收支危机)以及本币利率的大幅上升等。

(2)货币危机的类型

按照货币危机的成因，货币危机可以分为三种类型：

①由政府扩张性财政货币政策导致经济基础恶化，从而引发国际投机资本冲击所导致的货币危机，可称为经济基本面恶化触发危机。

②在经济基础比较健康时，主要由心理预期自我实现性质作用而引发的国际投机资本冲击所造成的货币危机，可称为自促成危机。

③在金融市场一体化的今天，一国发生货币危机极易传播到其他国家，这种因其他国家货币危机传播而引发的货币危机被称为蔓延型货币危机。东亚货币危机就是金融市场一体化条件下泰国货币危机对邻国的货币传染所致。

(3)美元加息的内涵、背景和原因

①内涵

美元加息其实就是提高联邦基金利率，联邦基金利率相当于美国的银行同业拆借利率。美联储一般通过公开市场操作或利率走廊对联邦基金利率进行调整，公开市场委员会设定联邦基金利率目标后，美联储通过公开市场操作改变市场上货币的发行量，实现预先设定的目标利率。

②背景和原因

由于美国为刺激经济持续大规模量化宽松，货币政策带来的流动性扩张，造成了美国近四十年来最严重的通货膨胀。根据美联储所遵循的泰勒规则，当实际通胀高于预期通胀，需要提高名义利率，以抑制过热的总需求降低物价；同时从预期层面上释放出美联储管控通货膨胀的决心。

(4)美元加息对新兴经济体货币汇率的影响

在美联储加息背景下，新兴经济体主要面对的是资本外流风险。国际投资者对于新兴经济体的信心较为脆弱，在美国经济出现复苏后，对新兴经济体的资产兴趣开始减弱。尤其在美联储加息的预期下，国际投资者对美元的信心开始增加，资本撤出新兴经济体，转而投向美国市场。

所以新兴经济体的货币汇率会表现对美元贬值，从 2022 年 3 月美联储启动本次加息以来，世界大多数货币对美元汇率都表现了不同程度的贬值，其中不乏日元、欧元等发达经济体的货币，新兴经济体亦是如此，中国人民币也在一定程度表现对美元的贬值。

总体来说，受美元加息的负外部溢出效应，极度依赖美元拉动经济经济增长的新兴经济体会因为资本流出感受到阵痛。可能会经历这么一个过程：

美国加息→世界储备货币收缩→资本迅速回流以美国为中心的发达国家→外围新兴经济体资本外逃→新兴经济体货币贬值、资产价格下跌→危机显现。抗压能力好的经济体受到的影响较轻，但一些抗压能力较弱的经济体将遭受动荡，严重的甚至会引发金融危机。

2．请阐述凯恩斯流动性偏好理论的货币需求函数的特征及政策意义。［对外经济贸易大学 2024 年研］

答：（1）凯恩斯货币需求函数的内容

凯恩斯认为，人们之所以持有货币，是因为存在流动性偏好。所谓流动性偏好，即人们在心理上偏好流动性，愿意持有货币而不愿意持有其他缺乏流动性的资产的愿望。凯恩斯将人们持有货币的动机，称为流动性偏好，所以凯恩斯的货币需求理论也被称为流动性偏好理论。凯恩斯将人们持有货币的动机分为三类，即：交易动机（Transactions Motive）、预防动机（Precautionary Motive）和投机动机（Speculative Motive）。相应地，货币需求也被分为交易性需求、预防性需求和投机性需求。

货币的交易性需求是指企业或个人为了应付日常的交易而愿意持有的那部分货币，这是由于货币的交易媒介职能而产生的一种需求。货币的预防性需求是指企业或个人为了应付突然发生的意外支出，或者捕捉一些突然出现的购买机会而愿意持有的那部分货币。货币的投机性需求是指人们为了在未来某一适当的时机进行投机活动而愿意持有的货币。

（2）货币需求函数的特征及政策意义

①利率是影响货币需求的重要因素。凯恩斯对货币需求理论的贡献是把利率作为影响货币需求的重要因素引入到货币需求的分析之中，而在此之前的古典货币数量论者，如现金交易说根本否认利率对货币需求的作用，现金余额说也只是提到利率对货币需求产生影响的可能性。只有凯恩斯明确地将货币需求对利率的敏感性作为其宏观经济理论的重要支点。

②货币需求函数和货币流通速度是不稳定的。因为市场利率是经常变化的，货币需求是不稳定的，而非像古典货币数量论者认为的那样：货币需求量与其决定因素之间是一个稳定的函数关系。结合交易方程式和凯恩斯的货币需求函数，可以得到：

$$V=\frac{PY}{M_s}=\frac{PY}{M_d}=\frac{Y}{(M_d/P)}=\frac{Y}{L_1(Y)+L_2(i)}$$

货币流通速度 V 和利率 i 有关，由于 $L_2(i)$ 是利率的减函数，因此 V 是利率的增函数。当利率上升时，货币流通速度加快，因为利率上升鼓励减少投机性需求，货币流通周转率加快。由于利率的波动性大，所以，货币流通速度是不稳定的。在经济高涨时，贷款需求大，加之有通胀预期，利率水平会随之上升；经济低迷时，投资无利可图，贷款需求减少，利率水平随之降低，因此，利率具有顺周期特征。相应地，货币流动速度也具有顺周期特征。

因此，在有效需求不足的情况下，可以通过扩大货币供应量来降低利率，以刺激投资，增加就业，扩大产出，促进经济增长。凯恩斯的有效需求理论和流动性理论是其“相机抉择”政策主张的重要理论，即在经济衰退时，可以运用宽松的货币政策刺激投资、拉动经济增长、增加就业；而在经济过热时，则可以运用紧缩型的货币政策。

3．请简述什么是有效市场假说。［厦门大学 2023 年研］

答：有效市场假说是由美国经济学家尤金·法马提出的。按照有效市场假说，资本市场的有效性是指市场根据新信息迅速调整证券价格的能力。有效市场假说主要包括三种形态，即强式有效市场、半强式有效市场以及弱式有效市场。具体阐述如下：

（1）强式有效市场

强式有效市场是信息反映能力最强的证券市场。在这种证券市场上，证券价格总能及时充分地反映所有相关信息，包括所有公开的信息和内幕信息。任何人都不可能利用公开或内幕信息来获取超额收益。其结果是：在强式有效市场上，每一位投资者都掌握了有关证券产品的所有信息，而且每一位交易者所占有的信息都是一样的，每一位投资者对该证券产品的价值判断都是一致的，并且都能将自己的投资方案毫无阻碍地付诸实施。因此，对于强式有效证券市场来说，不存在因证券发行者和投资者的非理性所产生的供求失衡，也不存在因这种供求失衡而导致的证券产品价格波动，其证券的价格反映了所有信息。这是一种理想的经济状态，其市场非常完善，市场中证券价值和价格总是相等的，并随着新信息的出现而随机波动。

（2）半强式有效市场

在半强式有效市场上，信息公开的有效性遭到破坏，存在某种尚未公开的“内幕信息”。但是，所有投资者占有的公开信息是一样的，除了“内幕信息”以外，只要是被公开的信息，就可以被所有投资者获得。同时，所有投资者对公开信息会做出一致的、准确的判断，并通过投资行为引起市场价格的变化。其结果是，在半强式有效市场上存在着两类信息：公开信息和内幕信息。极少数人掌握着内幕信息，而大部分人只能获得公开信息。如果掌握内幕信息的人不能参加交易，那么所有参与交易的人都能通过公开信息进行投资，而证券的市场价格就反映了全部投资者对所有公开信息的理性价值判断。如果少数既掌握“内幕信息”又拥有公开信息的人也参与交易，那么掌握“内幕信息”的人就可以从中赚取超额收益。

（3）弱式有效市场

在弱式有效市场上，市场行为的历史资料已经充分发挥了作用，不能再继续影响证券市场的价格走势，即证券价格充分反映了历史上一系列交易价格和交易量中所隐含的信息，也即有关证券的历史交易信息已经被充分披露和完全使用，任何投资者都不可能通过分析这些历史交易信息来获取超额收益。在这种市场上，信息从产生到公开的效率受到损害（即存在“内幕信息”），而且投资者对信息进行价值判断的效率也受到损害，并不是每一位投资者对所披露的信息都能做出全面、正确、及时和理性的解读和判断。只有那些掌握了专门分析工具的专业人员才能对披露的信息做出全面、正确、及时和理性的解读和判断，并在此基础上做出有效的投资决策。一般的投资公众解读和判断信息价值的能力以及做出有效投资决策的可能性都不如专业投资者。但一般投资公众对于历史信息的分析和判断是完全准确的，因此弱式有效市场可以反映历史信息。

三种形态的有效市场之间的关系为：强式有效市场包含着半强式有效市场，即一个强式有效市场也是一个半强式有效市场；半强式有效市场包含着弱式有效市场，即一个半强式有效市场必定是一个弱式有效市场；反之，不成立。

4. 请简述权益融资与债券融资的区别。［厦门大学2023年研］

答：权益融资与债券融资均为直接融资方式。权益融资是一种所有权融资，是公司向股东筹集资金以创办公司或增资扩股时采取的融资方式，股权融资获得的资金就是公司的股本，代表着对公司的所有权，是公司权益资本的主要构成部分；债券融资是指经济主体通过发行债券进行融资，发行人需要承担资金的利息，并在债券到期时向债权人偿还本金。两者具体区别如下：

（1）权利不同。权益融资的主要工具是股票，股票是一种所有权凭证，股票所有者是发行公司的股东，拥有经营决策权和监督权；债券融资的主要工具是债券，债券持有人与债券发行人之间的经济关系是债权债务关系，债券持有人只能按期获取利息及到期收回本金，无权参与公司的经营决策。

（2）发行主体不同。能够进行权益融资的经济主体只有股份有限公司；能够进行债券融资的经济主体很多，中央政府、地方政府、金融机构、公司等一般都可以发行债券。

（3）期限不同。权益融资筹措的资金具有永久性，无到期日，不需归还，是一种无期证券；债券融资中的债券有规定的偿还期，期满时债务人必须按时归还本金，是一种有期证券。

（4）收益不同。权益融资没有固定的到期还本付息的压力，股利的支付多少与支付与否视公司有无盈利和公司的经营需要而定；债券融资通常有规定的票面利率，可获得固定的利息。

（5）风险不同。对于发行人来说，债券融资的风险一般高于权益融资，因为债券利息是公司的固定支出，会给公司带来财务负担；而对于持有人来说，权益融资的风险一般高于债券融资，因为股利发放不固定，且破产清算时股票的清偿顺序劣于债券。

总而言之，权益融资与债券融资各有优劣，发行者需根据自身经营状况和融资需求进行选择。

5. 美国金融危机和欧债危机的区别。［东北财经大学 2023 年研］

答：美国金融危机是指自 2007 年开始，由美国次级房屋信贷行业违约剧增、信用紧缩问题引发的国际金融市场的震荡和恐慌，标志性事件是雷曼兄弟的倒闭。欧债危机是指自 2009 年以来，由希腊债务危机引发的在欧洲部分国家爆发的主权债务危机，标志性事件是希腊债务危机。两者均属于国际金融危机，对经济增长和社会稳定产生了不利影响，主要区别如下：

（1）来源不同。美国金融危机的爆发是由于利率环境变化下美国房地产行业次级债务违约，使得建立在次级债务上的各种衍生产品崩盘，进一步产生流动性危机和信用危机，主要涉及的金融工具为次级抵押贷款及其衍生品；欧债危机的爆发是由于希腊等欧盟国家的主权债务负担超过了自身承受范围而引起的违约风险，主要涉及的金融工具为国家主权债务。

（2）实质不同。美国金融危机的实质为金融危机，而欧债危机的实质为财政危机。

（3）演变路径不同。美国金融危机的演变路径是：美国次贷危机、美国金融危机、全球金融危机、全球经济危机，主要体现出金融部门对实体经济的冲击；欧债危机的演变路径是：希腊主权债务危机、欧元区主权债务危机、欧元区金融危机、全球金融危机、全球经济危机，主要体现出国家主权债务对金融经济的冲击。

（4）主要推动因素不同。美国金融危机主要由过大的次级贷款风险造成，由投资银行和各级住宅贷款机构推动，而资本的高度网络化导致金融行业一系列问题的出现，资本市场风险最终蔓延到整个世界；欧债危机的导火索是希腊政府的假账问题，由欧猪五国的财政危机暴露，各家评级机构调低评级而推动，主要是政府财政因素所导致。

（5）政策应对不同。在救助时点方面，在美国金融危机中，美国政府直至危机后期，房价和股市泡沫均得到释放，各种债务问题开始完全暴露时才真正开始全力救助，以美国财政部对7000亿美元问题资产实施救助计划为起点；而在欧债危机中，欧元区在资产泡沫没有完全破灭时便开始救助，欧元区的房价与股市并未崩溃。在救助手段方面，美国应对危机主要采取"宽货币、宽财政"政策，而欧洲应对危机主要采取"宽货币、紧财政、寻援助"政策，这主要是两地财政情况的不同所致。

6．简述货币政策中介目标的选择标准及主要种类。［对外经济贸易大学2022年研］

答：货币政策的中介目标是指中央银行为了实现货币政策最终目标而设置的可供观测和调整的指标，中央银行在货币政策实施的过程中可据以衡量对最终目标所产生的初步影响。

（1）货币政策中介目标的选择标准

对货币政策中介目标的选择是否正确以及选定后能否达到预期调节效果，关系到货币政策最终目标能否实现。通常认为中介目标的选取要符合如下一些标准：

①可控性。即是否易于为货币当局所控制。通常要求中介指标与所能适用的货币政策工具之间要有密切的、稳定的和统计数量上的联系。

②可测性。其含义包括两个方面：一是中央银行能够迅速获取有关中介指标的准确数据；二是有较明确的定义并便于观察、分析和监测。

③相关性。指的是只要能达到中介指标，中央银行在实现或接近实现货币政策目标方面不会遇到障碍和困难。也就是说，要求中介指标与货币政策的最终目标之间要有密切的、稳定的和统计数量上的联系。

④抗干扰性。货币政策在实施过程中常会受到许多外来因素或非政策因素的干扰。只有选取那些受干扰程度较低的中介指标，才能通过货币政策工具的操作达到最终目标。

⑤与经济体制、金融体制有较好的适应性。经济及金融环境不同，中央银行为实现既定的货币政策目标而采用的政策工具不同，选择作为中介指标的金融变量也必然有区别。

（2）货币政策中介目标的主要种类

根据以上几个条件，尤其是根据前三个条件所确定的中介指标一般有利率、货币供应量、超额准备金和基础货币等。根据这些指标对货币政策工具反应的先后和作用于最终目标的过程，又可分为两类：一类是近期指标，即中央银行对它的控制力较强，但离货币政策的最终目标较远；另一类是远期指标，即中央银行对它的控制力较弱，但离政策目标较近。

①利率指标

利率作为中介目标，其可控性、可测性和相关性均比较理想，但抗干扰性不理想，这是因为作为内生经济变量，利率的变动是顺循环的：繁荣时，利率因信贷需求增加而上升，萧条时，利率随信贷需求减少而下降。然而作为政策变量，利率与总需求也应沿同一方向变动：繁荣时为防止经济过热应提高利率，萧条时为刺激经济复苏应降低利率。这样，货币政策和市场因素对利率的作用效果是叠加的，当利率发生变动时，中央银行往往很难判断这一变化多少是货币政策的作用效果，多少是市场因素作用的结果，对货币政策的松紧也就无从掌握。

②货币供应量

货币供应量作为中介目标，M0、M1、M2 均满足可测性、可控性，而就抗干扰性来说，货币供应量的变动作为内生变量是顺循环的，而作为政策变量则是逆循环的，因此，政策性影响与非政策性影响，不会相互混淆，抗干扰性也符合要求。问题在于相关性，以 M1、M2 二者而言，哪一个指标更能代表一定时期的社会总需求和购买力，从而表现出与最终目标有着更强的相关性，对此学者有不同的看法。

③超额准备金

超额准备对商业银行的资产业务规模有直接决定作用。存款准备金率、公开市场业务和再贴现率等货币政策工具，都是通过影响超额准备金的水平而发挥作用的。但是，作为中介指标，超额准备金往往因其取决于商业银行的意愿和财务状况而不易为货币当局测度、控制。

④基础货币

基础货币是流通中的现金和商业银行的存款准备金的总和，它构成了货币供应量倍数伸缩的基础。与超额准备金不同，它可满足可测性和可控性的要求，数字一目了然，数量也易于调控。不少国家把它视为较理想的近期指标。

7. 简述 2004 年颁布实施的《新巴塞尔协议》的三大支柱。［南京大学 2022 年研；东北财经大学 2013 年研］

答：《新巴塞尔协议》包括互为补充的三大支柱：

（1）第一大支柱——最低资本要求。最低资本要求由三个基本要素构成：受规章限制的资本的定义、风险加权资产以及资本对风险加权资产的最小比率。其中，有关资本的定义和 8% 的最低资本比率没有发生变化，但对风险加权资产的计算问题，新协议在原来只考虑信用风险的基础上，进一步考虑了市场风险和操作风险。

（2）第二大支柱——监管当局的监管。这是为了确保各银行建立起合理有效的内部评估程序，用于判断其面临的风险状况，并以此为基础对其资本是否充足做出评估。监管当局要对银行的风险管理和化解状况、不同风险间相互关系的处理情况、所处市场的性质、收益的有效性和可靠性等因素进行监督检查，以全面判断该银行的资本是否充足。

（3）第三大支柱——市场纪律。市场纪律的核心是信息披露。市场约束的有效性，直接取决于信息披露制度的健全程度；只有建立健全的银行业信息披露制度，各市场参与者才可能估计银行的风险管理状况和清偿能力。为了提高市场纪律的有效性，巴塞尔委员会致力于推出标准统一的信息披露框架。

8. 简述货币的形式及基本职能。［兰州大学 2020 年研；广东财经大学 2013 年研］

答：（1）货币的形式

货币的形式是指形形色色的用来固定充当一般等价物的商品。从古至今，货币存在各种各样的形式，并且经历了几个发展阶段。具体而言，货币的形式有以下几种：

①实物货币。中国最早的货币是贝，古代欧洲以牛为货币，其他地区以盐、烟草等为货币。这是将商品用作货币。

②金属货币。以金、银、铜等金属作为货币，其价值比较高，易于分割，便于携带。

③纸币与银行券。是一种可兑现的银行券，由银行发行的，以金、银为发行保证，可以随时兑换为金银。

④信用货币。国家发行并强制流通的纸制货币，不可兑现为金属的货币，包括存款货

币(可签发支票的存款)和电子货币。

(2)货币的基本职能

货币职能是货币本质的具体表现。在发达的商品经济条件下，它具有价值尺度、流通手段、贮藏手段、支付手段和世界货币五种基本职能。

①价值尺度

货币执行价值尺度职能，是把一切商品的价值都表现为一定的货币量。这是因为货币本身也是商品，具有价值。各种商品都是社会劳动的凝结，具有相同的质，所以劳动时间是商品内在的价值尺度。这种内在的价值可以比较，但自身却无法表现出来。在商品交换过程中，当货币执行价值尺度职能去衡量其他商品的价值，使各种商品价值都表现为一定量的货币时，货币就成为商品价值的外在表现。

②流通手段

货币充当商品交换媒介的职能。在商品交换过程中，商品出卖者把商品转化为货币，然后再用货币去购买商品。在这里，货币发挥交换媒介的作用，执行流通手段的职能。货币充当价值尺度的职能是它作为流通手段职能的前提，而货币的流通手段职能是价值尺度职能的进一步发展。

③贮藏手段

货币退出流通领域充当独立的价值形式和社会财富的一般代表而储存起来的一种职能。货币能够执行贮藏手段的职能，是因为它是一般等价物，可以用来购买一切商品，因而货币贮藏就有必要了。

④支付手段

货币作为独立的价值形式进行单方面运动(如清偿债务、缴纳税款、支付工资和租金等)时所执行的职能。

⑤世界货币

货币在世界市场上执行一般等价物的职能。由于国际贸易的发生和发展，货币流通超出一国的范围，在世界市场上发挥作用，于是货币便有世界货币的职能。作为世界货币，必须是足值的金和银，而且必须脱去铸币的地域性外衣，以金块、银块的形状出现。原来在各国国内发挥作用的铸币以及纸币等在世界市场上都失去作用。

9. 中央银行出现的背景。[首都经济贸易大学2019年研]

答：中央银行是专门制定和实施货币政策、统一管理金融活动并代表政府协调对外金融关系的金融管理机构。

在现代金融体系中，中央银行处于核心地位，是一国最重要的金融管理当局。中央银行的出现有以下几方面的原因：

(1)统一银行券发行的需要。在商业银行发展初期，各家都有发行银行券的权利。因当时实行金本位制，各家银行只要保证自己所发行的银行券能随时换成金属货币，就可以稳妥经营。但随着市场竞争的加剧与银行经营的问题，商业银行可能无法保证自己所发银行券的兑现。此外，因商业银行资金实力、经营范围的限制，其发行的银行券流通往往有很大限制。为了解决这些问题，需要有一个资金实力雄厚且具有权威性的银行来统一发行银行券并确保其兑现。

(2)票据交换、清算的需要。随着商业银行间相互支付量的增加，每天收受的票据数量在扩大，由各银行自行轧差清算成为问题，客观上要求有一个统一的票据交换和债权债务清算机构，为各个商业银行之间的票据交换和资金清算提供服务。

（3）最后贷款人的需要。随着工商业的发展与市场的扩张，商业银行的贷款规模不断扩大，期限不断延长，银行的流动性风险上升。单个银行由于资金有限，支付能力不足而产生挤兑与破产事件。为此，有必要集中各家银行的准备金，对某一银行的支付困难实施救助。

（4）金融监管的需要。随着银行业与金融市场的发展，金融活动需要政府进行必要的管理。这种管理的专业性与技术性很强，一般的政府机构很难胜任，要由专业性的机构来对全国的货币金融活动进行必要的监督和管理。

要解决以上问题，需要成立专门的机构，来担负统一发行、票据清算、提供再贷款与金融管理任务。这就是现代的中央银行。

10. 什么是通货膨胀？简述通货膨胀的类型。［山东大学 2017 年研］

答：（1）通货膨胀的含义

通货膨胀是指商品和服务的货币价格总水平明显持续上涨的现象。这个定义包含以下几个关键点：①强调把商品和服务的价格作为考察对象，目的在于与股票、债券以及其他金融资产的价格相区别；②强调“货币价格”，即每单位商品、服务用货币数量标出的价格。这是要说明，通货膨胀分析中关注的是商品、服务与货币的关系，而不是商品、服务与商品、服务相互之间的对比关系；③强调“总水平”，说明这里关注的是普遍的物价水平波动，而不仅仅是地区性的或某类商品及服务的价格波动；④关于“持续上涨”，是强调通货膨胀并非偶然的价格跳动，而是一个“过程”，并且这个过程具有上涨的趋向。

（2）通货膨胀的类型

根据不同的标准，可以把通货膨胀分为多种类型：

①按市场机制作用来划分，可以把通货膨胀分为公开型通货膨胀和隐蔽型通货膨胀。

公开型通货膨胀是指在市场机制充分运行和政府对物价不加控制的情况下完全通过一般物价水平上涨形式反映出来的通货膨胀。在这种类型的通货膨胀过程中，物价总水平明显地、直接地上涨，通货膨胀率就等于物价上涨率。隐蔽型通货膨胀是指价格被政府管制，因而物价水平的上涨并没有完全通过公开的物价指数上涨表现出来。

②按物价水平上升速度分类，可以把通货膨胀分为温和的通货膨胀、严重的通货膨胀、飞奔的通货膨胀和恶性的通货膨胀。

一般可以认为物价上升比例在 3% ~6% 之间，为温和的通货膨胀；物价上升比例在 6% ~9% 时，是严重的通货膨胀；当这一比例为 10% ~50% 时，则为飞奔的通货膨胀；在 50% 以上，称为恶性的通货膨胀。

③按人们对物价上涨的预期来划分，可以把通货膨胀分为可预期的通货膨胀和不可预期的通货膨胀两种类型。

可预期的通货膨胀是指在较平稳的经济运行过程中，物价水平年复一年地按照某一比例或幅度上升，因而该国国民根据这一上升比例可以预测到未来一年的物价水平，并根据可预测到的价格水平调整自己的消费行为和储蓄行为。可预期的通货膨胀具有自我维持的特点，价格水平的上涨有点像运动着的物体都存在惯性一样，因此人们又将可预期的通货膨胀称为惯性通货膨胀。与此相对应的是不可预期的通货膨胀。

④按发生通货膨胀的原因，可以把通货膨胀分为需求拉动型、成本推动型、供求混合推进型和结构型通货膨胀。

需求拉动型通货膨胀是指当总需求与总供给的对比处于供不应求状态时，过多的需求拉动价格水平上涨。由于在现实生活中，供给表现为市场上的商品和服务，而需求则体现在用于购买和支付的货币上，所以对这种通货膨胀也有通俗的说法，即过多的货币追求过少的商品。

成本推动型通货膨胀，又称成本推进型通货膨胀，其是指由供给因素变动形成的通货膨胀，可以归结为两个原因：a. 工会力量对于提高工资的要求；b. 垄断行业中企业为追求利润制定的垄断价格。

供求混合推进型通货膨胀是将供求两个方面的因素综合起来，认为通货膨胀是由需求拉动和成本推进共同起作用而引发的。此观点认为，在现实经济社会中，通货膨胀的原因是需求拉动还是成本推进很难分清：既有来自需求方面的因素，又有来自供给方面的因素，即所谓“拉中有推，推中有拉”。

结构型通货膨胀是指物价上涨是在总需求并不过多的情况下，而对某些部门的产品需求过多造成部分产品的价格上涨现象，如钢铁、猪肉、楼市、食用油等。如果结构性通胀没能有效抑制就会变成成本推动型通胀，进而造成全面通胀。

11. 影响利率的风险结构的因素有哪些？［同济大学2024年研；辽宁大学2017年研］

答：到期期限相同的债券或许有着不同的利率，这些不同利率之间的联系被称为利率的风险结构。影响利率风险结构的因素包括：

（1）违约因素

违约因素直接影响债券的利率水平，由违约因素导致的偿债风险通常被称为违约风险。是指债券发行人到期无法或不愿履行实现承诺的利息支付或面值偿付义务的可能性，这种可能性将对债券利率产生重要影响。在到期期限相同的情况下，有违约风险的企业债券与无风险的国债之间的利差便是风险溢价。通常说来，有违约风险的债券总会存在正的风险溢价，而且风险溢价会随着违约风险的上升而增加。

（2）流动性因素

流动性是影响债券利率的另一重要因素。流动性被用来衡量金融资产转换为现金的能力。债券的流动性越强，意味着它转换成现金时所支付的成本会越低。不过，流动性强同时意味着收益率低，如果投资者选择持有流动性强的债券，就得以放弃部分收益为代价；反之亦然。

流动性会影响投资者持有债券的愿望，在到期日和利率相同的情况下，投资者通常会选择持有流动性强的债券。要让投资者对流动性较差的债券产生需求，债券发行者就得提供相应的流动性补偿。直观地说，在流动性较差的债券的利率中，有必要包含一个利差，即流动性溢价。

（3）税收因素

债券利息的税收政策同样会影响债券利率。对于投资者来说，即使市政债券的利率较低，流动性较差，有时还存在违约风险，但若考虑了税收减免因素，持有市政债券的回报仍然较高。

12. 简述决定金融资产需求的因素。［山东大学 2017 年研］

答：一项资产就是具有价值储藏功能的财产。当个人面临是否购买并持有某一资产的决策，或要在不同资产之间进行选择的时候，必须考虑下列因素：

（1）财富，指个人拥有的全部资源，包括所有资产。假定其他因素不变，财富的增长会增加对资产的需求数量。

（2）一种资产相对于其他替代性资产的预期回报率，即预期下个阶段的回报率。在其他因素不变的情况下，某一资产相对于其他替代性资产的预期回报率上升会增加对该资产的需求数量。

（3）一种资产相对于其他替代性资产的风险，回报的不确定性程度。假定其他因素不变，如果一种资产相对于其他替代性资产的风险增大，则对该资产的需求数量会相应减少。

（4）一种资产相对于其他替代性资产的流动性，资产转化为现金的容易程度和速度。假定其他因素不变，一种资产相对于其他替代性资产的流动性越强，就越受到人们的青睐。对它的需求量也就越多。

13. 欧洲货币市场的概念和特点是什么？［辽宁大学 2016 年研］

答：（1）欧洲货币市场的概念

传统意义上的欧洲货币市场是指非居民间以银行为中介，在某种货币发行国国境之外从事该种货币借贷的市场，又可以称为离岸金融市场。欧洲货币市场发端于 20 世纪 50 年代的伦敦欧洲美元市场，当时的欧洲银行保留并经营了大量的美元。20 世纪 60 年代，美元危机频繁爆发，一些可以自由兑换的西方国家主要货币，如德国马克、瑞士法郎、日元等分别成为交易对象，遂出现了欧洲英镑、欧洲德国马克、欧洲瑞士法郎等“欧洲货币”。于是，欧洲美元市场便逐渐扩大为国际性的欧洲货币市场。与传统的国际金融市场不同，欧洲货币市场是一个完全自由的国际金融市场。

（2）欧洲货币市场的特点

①经营自由，一般不受所在国管制。

②资金来自世界各地，各种主要可兑换货币都有交易，且规模庞大，能满足各种筹资需要。

③利率结构独特，存款利率相对高，贷款利率相对低，利差常在 0.5% 左右，对存款方和贷款方都有吸引力。

④借款条件灵活，不限贷款用途，手段简便。

14. 简述资本充足性约束对商业银行的影响。［武汉大学 2015 年研］

答：银行资本充足性指银行资本数量必须超过金融管理当局所规定的能够保障正常营业并足以维持充分信誉的最低限度。同时，银行现有资本或新增资本的构成，应该符合银行总体经营目标或新增资本的具体目的。

（1）资本充足性的内容

银行资本充足性有数量和结构两个层面的内容：

①资本数量的充足性。资本数量的充足性受银行经营规模和金融部门管理规定等因素影响。商业银行资本量的充足性同时包含资本适度的含义，保持过多的资本是没有必要的。

②资本结构的合理性。资本结构的合理性是指普通股、优先股、留存基金、债务资本等应在资本总额中占有合理的比重。

(2)资本充足率

资本充足率是指资本总额与加权风险资产总额的比例。资本充足率反映商业银行在存款人和债权人的资产遭到损失之前，该银行能以自有资本承担损失的程度。比率中的风险资产是指不包括商业银行第一、第二级准备金在内的资产。只有这些资产才有必要考虑其保障程度。这一指标将资本给予保障的资产排除在外，较多体现了资本的“抵御资产意外损失”的功能。资本充足率能够反映银行的资本充足性，因此，对于资本充足率的约束也是对资本充足性的约束。

(3)“资本充足性协议”对资本充足性的约束

①确定了资本的构成，即商业银行的资本分为核心资本、附属资本和资本扣除项三大类。

②根据资产的风险大小，大致地确定资产风险权重。

③设定一些转换系数，将表外授信业务纳入资本监管的范围。

④规定商业银行的资本充足率不得低于8%，其中核心资本对风险资产之比不得低于4%。

(4)资本充足性约束对商业银行的影响

①通过强化内部约束，提高资产质量，加大不良资产的处置力度，改善经营状况，增强自我积累能力，提高贷款损失准备，从内部补充资本。银行发生亏损后，其资本金可以对银行的存款人提供保护，减少存款人的损失，起到缓冲垫的作用。

②通过敦促股东增加资本、引进战略投资者、发行长期次级债、可转债，符合条件的商业银行还可发行股票等工具，从外部渠道补充资本。通过政府有关部门、监管机构和商业银行的共同努力，绝大多数的商业银行都将在规定时间达到8%的资本充足率要求，届时银行体系抵御风险的能力将得到明显提高。

③银行主要用其自有资本金来购置房屋、设施，形成固定资产，用来注册资本、组织运营。这是银行经营的前提和基础。

④金融管理当局通过规定法定最低资本比率，来进行风险约束和控制银行资产的随意扩张，维护公众对银行的信心。

15. 根据蒙代尔－弗莱明模型简要分析开放经济条件下财政政策和货币政策的作用效果。[武汉大学2015年研]

答：(1)蒙代尔－弗莱明模型的含义

蒙代尔－弗莱明模型将封闭经济的宏观分析工具IS－LM模型扩展到开放经济下，并按照资本国际流动性的不同，对固定汇率制与浮动汇率制下财政政策和货币政策的作用机制、政策效力进行了分析研究，是以货币金融角度为主对开放经济进行宏观分析的基本分析框架。在西方的文献中，蒙代尔－弗莱明模型被称为开放经济下进行宏观分析的工作母机，对国际金融学的发展有很大影响。

蒙代尔－弗莱明模型分析对象是一个小型开放经济国家。分析的前提是：总供给曲线是水平的；即使在长期里，购买力平价也不存在，汇率完全依据国际收支状况进行调整；不存在汇率将发生变动的预期，投资者风险中立。

两国情况下的蒙代尔－弗莱明模型是用来分析国际传导的基本框架：①在开放条件下，当一国国民收入增加时，它通过边际进口倾向，带来本国进口的上升，相应地则有其他国家出口的增加。因此，外国经常账户是本国国民收入的增函数。换一个角度说，各国经常账户的状况均不能忽略外国国民收入这一变量。②在资金完全流动、不存在汇率变动预期的条件下，两国的利率水平分别取决于本国的货币均衡状态；但不同的利率水平会引起套利行为并使不同的利率水平趋于同一的、无套利的稳定状态。这就是说，各国都可以通过国内的经济政策影响这一共同利率。换言之，在两国模型中的“世界”利率水平是由两国共同确定的。因此，当一国经济面临突然冲击时，这一冲击在开放经济之间可以通过收入机制、利率机制进行传导。

(2)开放经济条件下财政政策和货币政策的作用效果

增添对外的资本流动有三种情况：①对资本流动实施完全管制，从而实际没有资本流动，这种情况同只考虑进出口的模型一样；②有限的资本流动；③完全的资本流动。蒙代尔－弗莱明模型是设定汇率浮动的完全资本流动的模型。

因此，在浮动汇率制下，资金完全流动时，财政政策和货币政策具有不同的作用效果。具体而言：①财政政策：扩张性财政政策会造成本币升值，对收入、利率均不能产生影响，也就是说，此时的财政政策是完全无效的；②货币政策：货币扩张会使收入上升，本币贬值，对利率则无影响，可见，此时的货币政策是非常有效的。

(3)蒙代尔－弗莱明模型下的 $IS-LM-BP$ 模型

在国际经济联系中，资本可以完全自由流动的模型。资本可以完全自由流动包含着这样的条件，即该经济体的利率是与国际利率水平接轨的：与国际利率水平稍许有些偏离，都会引起短期资本的迅速流动，并使之复归于国际水平。当存在着资本无障碍地流动，任何经常项目的顺差和逆差均可由资本项目来平衡，从而 BP 曲线永远处于水平状态，并与 IS 曲线和 LM 曲线的交点相交，见下图。

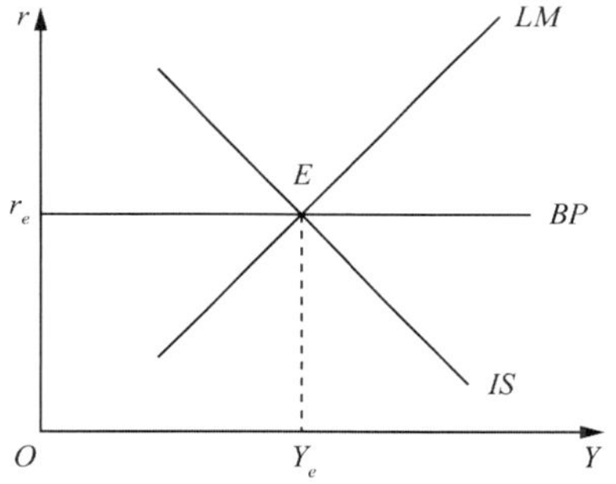

16. 简述直接融资的优点与局限性。［中央财经大学 2024 年研；中国科学技术大学 2015 年研］

答：(1)直接融资的含义

直接融资又称直接金融，是指资金的盈余方和赤字方在金融市场上直接沟通，公司、企业在金融市场上从资金所有者那里直接融通货币资金，其方式是发行股票或债券。股票或公司债券的发行者售出股票、债券，取得货币资金，资金所有者买进股票、债券，付出货币资金。在这个过程中，没有既扮演债务人角色又扮演债权人角色的中介者处于债权人和债务人、资金所有者和资金需要者之间，所以用直接融资或直接金融概括，以区别于间接融资。

(2)直接融资的优点

①直接融资是资金直接在最终投资人和最终筹资人之间转移，资金供求双方联系紧密，有利于资金的快速合理配置和提高使用效益。

a. 直接融资将投资者手中的闲置资金集中起来，投向资金的需求者如各个企业中，这种直接将资金从资金供给者转移到资金需求者的融资方式，减少了时间成本。

b. 直接融资最常见的融资方式是通过股票来实现的，对于企业（筹资人）来说其经营的目标是实现企业价值的最大化，即追求股东（投资人）财富的最大化，在实现这一目标的过程中提高了资金的使用效率。

②由于没有中间环节，筹资成本较低，投资收益较高。直接融资是将资金从投资人直接转移到资金筹资人，不需要中介机构的帮助，因此，不仅节约了时间成本，还不需要中介机构费用，对于双方来说都有利。

③资金供求双方直接形成债权债务关系，加强了投资者对资金使用的关注和筹资者的压力。对于投资者来说，会时刻关注所投资企业的经营状况，从而判断其投资风险和预期收益。相反地，对于筹资者来说，投资者的关注给了其压力，企业必须保持良好的经营和盈利情况，给投资者带来收益，才能获得更多的融资机会。

④有利于筹集具有稳定性的、可以长期使用的投资资金。因为直接融资的融资渠道简单，是直接与投资者进行的资金交易，可以约定投资期限，特别是股票，在证券市场上可以在不同的投资者之间进行转移，但是对于筹资人来说，并不会被收回资金，只是换了投资人而已。

（3）直接融资的局限性

①资金供求双方在数量、期限、利率等方面受的限制比间接融资多。例如，债券会约定期限、票面利率和票面金额等。

②直接融资的便利程度及其融资工具的流动性均受金融市场的发达程度的制约。直接融资依赖于证券市场，因为证券市场为其提供了交易场所、交易工具和监管需求等。

③对资金供给者来说，直接融资的风险多于间接融资的风险，需要直接承担投资风险。间接融资中有金融机构资信度的支撑，金融机构因信息不对称而面临的逆向选择或道德风险因素要比直接融资小，而直接融资只能由投资者通过自己所掌握的知识判断筹资人的风险程度。

17. 主板市场与创业板市场有何区别与联系？［天津大学2015年研］

答：（1）主板市场与创业板市场的区别

主板市场和创业板市场的区分最主要是在上市公司的规模和融资额上限。

①与主板市场相比，在创业板市场上市的企业标准和上市条件相对较低。

②创业板市场企业经营年限相对较短，可不设最低盈利要求。随着市场的发展，投资者日益成熟，市场运作（特别是主板市场运作）逐步规范，监管水平不断提高，创业板市场的上市条件可逐步放松。

③创业板市场要求的上市条件中股本规模要求相对较小。一般要求总股本三千万即可。

④主营业务。创业板市场要求企业只能经营一种主营业务，主板市场没有此要求。

（2）主板市场与创业板市场的联系

主板市场也称为一板市场，是一个国家或地区证券发行、上市及交易的主要场所。主板市场对发行人的营业期限、股本大小、盈利水平、最低市值等方面的要求标准较高，上市企业多为大型成熟企业，具有较大的资本规模以及稳定的盈利能力。

创业板市场指专门协助高成长的新兴创新公司特别是高科技公司筹资并进行资本运作的市场，有的也称为二板市场、增长型股票市场等。创业板市场是一个高风险的市场，因此更加注重公司的信息披露。创业板市场是对主板市场的有效补充，在资本市场中占据着重要的位置。

18. 为什么说金融创新活动制造了一些新的金融风险？［东北财经大学 2014 年研］

答：金融创新一方面具有转移和分散金融风险的功能，另一方面又创造了新的金融风险。因为金融创新无法消除整体风险，只是分散和转移了个别风险，将风险从风险回避者转移给风险偏好者，以新的方式重新组合。随着金融业的全面开放和金融创新的发展，新的金融风险更加复杂，具体表现在以下几个方面：

（1）系统风险增加。金融创新之后各机构间交往越来越密切，形成了以资金联系为基础的伙伴关系，表现出很强的相关性。当任何一个部门出现问题都将迅速波及其他部门，产生“多米诺骨牌”效应，从而影响整个金融系统的稳定性。

（2）经营风险增加。金融创新使金融机构同质化，加剧了金融机构间的竞争。银行传统的存贷利差缩小，激烈的竞争迫使各金融机构不得不从事高风险的业务，这又导致金融机构经营风险增加，信用等级下降。

（3）表外风险增加。随着表外业务的开展及规模的增大，金融企业的表外风险随时都可能转化成真实风险。另外金融衍生品等创新工具的高杠杆性也会加剧风险。

19. 简述市场分割理论的主要内容及其不足。［武汉大学 2014 年研］

答：（1）利率的期限结构

利率的期限结构就是利率与金融资产期限之间的关系，是在一个时点上因期限差异而产生的不同的利率组合。有关利率期限结构分析的主要理论有如下三个：预期理论、市场分割理论和流动性偏好理论。优秀的利率期限结构理论除了要回答为何收益率曲线在不同时间具有不同的形状，还要能够解释下面三种重要的经验事实：

①事实 1：具有不同到期期限的债券的利率随时间一起波动。

②事实 2：如果短期利率较低，那么收益率曲线往往向上倾斜；如果短期利率较高，那么收益率曲线往往向下倾斜，呈翻转形态。

③事实 3：收益率曲线几乎总是向上倾斜的。

（2）市场分割理论

①市场分割理论的主要内容

a. 基本思想：不同期限证券的市场是完全独立的市场，而不同期限的利率水平是由各自供求的情况决定的，彼此之间互不影响。

b. 关键假定条件：到期期限不同的各种债券不能相互替代，因此，持有某到期期限债券的预期回报率对其他到期期限债券的需求没有影响。

c. 对经验事实的解释：分割市场理论能解释事实 3。如果较多的投资者偏好期限较短的债券，收益率曲线向上倾斜；相反，如果更多的投资者是偏好长期债券的，那么收益率曲线将向下倾斜。由于在现实经济活动中，人们更偏好期限较短、风险较小的短期证券，使得短期证券的利率一般较低，收益率曲线通常是向上倾斜的。

②分割市场理论的不足

a. 无法解释事实1：由于该理论把不同到期期限的债券市场视为完全分割的，那么某到期期限债券的利率的波动就没有理由会影响到其他到期期限债券的利率。因此，该理论无法解释为何不同到期期限债券的利率往往会一起波动。

b. 分割市场理论无法解释事实2：由于该理论并不清楚短期利率水平的变化如何对短期与长期债券的供求产生影响，因此它无法解释为何短期利率较低时，收益率曲线往往是向上倾斜的，而短期利率较高时，收益率曲线往往是翻转的。

20. 简要描述弗里德曼(Milton Friedman)的货币需求理论。[中南财经政法大学2024年研；厦门大学2014年研]

答：弗里德曼基本上承袭了传统货币数量论的观点，即非常看重货币数量与物价水平之间的因果联系。同时，他也接受了剑桥学派和凯恩斯以微观主体行为作为分析起点和把货币看作受到利率影响的一种资产的观点。对于货币需求的决定问题，他用下列公式表示实际货币需求：

$$\frac{M_d}{P}=f\left(y,\ w;\ r_m,\ r_b,\ r_e,\ \frac{1}{P}\cdot\frac{\mathrm{d}P}{\mathrm{d}t};\ u\right)$$

(1)恒久性收入(y)是预期未来收入的折现值，或预期的长期平均收入。货币需求与它正相关。强调恒久性收入对货币需求的重要作用是弗里德曼货币需求理论的一个特点。

(2)w为非人力财富占个人总财富的比率。弗里德曼认为在总财富中人力财富所占的比例越大，出于谨慎动机的货币需求也就越大。非人力财富占个人总财富的比率与货币需求呈负相关关系。

(3)r_m，r_b，r_e和$\frac{1}{P}\cdot\frac{\mathrm{d}P}{\mathrm{d}t}$在弗里德曼的货币需求分析中被统称为机会成本变量，亦即能从这几个变量的相互关系中衡量出持有货币的潜在收益或损失。相对于凯恩斯的需求函数，弗里德曼扩大了所考察的货币口径。物价变动率$\left(\frac{1}{P}\cdot\frac{\mathrm{d}P}{\mathrm{d}t}\right)$同时也就是保存实物的名义报酬率。物价向上的变动率越高，其他条件不变，货币需求量越小。把物价变动纳入货币需求函数，是通货膨胀的现实反映。在其他条件不变时，货币以外其他资产(如债券、证券)的收益率越高，货币需求量越小。

(4)u是一个代表多种因素的综合变数，因此可能从不同的方向上对货币需求产生影响。

对于货币需求，弗里德曼最具有概括性的论断是：由于恒久性收入的波动幅度比现期收入的波动幅度小得多，因而货币需求函数相对稳定，这就意味着货币流通速度也是相对稳定的。认为货币流动速度的稳定和货币需求对利率的不敏感，是弗里德曼的货币需求理论与凯恩斯的货币需求理论之间的主要差异。

21. 对比股票发行的公募与私募。[四川大学2014年研]

答：(1)股票发行的公募方式是指发行人公开向投资人推销证券。在公募发行中，发行人必须遵守有关事实全部公开的原则，向有关管理部门和市场公布各种财务报表及资料，以供投资人决策时参考。公募发行须得到投资银行或其他金融机构的协助，这些金融机构作为证券发行的代销商或包销商，从中取得佣金或差价收入。在代销方式中，经销商只是充当代理人的角色，证券销售的风险由发行人承担；在包销方式中，经销商或者承购全部证券，而后推销，或者先代销，对销售不出去的部分再承销。

(2)股票发行的私募方式又称股票直接发行，是指发行人直接对特定的投资人销售证券。私募的发行范围小，一般以少数与发行人或经办人有密切关系的投资人为发行对象。通常说来，股份公司对本公司股东发行股票多采取私募的办法。私募的手续简单、费用低廉，但不能公开上市。

22. 金融资产具有哪些特征？［辽宁大学 2014 年研］

答：金融资产有别于实物资产，其价值取决于能够给所有者带来的未来收益。或者说，持有金融资产，意味着拥有对未来收益的要求权利。例如，金融资产中的债券，它代表持有人对发行人索取固定收益的权利；金融资产中的股票，它代表股东在公司给债权人固定数量的支付以后对收入剩余部分的要求权——剩余索取权。金融资产的种类极多，除股票、债券外，还包括保险单、商业票据、存单和种种存款，以及现金等。

金融资产具有以下特征：

(1)货币性或流动性。指其可以用来作为货币，或很容易转换成货币(变现)的功能。

(2)风险性。指购买金融资产的本金有遭受损失的风险。

(3)收益性。由收益率表示，有三种计算方法：

①名义收益率：是金融资产票面收益与票面金额的比率。

②现时收益率：是金融资产的年收益额与其当期市场价格的比率。

③平均收益率：是将现时收益与资本损益共同考虑的收益率。

23. 利率作为货币政策中介指标有何优缺点？［东北财经大学 2014 年研］

答：(1)利率作为货币政策中介指标的优点

①可控性强。中央银行可直接控制对金融机构融资的利率，而通过公开市场业务或再贴现政策，也能调节市场利率的走向。

②可测性强。中央银行在任何时候都能观察到市场利率的水平及结构。

③货币当局能够通过利率影响投资和消费支出，从而调节总供求。

(2)利率作为货币政策中介指标的缺点

作为内生经济变量，利率的变动是顺循环的：经济繁荣时，利率因信贷需求增加而上升；经济停滞时，利率随信贷需求减少而下降。然而，作为政策变量，利率与总需求也应沿同一方向变动：经济过热，应提高利率；经济疲软，应降低利率。也就是，利率作为内生变量和作为政策变量往往很难区分。在这种情况下，中央银行很难判明自己的政策操作是否已经达到了预期目的。

24. 简述凯恩斯学派的货币政策传导机制及其传导效果的决定因素。［厦门大学 2014 年研］

答：(1)凯恩斯学派的货币政策传导机制

局部均衡分析：通过货币供给 M 的增减影响利率 r，利率的变化则通过资本边际效益的影响使投资 I 以乘数方式增减，而投资的增减进而影响总支出 E 和总收入 Y，用符号可表示为：$M \rightarrow r \rightarrow I \rightarrow E \rightarrow Y$。在这个传导机制发挥作用的过程中，主要环节是利率：货币供应量的调整首先影响利率的升降，然后才使投资乃至总支出发生变化。

局部均衡分析，只显示了货币市场对商品市场的初始影响，而没有能反映它们之间循环往复的作用，故考虑到货币市场与商品市场的相互作用，对货币政策传导机制进行一般均衡分析：

①假定货币供给增加，当产出水平不变时，利率会相应下降；下降的利率刺激投资，并引起总支出增加，总需求的增加推动产出上升。

②但产出的上升，提出了大于原来的货币需求；如果没有新的货币供给投入经济生活，货币供求的对比就会使下降的利率回升。这是商品市场对货币市场的作用。

③利率的回升，又会使总需求减少，产量下降；产量下降，货币需求下降，利率又会回落。这是往复不断的过程。

④最终会逼近一个均衡点，这个点同时满足了货币市场供求和商品市场供求两方面的均衡要求。在这个点上，可能利率较原来的均衡水平低，而产出量较原来的均衡水平高。

（2）凯恩斯学派货币政策传导效果的决定因素

①货币政策的时滞

时滞是影响货币政策效应的重要因素。任何政策从制定到获得主要的或全部的效果，必须经过一段时间，这段时间叫作"时滞"。如果货币政策可能产生的大部分效应较快地有所表现，那么货币当局就可根据期初的预测值，考察政策生效的状况，并对政策的取向和力度作必要的调整，从而使政策能够更好地实现预期的目标。假定政策的大部分效应要在较长的时间产生，而在这段时间内，经济形势会发生很多变化，那就很难证明货币政策的预期效应是否实现。

②货币流通速度

对于货币流通速度一个相当小的变动，如果政策制定者未能预料到或在估算这个变动幅度时出现偏差，都可能使货币政策效果受到严重影响，甚至有可能使本来正确的政策走向反面。

③微观主体的预期

当一项货币政策提出时，微观经济行为主体会立即根据可能获得的各种信息预测政策的后果，从而很快地做出对策，而且极少有时滞。货币当局推出的政策，面对微观主体广泛采取的抵消其作用的对策，可能归于无效。

④其他经济政治因素

一项既定的货币政策出台后总要持续一段时间。在这段时间内，如果客观经济条件出现变化，而货币政策又难以做出相应的调整时，就可能出现货币政策效果下降甚至失效的情况。政治因素对货币政策效果的影响也是巨大的。

⑤货币政策决策的透明度

透明度越高，就越有利于取得公众的信任。不透明或没有必要的透明度，公众的预期和"对策"，会抵消货币政策的效应，乃至"政策无效"；有了必要的透明度，取得公众的信任，由此诱导的公众预期，则是贯彻货币政策的助力。

25. 简述资产证券化作用。［浙江财经大学2013年研］

答：（1）资产证券化的含义

资产证券化是以特定资产组合或特定现金流为支持，发行可交易证券的一种融资形式。传统的证券发行是以企业为基础，而资产证券化则是以特定的资产池为基础发行证券。资产证券化的最大特点就是对未来经济利益的交易，也即以资产未来经济利益的流入为基础，将其提前变现为股票或分期偿付的证券。

（2）资产证券化的作用

①资产证券化对我国资本市场的推动作用

a. 资产证券化有利于分流储蓄资金，壮大资本市场规模。

b. 资产证券化能提供新的金融市场产品，丰富资本市场结构。资产证券化将流动性较差的资产转变为信用风险较低、收益较稳定的可流通证券，丰富了证券市场中的证券品种，特别是丰富了固定收益证券的品种，为投资者提供了新的储蓄替代型投资工具。这无疑会丰富市场的金融工具结构，对优化我国的金融市场结构能起到重要的促进作用。

c. 资产证券化降低融资成本，丰富了融资方式。资产证券化为筹资主体提供了一种融资成本相对较低的新型筹资工具，可以使筹资主体利用银行信用以外的证券信用筹集资金。

d. 资产证券化为投资者提供了新的投资选择。资产证券化产品具有风险低、标准化和流动性高的特点，其市场前景广阔。资产证券化还可以为投资者提供多样化的投资品种，可以通过对现金流的分割组合而设计出一系列证券投资组合，以满足投资者不同的投资偏好。

e. 资产证券化能促进贸易市场和资本市场的协调发展。资产证券化通过巧妙的结构设计和独特的运作方式，犹如一道桥梁，在多个层面上将货币市场和资本市场有机联系起来。资产证券化一方面为银行信贷风险“减压”，另一方面，在为资本市场增添交易品种的同时，也为市场输送源源不断的资金“血液”，进而促进资本市场和银行体系的协调发展。

②资产证券化对商业银行的意义

a. 资产证券化有利于商业银行的资本管理，提高资本充足率。资本充足率是资本净额除以总的风险资产之后得出的，即：资本充足率＝（资本－扣除项）/（风险加权资产＋12.5倍的市场风险与操作风险所需资本）。其中，风险加权资产是由银行的各项资产乘以它们各自的风险权重而得。根据银行业监督管理机构对银行资产的风险权重的规定，住房贷款的风险权重为50%，而证券化之后回收的现金的风险权重为0，这样计算出来的分母变小，资本充足率自然会提高。银行可以将信贷资产进行证券化而非持有到期，主动灵活地调整风险资产规模，以最小的成本增强资产流动性，提高资本充足率。

b. 资产证券化有助于商业银行优化资产负债结构，提高资产流动性。资产证券化为资产负债管理提供了有效的手段，通过证券化的真实出售和破产隔离功能，商业银行可以将不具有流动性的中长期贷款剥离于资产负债表之外，及时获取高流动性的现金资产，从而有效缓解流动性风险压力。

c. 资产证券化有利于化解不良资产，降低不良贷款率。通过资产证券化将不良资产成批量、快速地转换为可转让的资本市场产品，重新盘活部分资产的流动性，将银行资产潜在的风险转移、分散，是化解不良资产的有效途径。

d. 资产证券化有利于商业银行增强盈利能力，改善收入结构。资产证券化的推出将为给商业银行扩大收益、调整收入结构提供机会。在资产证券化过程中，原贷款银行在出售基础资产的同时可以获得手续费、管理费等收入，还可以为其他银行资产证券化提供担保及发行服务赚取收益。

e. 资产证券化有助于国内银行适应金融对外开放，提高整体竞争力。实施资产证券化，可以使国内银行通过具体的证券化实践来发展机构，积累经验，培养人才，缩小同发达国家金融机构在资产证券化业务方面的差距。这样，国内银行就会在证券化业务方面占据一定的市场份额，从而提高同外资金融机构竞争的能力，不至于在外资金融机构进入后处于被动状态。

③资产证券化对其他方面的意义

a. 资产证券化有利于推进我国住房按揭市场的发展。住房抵押贷款证券化是20世纪70年代以来国际金融领域中的一项重要创新，其运作方式已经十分成熟。在中国开展个人住房抵押贷款证券化业务，不仅能有效防范系统性金融风险，促进中国房地产市场持续健康发展，而且对于丰富中国的债券产品，推动中国资本市场发展也有重要意义。

b. 资产证券化有利于优化国企资本结构。我国的国有企业受间接融资方式的限制，其资本结构以大量负债为主，企业在银行的贷款占企业外源融资的比重很高。通过资产证券化融资，国有企业不会增加资产负债表上的负债，从而可以改善自身的资本结构。同时资产证券化还有利于国有企业盘活资产，提高资产周转率。通过信贷资产证券化，使作为国有企业的单一债权人的银行能够出售债权，从而缓解国有企业的过度负债问题，大大改善国有企业的资本结构。

c. 资产证券化有助于疏通货币政策传导渠道，提高货币政策传导效率。资产转化为债券后，可在银行间债券市场上市，这种债券就可能成为央行公开市场操作的工具。证券化资产的比重越高，规模越大，货币市场的流动性和交易性就越强，央行公开市场操作对商业银行流动性的影响就越显著，货币政策的传导效率就越高。

26. 简述金融创新的类型。［南开大学2013年研］

答：20世纪60年代以来，面对世界经济一体化加快、金融风险加剧、金融管理环境变化的现实，西方发达国家的金融业经历了一次革新浪潮，其内容包括：突破传统的金融格局和金融政策，在金融工具、金融技术、金融体制和金融市场等方面进行明显的改革，这就是所谓的“金融创新”。金融创新是金融深化的必然趋势，也是经济发展到一定程度后的客观要求。对于目前正致力于经济发展的国家来说，研究“金融创新”对象，对于指导国家进行金融体制改革，健全市场机制，都具有十分重要的意义。

金融创新的主要类型有如下几个方面：

(1)金融工具的创新

①规避利率风险的创新

a. 浮动利率工具，也称可变利率工具，主要是钉住某种具有代表性的短期利率。由于未来利率的变动具有不确定性，浮动利率工具对资金的供应方和需求方都能起到降低利率风险的作用，因此受到广泛的欢迎。

b. 远期和期货交易。远期交易是指买卖双方约定在未来某一段时刻以既定的协议价格向买方提供某种商品。期货则是标准化的远期合约，其标的有统一的市场标准。这样，投资者可以通过套期保值来化解风险。金融期货合约的买方和卖方都能够达到锁定未来的成本或者收益，规避风险的目的。

c. 金融期权。它与期货的区别在于，期权合约到期时，期权合约购买方可以选择履行或是不履行合约。这样，期权合约购买方就能根据当时市场的实际状况加以选择是否履约：如果市场情况利于自己，则选择履行合约。期权合约购买方必须事先向另一方支付一定的费用。事实上，期权类似于保险业务：一方支付保费，以保证自己的利益不会受到损失。

②规避行政管理的创新

a. 银行商业票据。指银行持股公司发行的商业票据。这样的资金来源不属于存款，所以和欧洲美元一样，既不用保留法定准备金，也不受 Q 条例的限制。

b. 自动转账服务(ATS)。这种服务实际上是把支票账户分成两部分：一是最低金额的支票账户和一个称之为 ATS 的储蓄账户。银行在客户的支票账户和 ATS 账户之间自动实行转账，支票账户内一定金额之上的余额将自动转入 ATS 账户。而客户签发的支票要求支付时，所需要的资金也会自动从 ATS 账户转入支票账户进行结算。由于 ATS 账户不是支票账户，从法律上来讲它可以支付利息，这样就规避了支票存款不能支付利息的管制。

c. 欧洲美元。指存放于美国国外的美元存款。美国银行从美国境外借入欧洲美元，可以不用保留法定准备金，并且也不受 Q 条例的限制。这样就在扩大银行负债的同时，提高了资金盈利能力。

d. 可转让提款单(NOW)。NOW 账户和支票账户唯一的区别仅在于，由此账户签发的付款命令叫作 NOW 而不是支票。这样，NOW 账户可以不受关于支票账户不能支付利息的限制。

e. 货币市场互助基金(MMMF)。MMMF 发行一种股份，所获资金投资于货币市场，认购股份者可以分得利润，同时持股者还能对其股份签发支票。MMMF 的股份事实上就等同于有利息的支票账户。但在法律上，这并非存款，利润也并非利息，所以不受利率上限的限制。

f. 隔日回购安排。这是另一种形式的 ATS 服务。银行利用一种所谓“清理账户”来从事隔日回购安排。当一家公司营业日终了时，其支票账户内一定金额以上的存款“全部清理出去”，投资于隔日回购协定，而隔日回购交易是向客户支付利息的。这样，尽管支票账户在法律上不能支付利息，但客户支票账户的资金就通过隔日回购安排这种方式获得了利息。

③技术创新

近半个世纪以来，计算机和通信技术的发展有力地刺激了金融创新，银行信用卡就是一个最好的例子。信用卡的历史可以追溯到二战前的美国，然而当时信用卡的经营成本甚高，发展缓慢。到 20 世纪 60 年代后期，计算机技术得到了迅速的发展，这使得信用卡服务的交易成本大大降低，银行卡业务随后得到了较快的发展。知名的信用卡(例如 VISA 和 MASTER 卡)成为在异地乃至全球各地的方便的支付手段。

④信息化

电子技术已成为现代银行业变革和创新最重要的技术基础和推动力，现代银行业已经步入了一个电子时代。

发达国家商业银行目前主要呈现了三个层面的信息化：一是银行内部，包括银行内部电算化业务处理以及银行管理信息系统网络。这不仅大大提高了银行的工作效率，而且大大提高了银行管理决策的科学水平；二是银行之间，统一的、标准化的资金清算体系(如 SWIFT)使资金清算快速、安全，并降低交易成本；三是银行与客户之间，银行通过各类终端向客户提供便利的自动客户服务。

(2)金融战略的创新

①经营策略

根据自身实际情况，制定不同的经营策略，包括：

a. 征服策略。在自身占优势的市场上进一步积极进取，扩大市场份额，打败其他竞争对手，甚至主动兼并。

b. 变革策略。在势均力敌的市场，通过改善内部管理，改进服务，增加新的工具以吸引更多的服务对象，争取竞争中的主动地位。

c. 合并策略。在不占优势的市场寻找合作对象，通过兼并、合资或者合营方式进行联合重组，依靠合力竞争。

②管理策略

管理策略上，从以往被动地接受存款、安排贷款转向主动根据贷款要求去争取存款，变资产管理为负债管理、资产负债联合管理。

（3）金融机构的创新

①从传统的单一结构向集团化方向发展，银行持股公司是银行集团化的重要形式之一。

②“金融联合体”的出现，它是一种能向顾客提供几乎任何金融服务的“金融超级市场”。

③金融业正从提供单一金融服务向综合性金融服务方向发展，从分业经营转向混业经营。

27. 简述货币需求理论中剑桥方程式的主要内容。［浙江财经大学2013年研］

答：（1）剑桥方程式的含义

剑桥方程式是传统货币数量论的方程式之一。以马歇尔和庇古为代表的剑桥学派，在研究货币需求问题时，重视微观主体的行为。该论证认为，处于经济体系中的个人对货币的需求，实质是选择以怎样的方式保持自己资产的问题。决定人们持有货币多少的，有个人的财富水平、利率变动以及持有货币可能拥有的便利等诸多因素。但是，在其他条件不变的情况下，对每个人来说，名义货币需求与名义收入水平之间总是保持着一个较为稳定的比例关系。

（2）剑桥方程式的主要内容

①公式表达

$M_d=kPY$，其中，P 为物价；k 为货币占财富的比重，即在总财富中以货币形式持有的比率；Y 为国民生产总值；M_d 为名义货币需求。

②理论根据

理论依据是马歇尔的货币数量论。马歇尔认为，货币流通速度决定于人们的持币时间和持币量，而人们的持币时间和持币量又决定于人们的财产和收入中多大一部分以货币形态贮存起来。人们以货币形态贮存起来的财产和收入是“人们愿意保持的备用购买力”，这部分购买力的高低决定于以货币形态保持的实物价值。按马歇尔和庇古的假定，这个“实物价值”以一定数量的小麦表示，因而货币的购买力（即货币的价值）便表现为单位货币所能购买到的小麦量。设 R 为一定量小麦所代表的全部商品的总价值（即社会总收入和总财富），k 为以货币形态持有的备用购买力占社会总收入和总财富的比例，M 为货币量，P 为以一定的小麦量表示的单位货币价值，则：$P=kR/M$，因而庇古的货币需求函数，也就是马歇尔货币数量论的数学化。

③经济意义

在 $M_d=kPY$ 的货币需求函数中，Y 是一个常数且假定它是不变的，因为国民已经充分就业，经济产量已经达到最高水平时货币的需求取决于 k 和 P 的变动。而 k 的变动取决于人们拥有的资财的选择：资财可投资于实物形态，借以从事生产，也可直接用于消费，还可保持在货币形态上。怎样选择，需要权衡利弊得失，若选择在货币形态上保存，必将增加现金余额，而现金余额的增加必然要使 k 增大。在 Y 和 M_d 不变的条件下，k 的增大必然使 P 增加，因为 $P=kY/M_d$。这表明货币的价值与 kY 成正比，与 M_d 成反比。剑桥方程式表达的经济意义被称为“现金余额说”，主要是强调人们保有的现金余额对币值从而对物价的影响。此外，庇古还认为货币的供给对币值从而对物价的影响，即 P 与 M_d 成反比。他曾假定 k 也是个常量，是不变的，因为在一定时期内交易方式（支付方式）是不变的。这样，P 的高低便取决于 M_d 的多少。在这一点上，剑桥方程式要表达的是：货币的价值决定于货币的供求。

（3）剑桥方程式的特点

①剑桥方程式是从用货币形式保有资产存量的角度考虑货币需求，重视这个存量占收入的比例，因而剑桥方程式又称现金余额说。

②剑桥方程式是从微观角度进行分析的产物，显然，现金余额说中的货币需求决定因素得到了拓展。

③剑桥方程式研究的是货币存量，即人们手中持有的准备用以购物的货币量，重视货币作为一种资产的功能。

④剑桥方程式强调的是人们的主观意志和主观愿望，即人们持有货币的量。

28. 通货膨胀具有哪些社会经济效应？［辽宁大学 2013 年研］

答：通货膨胀的社会经济效应有：

（1）强制储蓄效应

政府如果通过向中央银行借债，从而引起货币增发，通过这类办法筹措建设资金，就会强制增加全社会的投资需求，结果将是物价上涨。在公众名义收入不变的条件下，按原来的模式和数量进行的消费和储蓄，两者的实际额均随物价的上涨而相应减少，其减少部分大体相当于政府运用通货膨胀实现的部分，如此实现的政府储蓄是强制储蓄。如果在实际经济运行中尚未达到充分就业水平，实际 GNP 低于潜在 GNP，这时政府扩张有效需求，虽然也是一种强制储蓄，但并不会引发持续的物价上涨。

（2）收入分配效应

由于社会各阶层收入来源极不相同，因此在物价总水平上涨时，有些人的实际收入水平会下降，有些人的实际收入水平反而会提高。这种由物价上涨造成的收入再分配，就是通货膨胀的收入分配效应。在发达的工业化国家，大多数人是依靠工资或薪金生活的。在物价持续上涨的时期，货币工资的增长相对于物价上涨往往是滞后的，滞后时间越长，企业的利润就会增加，那些从利润中分取收入的人都能得到好处。

（3）资产结构调整效应

资产结构调整效应也称财富分配效应。一个家庭的财富或资产由两部分构成：实物资产和金融资产。在通货膨胀环境下，实物资产的货币值大体随通货膨胀率的变动而相应升降；金融资产则比较复杂，与通货膨胀的相关关系极不确定。至于货币债权债务的各种金融资产，其共同特征是有确定的货币金额。物价上涨，实际的货币额减少；物价下跌，实际的货币额增多。在这一领域中，防止通货膨胀损失的办法，通常是提高利息率或采用浮动利率。

（4）比价的变动与不同经济集团利益的调整

在价格水平的变动过程中，各种商品和服务的价格绝不是与价格水平以同等的幅度升降。也就是说，比价会有所变动。比价的变动往往意味着不同经济集团利益的调整。这是因为，由于不同种类的商品和服务的销售价格及成本并非按同一比例变动，从而不同商品生产商或服务提供商所获取的利润的增减速度也不一致——有的快一些，有的慢一些。于是，它们的实际利益或得到加强或有所削弱。上面讲的收入分配效应实际也是一种通货膨胀中由于比价变动而带来的利益调整。那就是：工资这种劳动力价格的提高比率低于一般商品和服务价格的提高，从而有利于厂商而不利于工资收入者。

(5)恶性通货膨胀与经济社会危机

当物价总水平的持续上涨超过一定界限，从而形成恶性通货膨胀时，就有可能引发社会经济危机。

恶性通货膨胀会使正常的生产经营难以进行。在物价飞涨时，产品销售收入往往不足以补进必要的原材料；同时，地区之间上涨幅度极不均衡也是必然现象，这就会造成原有商路的破坏和流通秩序的紊乱；迅速上涨的物价，使债务的实际价值下降，如果利率的调整难以弥补由物价上涨所造成的货币债权损失，那么正常的信用关系也会极度萎缩。恶性通货膨胀只是投机盛行的温床，而投机是经济机体的严重腐蚀剂。

恶性通货膨胀会引起突发性的商品抢购和挤兑银行的风潮，它所造成的收入再分配和人民生活水准的急剧下降则会导致阶级冲突的加剧。这一切的后果往往是政治的动荡。最严重的恶性通货膨胀会危及货币流通自身：纸币流通制度不能维持；金银贵金属会重新成为流通、支付的手段；经济不发达地区则会迅速向经济的实物化倒退。

29. 简述中央银行作为“银行的银行”的职能表现。［武汉大学2025年研］

答：中央银行是银行的银行，是指中央银行充当一国(地区)金融体系的核心，为银行及其他金融机构提供金融服务、支付保证，并监督管理各金融机构与金融市场业务活动的职能。

中央银行作为银行的银行，它只与商业银行和其他金融机构发生业务往来，并不与工商企业和个人发生直接的信用关系；它集中保管商业银行的准备金，并对它们发放贷款，充当“最后贷款者”。这一职能具体体现在以下几个方面：

(1)集中存款准备金

商业银行及其他存款类金融机构从社会各阶层吸收来的存款，绝不能全部用来发放贷款和进行其他投资，而必须保留一部分现金以备客户提取。但金融机构追逐利润的经营目标，使其往往只保留极少的存款准备金，一旦遇到客户集中提取，许多金融机构便会产生破产的风险。为了防止危机的发生，各国都以法律形式规定存款准备金的提取率并交存中央银行；同时，金融机构为了用于清算，还要在中央银行保留超额准备金存款。由此，使中央银行集中了金融机构的存款准备金，当个别金融机构出现资金困难时，中央银行可用来发放再贷款或再贴现。中央银行通过改变存款准备金比率，还可进行社会信用规模和货币供应量的调节。

(2)充当最后贷款人

当工商企业缺乏资金时，可以向商业银行取得借款。但如果商业银行资金周转不灵，其他同业因头寸过紧而无法提供帮助时，商业银行便可求助于中央银行，以其持有的票据要求中央银行予以再贴现，或向中央银行申请信用贷款，从而获取所需资金。从这个意义上说，中央银行成为商业银行的最终贷款人和坚强后盾，保证了存款人和银行营运的安全。

(3)组织、参与和管理全国清算业务

商业银行相互间因为业务关系，每天都发生大量的资金往来，必须及时清算。与集中存款准备金制度相联系，由于各家银行都在中央银行开有存款账户，各银行间的票据交换和资金清算业务就可以通过这些账户转账和划拨，整个过程经济且简便。

(4)监督管理金融业

监督管理金融业既是中央银行“银行的银行”职能的延伸，是中央银行对金融业服务与管理的统一，又是中央银行作为“政府的银行”的基本职能。

30. 简要说明货币政策的传导机制。［广东财经大学2013年研］

答：(1)货币政策传导机制的原理

货币政策传导机制是中央银行运用货币政策工具影响中介指标，进而最终实现既定政策目标的传导途径与作用机理。

货币政策传导途径一般有三个基本环节，其顺序是：

①从中央银行到商业银行等金融机构和金融市场。中央银行的货币政策工具操作，首先影响的是商业银行等金融机构的准备金、融资成本、信用能力和行为，以及金融市场上货币供给与需求的状况。

②从商业银行等金融机构和金融市场到企业、居民等非金融部门的各类经济行为主体。商业银行等金融机构根据中央银行的政策操作调整自己的行为，从而对各类经济行为主体的消费、储蓄、投资等经济活动产生影响。

③从非金融部门经济行为主体到社会各经济变量，包括总支出量、总产出量、物价、就业等。

金融市场在整个货币的传导过程中发挥着极其重要的作用。首先，中央银行主要通过市场实施货币政策工具，商业银行等金融机构通过市场了解中央银行货币政策的调控意向；其次，企业、居民等非金融部门经济行为主体通过市场利率的变化，接受金融机构对资金供应的调节进而影响投资与消费行为；最后，社会各经济变量的变化也通过市场反馈信息，影响中央银行、各金融机构的行为。

(2)传导机制

①早期凯恩斯学派的货币政策传导机制理论包括的环节

凯恩斯学派的货币政策传导机制理论，其最初思路可以归结为：通过货币供给M的增减影响利率r，利率的变化则通过资本边际效益的影响使投资I以乘数方式增减，而投资的增减将影响总支出E和总收入Y。用符号可表示为：

$$\text{货币供给 } M \to \text{利率 } r \to \text{投资 } I \to \text{总支出 } E \to \text{总收入 } Y$$

在这个传导机制发挥作用的过程中，主要环节是利率：货币供应量的调整首先影响利率的升降，然后才使投资乃至总支出发生变化。在考虑到货币市场与商品市场的相互作用后的以上分析被凯恩斯学派称为一般均衡分析。托宾的q理论以托宾为首的经济学家沿着一般均衡分析的思路扩展了凯恩斯的模型。这一过程可以表示为：

$$M \to r \to \text{股票价格 } P_E \to q \to I \to Y$$

②早期货币学派的货币政策传导机制理论包括的环节

与凯恩斯学派不同，货币学派认为，利率在货币传导机制中不起重要作用。他们更强调货币供应量在整个传导机制上的直接效果。货币学派论证的传导机制可表示如下：$M \to E \to I \to$名义收入 Y。其中，$M \to E$ 表明货币供给量的变化直接影响支出。$E \to I$ 是指变化了的支出用于投资的过程，货币主义者认为，这将是资产结构的调整过程。最后，名义收入 Y 是价格和实际产出的乘积。由于 M 作用于支出，导致资产结构调整，最终引起 Y 的变动，货币主义者认为，货币供给的变化短期内对两方面均可发生影响，就长期来说，则只会影响物价水平。

③信贷传导机制理论

a. 对银行传导机制的研究

假设中央银行决定实施紧缩性的货币政策，售出债券，则商业银行可用的准备金 R 相应减少，存款货币 D 的创造相应减少，其他条件不变，那么银行贷款 L 的供给也不得不同时削减。其结果是使那些依赖银行贷款融资的特定借款人必须削减投资和消费，于是总支出下降。该过程可以描述如下：

$$\text{公开市场的紧缩操作} \to R \to D \to L \to I \to Y$$

b. 对资产负债表渠道的研究

20 世纪 90 年代，有的经济学家从货币供给变动对借款人资产负债状况的影响角度来分析信用传导机制。其结果包括以下几个环节：

$$M \to r \to P_E \to \text{现金流 } NCF \to \text{逆向选择和道德风险 } H \to L \to I \to Y$$

④财富传导机制

资本市场的财富效应及其对产出的影响可表示为：

$$P_E \to \text{财富 } W \to \text{消费 } C \to Y$$

⑤开放经济下的货币传导机制

在开放经济条件下，净出口(即一国出口总额与进口总额之差)是总需求的一个重要组成部分。货币政策可以通过影响国际资本流动来改变汇率，并在一定的贸易条件下影响净出口。这样的机制可以描述如下：

$$M \to r \to \text{汇率 } r_e \to \text{净出口 } NX \to Y$$

(3)机制的关键

金融市场在整个货币的传导过程中发挥着极其重要的作用。

①中央银行主要通过市场实施货币政策工具，商业银行等金融机构通过市场了解中央银行货币政策的调控意向。

②企业、居民等非金融部门经济行为主体通过市场利率的变化，接受金融机构对资金供应的调节进而影响投资与消费行为。

③社会各经济变量的变化也通过市场反馈信息，影响中央银行、各金融机构的行为。

31. 请简述一些否认半强型有效市场的观点。[武汉大学 2013 年研]

答：半强型有效市场，是指所有的公开信息都已经反映在证券价格中。这些公开信息包括证券价格、成交量、会计资料、竞争公司的经营情况、整个国民经济资料以及与公司价值有关的所有公开信息等。半强型效率市场意味着根据所有公开信息进行的分析，包括技术分析和基础分析，都无法击败市场，即取得经济利润。因为每天都有成千上万的证券分析师在根据公开信息进行分析，发现价值被低估和高估的证券，他们一旦发现机会，就会立即进行买卖，从而使证券价格迅速回到合理水平。

有效市场假设的反对性证据包括：

(1)小公司效应

小公司效应是最早出现的反对有效市场假设的报道之一。许多实证研究表明，小公司能在长时间内获得非正常的高收益，这种高收益是指超过了与其较大风险相对称的较高收益以外的非正常收益。小公司效应近年来已经消除了，但它依然是对有效市场理论的一大挑战。目前已经出现了很多理论来解释小公司效应，有的把它归因于机构投资者的资产调整，有的把它归因于税收因素，还有小公司股票的低流动性、评价小公司业绩的高成本以及对小公司的风险评估方法不合适等等。

(2)一月效应

长期以来，从十二月到一月，股票价格都会经历一个不正常的上涨，这是可以预见的，这与有效市场理论的不可预见相抵触。近年来，一月效应在大公司已经消失了，但在小公司依然存在。一些金融经济学家认为，一月效应是由税收因素造成的。投资者喜欢在年底之前卖出股票，因为他们在股票上的损失可以让他们少交一些税，从而降低税收负担。到了来年一月，他们又重新买入股票，把股价推上去，从而产生了非正常的高收益。这个解释听起来很有道理，但奇怪的是，为什么不用缴纳所得税的机构投资者(如私人养老金)不在十二月份买入股票然后在一月份卖出，从而消除一月份的非正常收益呢?

(3)市场的过度反应

近期的研究表明，股票价格会对信息公布做出过度反应，价格误差的调整是相当缓慢的。例如，当公司宣布利润大幅度下降时，股票价格会过度下降，在最初的大幅度下降之后，股价会在几个星期之内逐步回归到正常水平。这也违背了有效市场假设，因为投资者可以在利空消息宣布之后买入股票，然后在几个星期之后以正常价格卖出，这样就可以从中获得超额收益。

32. 为什么凯恩斯认为货币的投机需求主要取决于当前利率的高低，并对利率的变动极为敏感?［中国海洋大学2012年研］

答：(1)货币投机需求的定义

投机动机，是指人们为了在未来的某一适当时机进行投机活动而产生的持有货币的愿望，出于投机动机而产生的货币需求是货币的投机需求。实际上，这是人们在决定其财富持有形式时，为了避开其他资产的可能贬值而宁愿持有货币，或者持有货币以等待有利时机购买生利的其他资产，以获取更大收益的愿望。

(2)货币的投机需求主要取决于当前利率的高低的原因

凯恩斯认为财富的持有形式，即价值的储存方式只限于两种，即持有债券和持有货币。债券不仅能给其持有者带来利息收入，还可通过债券价格变动给其持有者带来资本溢价或资本损失。债券的价格与市场利率成反比变化，货币的面值则始终不变。因此，当市场利率下降即债券价格上升时，人们会预期今后利率回升或债券跌价，趁早将债券抛出，改持货币；反之，如预期利率下跌即债券涨价，必抛出货币，改持债券。

(3)货币需求对利率极为敏感的原因

人们出于投机性动机而持有货币，缘于货币的流动性，但人们对这种流动性偏好会随着他们对未来情况所作的估计而起变化，且各人的估计不尽相同，实际上，鉴于货币与债券各自的特点，人们更多地根据利率的高低来考虑选择货币还是债券，故对未来情况的估计实质上是对未来利率的估计，是对未来利率的不确定性的估计。这种估计的不同决定了货币需求的不同，难以预测。可见，投机性货币需求对利率的变动特别敏感。

33. 简述货币主义汇率理论中的汇率超调模型。［武汉大学2012年研］

答：（1）汇率超调模型的定义

超调模型是由美国经济学家多恩布什提出的，又称为汇率决定的黏性价格货币分析法，所谓超调通常是指一个变量对给定扰动做出的短期反应超过了其长期稳定均衡值，并因而被一个相反的调节所跟随。导致这种现象出现的起因在于商品市场上的价格存在“黏性”或者“滞后”的特点。所谓黏性价格是指短期内商品价格黏住不动，但随着时间的推移，价格水平会逐渐发生变化直至达到其新的长期均衡值。

（2）汇率超调模型的假设条件

①在短期内购买力平价不成立，即由于商品市场和资产市场的调整速度不同，商品市场上的价格水平具有黏性，调整是渐进的，而资产市场反应却极其灵敏，利息率将迅速发生调整，使货币市场恢复均衡。

②从长期来看，购买力平价能够成立。

③无抛补利率平价始终成立。

④以对外开放的小国为考察对象，外国价格和外国利率都可以视为外生变量或假定为常数。

（3）汇率超调模型的核心思想

当市场受到外部冲击时，货币市场和商品市场的调整速度存在很大的差异，多恩布什认为，这主要是由于商品市场因其自身的特点而缺乏及时准确的信息。一般情况下，商品市场价格的调整速度较慢，过程较长，呈黏性状态，称之为黏性价格。而金融市场的价格调整速度较快，因此，汇率对冲击的反应较快，几乎是即刻完成的。汇率对外部冲击做出的过度调整，即汇率预期变动偏离了在价格完全弹性情况下调整到位后的购买力平价汇率，这种现象称之为汇率超调。由此导致购买力平价短期不能成立。经过一段时间后，当商品市场的价格调整到位后，汇率则从初始均衡水平变化到新的均衡水平，由此长期购买力平价成立。

（4）对汇率超调模型的评价

①积极作用。多恩布什的汇率超调模型的显著特征是将凯恩斯主义的短期分析与货币主义的长期分析结合起来；采用价格黏性这一说法，更切合实际。同时，它具有鲜明的政策含义。多恩布什的汇率超调模型是国际金融学中对开放经济进行宏观分析的最基本的模型；它首次涉及汇率的动态调整问题，开创了从动态角度分析汇率调整的先河，由此创立了汇率理论的一个重要分支——汇率动态学。

②存在的缺陷。汇率超调模型假定货币需求不变，这就意味着货币需求不会对汇率产生影响，但在实践中，常常由于实际汇率的短期波动而影响到经常账户，这又会进一步影响到一国的资产总量，从而对货币需求产生影响，进而导致汇率的相应变化。但建立在货币模型分析基础上的超调模型却没有分析这一问题。作为存量理论，它忽略了对国际收支流量的分析。因此，在用超调模型分析实际问题时，也应注意采用国际收支流量分析，通过这两个方法的互补作用，加深对问题的认识。超调模型很难得到实证的验证。原因之一是这一模型非常复杂，在选择计量检验的方式上存在困难；原因之二是现实中很难确定汇

率的变动到底是对哪种外部冲击做出的反应。

34. 简析货币政策目标物价稳定与平衡国际收支的冲突关系。［中国海洋大学 2012 年研］

答：稳定物价与国际收支平衡之间的关系是互相影响、互相制约的矛盾关系。

(1)国际收支对物价稳定的影响。由于外汇收支不平衡，不论是顺差或逆差，都会给国内货币流通的稳定带来不利的影响，集中表现在商品运动与外汇运动的脱节。

(2)物价稳定对国际收支的影响。当本国出现通货膨胀时，由于本国的物价水平上涨而使外国商品价格低廉，导致国内商品出口减少而外国商品进口增加，结果是国际收支严重失衡，出现大量逆差。当本国物价稳定而他国发生通货膨胀的情况下，则本国商品价格相对低于他国商品价格，由于出口增加而进口减少，难免发生国际收支失衡现象。

(3)把世界作为一个经济整体来看，一个国家要保持国际收支平衡，必须使多数国家的物价趋于稳定。但由于该条件难以达到，稳定物价与平衡国际收支这两项目标难免发生冲突。

在当前各国生产、经济与国际联系愈来愈紧密的情况下，一国的物价、外汇收支都要受到其他国家物价变动的影响。如一国的经济和物价相对稳定，而其他国家出现了通货膨胀，则会使本国的物价水平相对地低于其他国家的物价水平，从而使得本国的出口商品价格相对地低于其他国家的商品价格，这样必然使得本国的出口增加，而进口减少，增加本国贸易顺差，从而造成国际收支失衡。同时顺差增大，国家外汇储备增加，又会增加本国货币投放，结果影响本国的物价稳定。一般来讲，只有在全世界都维持大致相同的物价稳定程度，并且贸易状况不发生大的变动，这样稳定物价目标和平衡国际收支目标才能同时并存，如果这两个条件不能具备，稳定物价目标和平衡国际收支目标就随时可能出现矛盾。国际收支平衡有利于金融的稳定，国际收支不平衡，如贸易赤字和资本大量外流，将导致货币危机；金融的稳定也有利于国际收支的平衡，金融动荡将加剧资本外流，加剧国际收支失衡。

35. 简述货币政策的时滞及其构成。［东北财经大学 2012 年研］

答：货币政策的时滞，即货币政策的时间效应，是指中央银行从制定货币政策到货币政策取得预期效果的时差。由于经济处于不断的变动之中，政府当局未必能及时认识和判断有无必要采取政策行动。即使认识到了采取措施的必要性，但由于行政手续所需时间较长，也未必能立即执行。而且，在执行过程中，假定无外界因素干预的话，也需要一段时间才能奏效。

一般地说，货币政策的时滞可分为内部时滞和外部时滞两部分。

(1)内部时滞

它是指从经济现象发生变化，需要制定政策以矫正，到中央银行实际上采取行动的时间过程。它可再分为两个阶段：

①识别时滞。这是指从形势变化需要货币当局采取行动到它认识到这种需要的时间距离。这种时滞的存在。一方面，是由于信息的搜集和情形的判断需要时间，对某个时期的经济状况的精确度量只有在其后一些时候才能得到；另一方面，即使有了明确的资料，中央银行做出判断也需要一段时间。

②行动时滞。它是指从中央银行认识到需要行动到实际采取行动这段时间。中央银行认识到经济形势变化之后，将立即对此项经济情况进行研究，以找出可行的对策，研究与

行动都需要时间。

整个内部时滞的长短取决于中央银行对经济形势发展的预见能力、制定对策的效率和行动的决心等。

（2）外部时滞

它是指从中央银行采取行动开始直到对政策目标产生影响为止的这段过程。外部时滞又可分为三个阶段：

①中期时滞。这是自中央银行采取行动到该行动对金融机构产生影响，使金融机构改变其准备金水平、利率及其他信用状况，以致对整个经济社会产生影响力的时间过程。这段时间的长短取决于商业银行及其他金融机构对货币政策的反应以及金融市场的敏感程度。

②决策时滞。这是指自利率或信用条件改变后，个人与厂商面对新的情况，做出改变其支出习惯或支出行为决定之前的时间过程。

③作用时滞。即支出单位决定支出意向后，对整个社会的生产和就业都会产生影响，这段影响过程称为作用时滞。

外部时滞主要由客观的金融和经济情形决定，受经济结构以及各经济主体行为因素影响较大。由于经济结构及各经济主体的行为因素都是不稳定和不易预测的，因此，外部时滞的时间长短就难以掌握。

36. 利率对货币需求的作用。［南开大学2012年研］

答：凯恩斯认为货币需求对于利率变化有很大的敏感性。他认为人们持有货币有三个动机，即交易动机、预防性动机和投机动机，其中交易动机和预防性动机主要是和货币的流通手段的职能有关，他把由这两种动机产生的货币需求统称为交易性货币需求。货币总需求就是交易性货币需求与投机性货币需求之和。

（1）交易性货币需求相对稳定，主要取决于收入的多少和货币流通速度的大小，而交易性需求主要用于必不可少的日常交易，对利率并不敏感。

（2）预防性动机是人们需要保留一部分货币以备未曾预料的支付，因预防性动机而产生的货币需求，主要取决于收入的多少，且与收入同方向变动，对利率并不敏感。

（3）利率对货币需求的作用主要体现在对投机性货币需求的影响上：

①投机性货币需求对利率极为敏感。债券价格是与市场利率反方向变化的。所以凡是预计未来利率下降、债券价格上涨的人，就会用货币买进债券，而此后他的投机性货币持有额为零。而预计未来利率上升、债券价格下跌的人就会出售所持债券，他的投机性货币需求会增加。可见，投机性货币需求主要取决于利率的高低。现行利率的微小变动都会引起人们预期的变更，从而引起投机性货币需求的较大波动。

②投机性货币需求是利率的递减函数。这是因为现行利率越高，未来下降的可能性越大，到那时，债券价格就会上升，因此人们宁愿购入债券而不愿持有货币。并且利率越高，手持货币的机会成本也越高。因此，利率与投机性货币需求是递减函数关系。

凯恩斯认为，在正常的经济发展过程中，货币需求的变动主要受收入水平和利率变动的影响。在特殊的情况下，则发生不规则的变动。例如，当利率水平降低到无法再低时，人们就会产生利率上升而债券价格下降的预期，货币需求弹性就会变得无限大，即无论有多少货币，都会被人们贮藏起来（即“流动性陷阱”）。凯恩斯认为，货币需求也对利率、收入发生作用，进而影响经济体系中其他变量。假定货币供给不变，货币需求减少将会使利率下降，货币需求增加会使利率上升。利率的波动会影响投资，从而影响就业和国民收入。

37. 中央银行为何要保持独立性?［南开大学 2012 年研］

答：中央银行的独立性是指中央银行履行自身职责时法律赋予或实际拥有的权力、决策与行动的自主程度。中央银行的独立性比较集中地反映在中央银行与政府(国家行政当局)的关系上，这包括两层含义：一是中央银行应对政府保持一定的独立性；二是中央银行对政府的独立性是相对的。

由于中央银行在金融体系和国民经济中处于特殊的地位，承担着特殊的职责，要真正发挥中央银行的作用，必须使中央银行具有一定的独立性。具体阐述如下：

(1)中央银行是特殊的金融机构。中央银行履行其职责必须通过具体的业务活动来进行，中央银行的业务活动必须符合金融运行的客观规律和自身业务的特点，这是由经济与金融的关系和金融行业的特殊性质决定的。

(2)中央银行制定和执行货币政策、对金融业实施监督管理、调控宏观经济运行和保持金融稳定，具有较强的专业性和技术性。中央银行作为宏观经济的调控部门，虽然要按政府确定的目标和意图行事，但中央银行不同于一般行政管理机构，它的调控对象是货币、信用、金融机构与金融市场，调控手段是技术性很强的经济手段，这就需要中央银行机构与人员具有熟练的业务、技术与经验，以及一定程度的独立性和稳定性。

(3)中央银行与政府两者所处地位、行为目标、利益需求及制约因素有所不同。政府工作的侧重点经常是根据情况不时变化，在经济工作中，政府的重点也经常予以调整。如果中央银行完全按政府指令行事而缺乏独立性，一是可能出现用货币发行弥补政府赤字，从而导致通货膨胀问题，二是可能降低货币政策的稳定性从而导致金融的波动。中央银行虽然要对政府的工作重点予以配合，但这种配合不能违反金融活动的基本规律。中央银行工作的重点是围绕稳定货币币值这一基本原则或目标进行的，稳定货币币值的目标具有很强的持续性、稳定性和社会性，中央银行通过稳定货币，为政府各项目标的实现提供条件、环境和保障。虽然稳定货币有时可能与政府的短期工作重点发生矛盾，但符合政府的长期目标。因此，中央银行具有一定的独立性，对于经济、社会的长期持续稳定发展是有益的。

(4)中央银行保持一定的独立性可以使中央银行与政府其他部门之间的政策形成一个互补和制约关系，增加政策的综合效力和稳定性，避免因某项决策或政策失误而造成经济与社会发展全局性的损失。

(5)中央银行保持一定的独立性还可以使中央银行和分支机构全面准确、及时地贯彻总行的方针政策，而少受地方政府的干预，保证货币政策决策与实施的统一，增加中央银行宏观调控的时效性和提高中央银行运作的效率。

总之，从中央银行在现代经济体系中所处的重要地位和所担负的重要职责看，中央银行必须保持一定的独立性。中央银行对政府保持一定的独立性，使其权力与责任相统一，能够在制定和实施货币政策、监管金融业和调控宏观经济方面自主地、及时地形成决策和执行决策，这对促进经济与社会的健康、稳定发展和保证国家的根本利益具有重要意义。但是中央银行对政府的独立性只能是相对的。在现代经济体系中，中央银行作为国家的金融管理当局，是政府实施宏观调控的重要部门，中央银行不能完全独立于政府，不受政府的任何制约，更不能凌驾于政府之上。中央银行要接受政府的管理和监督，在国家总体经济社会发展目标和政策指导之下履行自己的职责。

38．与直接融资相比，间接融资的优点和局限性有哪些？［首都经济贸易大学2011年研］

答：（1）间接金融与直接金融的含义

①间接金融是指资金盈余单位把资金存放或投资到银行等中介机构，再由这些机构以贷款或直接投资形式将资金转移到资金短缺单位的一种融资形式。

②直接融资是“间接融资”的对称，亦称“直接金融”，直接融资是指在一定时期内，资金盈余单位通过直接与资金需求单位协议，或在金融市场上购买资金需求单位所发行的有价证券，将货币资金提供给需求单位使用。需要注意的是直接融资与间接融资的区别不在于是否有金融中介机构的参与而在于金融机构是否在其中充当信用中介的角色。

（2）与直接融资相比，间接融资的优点

①银行等金融机构网点多，吸收存款的起点低，能够广泛筹集社会各方面闲散资金，积少成多，形成巨额资金。

②在直接融资中，融资的风险由债权人独自承担。而在间接融资中，由于金融机构的资产、负债是多样化的，融资风险便可由多样化的资产和负债结构分散承担，从而安全性较高。

③降低融资成本。因为金融机构的出现是专业化分工协作的结果，它具有了解和掌握借款者有关信息的专长，而不需要每个资金盈余者自己去搜集资金赤字者的有关信息，因而降低了整个社会的融资成本。

④有助于解决由于信息不对称所引起的逆向选择和道德风险问题。

⑤间接融资除了发挥信用媒介作用，加速资金由储蓄向投资的转化以外，还具有信用创造的功能。

（3）与直接融资相比，间接融资的局限性

①对金融中介机构更为依赖；投融资双方都只能通过中介机构投融资，对投资者来说收益较低，对筹资者来说成本比较高。

②金融中介机构割断了市场最终需求者与供应者的联系并集供求于一身，因此金融中介机构成为资金融资的核心，从而也集中了金融市场的风险与收益，在这种情况下，社会资金运行和资源配置的效率将较多地依赖于金融中介机构。

③银行的社会性强，外部监管和内部控制均比较严格、保守，对新兴产业、高风险项目的融资要求一般难以及时、足量地予以满足。

④直接融资中的筹资方可以根据其对资金需求期限的要求，自主确定需要发行的资金工具的类型，从而使其对资金的使用不受期限的限制，可以稳定地使用资金。这一点优于间接融资。

39．比较分析商业信用与银行信用的特点、局限性及其相互关系。［武汉大学2011年研］

答：商业信用和银行信用是现代市场经济中与企业的经营活动直接联系的最主要的两种信用形式。其中，商业信用是指工商企业之间相互提供的、与商品交易直接相联系的信用形式，它包括企业之间以赊销、分期付款等形式提供的信用以及在商品交易的基础上以预付定金等形式提供的信用，商业信用是整个信用制度的基础；银行信用则是指各种金融机构，特别是银行，以存、放款等多种业务形式提供的货币形态的信用。

（1）商业信用与银行信用的特点比较

商业信用主要有以下特点：①商业信用是企业之间提供的信用，债权人与债务人都是企业；②商业信用的发生必包含两种经济行为：买卖行为和借贷行为，或者说是两种行为的统一；③商业信用在生产资本循环和周转过程中为产业资本循环和周转服务，与产业资本循环密切相联，其增减变化也受产业资本循环的影响和制约。

与商业信用比较，银行信用则具有如下特点：①银行信用的债权人是银行或其他金融机构，债务人则是企业，银行是专门经营信用的企业和信用中介；②银行信用在规模、方向和时间上都大大超过了商业信用，货币资金可以自由地调剂，并不受商品流转方向的限制，也不受商品流通规模的限制，较商业信用有绝对优越的灵活调剂功能；③银行信用可以满足生产发展所引起的对于流通中追加货币的需求，可使信用相对于社会再生产而发生“膨胀”。

（2）商业信用与银行信用的局限性比较

商业信用存在着以下四个方面的局限性：①较严格的方向性。商业信用是商业企业之间发生的、与商品交易直接相联系的信用形式，它严格受商品流向的限制。②产业规模的约束性。商业信用所能提供的债务或资金是以产业资本的规模为基础的。一般来说，产业资本的规模越大，商业信用的规模也就越大；反之，就越小。③期限的局限性。企业在由对方提供商业信用时，期限一般受企业生产周转时间的限制，期限较短，所以商业信用只能解决短期资金融资的需要。④信用链条的不稳定性。商业信用是由工商企业相互提供的，如果某一环节因债务人经营不善而中断，就有可能导致整个债务链条的中断，引起债务危机的发生，甚至会冲击银行信用。

从银行信用的特点可以知道，银行信用并不存在上述局限性。银行或其他金融机构作为中介为企业办理信用，没有严格的方向性，银行信用规模也大大超过商业信用，同时信用链条也比较稳定，不会由于某个企业的行为而中断信用行为。

（3）商业信用与银行信用的关系

现代信用制度中，在世界各国，不论其社会制度如何，银行信用均居于主导地位，但却并不否认商业信用的基础地位，两者之间有其固有联系：

①从信用发展的历史来看，商业信用先于银行信用产生，银行信用是在商业信用广泛发展的基础上产生和发展起来，并且与银行的产生与发展相联系。没有商品经济就不会有商业信用，而没有商业信用的充分发展就不会有银行信用。

②商业信用直接和商品的生产和流通相联系，在有着密切联系的经济单位之间，它的发生有其必然性，甚至不必求助于银行信用。因此，即使在银行信用发达的情况下，也不可能完全取代商业信用。

③在市场经济条件下，商业信用的发展日益依赖于银行信用，并在银行信用的促进下得到进一步完善，二者在总体上互相依存、互相促进。商业信用不断呈现票据化趋势，而票据成了部分银行信用的工具，如票据贴现、票据抵押贷款等等。同时随着银行信用的发展，大银行不断集中借贷资本，为垄断组织服务，进一步促进了产业资本与银行资本的结合，从而促使银行信用和商业信用也进一步融合渗透。

总之，两种信用各具特点，相互补充，相辅相成，不可或缺。应充分利用两种信用，相互配合，以促进经济发展。

40．简述证券公司的经营业务种类。［首都经济贸易大学 2011 年研］

答：证券公司是专门从事有价证券买卖的法人企业。证券公司的经营业务种类主要包括：

（1）证券交易

在二级市场上，投资银行充当了证券经纪商和自营商角色。在发达的证券市场中，投资银行一般都有一定专业分工，只有少数几家证券公司兼营证券批发商和零售商职责，大多数证券经营机构则根据其财务结构、业务水平，确定专业化的业务品种，证券批发业务和零售业务相对分开。同时投资银行还在货币市场中买卖银行承兑汇票、国库券、政府债券和大额定期存单等。

（2）证券发行

证券发行是投资银行最重要也是最主要的业务。证券发行业务主要包括三个方面的内容：

①提供信息和咨询。投资银行为证券发行者和投资者提供咨询服务，特别是向投资者提供信息发布和媒介服务。

②公开销售。公开销售证券的方式一般可分为代销、余额包销和全额包销三种。

③私募发行。在证券销售中，投资银行往往针对一些机构客户，如投资基金、养老基金和保险公司等定向销售证券，使发行过程得以顺利进行。

（3）理财顾问

理财顾问包括两个方面的内容：

①为筹资者提供顾问服务，即财务顾问。财务顾问的对象可以是企业，也可以是政府部门。近年来，投资银行广泛开展了各种财务顾问业务，为企业和政府出谋划策、筹集资金。

②为投资者提供顾问服务，即投资顾问或投资咨询。投资咨询主要是为客户提供各类投资信息和分析，此项业务范围不断延伸，派生出“代客理财”和“合伙投资”等新的形式。

（4）金融工程业务

金融工程业务的范围包括三个方面：

①新型金融工具设计与开发，如互换、期权、票据发行便利、远期利率协议等。

②为降低交易成本的新型金融手段的开发，包括金融机构内部运作机制优化，金融市场套利机会发掘和利用，以及交易系统创新等。

③创造性地为解决某些金融问题提供系统完备的解决办法，包括各类风险管理技术开发与应用，现金管理策略创新，公司融资结构创造，企业收购兼并方案设计，以及实施资产证券化。

（5）创业投资

创业投资是对专门从事高新技术的小型公司进行一定份额的股权投资。投资银行通过创业投资活动，不仅向新企业注入启动资金，而且还提供建立新企业、制定企业经营战略和组织管理所需的顾问方案和各种专业技能。创业投资的具体形式是建立专门投资于高新技术行业和新型行业的创业投资基金。

（6）企业并购

企业并购日益成为投资银行的核心业务。在企业并购过程中，投资银行发挥了重要的金融中介作用。投资银行介入企业并购活动的主要途径有五种：①帮助企业设计并购方案；②设计反并购及防卫措施；③确定合理的价格；④安排融资；⑤风险套利。

（7）项目融资

项目融资有多种形式，如银行贷款、产品支付、融资租赁、BOT 融资、项目债券等。在项目融资过程中，投资银行充当财务顾问角色，为各方当事人提供各种中介顾问服务。项目融资本来是商业银行的业务领域，随着资本市场的发展，投资银行在这项业务中的作用变得越来越重要。

（8）基金管理

投资银行通过发起设立投资基金和从事基金管理业务，为中小投资者和各类机构投资者提供专业的理财服务，也为自身创造了大量收入来源。投资银行不仅直接作为基金管理人，而且还作为基金证券的承销商以及基金投资的经纪人，在投资基金业务中充当了多重角色。

41．简述现金交易说与现金余额说的主要内容及其区别。［武汉大学 2011 年研］

答：现金交易说和现金余额说统称为货币数量说。货币数量说在西方货币理论中占有重要地位，这种学说的主要观点是认为货币数量决定着物价水平的高低和货币价值的大小，货币数量多，物价水平上升，货币价值下降；反之亦然。

（1）现金交易说

现金交易说是美国经济学家费雪于 1911 年在《货币的购买力》一文中提出来的，费雪认为，影响物价水平的因素主要有三个：①流通中的货币量；②货币的流通速度，即一年内同一货币用于购买商品的平均次数；③商品的交易量。它们分别用 M、V、T 来表示。物价水平则用 P 来表示，交易方程式为：$MV = PT$。

从以上方程式可以看出：若 V 与 T 不变，则 P 随 M 作正比例变动。因此，费雪认为，在货币的流通速度与商品的交易量不变的条件下，物价水平是随着流通货币数量的变动而成正比例变动的。之所以得出这个结论，是因为费雪把货币数量看作是直接影响物价水平的最主要的因素，而认为货币的流通速度和商品交易量的变化程度很小，基本为常数。

（2）现金余额说

现金余额说的主要代表人物是英国剑桥学派的马歇尔和庇古。马歇尔在 1932 年发表的《货币、信用与商业》一书中作了系统的论述，他认为现金余额是指一国人民以通货形态保持其购买力的数额，即货币需求。同时他还认为物价变动的主要原因在于人们手中保留的现金余额，当人们手中保留的现金余额增加时，整个社会的货币需求增加，货币流通速度就会减慢，物价就会下跌，币值就会上升；反之，当货币需求减少时，货币流通速度就会加快，物价就会上涨，币值就会下跌。马歇尔的观点由庇古加以系统化，并用方程式予以表述，即：$M_d = kPY$ 或 $P = M_d/kY$。

上述公式中，M_d代表人们对货币的需求量，k 表示货币量与国民收入的比率，P 代表商品的价格水平，Y 表示按照固定价格计算的国民收入。

（3）现金交易说与现金余额说的区别

①对货币需求分析的侧重点不同。现金交易说强调的是货币的交易手段功能，而现金余额说则重视货币作为一种资产的功能。

②所强调的货币需求决定因素有所不同。现金交易说是从宏观角度用货币数量的变动来解释价格；反过来，在交易商品量给定和价格水平给定时，也能在既定的货币流通速度下得出一定的货币需求。而现金余额说则是从微观角度进行分析的产物，显然，现金余额说中的货币需求决定因素多于费雪方程式，特别是利率的作用已成为不容忽视的因素之一。

③现金交易说研究的是货币流量，即流通中用以交易的货币量；而现金余额说则研究的是货币存量，即人们手中持有的准备用以购物的货币量。

④现金交易说强调的是客观因素，如商品交易量、货币流通速度等；而现金余额说则强调的是人们的主观意志和主观愿望，即人们持有货币的量。

42. 信用货币有哪些主要特征？［首都经济贸易大学2010年研］

答：(1)信用货币的定义

信用货币是由国家法律规定的，强制流通的，不以任何贵金属为基础的，独立发挥货币职能的货币。信用货币是由银行提供的信用流通工具，其本身价值远远低于其货币价值，而且与代用货币不同，它与贵金属完全脱钩，不再直接代表任何贵金属，是一种债务型的货币。20世纪30年代经济危机与金融危机时期，各国脱离金本位，使纸币成为不可兑换的信用货币，在这种情况下，信用货币便应运而生。信用货币目前已是世界上绝大多数国家所采用的货币形态。

(2)信用货币的特征

①信用货币是价值符号，在社会商品总额和货币流通速度一定的情况下，每单位货币所代表的价值量和货币的数量成反比。换言之，作为一种价值符号，单位信用货币所代表的价值量，要受纸币流通规律的制约。因此要保持币值和物价的稳定，必须结合货币流通速度的变化，控制信用货币的供给量。

②信用货币是债务货币。在银行的资产负债表上，现钞和银行存款都是银行的负债。信用货币是表示银行债务的凭证，银行通过资产业务投放出去，通过收回贷款缩减信用货币，信用货币的供给量随银行资产业务的规模而伸缩。

③信用货币具有强制性。这是指国家法律规定全社会都必须接受和使用信用货币。

④国家对信用货币进行控制和管理。信用货币是由国家和银行提供信用保证的流通手段。它通常由一国政府或金融管理当局发行，其发行量要求控制在经济发展的需要之内。

43. 为什么政策性金融机构可以促进资金流向政府希望发展的部门或产业。［西南财经大学2002年研］

答：(1)政策性金融机构的含义

政策性金融机构是指那些由一国政府或政府机构发起、出资创立、参股、保证或扶植的，不以利润最大化为其经营目标，而是专门为贯彻或配合政府特定社会经济政策或意图，在法律限定的业务领域内，直接或间接地从事某种特殊政策性融资活动，从而充当政府发展经济、促进社会发展稳定、进行宏观经济调节的管理工具的金融机构。

(2)政策性金融机构可以促进资金流向政府希望发展的部门或产业的原因

①政策性金融机构由政府或政府机构出资创立、参股、保证或扶植。实践中政策性金融机构的设立方式多种多样，但无一不是以政府作为坚强后盾，同政府有种种密切的联系。

②政策性金融机构行为目标的非营利性。政策性银行与政府的经济职能相联系，是贯彻政府政策的工具。因此，政策性银行一般被要求从事若干具有较高金融和商业风险的融资活动、承担资产结构不符合正常商业性标准的项目、现金流转不能符合银行正常支付条件的项目、提供的证券没有价值或价值很小的融资项目以及没有经营业绩的企业所筹资的项目等。这决定了政策性银行并不以自身盈利作为其最终的行为目标。

③政策性银行融资准则的非商业性。政策性银行的行为目标决定了其融资准则具有明

显的非商业性。表现在：

a. 它主要或全部提供廉价资金，有些甚至低于筹资成本，并不能按期偿本付息，由此而发生的亏损则由政府补贴，以避免其受利润的诱惑和干扰。

b. 不介入商业性金融机构能够从事的项目，主要承担商业性金融机构不愿涉足项目的资金融通。

c. 对其他金融机构所从事的符合政策目标的金融活动给予偿付保证、利息补贴或再融资。

综上所述，从政策性金融机构与政府的关系、政策性金融机构的非营利性和融资的非商业性来看，政策性金融机构可以促进资金流向政府希望发展的部门或产业。

六、计算题

1. 假定流通中的现金为3200亿元，银行存款为10000亿元，超额准备金为600亿元，法定准备金率为20%。

(1)请计算银行准备金、货币乘数、基础货币。

(2)如果央行把法定准备金率下调10%，求新的货币乘数和基础货币。［对外经济贸易大学2024年研］

答：(1)法定准备金 = 10000 × 20% = 2000(亿元)

银行准备金 = 法定准备金 + 超额准备金 = 2000 + 600 = 2600(亿元)

现金漏损率 $c = 3200/10000 = 32\%$

超额准备金率 $e = 600/10000 = 6\%$

货币乘数 $= (c+1)/(r_d+e+c) = (32\%+1)/(20\%+6\%+32\%) = 2.28$

基础货币 = 流通中的现金 + 银行准备金 = 3200 + 2600 = 5800(亿元)

(2)若法定准备金率下调10%，则新的法定准备金为10000 × 10% = 1000(亿元)

新的银行准备金 = 1000 + 600 = 1600(亿元)

新的货币乘数 $= (c+1)/(r_d+e+c) = (32\%+1)/(10\%+6\%+32\%) = 2.75$

新的基础货币 = 流通中的现金 + 新的银行准备金 = 3200 + 1600 = 4800(亿元)

2. 无风险利率为每年6%，市场投资组合的预期收益率为每年15%。市场投资组合的方差是0.0121。Z组合的方差是0.0169，它与市场组合的相关系数为0.45。

(1)请解释无风险利率的含义，并举例说明。

(2)依据CAPM，投资者如何获得每年10%的预期收益？

(3)依据CAPM，组合Z的预期收益是多少？［首都经济贸易大学2019年研］

答：(1)无风险资产是收益率确定的资产，对应地，无风险利率就是确定的收益率。按照无风险资产的定义，无风险资产的收益率(R_F)不受任何因素影响，因此它与风险资产的协方差为0。比如，国债有国家信用支持，可视为无风险资产，国债收益率视为无风险利率。

(2)依据CAPM，投资者在无风险资产的配置比例为x，在市场组合的配置比例为$(1-x)$，投资组合的收益率$E(R_p) = 6\%x + 15\%(1-x) = 10\%$，解得$x = 0.556$。

(3)依据CAPM，$\beta_Z = Cov(R_Z, R_M)/\sigma_M^2 = \rho_{ZM}\sigma_Z/\sigma_M = 0.45 \times 0.13/0.11 = 0.5318$。

$E(R_Z) = R_F + \beta_Z[E(R_M) - R_F] = 6\% + 0.5318 \times 9\% = 10.79\%$。

3．2015 年 11 月 16 日 1 美元兑换 6.375 元人民币，较之 12 个交易日前人民币贬值了 0.9%，则贬值前 1000 元人民币能兑换多少美元？［南京航空航天大学 2016 年研］

答：设 12 个交易日前一美元能换 x 元人民币，则：贬值率 $=(6.375-x)/x=0.9\%$。

解得：$x=6.318$。

贬值前 1 美元 $=6.318$ 元人民币，则 1000 元人民币 $=1000\times 1/6.318$ 美元 $=158.278$ 美元。

即贬值前 1000 元人民币能兑换 158.278 美元。

4．某美国公司向德国出口机器，三个月后收回货款 500 万欧元。为防止外汇风险以欧式期权保值。期权协议价格 1 欧元 =0.4500 美元，卖出 40 份欧元期货期权，期权费为每欧元 2 美分。如果三个月后欧元汇率发生下列变化：1 欧元 =0.4100 美元；1 欧元 =0.4300 美元；1 欧元 =0.4700 美元。试计算三种汇率变化情况下该公司的损益，并说明各种情况下是否该行权？［武汉大学 2015 年研］

答：由题干可知，为防止外汇风险，该美国公司卖出了欧元期货看涨期权，期权买方付出期权费买入欧元期货看涨期权。因此，当欧元升值，买方选择执行期权；当欧元贬值，则放弃行使期权。

（1）当 1 欧元 =0.4100 美元时，由于到期时汇率低于协议价格，欧元贬值，买方不执行期权。该公司的总收益为期权费 + 货款，即 $500\times 0.02+500\times 0.4100=215$（万美元）。

（2）当 1 欧元 =0.4300 美元时，由于到期时汇率低于协议价格，买方不执行期权。该公司的总收益为期权费 + 货款，即 $500\times 0.02+500\times 0.4300=225$（万美元）。

（3）当 1 欧元 =0.4700 美元时，由于到期时汇率高于协议价格，买方执行期权。该公司的总收益为期权费 + 货款，即 $500\times 0.02+500\times 0.4500=235$（万美元）。

在没有期权时，公司的收益分别为 205 万美元、215 万美元、235 万美元。因此，三种情况下公司的损益分别为 10 万美元、10 万美元、0 美元。

5．金融资产的估值。

（1）某企业将一张还有 60 天才到期的零息商业汇票向一家银行申请贴现，以获得流动性资金。已知该汇票面额为 100 万元，申请贴现时的贴息率为 6%。计算该企业可获得的贴现金额。（注：一年按 360 天计算）

（2）一张 1 年后到期，面值为 10000 元的附息债券，息票率为 10%。如果投资者投资该债券要求的年收益率为 10%，求该债券的当前价格。［中国科学技术大学 2015 年研］

答：（1）此商业汇票还未到期，企业为了获得流动性资金申请贴现，因此，企业对未持有的 60 天的利息不享有所有权，应当从汇票面额中减去。

①计算贴现利息

贴现利息的计算公式为：贴现利息 = 票面金额 × 贴现率 × 贴现天数 ÷360，即：贴现利息 $=100\times 6\%\times 60\div 360=1$（万元）。

②计算贴现金额

贴现金额的计算公式为：贴现金额 = 汇票面额 − 贴现利息，即：贴现金额 $=100-1=99$（万元）。

（2）该债券的息票率为 10%，投资者投资该债券要求的年收益率也为 10%，因此，该债券是平价债券，债券价格 = 债券面值 =10000（元），用计算公式表示即为：

$$P=\frac{10000\times10\%}{1+10\%}+\frac{10000}{1+10\%}=10000(\text{元})$$

6. 有一张两年内到期的债券，其票面价值为1000元，票面利率为4%，当前的价格是950元，请计算这张债券的当期收益率和到期收益率。[厦门大学2014年研]

答：(1)当期收益率

当期收益率＝债券年利息/债券价格，故该债券的当期收益率为：1000×4%÷950＝4.21%。

(2)到期收益率

设到期收益率为i，则应满足下式：

$$950=\sum_{k=1}^{2}\frac{40}{(1+i)^k}+\frac{1000}{(1+i)^2}$$

当$i=6\%$时，债券的价格为963.33元，当$i=7\%$时，债券价格为945.76元，由插值法得(963.33－950)/(963.33－945.76)＝(i－6%)/(7%－6%)。

解得，到期收益率$i=6.76\%$。

7. 2007年3月15日，国内某企业A根据投资项目进度，预计将在6个月后向银行贷款人民币1000万元，贷款期为半年，但担心6个月后利率上升提高融资成本，即与银行商议，双方同意6个月后企业A按年利率6.2%(一年计两次复利)向银行贷入半年1000万元贷款。

试分析：

(1)半年后银行贷款利率上升到6.48%时，企业的利息支出节省。

(2)半年后银行贷款利率下降到6.00%时，企业的利息支出亏损。[厦门大学2013年研]

答：(1)贷款利率上升到6.48%时，企业的利息支出节省：10000000×6.48%/2－10000000×6.2%/2＝14000(元)。

(2)贷款利率下降到6.00%时，企业的利息支出亏损：10000000×6.2%/2－10000000×6.00%/2＝10000(元)。

8. 2012年10月1日，张三在中国工商银行储蓄所存入一年期定期存款1万元。一年期定期存款年利率为3%，单利计息。请计算利息所得税为5%时，此人存满一年的实得利息额。若一年内预期通货膨胀率为3%，请计算张三此笔存款的实际收益率。[中国科学技术大学2013年研]

答：(1)存满一年的实得利息额为：10000×3%×(1－5%)＝285(元)。

(2)由费雪效应可知，实际利率＝名义利率－通货膨胀率。

则此笔存款的实际收益率为：3%×(1－5%)－3%＝－0.15%。

9. 某企业3个月后需用美元支付200万欧元进口货款，预测汇率会有大幅度变动，采用外汇期权交易保值。已知即期汇率为$1＝€1；协定价格€1＝$1.0100，期权价格€1＝$0.0338；佣金占合同金额0.05%，采用欧式期权。请问3个月后市场汇率为$1＝€0.8500情况下该企业应如何操作？[东北财经大学2013年研]

答：3个月后市场汇率也即1€＝$1/0.85＝$1.1765。

美元贬值(欧元升值)，贸易公司可选择执行合约(看涨期权)。

期权合约收益为：(1.1765－1.01)×200＝33.3(万美元)。

期权费为：0.0338×200＝6.76(万美元)。

佣金为：0.05%×200＝0.1(万美元)。

企业总收益为：33.3－6.76－0.1＝26.44(万美元)。

所以，在此情况下企业可以执行看涨期权，获得收益26.44万美元。

10．假定你投资了450元在一个年利率为12%、期限为2年的金融产品上，那么2年后你将得到多少钱？其中多少是单利？多少是复利？［广东财经大学2013年研］

答：2年后将得到：$450\times(1+12\%)^2=564.48$(元)

复利的利息为：564.48－450＝114.48(元)

单利的利息为：450×12%×2＝108(元)

11．你有一项投资将在1年后付给你300美元，2年后付给你400美元，3年后付给你500美元，以及4年后付给你600美元。从类似的投资中，你可以赚取10%的报酬。那么，你最多应该为这项投资支付多少钱？［广东财经大学2013年研］

答：这笔现金流的现值为：

$PV=300/(1+10\%)+400/(1+10\%)^2+500/(1+10\%)^3+600/(1+10\%)^4=1388.77$(美元)

故最多支付为1388.77美元。

12．债券的息票利率为8%，面值为1000元，距离到期日还有5年，到期收益率为10%，如果每半年支付一次利息，求债券的现值。［广东财经大学2013复试］

答：每半年支付利息为$c=1000\times8\%\div2=40$(元)

债券现值为：

$$PV=\sum_{t=1}^{10}\frac{40}{(1+5\%)^t}+\frac{1000}{(1+5\%)^{10}}$$

$$=40\times\left[\frac{1-1\div(1+5\%)^{10}}{5\%}\right]+\frac{1000}{(1+5\%)^{10}}$$

$$=922.78(元)$$

13．某债券的息票利率为10%，面值为1000美元，距离到期日还有3年。如果债券现有到期收益率为8%，债券的价格为多少？［广东财经大学2013复试］

答：

$$P=\frac{c}{1+k}+\frac{c}{(1+k)^2}+\cdots+\frac{c}{(1+k)^T}+\frac{A}{(1+k)^T}$$

债券的年利息为1000×10%＝100(美元)，则根据以上公式，债券的价格$=100/(1+8\%)+100/(1+8\%)^2+100/(1+8\%)^3+1000/(1+8\%)^3=1051.54$(美元)。

14．H公司普通股目前的价格为28元/股，投资者李四以50元/份的价格买入2份H公司普通股的看涨(买入)期权，以30元/份的价格买入1份H公司普通股的看跌(卖出)期权。看涨期权的执行价格为30元/股，看跌期权的执行价格为25元/股，看涨和看跌期权具有相同的到期日，每份期权赋予投资者买卖股票的数额为100股。如果期权到期日H公司普通股的价格为33元/股，不考虑其他交易费用，请计算李四这次投资的净收益(损失)。

[中国科学技术大学 2013 年研]

答：根据题意，股票的市场价格高于期权的执行价格，应该执行看涨期权。

则投资的净收益为：(33 - 30) × 2 × 100 - 50 × 2 - 30 = 470(元)。

15. 假设你要在 A、B 两种资产中选择一种进行投资，投资期末每种资产的收益率可能有 4 种结果，每一种结果有一个确定的概率与之对应，如下表：

	A		B	
	r	p	r	p
1	0.20	0.25	0.40	0.10
2	0.14	0.25	0.20	0.30
3	0.10	0.25	0.05	0.40
4	0.04	0.25	0.00	0.20

请问：

(1) 两种资产的期望收益各是多少？

(2) 两种资产的标准差各是多少？

(3) 如果你是一个风险规避者，你会选择哪种资产进行投资？为什么？[厦门大学 2012 年研]

答：(1) 由表可知：

资产 A 的期望收益率为：$r_a = r_1 \times p_1 + r_2 \times p_2 + r_3 \times p_3 + r_4 \times p_4 = (0.2 + 0.14 + 0.1 + 0.04) \times 0.25 = 0.12$。

资产 B 的期望收益率为：$r_b = r_1 \times p_1 + r_2 \times p_2 + r_3 \times p_3 + r_4 \times p_4 = 0.4 \times 0.1 + 0.2 \times 0.3 + 0.05 \times 0.4 + 0 \times 0.2 = 0.12$。

(2) A 资产的标准差为：

$$\sigma_A = \sqrt{[(0.2 - 0.12)^2 + (0.14 - 0.12)^2 + (0.1 - 0.12)^2 + (0.04 - 0.12)^2] \times 0.25} \approx 0.06$$

B 资产的标准差为：

$$\sigma_B = \sqrt{(0.4 - 0.12)^2 \times 0.1 + (0.2 - 0.12)^2 \times 0.3 + (0.05 - 0.12)^2 \times 0.4 + (0 - 0.12)^2 \times 0.2} \approx 0.12$$

(3) 如果我是一个风险规避者，我会选择 A 资产进行投资。由(1)可知，资产 A 和资产 B 的期望收益相同，均为 0.12，但是资产 A 的标准差为 0.06，小于资产 B 的标准差。也就是说，同样的期望收益水平下，资产 B 的风险高于资产 A 的风险，所以我会选择资产 A 进行投资。

16. 假设某公司发行面值为 100 元的附息债券，票面利率为 6%，即持有一张该债券一年后可换回 106 元。设债券期限为 5 年，当前市场价格为 102 元，求该债券的当期收益率。如果投资者在持有该债券 2 年后，以 115 元的价格将其卖出，请计算投资者持有期的收益率。[武汉大学 2011 年研]

答：(1) 令该债券的当期收益率为 i_1，债券的年利息为 100 × 6% = 6(元)，当期市场价格为 102 元。

根据债券的当期收益率公式：$i = D/p$。

该投资者的当期收益率：$i_1 = 100 \times 6\% / 102 = 5.88\%$。

（2）令投资者持有期的收益率为 i_2，债券的购买价格为 102 元，2 年后债券卖出价格为 115 元，2 年持有期间投资者获得的利息为 $100\times6\%\times2=12$（元）。

根据持有期收益率公式：$r=[D+(P_1-P_0)/n]/P_0$。

该投资者的持有期收益率：$i_2=(115-102+12)/102=24.51\%$。

17. 某投资者拥有 Smart Money 公司价值为 100000 美元的股票，第一年年底他收到股利 2 美元，第二年年底再收到股利 4 美元，第三年年底他将股票以每股 50 美元卖出。假定收到股利需按 28% 的税率征税，并假定市场收益率是 15%。请计算：

（1）该投资者收到股利的现值；

（2）Smart Money 公司股票价格；

（3）该投资者本来拥有多少股 Smart Money 公司的股票？［武汉大学 2011 年研］

答：（1）根据现值计算公式：$PV=C_t/(1+r)^t$

投资者收到股利的现值为：$PV=2\times(1-28\%)/(1+15\%)+4\times(1-28\%)/(1+15\%)^2=3.43$（美元）。

（2）根据股票价格计算公式：

$$P=\sum_{t=1}^{\infty}\frac{D_t}{(1+r)^t}$$

该公司的股票价格为：$PV=2\times(1-28\%)/(1+15\%)+4\times(1-28\%)/(1+15\%)^2+50/(1+15\%)^3=36.31$（美元/股）。

（3）投资者拥有该公司的股票的数量为：$100000/36.31\approx2754$（股）。

七、论述题

1. 金融不稳定的诱因及预防措施。［中南财经政法大学 2024 年研］

答：（1）金融不稳定的诱因

①金融市场结构失衡

金融市场结构失衡指的是金融机构、金融工具和金融市场之间的比例和功能配合不当。这种失衡可能导致资金配置效率低下，进而影响金融稳定。

②金融发展不平衡

金融发展不平衡体现在不同地区、不同行业之间金融服务的可获取性和发展水平存在差异。这种不平衡会加大经济体的脆弱性，增加金融风险。

③金融市场和金融资产价格过度膨胀

金融市场和金融资产价格过度膨胀，通常由过度乐观的市场预期和过度流动性驱动，导致资产价格远离其内在价值。这种膨胀一旦破裂，会导致金融市场剧烈波动，影响金融稳定。

④市场投机气氛浓厚

市场投机气氛浓厚指的是市场参与者普遍倾向于短期投机行为，追求高风险的高收益，忽视基本面分析。这种气氛可能导致市场过热，加剧金融市场的波动性和不稳定性。

（2）预防措施

①加强金融监管，优化金融市场结构，促进金融机构、工具和市场的均衡发展，提高资金配置的效率和效益。

②政策制定者应推行普惠金融政策，促进金融服务的普及和平等，缩小不同地区和行业之间的金融发展差距。

③强化金融监管，监控市场流动性，防止过度杠杆和投机行为，引导市场形成合理的资产定价机制。

④加强市场教育和信息披露，提高投资者的风险意识和基本面分析能力，减少盲目投机行为。同时，通过制定和执行严格的市场准入规则和交易监管政策，遏制过度投机行为。

2. 2023年，美国10年期国债收益率持续低于2年期国债收益率，出现了利率倒挂。请从利率期限结构和利率的影响这两个因素分析该现象。［中央财经大学2024年研］

答：2023年美国10年期国债收益率持续低于2年期国债收益率的现象，即所谓的利率倒挂，可以从利率期限结构理论和利率影响因素两个角度来分析：

（1）利率期限结构的角度

从流动性溢价理论的角度来看，这种现象表明市场对未来短期利率的预期发生了变化。流动性溢价理论认为长期利率是由预期的短期利率平均值加上一个流动性溢价组成的。如果长期利率低于短期利率，这意味着市场预期未来的短期利率将大幅下降。换句话说，投资者预期未来经济可能会放缓甚至陷入衰退，从而导致中央银行降低短期利率以刺激经济。因此，当市场普遍预期经济将走弱时，长期利率会低于短期利率，形成倒挂的收益率曲线。

（2）利率影响因素的角度

利率倒挂也可能受到诸如违约风险、流动性和税收政策等因素的影响。然而，在国债市场上，这些因素的影响相对较小，因为国债通常被认为是无违约风险的，并且在流动性方面也表现良好。因此，主要影响因素还是集中在市场对未来利率走向的预期上。

①经济预期：如果市场参与者普遍认为未来经济形势将恶化，那么他们预期美联储将会降息以支持经济增长。这种预期会导致长期债券价格上升，收益率下降，而短期债券的收益率则相对较高，从而形成倒挂。

②货币政策预期：若投资者相信美联储在未来会采取更加宽松的货币政策，那么他们预期短期利率会下降。这种预期同样会促使长期债券的收益率低于短期债券，导致收益率曲线倒挂。

综上所述，2023年美国10年斯国债收益率持续低于2年期国债收益率的现象，很大程度上反映了市场对未来经济衰退的担忧，以及预期中的中央银行将采取行动以应对潜在经济下滑的政策方向。

3. 材料：展示了中国在各段时间的汇率表现（包括加入WTO后的汇率表现、历次汇改后的表现）。试回答如下问题：

（1）我国2005年汇改后的汇率制度是什么？如果要干预人民币汇率，央行可以采取哪些措施？

（2）央行干预汇率会产生哪些结果？

（3）为什么在2005年汇改之后到2015年，这期间美元对人民币汇率趋于稳定？

（4）人民币汇率升值的影响有哪些？［对外经济贸易大学2024年研］

答：（1）2005年汇改后，中国实行了有管理的浮动汇率制度。这意味着人民币汇率不再单一钉住美元，而是参考一篮子货币进行调整，并允许在一定范围内浮动。央行干预汇率的措施主要包括：

①买卖外汇：通过在市场上买入或卖出外汇，影响外汇供应量，从而调节汇率。

②调整中间价：每日设定人民币对美元的中间价，作为市场交易的参考，通过微调中间价来引导市场预期。

③改变存款准备金率：虽然主要目的是调控国内流动性，但也能间接影响汇率。

④政策声明：通过发布政策信号或口头干预，影响市场预期，达到稳定汇率的目的。

（2）央行干预汇率可能产生的结果包括：

①汇率稳定性增强：直接干预可减少汇率波动，增强市场信心。

②外汇储备变动：大量购入或售出外汇会直接影响国家外汇储备规模。

③市场流动性变化：干预操作会影响银行体系内的流动性，可能需要其他货币政策工具配合调整。

④国际收支平衡：长期干预可能影响国际收支状况，如贸易顺差或逆差的变化。

（3）2005 年至 2015 年间，美元对人民币汇率趋于稳定的原因包括：

①经济基本面稳定：中国经济持续快速增长，国际贸易顺差扩大，增强了市场对人民币的信心。

②汇率机制改革：实施有管理的浮动汇率制，增加了汇率灵活性，同时央行有效管理减少了大幅波动。

③国际压力与合作：面对国际上对于汇率操纵的指责，中国通过汇率机制改革展现开放态度，与主要经济体合作维护汇率稳定。

④市场预期管理：通过透明的政策沟通和适时的干预，引导市场形成稳定的汇率预期。

（4）人民币汇率升值的影响包括：

①进口成本降低：人民币购买力增强，进口商品和服务成本下降，有利于消费者和依赖进口原材料的企业。

②出口竞争力减弱：人民币升值使得中国产品在国际市场上的价格相对提高，可能影响出口企业的竞争力和利润。

③抑制通货膨胀：进口商品价格下降有助于控制国内物价水平。

④资产价值提升：以人民币计价的资产对外国投资者吸引力增强，可能吸引外资流入，推高资产价格。

⑤外债负担减轻：对于持有外币债务的企业和个人，人民币升值意味着偿还外债的实际成本降低。

4．什么是资产价格泡沫？结合房地产和股票市场谈一谈金融危机的过程，以及哪些因素会加速金融危机的爆发？［中山大学 2023 年研］

答：（1）资产价格泡沫及其特征

资产价格泡沫是指资产价格逐步向上偏离由产品和劳务的生产、就业、收入水平等实体经济决定的内在价值相应的价格，并往往导致市场价格的迅速回调，使经济增长陷于停顿的经济现象。其具有以下特征：①泡沫一般产生于带有投机性的投资行为，这种投资不以营利为主要目的，而是着眼于获取资产价差，具有短期行为特征；②泡沫伴随的投资增长往往是虚假繁荣的表现，在泡沫初期，资产价格明显上升导致投资泡沫资产有良好的盈利前景，吸引大量资金涌入；③泡沫的扩大必然导致金融系统风险的加大，有出现金融危机的可能；④泡沫的产生和成长受制于人们对未来的预期，当市场中形成对一种资产价格上涨的强烈预期时，投资者将资金注入导致该资产价格上升，证实了先前的预期，于是形成价格进一步上涨的预期。

(2)金融危机

金融危机是指一个国家或几个国家与地区的全部或大部分金融指标，如利率、证券、房地产等急剧、短暂和超周期的恶化。金融危机主要包括货币危机、银行危机、股市危机、债务危机和系统性金融危机。金融危机的主要危害包括金融机构陷入经营困境、国家财政负担加重、货币政策效率下降、债务紧缩、资金出逃等。

(3)房地产与金融危机

房地产是典型的高杠杆部门，且对经济增长和财富效应有巨大影响，因此全球历史上大的经济危机多与房地产有关，比如1929年美国的大萧条，1998年东南亚房地产泡沫破裂等。房地产泡沫导致金融危机的过程如下：①基本面支撑房地产泡沫的形成和成长，商品房需求主要分为居住需求和投机需求，居住需求主要跟城镇化、居民收入、人口结构等基本面因素有关，反映了商品房的商品属性，投机需求主要跟货币投放和低利率有关，反映了商品房的金融属性；②由于房地产部门的高杠杆属性，房市对流动性和利率极其敏感，流动性过剩和低利率将大大增加房地产的投机需求和金融属性，导致房价脱离基本面，房地产泡沫扩大；③政府基于发展经济目的刺激房地产市场，金融监管的缺位和银行放贷失控导致房地产泡沫进一步扩大；④货币政策的收紧或汇率的崩盘导致房地产泡沫的破裂，波及整个金融体系，最终导致金融危机的发生。

(4)股票市场与金融危机

作为经济的晴雨表，股市泡沫的产生和破裂与金融危机紧密相关，比如1929年的华尔街崩盘，日本泡沫经济危机等。股票市场泡沫导致金融危机的过程如下：①经济的繁荣和宽松的货币政策导致投资热情的高涨，国内外大量资金涌入股票市场，证券价格持续上涨，股市泡沫形成；②投资者从众心理和不良预期进一步推动泡沫的成长，羊群效应导致股价正反馈机制的形成；③金融监管的不足和国际热钱的兴风作浪引发股市泡沫的成长和破裂，股票价格暴跌，金融危机发生，本国投资者财富遭受巨额损失，企业纷纷破产倒闭，宏观经济的稳定遭到破坏。

(5)金融危机的推动因素

纵观历史上的多次金融危机事件，金融危机的推动因素主要包括：①宽松的货币政策和居民消费投资欲望的增长；②投资者非理性行为和羊群效应；③金融监管的不足和金融衍生品的滥用；④资产价格泡沫，尤其是房地产泡沫和股市泡沫的形成和破裂；⑤杠杆的大量运用和债务违约。总的来说，金融危机与货币宽松、债务爆炸、资产泡沫和金融体系崩溃紧密相关。

(6)资产价格泡沫的防治措施

面对日益严重的金融运行与实体经济脱节现象，我国提出要壮大制造业和实体经济，同时积极防止虚拟经济发展中常见的资产价格泡沫问题。防止资产价格泡沫的措施如下：①对金融体系严格实施审慎监管，防范化解重大金融风险；②实施稳健的货币政策，使社会融资规模增长与经济增长总体匹配，稳步推进利率和汇率市场化改革，有力促进稳增长、稳物价、稳就业和国际收支平衡；③坚决遏制“脱实向虚”，提高研发和技术创新能力，一国经济持续健康发展的决定因素是经济结构的升级，这就要求一国有较强的科技研发能力和自主创新能力，从根本上抵御各种经济危机的冲击。

5．什么是存款保险制度？存款保险制度具有什么功能？存在哪些问题？［河北工业大学2022年研；辽宁大学2012年研］

答：（1）存款保险制度的概念

存款保险制度是一种对存款人利益提供保护、稳定金融体系的制度安排。在这一制度安排下，吸收存款的金融机构根据其吸收存款的数额，按规定的保费率向存款保险机构投保，当存款机构破产而无法满足存款人的提款要求时，由存款保险机构承担支付法定保险金的责任。

（2）存款保险制度的功能

①维护存款人的利益。就每一个存款人来说，他们缺乏足够的信息和良好的分析能力来选择优秀的金融机构，而存款保险制度的建立则有利于保护他们的权益。

②维护金融体系的稳定。如果某几家金融机构的问题导致存款人的利益受损，影响到其他金融机构存款人的信心，就很容易发生挤兑风潮。存款保险制度则维护了金融体系的稳定。

（3）存款保险制度存在的问题

①对存款人来说，存款保险制度对其利益提供了保护，但却由此降低了他们关心银行经营业绩和对银行业务经营活动进行必要监管的积极性，甚至缺乏积极性将其存款从潜在破产的银行中取出。因此，就使低效率甚至是资不抵债的银行能够继续吸收存款。

②对投保机构来说，存款保险对存款人的保护意味着存款人挤提威胁对存款货币银行可能施加的惩罚力量受到削弱。无"后顾之忧"的银行，更倾向于从事风险较高、利润较大的银行业务。

③对于监管当局来说，存款保险制度还有延缓金融风险暴露的作用，容易导致风险不断累积，由此加大解决问题将要付出的代价。

6．实际利率理论、凯恩斯利率理论、借贷利率理论的比较分析。［西安交通大学2020年研］

答：（1）实际利率理论

这种理论强调非货币的实际因素在利率决定中的作用。它们所关注的实际因素是生产率和节约。生产率用边际投资倾向表示，节约用边际储蓄倾向表示。投资流量与利率成反比，储蓄流量与利率成正比。利率的变化最终取决于投资流量与储蓄流量的均衡。下图说明了这种关系。

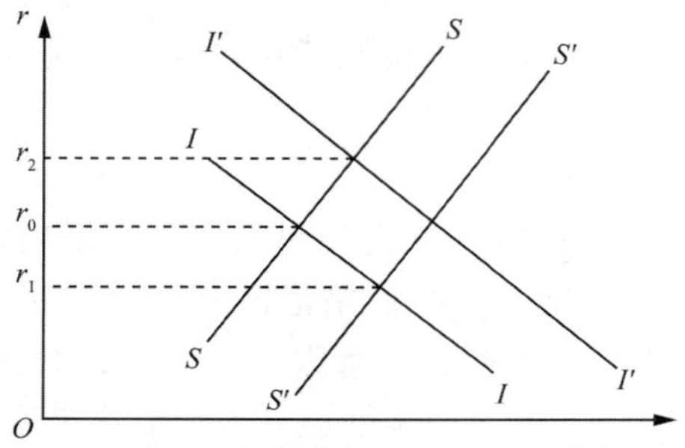

实际利率理论

图中，*II* 曲线为投资曲线，*SS* 曲线为储蓄曲线。两条线的交点所确定的利率 r_0 即为均衡利率。如果有些因素引起边际储蓄倾向提高，则 SS 曲线向右平移，形成 $S'S'$ 曲线，后者与 II 曲线的交点所确定的利率 r_1，即为新的均衡利率。显然，在投资不变的情况下，储蓄的增加会使利率水平下降。如果有些因素引起边际投资倾向提高，II 曲线向右平移，形成 $I'I'$ 曲线，则 $I'I'$ 曲线与 SS 曲线的交点确定新的利率均衡点 r_2。显然，若储蓄不变、投资增加，均衡利率上升。

（2）凯恩斯利率理论

该利率决定理论几乎就是货币理论。凯恩斯认为，利率决定于货币供求数量，而货币需求量又基本取决于人们的流动性偏好。如果人们对流动性的偏好强，愿意持有的货币数量就增加，当货币供小于求，利率上升；反之，当人们的流动性偏好变弱时，那将是对货币的需求下降，利率下降。因此，利率是由流动性偏好曲线与货币供给曲线共同决定的，见下图。

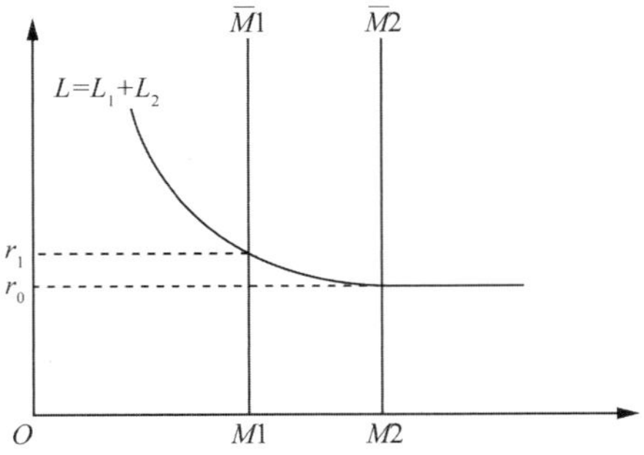

凯恩斯利率决定

货币供给曲线 M 是垂直于横轴的，由货币当局决定，货币需求曲线 $L=L_1+L_2$ 越向右，越平行于横轴。当货币供给曲线与货币需求曲线相交时，均衡利率便得以决定，任何货币供给的增加将不会对利率产生影响。这便是著名的“流动性陷阱”说。图中的 $M1$ 是与 r_1 相对应的货币供给量；在 $M2$ 之后，无论如何继续增加货币供给，利率也不会从 r_0 再行下降。

（3）借贷利率理论

借贷利率理论又称可贷资金利率理论，该理论认为利率是可贷资金的供给和需求决定的，兼顾古典学派的利率理论和凯恩斯的利率理论，同时考虑了货币因素和实际因素对利率的决定作用。可贷资金的需求来自两部分，一部分是投资，这是主要部分且与利率呈负相关关系，另一部分是货币的窖藏，储蓄者以现金形式保留一部分在手中而不是全部贷出的部分；可贷资金的供给来自两部分，储蓄是可贷资金供给的主要来源，与利率呈正相关，另一部分是货币供给的增加量，中央银行和商业银行也可以通过增加货币供给和信用创造来提供可贷资金，这部分跟利率也成正相关关系。利率则由可贷资金的供求来决定。

（4）三个理论的相同点

这三个理论都是从供求关系来解释利率的决定，实际利率理论认为储蓄和投资相等时，均衡利率得以决定；凯恩斯利率理论认为货币供求达到平衡时决定了利率的均衡水平；借贷利率理论认为可贷资金的供求相等时决定了均衡利率。并且可贷资金利率理论是新古典学派的利率理论，是为修正凯恩斯“流动性偏好”利率理论而提出来的，实际上可以看成古典利率理论和凯恩斯理论的一种综合，可贷资金利率理论综合了前两种利率决定论，认为利率是由可贷资金供求决定，利率的决定取决于商品市场和货币市场的共同均衡。

（5）三个理论的不同点

①实际利率理论偏重资本供求对利率决定所产生的影响，该理论认为在实体经济中，资本只是一种生产的要素，而利息则是资本的价格。投资流量和储蓄流量决定均衡利率，其中储蓄是利率的减函数，投资则是利率的增函数。该理论是一种流量和长期的分析，因此又被称为长期实际利率理论。

②凯恩斯流动性偏好利率理论认为货币供求决定均衡利率。凯恩斯认为货币是一种特殊的带有流动性的资产，而利息则是人们放弃了其流动性而应该取得的报酬，并非储蓄的报酬。因此，利息属于货币现象，利率则决定于货币供求，在货币需求一定的情况下，利率取决于央行的货币政策，且随着货币供给量的增加而下降，而当货币供给增加到足够大时，利率下降到一定程度后，再增加货币的供给，利率不会下降，人们这时对货币的需求趋于无穷大，这就形成了"流动性陷阱"。凯恩斯把利率看成了货币现象，认为它跟实际经济变量没有关系，与此同时，他对利率的分析只是一种存量分析，不像实际利率理论进行的是流量分析，因此流动性偏好利率理论属于短期分析利率理论。

③可贷资金利率理论实际上是前两个理论的综和，既研究长期实际经济因素也研究短期货币因素对利率的决定。该理论认为利率是由可贷资金的供求来决定的，当可贷资金需求量不变的情况下，利率将随着可贷资金的供给量的增加而下降，随着其下降而上升；当可贷资金需求量不变时，利率随着可贷资金的需求的增加而增加，随着其下降而下降。当可贷资金供求平衡时决定了均衡利率。由此可见，可贷资金利率理论跟凯恩斯流动性偏好利率理论的区别在于可贷资金利率注重流量和货币供求变化的分析，并且也强调长期实际经济变量对利率的决定性作用。

7．论述开放经济条件下货币政策的国际传导机制。［辽宁大学2016年研］

答：两国情况下的蒙代尔－弗莱明模型是用来分析国际传导的基本框架：①在开放条件下，当一国国民收入增加时，它通过边际进口倾向，带来本国进口的上升，相应地则有其他国家出口的增加。因此，外国经常账户是本国国民收入的增函数。换一个角度说，各国经常账户的状况均不能忽略外国国民收入这一变量。②在资金完全流动、不存在汇率变动预期的条件下，两国的利率水平分别取决于本国的货币均衡状态；但不同的利率水平会引起套利行为并使不同的利率水平趋于同一的、无套利的稳定状态。这就是说，各国都可以通过国内的经济政策影响这一共同利率；换言之，在两国模型中的"世界"利率水平是由两国共同确定的。因此，当一国经济面临突然冲击时，这一冲击在开放经济之间可以通过收入机制、利率机制进行传导。

开放经济条件下对货币政策效应的国际传导分析是区分不同汇率机制进行的：

（1）在固定汇率制下，本国国内初始的货币扩张会导致本国利率下降并刺激本国产出增加，经济增长。本国产出的增加通过边际进口倾向的作用引起本国进口的上升，也就是外国出口的上升——外国产出增加。同时，由于本国货币扩张、利率水平下降，造成资本流出，从而增加了外国的货币供给，外国货币供给的增加，也导致利率的下降。最终的均衡点是："世界"利率水平下降，本国和国外的产出同时增加。

这就是说，固定汇率制下，当扩张的货币政策通过利率的下降造成本国产出上升的同时，也会促成外国产出的上升。换言之，国内的扩张货币政策对外国经济有正的溢出效应。

（2）在浮动汇率制下，一国的国内货币政策是对汇率和贸易条件起作用，国际收支失衡不再影响国内的货币供给，而是通过汇率的变动得到修正。这就使货币政策在国际传导的效应与固定汇率条件下不同。

在浮动汇率制下，货币扩张的效应也会使国内产出增加，世界市场利率水平下降，但不会导致外国的产出同时增长。这是因为，当本国发生资本流出，出现国际收支赤字和外国发生资本流入，形成国际收支盈余之际，汇率立即变化：本国的货币贬值，外国的货币升值。本国的货币贬值，本国的出口增加；外国的货币升值，外国的净出口下降——出口下降，产出下降，收入下降。调整的最终结果是，本国扩张性货币政策对外国经济增长产生负的溢出效应。因此，这时的本国货币扩张是一种典型的“以邻为壑”政策。

8. 参与国际金融市场交易的机构投资者种类、投资行为及其对国际金融市场的影响。［兰州大学 2016 年研］

答：（1）机构投资者的种类

国内股市目前机构投资者包括：①证券公司；②私募基金；③保险公司；④封闭型公募基金；⑤开放型公募基金；⑥大型企业集团财务公司；⑦QFII 境外投资机构。

（2）机构投资者的投资行为

①短期投资活动

短期投资活动形成了短期资本流动，是指期限为一年或一年以下的资本的跨境流动。短期资本流动包括存单、国库券、商业票据及其他短期金融资产的交易，投机性的股票交易等都可以形成短期资本的流动。短期资本流动可分为贸易性资本流动、套利性资本流动、保值性资本流动以及投机性资本流动等。

随着经济开放程度的提高和国际经济活动的多样化，贸易性资本流动在短期资本流动中的比重已大为降低；套利性资本流动的比重则有不断增加的趋势；保值性资本流动一般体现在政治动荡、经济恶化、国际收支失衡或货币贬值等情况下发生的大量资本外逃；而投机性资本流动是投资者利用国际市场上金融资产或商品价格的波动进行高抛低吸而形成的，近年来国际投机性资本流动的规模越来越大，成为短期资本流动的主体。

②长期投资活动

长期投资活动形成了长期资本流动，是指期限在一年以上的资本的跨国流动，包括国际直接投资、国际间接投资和国际信贷三种方式。

a. 国际直接投资。即对外直接投资，是一国投资者为实现持久利益而对本国之外的企业进行投资，并对该国外企业的经营管理实施有效影响和控制的经济活动。国际货币基金组织建议以拥有国外企业 10% 的股权作为国际直接投资的最低标准。

b. 国际间接投资。即国际证券投资，是指在国际证券市场上通过购买外国企业发行的股票和外国企业或政府发行的债券等有价证券，来获取利息或红利的投资行为。国际间接投资以取得一定的收益为目的，一般不存在对企业经营管理权的取得问题，即使是在对股权证券进行投资的情况下，也不构成对企业经营管理的有效控制。

c. 国际信贷。机构投资者可以在国际金融市场上向另一国的银行、其他金融机构、政府、公司企业以及国际机构提供信贷。它包括出口信贷、银行贷款、债券发行、政府贷款、国际金融机构贷款、补偿贸易和国际租赁等多种具体形式。

（3）机构投资者的投资行为对国际金融市场的影响

①推动世界经济全球化的巨大发展。首先，国际金融市场能在国际范围内把大量闲散

资金聚集起来，从而满足了国际经济贸易发展的需要，同时通过金融市场的职能作用，把“死钱”变为“活钱”，由此推动了生产与资本的国际化。其次，欧洲市场如欧洲货币市场促进了当时联邦德国和日本经济的复兴，亚洲美元市场对亚太地区的经济建设也起了积极的作用。发展中国家的大部分资金也都是在国际金融市场上筹集的。欧洲货币市场的形成与发展，又为跨国公司在国际上进行资金储存与借贷、资本的频繁调动创造了条件，促进了跨国公司经营资本的循环与周转，由此推动世界经济全球化的巨大发展。

②为各国经济发展提供资金。国际金融市场是世界各国资金的集散中心，各国可以充分利用这一国际性的蓄水池，获取发展经济所需的资金。可以说，某些国家或地区就是以在国际金融市场上借钱付利息的代价来推动经济发展的。

③有利于调节各国的国际收支。国际投资活动为国际收支逆差国提供了一条调节国际收支的渠道，即逆差国可到国际金融市场上举债或筹资，从而更能灵活地规划经济发展，也能在更大程度上缓和国际收支失衡的压力。

④促进金融业的国际化。当大量国际资本同时流向一个国家时，必然导致流入国货币供应量增加，引发通货膨胀，冲击该国货币政策的执行效果，甚至会加剧国际金融市场动荡不安。国际金融市场的发达吸引着无数的跨国金融组织，尤其银行业汇集于此。国际金融市场成了国际大银行的集散地，金融市场通过各种活动把这些银行有机地结合在一起，使世界各国的银行信用突破空间制约而成为国际间的银行信用，在更大程度上推动诸多金融业务国际化。

⑤导致大规模的国际资本流动。国际投资活动会导致国际资本在国际间充分流动，使当前的国际资本流动达到空前的规模。与此同时，也带来一些负面效果。为此，近几年西方各国在推行金融自由化的同时，都不同程度地加强了对国际金融市场的干预与管理。

9. 阐述凯恩斯货币需求理论和弗里德曼货币需求理论的主要内容，并比较两者的区别。［上海大学2025年研；河北大学2016年研］

答：（1）凯恩斯的货币需求理论

凯恩斯提出了一种权衡性的货币需求理论即流动性偏好说，他对货币需求理论的突出贡献在于他对货币需求动机的剖析，并在此基础上把利率引入了货币需求函数，从而论证了利率对货币需求的决定作用，揭示了利率在货币金融理论体系中的枢纽地位。

凯恩斯的货币需求理论研究从人们持有货币的动机入手。他认为，人们之所以需要持有货币，是因为存在着流动性偏好这种普遍的心理倾向，而人们偏好货币的流动性是出于交易动机、预防动机和投机动机。

①交易动机

凯恩斯认为，交易媒介是货币最基本的功能，因此人们为了应付日常的商品交易而必然需要持有一定数量的货币，由此产生了持币的交易动机，并且用于交易媒介的货币需求量与收入水平存在着稳定的关系。基于交易动机而产生的货币需求，凯恩斯称之为货币的交易需求。

②预防动机

凯恩斯对预防动机的解释是人们为了应付不测之需而持有货币的动机。凯恩斯认为，生活中经常会出现一些未曾预料的、不确定的支出或购物机会，人们无法准确预测自己在未来一段时期内所需要的货币数量，为此，人们需要保持一定量的货币在手中，保持预防意外事件的能力，这类需求可称为货币的预防需求。

凯恩斯进而谈到，预防动机引起的货币需求仍然主要作为交易的准备金，最终也要用于交易，因此这个动机所引起的货币需求也是收入的递增函数。

③投机动机

投机动机是凯恩斯货币需求理论中最具创新的部分。凯恩斯认为，人们持有货币除了满足交易需求和应付意外支出外，还有一个重要动机，即是为了保存价值或财富。凯恩斯把用于保存财富的资产分为货币和债券两大类。货币是不能产生利息收入的资产；债券是能产生利息收入的资产。人们持有货币资产，收益为零。持有债券资产，则有两种可能：如果利率上升，债券价格就要下跌；利率下降，债券价格就会上升。如果后一种情况发生，持有者会获得收益；而当前一种情况发生时，假如债券价格下跌幅度很大，使人们在债券价格方面的损失超出了他们从债券获得的利息收入，则收入为负。如果持有债券的收益为负，此时持有货币就会优于持有债券，人们就会增大对货币的需求；相反，人们就会减少货币需求。显然，人们对现存利率水平的估计就成为人们在货币和债券两种资产间进行选择的关键。如果人们确信现行利率水平高于正常值，一般会预期利率水平将下降，从而债券价格将会上升，人们就会多持有债券；反之，则会倾向于多持有货币。因此，投机性货币需求同利率存在着负相关关系。

由交易动机和预防动机决定的货币需求取决于收入水平；基于投机动机的货币需求则取决于利率水平。因此，凯恩斯的货币需求函数如下式：

$$M = M_1 + M_2 = L_1(Y) + L_2(r)$$

M_1为由交易动机和预防动机决定的货币需求，是收入 Y 的函数；M_2为投机性货币需求，是利率 r 的函数。式中的 L_1、L_2是作为“流动性偏好”函数的代号。

（2）弗里德曼货币需求理论

弗里德曼承袭了传统货币数量论的观点，即非常看重货币数量与物价水平之间的因果联系。同时，他也接受了剑桥学派和凯恩斯以微观主体行为作为分析起点和把货币看作受到利率影响的一种资产的观点。弗里德曼货币需求函数为：

$$\frac{M_d}{P} = f\left(y,\ w;\ r_m,\ r_b,\ r_e,\ \frac{1}{P} \times \frac{\mathrm{d}P}{\mathrm{d}t};\ u\right)$$

M_d/P 为实际货币需求；y 为实际持久性收入；w 为非人力财富占个人总财富的比率或来自财产的收入在总收入中所占的比率；r_m为货币预期收益率；r_b为固定收益的债券利率；r_e为非固定收益的证券利率；$\frac{1}{P} \times \frac{\mathrm{d}P}{\mathrm{d}t}$为预期物价变动率；$u$ 为反映主观偏好及客观技术与制度等因素的综合变数。

强调持久性收入对货币需求的重要作用是弗里德曼货币需求理论的一个特点，持久性收入可以理解为预期未来收入的折现值，或预期的长期平均收入，货币需求与它正相关；弗里德曼把财富分为人力财富和非人力财富两类，非人力财富占个人总财富的比率与货币需求呈负相关关系。r_m、r_b、r_e和$\frac{1}{P} \times \frac{\mathrm{d}P}{\mathrm{d}t}$在其货币需求分析中被统称为机会成本变量，其中$r_m$与货币需求呈正相关关系，$r_b$、$r_e$和$\frac{1}{P} \times \frac{\mathrm{d}P}{\mathrm{d}t}$与货币需求呈负相关关系。$u$ 是一个代表多种因素的综合变数，因此可能从不同的方向上对货币需求产生影响。

对于货币需求，他最具概括性的论断是：由于持久性收入的波动幅度比现期收入的波动幅度小得多，因而货币需求函数相对稳定，这就意味着货币流通速度（持久性收入除以货币存量）也是相对稳定的。

（3）两者的区别

①货币需求的决定因素不同。凯恩斯货币需求函数中的变量是收入 Y 和利率 r。弗里德曼货币需求函数中变量是 y、w、r_m、r_b、r_e 和 $\frac{1}{P}\times\frac{\mathrm{d}P}{\mathrm{d}t}$、$u$。

②认为货币流动速度稳定和货币需求对利率不敏感，这是弗里德曼的货币需求理论与凯恩斯的货币需求理论之间的主要差异。

10．什么是互联网金融？如何认识互联网金融的风险和监管的必要性？［兰州大学2016年研］

答：（1）互联网金融的概念

互联网金融是传统金融行业与互联网精神相结合的新兴领域。互联网“开放、平等、协作、分享”的精神向传统金融业态渗透，对人类金融模式产生根本影响，具备互联网精神的金融业态统称为互联网金融。互联网金融与传统金融的区别不仅仅在于金融业务所采用的媒介不同，更重要的在于金融参与者深谙互联网“开放、平等、协作、分享”的精髓，通过互联网、移动互联网等工具，使得传统金融业务具备透明度更强、参与度更高、协作性更好、中间成本更低、操作上更便捷等一系列特征。

（2）互联网金融的风险

①网络金融技术风险

a．安全风险。网络金融的业务及大量风险控制工作均是由电脑程序和软件系统完成，所以，电子信息系统的技术性和管理性安全就成为网络金融运行的最为重要的技术风险。这种风险既来自计算机系统停机、磁盘列阵破坏等不确定因素，也来自网络外部的数字攻击，以及计算机病毒破坏等因素。根据对发达国家不同行业的调查，系统停机对金融业造成的损失最大。网上黑客的攻击活动能量正以每年10倍的速度增长，其可利用网上的任何漏洞和缺陷非法进入主机、窃取信息、发送假冒电子邮件等。计算机网络病毒可通过网络进行扩散与传染，传播速度是单机的几十倍，一旦某个程序被感染，则整台机器、整个网络也很快被感染，破坏力极大。在传统金融中，安全风险可能只带来局部损失，但在网络金融中，安全风险会导致整个网络的瘫痪，是一种系统性风险。

b．技术选择风险。网络金融业务的开展必须选择一种成熟的技术解决方案来支撑，在技术选择上存在着技术选择失误的风险，这种风险既来自选择的技术系统与客户终端软件的兼容性差导致的信息传输中断或速度降低的可能，也来自选择了被技术变革所淘汰的技术方案，造成技术相对落后、网络过时的状况，导致巨大的技术和商业机会的损失。对于传统金融而言，技术选择失误，只是导致业务流程趋缓，业务处理成本上升，但对网络金融机构而言，则可能失去全部的市场，甚至失去生存的基础。

②业务风险

a．信用风险。这是指网络金融交易者在合约到期日不完全履行其义务的风险。网络金融服务方式具有虚拟性的特点，即网络金融业务和服务机构都具有显著的虚拟性。网络信息技术在金融业中的应用可以实现在互联网上设立网络银行等网络金融机构。虚拟化的金融机构可以利用虚拟现实信息技术增设虚拟分支机构或营业网点，从事虚拟化的金融服务。网络金融中的一切业务活动，如交易信息的传递、支付结算等都在由电子信息构成的虚拟世界中进行。

与传统金融相比，金融机构的物理结构和建筑的重要性大大降低。网络金融服务方式的虚拟性使交易、支付的双方互不见面，只是通过网络发生联系，这使对交易者的身份、交易的真实性验证的难度加大，增大了交易者之间在身份确认、信用评价方面的信息不对称，从而增大了信用风险。对我国而言，网络金融中的信用风险不仅来自服务方式的虚拟性，还有社会信用体系的不完善而导致的违约可能性。因此，我国网络金融发展中的信用风险不仅有技术层面的因素，还有制度层面的因素。我国目前的社会信用状况是大多数个人、企业客户对网络银行、电子商务采取观望态度的一个重要原因。

b. 流动性风险。这是指网络金融机构没有足够的资金满足客户兑现电子货币的风险。风险的大小与电子货币的发行规模和余额有关，发行的规模越大，用于结算的余额越大，发行者不能等值赎回其发行的电子货币或清算资金不足的可能性越大。因为目前的电子货币是发行者以既有货币（现行纸币等信用货币）所代表的现有价值为前提发行出去的，是电子化、信息化了的交易媒介，尚不是一种独立的货币。交易者收取电子货币后，并未最终完成支付，还需从发行电子货币的机构收取实际货币，相应地，电子货币发行者就需要满足这种流动性要求。当发行者实际货币储备不足时，就会引发流动性危机。流动性风险也可由网络系统的安全因素引起。当计算机系统及网络通信发生故障，或病毒破坏造成支付系统不能正常运转，必然会影响正常的支付行为，降低货币的流动性。

c. 支付和结算风险。由于网络金融服务方式的虚拟性，金融机构的经营活动可突破时空局限，打破传统金融的分支机构及业务网点的地域限制；只需开通网络金融业务就可能吸引相当大的客户群体，并且能够向客户提供全天候、全方位的实时服务，因此，网络金融有3A金融（即能在任何时间、任何地点，以任何方式向客户提供服务）之称。网络金融的经营者或客户通过各自的电脑终端就能随时与世界任何一家客户或金融机构办理证券投资、保险、信贷、期货交易等金融业务。这使网络金融业务环境具有很大的地域开放性，并导致网络金融中支付、结算系统的国际化，从而大大提高了结算风险。基于电子化支付系统的跨国跨地区的各类金融交易数量巨大，一个地区金融网络的故障会影响全国乃至全球金融网络的正常运行和支付结算，并会造成经济损失。

d. 法律风险。这是针对目前网络金融立法相对落后和模糊而导致的交易风险。目前的金融立法框架主要基于传统金融业务，如银行法、证券法、财务披露制度等，缺少有关网络金融的配套法规，这是很多发展网络金融的国家普遍存在的情况，我国亦然。网络金融在我国还处于刚起步阶段，相应的法规还相当缺乏，如在网络金融市场准入、交易者的身份认证、电子合同的有效性确认等方面尚无明确而完备的法律规范。因此，利用网络提供或接受金融服务，签订经济合同就会面临在有关权利与义务等方面的相当大的法律风险，容易陷入不应有的纠纷之中，结果是使交易者面对着关于交易行为及其结果的更大的不确定性，增大了网络金融的交易费用，甚至影响网络金融的健康发展。

e. 其他风险。如市场风险，即利率、汇率等市场价格的变动对网络金融交易者的资产、负债项目损益变化的影响，以及金融衍生工具交易带来的风险等，在网络金融中同样存在。

（3）互联网金融监管的必要性

自由放任的监管理念只适用于金融市场有效的理想情景，互联网金融在达到这个理想情景之前，仍会存在信息不对称和交易成本等大量非有效因素，使得自由放任监管理念不适用，互联网金融监管很有必要，原因如下：

①互联网金融中，个体行为可能非理性。比如，在P2P网络贷款中，投资者购买的实际是针对借款者个人的信用贷款。即使P2P平台能准确揭示借款者信用风险，并且投资足够分散，个人信用贷款仍属于高风险投资，投资者不一定能充分认识到投资失败对个人的影响。

②个体理性，不意味着集体理性。比如，在以余额宝为代表的“第三方支付+货币市场基金”合作产品中，投资者购买的是货币市场基金份额。投资者可以随时赎回自己的资金，但货币市场基金的头寸一般有较长期限，或者需要付出一定折扣才能在二级市场上卖掉。这里就存在期限错配和流动性转换问题。如果货币市场出现大幅波动，投资者为控制风险而赎回资金，从个体行为看，是完全理性的，但如果是大规模赎回，货币市场基金就会遭遇挤兑，从集体行为看，则是非理性的。

③市场纪律不一定能控制有害的风险承担行为。在我国，针对投资风险的各种隐性或显性担保大量存在(如隐性的存款保险、银行对柜台销售的理财产品的隐性承诺)，老百姓也习惯了“刚性兑付”，风险定价机制在一定的程度上是失效的。

④互联网金融机构若涉及大量用户，或者达到一定的资金规模，出问题时很难通过市场出清方式解决。如果该机构还涉及支付清算等基础业务，破产还可能损害金融系统的基础设施，构成系统性风险。如支付宝和余额宝涉及人数如此之多和业务规模如此之大，已经具有一定的系统重要性。

⑤互联网金融创新可能存在重大缺陷。比如，我国P2P网络贷款已经出现良莠不齐局面。部分P2P平台中，客户资金与平台资金没有有效隔离，出现了若干平台负责人卷款“跑路”事件，部分P2P平台营销激进，将高风险产品销售给不具有风险识别和承担能力的人群。

⑥互联网金融消费中可能存在欺诈和非理性行为，金融机构可能开发和推销风险过高的产品，消费者可能购买自己根本不了解的产品。比如，在金融产品的网络销售中，部分产品除了笼统披露预期收益率外，很少向投资者说明该收益率通过何种策略取得、有什么风险等。而部分消费者因为金融知识有限和习惯了“刚性兑付”，不一定清楚P2P网络贷款与存款、银行理财产品有什么不同。

因此，对互联网金融，不能因为发展不成熟就采取自由放任的监管理念，应该以监管促发展，在一定的负面清单、底线思维和监管红线下，鼓励互联网金融创新。

11．2015年11月24日，央行开展100亿7天逆回购，较上周四缩量。市场人士指出，在上周下调分支行SLF利率后，近期资金全面暂维持供求均衡，重启IPO后首批10只新股即将集中申购，新股申购期间资金需求增加，若资金价格大幅波动，央行或通过其他继续维稳。

(1)什么是逆回购?

(2)什么是SLF?

(3)什么是IPO?［西南财经大学2016年研］

答：(1)逆回购为资金融出方将资金融给资金融入方，收取有价证券作为质押，并在未来收回本息，并解除有价证券质押的交易行为。央行逆回购为中国人民银行向一级交易商购买有价证券，并约定在将来特定日期将有价证券卖给一级交易商的交易行为。逆回购为央行向市场上投放流动性的操作，逆回购到期则为央行从市场收回流动性的操作。简单解释就是主动借出资金，获取债券质押的交易就称为逆回购交易，此时央行扮演投资者，是接受债券质押，借出资金的一方。

（2）常备借贷便利（简称 SLF）是央行在 2013 年创设的流动性调节工具，主要功能是满足金融机构期限较短的大额流动性需求，对象主要为政策性银行和全国性商业银行，期限为 1 ~3 个月，利率水平根据货币政策调控、引导市场利率的需要等综合确定。常备借贷便利以抵押方式发放，合格抵押品包括高信用评级的债券类资产以及优质信贷资产等。

（3）首次公开募股（简称 IPO）是指一家企业或公司（股份有限公司）第一次将它的股份向公众出售（首次公开发行指股份公司首次向社会公众公开招股的发行方式）。通常上市公司的股份是根据相应证券会出具的招股书或登记声明中约定的条款通过经纪商或做市商进行销售的。一般来说，一旦首次公开上市完成，这家公司就可以申请到证券交易所或报价系统挂牌交易。

12. 根据中央银行产生的经济原因和职能，分析中央银行在社会经济生活中的作用。［兰州大学 2016 年研］

答：（1）中央银行产生的经济原因

中央银行是在商业银行的基础上，经过长期发展逐步形成的，其产生的经济原因集中体现在以下五个方面：

①银行券的发行

中央银行形成以前，没有专门的发行银行，各商业银行都有发行银行券的权力。许多商业银行为了扩大其资金来源，纷纷把发行银行券作为自己的重要业务。在银行业发展的早期，这种状况尚不足以形成危机，随着资本主义经济和银行业的快速发展，分散发行制度的缺陷便逐渐暴露。大量资金实力薄弱的小银行发行的银行券往往不能兑现，加剧了货币流通的混乱与危机。与此同时，小银行的活动范围由于受到地区限制，其发行的银行券只能在很小的范围内流通，给生产和流通造成很多困难。客观上要求在全国范围内由享有较高信誉的大银行来集中发行货币，以克服分散发行造成的混乱。

②票据交换和清算

随着银行业务的不断扩展，债权债务关系错综复杂，银行每天收受票据的数量也日益增多，由各家银行自行轧差进行当日结清便发生困难，不仅异地如此，同城亦然。虽然当时欧洲的一些大中城市已经建立了票据交换所，但还不能为所有的银行服务，也不能从根本上解决全国性票据交换和清算问题。这就在客观上要求建立一个全国统一的、权威的、公正的清算机构为之服务。

③银行的支付保证能力

银行的大量发展，一方面要防止一些银行为了逐利而无限制扩大贷款，产生流动性不足甚至导致挤兑，另一方面要保证整个银行体系的支付能力，防止个别银行支付风险的传递与扩散，产生金融危机。事实上，随着银行业务规模的扩大和业务活动的复杂化，银行的经营风险也是不断增加的，单个银行由于资金实力的局限难以独立保证自身的安全。而个别银行的支付风险又常常引发整个银行体系的信用危机，形成银行业的系统性风险。因此，客观上要求有一家权威性的银行机构，能够在商业银行发生资金困难时，给予必要的贷款支持，发挥“最后贷款人”功能。

④金融监管

同其他行业一样，以盈利为目的的金融企业之间也存在着激烈竞争。与一般企业不同，由于金融企业联系着千家万户，因而它在竞争中的破产、倒闭给经济造成的震荡要比普通企业大得多。因此，客观上需要有一个代表政府意志的超然于所有金融企业之上的专门机构专事对金融业的监督和管理，以保证金融业的安全与规范化经营。

⑤政府融资

在人类社会的发展过程中，政府的职责不断扩大。特别是在资本主义制度确立与发展过程中，政府的作用越来越突出。政府职责的强化增加了开支，政府融资便成为一个重要问题。为保证和方便政府融资，发展或建立一个与政府有密切联系、能够直接或变相为政府筹资或融资的银行机构，也是中央银行产生的客观要求之一。

(2)中央银行的职能

中央银行作为国家干预经济的重要机构，它的职能是由其性质所决定的。最常见的分类法是将中央银行的职能概括为“发行的银行”“银行的银行”和“政府的银行”。

①中央银行是“发行的银行”

中央银行是发行的银行，是指中央银行通过国家授权，集中垄断货币发行，向社会提供经济活动所需要的货币，并保证货币流通的正常运行，维护币值稳定。

从中央银行产生和发展的历史看，独占货币发行权是其最先具有的职能，也是它区别于普通商业银行的根本标志。货币发行权一经国家法律授予，中央银行即对调节货币供应量、保证货币流通的正常与稳定负有责任。

②中央银行是“银行的银行”

中央银行是银行的银行，是指中央银行充当一国(地区)金融体系的核心，为银行及其他金融机构提供金融服务、支付保证，并监督管理各金融机构与金融市场业务活动的职能。

中央银行作为银行的银行，它只与商业银行和其他金融机构发生业务往来，并不与工商企业和个人发生直接的信用关系；它集中保管商业银行的准备金，并对它们发放贷款，充当“最后贷款者”。这一职能具体体现在以下几个方面：

a. 集中存款准备金。商业银行及其他存款类金融机构从社会各阶层吸收来的存款，绝不能全部用来发放贷款和进行其他投资，而必须保留一部分现金以备客户提取。但金融机构追逐利润的经营目标使其往往只保留极少的存款准备金，一旦遇到客户集中提取，许多金融机构便会产生破产的风险。为了防止危机的发生，各国都以法律形式规定存款准备金的提取率并交存中央银行；同时，金融机构为了用于清算，还要在中央银行保留超额准备金存款。由此，使中央银行集中了金融机构的存款准备金，当个别金融机构出现资金困难时，中央银行可用来发放再贷款或再贴现。中央银行通过改变存款准备金比率，还可进行社会信用规模和货币供应量的调节。

b. 充当最后贷款人。当工商企业缺乏资金时，可以向商业银行取得借款。但如果商业银行资金周转不灵，而其他同业也头寸过紧而无法提供帮助时，商业银行便可求助于中央银行，以其持有的票据要求中央银行予以再贴现，或向中央银行申请信用贷款，从而获取所需资金。从这个意义上说，中央银行成为商业银行的最终贷款人和坚强后盾，保证了存款人和银行营运的安全。

c. 组织、参与和管理全国清算业务。商业银行相互间因为业务关系，每天都发生大量的资金往来，必须及时清算。与集中存款准备金制度相联系，由于各家银行都在中央银行开有存款账户，各银行间的票据交换和资金清算业务就可以通过这些账户转账和划拨，整个过程经济且简便。

d. 监督管理金融业。监督管理金融业既是中央银行“银行的银行”职能的延伸，是中央银行对金融业服务与管理的统一，又是中央银行作为“政府的银行”的基本职能。

③中央银行是“政府的银行”

中央银行是政府的银行，是指中央银行作为政府宏观经济管理的一个部门，由政府授权对金融业实施监督管理，对宏观经济进行调控，代表政府参与国际金融事务，并为政府提供融资、国库收支等服务。具体地说，其职能有：a. 代理国库业务；b. 对政府提供信用；c. 管理金融活动，调节一国经济；d. 代表政府参与国际金融活动；e. 经政府授权，保管全国的黄金与外汇储备。

(3)中央银行在经济生活中的作用

根据中央银行产生的经济原因和职能，中央银行在社会经济生活中的作用如下：

①从经济体系的运转看，中央银行为经济发展创造货币和信用条件，为经济稳健运行提供保障。

在现代经济发展的要素投入中，货币已成为一个先决条件，在经济的发展中对货币的需求也在不断增长。在不兑现信用货币流通条件下，中央银行是货币供应的源头。中央银行的货币供应在为经济体系提供必要条件的同时，还提供了新的货币推动力，从而使中央银行成为推动经济发展的重要力量。同时，还通过为经济运行提供稳定的货币环境和为经济体系的信用活动提供支付保障，为经济体系的正常运转提供有效的保障。

②从国家对经济的宏观管理来看，中央银行是最重要的宏观调控部门之一。

在现代经济中，金融成为经济的核心，所有的经济活动均伴随着货币的流通和资金的运动，中央银行则处于货币流通的起点和信用活动的中心。中央银行通过货币政策工具，可以改变货币供应和信用量，通过利率的调整还可以改变金融资产的价格和结构，通过金融市场机制影响经济的结构。中央银行作为金融的管理者与调节者，通过调控金融可以实现对经济的调节，从而实现经济的稳定发展。

③从对外经济金融关系来看，中央银行是现代国际经济联系与合作的纽带。

现代国际经济体系是一个相互依存的开放经济体，频繁的国际贸易、国际经济技术合作、国际资本流动和跨国公司活动等，把各国经济连成一个整体。中央银行一方面作为政府的银行，能代表政府进行国际经济金融合作与谈判，另一方面，大量的国际经济活动如国际结算、国际资本流动、汇率变动等都与中央银行有着极强的相关性，同时中央银行又对这些国际经济活动具有较强的控制能力或调节能力。因此，中央银行在国际经济交往中，有能力且也应当成为国际经济联系与合作的纽带。中央银行在国际经济关系中所发挥的纽带作用包括国际货币体系的参与维护、国际金融业务合作、国际金融监管合作与国际经济金融政策协调等。

总之，在现代经济体系中，中央银行具有极为重要而关键的地位，它已成为经济体系中最为重要的组成部分，成为经济运行的轴心。

13. 试述治理通货膨胀的对策。[辽宁大学2015年研]

答：通货膨胀是指商品和服务的货币价格总水平持续上涨的现象。从国际国内治理通货膨胀的一般经验来看，主要的治理措施有以下几种：

(1)宏观紧缩政策

为了抑制或治理通货膨胀，许多国家都积累了丰富的实践经验。其中，运用得最多的手段是宏观紧缩政策。宏观紧缩政策是传统的政策调节手段，其基本内容由紧缩性财政政策和紧缩性货币政策构成。

①紧缩的货币政策

紧缩性货币政策在银行业中的行业用语叫抽紧银根或紧缩银根。货币当局采用紧缩的货币政策主要是从两个方面起作用：一方面是减少货币供应量；另一方面是提高利率。具体而言货币当局可能采取的紧缩手段有：

a. 通过公开市场业务出售政府债券，以相应地减少经济体系中的货币存量。

b. 提高再贴现率，用以影响商业银行的借款成本，进而影响市场利率。存在直接控制市场利率体制的国家，也有的直接提高利率，以紧缩信贷。

c. 提高商业银行的法定准备金率，用以缩小货币扩张乘数。

②紧缩的财政政策

紧缩的财政政策主要是指增收节支、减少赤字。其中增收的措施主要是增加赋税；节支的措施主要是压缩政府机构费用开支甚至精简机构、减少军费开支，控制公共事业投资，减少各种补贴和救济等福利性支出。

(2)紧缩的收入政策

紧缩的收入政策主要用于治理成本推动型的通货膨胀，是指政府对工资和物价进行管制，具体措施一般包括以下几个方面：

①确定工资－物价指导线。"指导线"是政府当局规定允许货币总收入在一定年份增长的目标数值线，并据此相应地采取使每个部门的工资和价格的增长收敛于指导线的措施。

②管制或冻结工资。这是一种强行将职工工资总额或增长率固定在一定水平上的措施。

③运用税收手段，即通过对过多增加工资的企业按工资超额增长比率征收特别税等办法来抑制收入增长速度。

(3)积极的供给政策

积极的供给政策是指以积极刺激生产的办法增加供给，同时压缩总需求来抑制通货膨胀的政策，其主要措施包括：大幅度降低税率；减少国家对经济的干预和对企业经营活动的限制；在采取上述措施的同时，也要减少政府支出。

(4)货币改革

货币改革是指政府下令废除旧币，发行新币，变更钞票面值，对货币流通秩序采取一系列强硬的保障性措施等。这种强有力的货币改革措施，一般是针对恶性通货膨胀的。当物价上涨已经显示出不可抑制的状态，货币制度和银行体系已经濒临崩溃时，才会迫使政府进行货币改革。

(5)价格政策

在通货膨胀形成过程中，垄断高价常能起到推波助澜的作用，因此，通过制定反托拉斯法限制垄断高价、冻结物价、同企业签订反涨价合同等措施，是不少发达工业国家价格政策的基本内容。

除了上述治理通货膨胀的一般主要措施外，还存在一些比较特殊的政策主张或做法，如推行指数化政策。指数化，简单说就是收入指数化。它是将主要经济变量如工资收入、利率等与物价指数挂钩，当物价指数上升时，这些经济变量自动随之调整。现今通货膨胀的原因是多层面的，应该在实际中结合上面的措施综合运用。

14. 结合利率的功能和作用，论述我国为什么要进行利率市场化改革？［中国科学技术大学2015年研］

答：(1)利率的含义

利息率，通常简称利率，是指借贷期满所形成的利息与所贷出的本金的比率。西方的经济著述中也称之为到期的回报率、报酬率。

(2)利率的功能和作用

利率在宏观经济中的作用，主要表现为对货币的供给和需求、对市场的总供给和总需求、对物价水平的升降、国民收入的分配、汇率、国际资本的流动、经济增长、就业等方面的作用。利率在微观经济中的作用，主要表现为对个人在消费与储蓄之间的分配上的作用和对企业的经营管理和投资方面的作用。

具体来讲，利率在经济生活中的作用，主要体现在对于储蓄及投资的影响上。影响程度的大小，可用储蓄的利率弹性与投资的利率弹性表示。

①利率对储蓄的作用。由于个人储蓄通常构成社会总储蓄的主要部分，所以用它作为代表加以说明。作用有正反两个方面：储蓄总额相对于利率的提高，可以是增加，也可以是减少；储蓄总额相对于利率的下降，可以是减少，也可以是增加。一般将储蓄随利率提高而增加的现象称为利率对储蓄的替代效应；将储蓄随利率提高而降低的现象称为利率对储蓄的收入效应。替代效应表示人们在利率水平提高的情况下，愿意通过增加未来消费(储蓄)，来替代当前消费。这一效应反映了人们有较强的意愿增加利息收入，从而增加财富积累的偏好。收入效应表示人们在利率水平提高时，希望增加现期消费，从而减少储蓄。这一效应反映了人们在收入水平由于利率提高而提高时，希望进一步改善生活水准的偏好。

一般来说，一个社会中总体上的储蓄利率弹性究竟是大是小，最终取决于上述方向相反的两种作用相互抵消的结果。由于相互抵消，尽管利率的收入效应与替代效应分别来看都很强，但利率的弹性却有可能很低。至于储蓄的利率弹性的方向(是正还是负)，显然也取决于收入效应与替代效应的对比结果。

②利率对投资的作用。利率变化对投资所起的作用，是通过厂商对资本边际效益与市场利率的比较形成的。如果资本边际效益大于市场利率，可以促使厂商增加投资；反之，则减少投资。但是，同样幅度的利率变化以及利率与资本边际效益的比对于不同厂商投资的影响程度可以是不同的。例如，在劳动力成本(工资)不随利率下降而降低的情况下，对于劳动密集型的投资，利率弹性就小些；对于资本密集型的投资，利率弹性就会大些。另外，期限较长的固定资产投资的利率弹性会大些。存货投资的利率弹性则较复杂。由于存货的增减更主要地取决于产品销售及其他成本，利息成本只是影响因素之一，因此需要有较大幅度的利率变化，才能引致存货投资量的明显变化。

(3)利率市场化的含义

利率市场化是将利率的决策权交给市场，由市场主体自主决定利率的过程。在利率市场化条件下，如果市场竞争充分，则任何单一的经济主体都不可能成为利率的单方面制定者，而只能是利率的接受者。商业银行对存贷款利率的自主定价权应是利率市场化的核心内容。即由金融机构根据自身资金状况和对金融市场动向的判断来自主调节利率水平，最终形成以中央银行基准利率为基础，以货币市场利率为中介，由市场供求决定金融机构存贷款利率的市场利率体系和利率形成机制。

利率市场化有两个内容：①中央银行通过间接调控方式影响市场利率；②商业银行的存贷款利率市场化。

(4)我国进行利率市场化改革的意义

①利率市场化的必要性

a. 从国际实践的角度看，利率市场化在实现内外均衡、保证金融资源有效配置、促进经济增长等方面起着重要的调节作用，已被世界各国所采用。我国的国民经济运行体制要转变到真正意义上的社会主义市场经济上来，就必须扬长避短，借鉴和吸收世界各国的先进生产方式和管理经验，实现利率市场化是实现我国经济与世界接轨的基础。

b. 从外汇管理的角度看，在资本自由流动的条件下，不仅境内和境外的外币利率不应当存在稳定的利率差，而且人民币利率和境内外币利率、国际金融市场利率之间也难以形成稳定的利率差。利率市场化改革在缩小本外币利率差额的同时，也会减轻实施外汇管制的政策压力。

c. 从中小企业的发展角度看，中小企业在推动国民经济的发展、增加就业、促进产业结构调整和加快产业升级等方面扮演着重要的角色，但是目前的利率管制政策，不利于中小企业融资发展，实行利率市场化，有利于中小企业融资环境的改善。

d. 从金融市场角度上，利率市场化的改革必将促进金融衍生产品市场需求的不断增长。

②利率市场化对我国商业银行带来的影响

a. 有利于促进金融市场的完善，促进商业银行经营行为的变革，进一步落实商业银行业务经营的自主权。随着我国利率市场化改革的推进，商业银行将获得消费信贷定价的自主权。消费信贷定价，就是银行确定消费信贷的价格或利率水平。

b. 有利于商业银行推出新的金融工具、产品和服务，促进商业银行业务的发展。利率市场化将导致银行传统主导业务的萎缩和非利差型业务的发展。

c. 利率市场化会使银行间乃至金融业之间的竞争更加激烈，加大了银行的竞争压力和经营压力，利差缩小，导致市场份额的重新分割。只有银行的预算约束强，内部风险、成本控制制度健全，定价科学合理才能适应利率市场化，这将迫使银行的经营机制发生根本性变革。

d. 银行间的竞争不再局限于对客户资源的简单争夺，而是扩展到与存贷款以及相关的中间业务领域。银行的实力、信誉、存贷款利率报价水平、金融产品与服务创新能力将成为银行竞争的关键。

e. 银行利率风险和利率管理的难度加大。利率市场化程度越高，影响利率变动的因素就越复杂，对银行管理利率风险能力的要求也越高。在利率市场化进程中，影响利率水平的因素众多，利率波动的频率和幅度大大提高，利率的期限结构也更复杂，与利率管制条件下相比，市场利率的波动对于银行经营的影响更大，利率风险的识别和控制更难。

15. 金融创新的动因及其影响。［兰州大学 2014 年研］

答：(1)金融创新的动因

当代金融创新的高潮不是某一因素所导致的，而是在特定的经济背景下多因素共同作用和影响的产物。其中最主要的因素有以下几点：

①经济思潮的变迁

20 世纪 70 年代西方兴盛的经济自由主义思潮，为金融业要求放松管制、追求自由经营提供了思想武器和理论武器。在经济自由主义思潮支配下，金融业强烈要求当局放松战后设置的种种限制和管制，并不约而同地通过金融创新逃避管制，形成了金融自由化浪潮。而各国当局在经济自由主义思潮影响下，一方面主动放弃了一些明显不合时宜的管制，另一方面被迫默认了许多规避管制的创新成果，放松了金融管制的程度，这又进一步促进了金融创新。

②需求刺激与供给推动

二战后，各国经济与金融的快速发展，从需求和供给两个方面掀起了当代金融创新的高潮。在需求方面，经济货币化向金融化发展以后，许多新的金融需求随着金融化程度的提高不断产生出来，对金融业提供的产品和劳务在范围、种类、数量、质量上的要求越来越高。这些新的或更高标准的需求，刺激了金融创新的蓬勃开展。同时，当代西方经济、金融发展的内在矛盾冲突，产生了新的金融需求。

③对不合理金融管制的回避

20 世纪 70 年代前后，随着经济和金融的发展、技术的进步、需求的更新、供给的变化，原有的管制出现了不合时宜或限制过分的问题，管制的副作用开始加大。当管制已经不能适应经济、金融发展的要求而又未作改革时，金融机构就会通过规避管制的创新来冲破障碍，以抵消管制的副作用。

④新科技革命的推动

新科技革命不仅改变了金融观念和金融运作，而且直接推动了金融创新，掀起了一场金融领域的科技革命，使金融发展进入一个更高的层次与阶段。新科技成果的应用，大大降低了创新的平均成本，增加了规模报酬和金融创新的总收益，迅速提高了金融机构的经营效率和业务处理能力，开辟了新的资金来源或业务机会，为各种金融创新提供了必要的物质基础和技术服务，大大增强了金融机构的创新供给能力。

(2)金融创新的积极影响

当代金融创新对金融与经济发展有着深刻的影响，对金融和经济的发展起了推动作用，具体有如下几点：

①提高了金融机构的运作效率

a. 金融创新通过提供大量具有特定内涵与特性的金融工具、金融服务、交易方式或融资技术等成果，从数量和质量两个方面同时提高了需求者的满足程度，增加了金融商品和服务的效用，从而增强了金融机构的基本功能，提高了金融机构的运作效率。

b. 提高了支付清算能力和速度。把电子计算机引入支付清算系统后，成百倍地提高了支付清算的速度和效率，使金融机构的支付清算能力和效率上了一个新台阶，大大提高了资金周转速度和使用效率，节约了大量的流通费用。

c. 大幅度增加了金融机构的资产和盈利率。当代金融创新中涌现出来的大量新工具、新交易、新技术、新服务，使金融机构积聚资金的能力大大增强，信用创造的功能得到充分发挥，导致了金融机构所拥有的资金流量和资产存量急速增长，由此提高了金融机构经营活动的规模报酬，降低了平均成本，加上经营管理方面的各种创新，使金融机构的盈利能力大为增强。

②提高了金融市场的运作效率

a. 提高了市场价格对信息反应的灵敏度。金融创新通过提高市场组织与设备的现代化程度和国际化程度，使金融市场的价格能够对所有可得的信息做出迅速灵敏的反应，提高了金融市场价格变动的灵敏度，使价格及时地对所获信息做出反应，从而提高了价格的合理性和价格机制的作用力。

b. 增加了可供选择的金融商品种类。当代创新中大量新型金融工具的涌现，使金融市场所能提供的金融商品种类繁多，投资者选择的余地很大。面对各具特性的众多金融商品，各类投资者很容易实现令自己满意的效率组合。

c. 增强了剔除个别风险的能力。金融创新通过提供大量的新型金融工具和融资方式、交易技术，增强了剔除个别风险的能力。投资者不仅能进行多元化资产组合，还能及时调整其组合，在保持效率组合的过程中，投资者可以通过分散或转移法，把个别风险减到较小的程度。特别是金融市场上各种避险性创新工具与融资技术，对于剔除个别风险有较强的功能。

d. 降低了交易成本与平均成本，使投资收益相对上升，吸引了更多投资者和筹资者进入市场，提高了交易的活跃程度。

③增强了金融产业的发展能力

金融产业发展能力主要体现为金融机构在经营活动中开创未来的能力，包括开拓新业务和新市场的能力、资本增长的能力、设备配置或更新能力、经营管理水平和人员素质的提高能力等。在当代金融创新的浪潮中，金融产业的这些能力都有较大幅度的提高。

④金融作用力大为增强

金融作用力主要是指金融对经济整体运作和发展的作用能力，一般通过对总体经济活动和经济总量的影响及其作用程度体现出来。当代金融创新主要通过以下四个方面从总体上提高了金融作用力，极大地推动了经济发展。

a. 提高了金融资源的开发利用与再配置效率。当代金融创新把发达国家从经济货币化推进到金融化的高级阶段，并大幅度提高了发展中国家的经济货币化程度，导致了金融总量的快速增长，扩大了金融资源的可利用程度，优化了配置效果。

b. 社会投融资的满足度和便利度上升。一是投融资成本趋于下降，有力地促进了储蓄向投资的转化；二是金融机构和金融市场能够提供更多、更灵活的投融资安排，可以从总体上满足不同投资者和筹资者的各种需求，从而使全社会的资金融通更为顺利；三是各种投融资的限制逐渐被消除，金融创新后各类投融资者实际上都能进入市场参与活动，金融业对社会投融资需求的满足能力大为增强。

c. 金融业产值的迅速增长，直接增加了一国 GDP 的总量，加大了金融业对经济发展的贡献度。

d. 增强了货币作用效率。创新后用较少的货币就可以实现较多的经济总量，意味着货币的作用能量和推动力增大。

(3)金融创新的消极影响

历史和现实的考察证明，金融创新是金融发展的主要动力源，没有创新推动，就没有高层次的金融发展，就不可能对现代经济发展有如此巨大的推动和促进作用。但同样不容忽视的是，金融创新在繁荣金融、促进经济发展的同时，也带来了许多新的矛盾和问题，对金融和经济发展产生了不利影响。

①金融创新使货币供求机制、总量、结构乃至特征都发生了深刻变化，对金融运作和

宏观调控影响重大。在货币需求方面引起的一个最明显变化就是货币需求的减弱，并由此改变了货币结构，降低了货币需求的稳定性。在货币供给方面，由于各类非银行金融机构和复合型金融机构在金融创新中也具备了创造存款货币的功能，增加了货币供给的主体；新型金融工具的不断涌现，使金融资产的流动性强弱已不明显，导致货币定义和计量日益困难和复杂化。同时由于通货－存款比率、法定存款准备金比率、超额准备金比率下降而加大了货币乘数，增强了货币供给的内生性，削弱了中央银行对货币供给的控制能力与效果，容易导致货币政策失效和金融监管困难。

②在很大程度上改变了货币政策的决策、操作、传导及效果，对货币政策的实施产生了一定的不利影响。金融创新后降低了货币政策中介指标的可靠性，给货币政策的决策、操作和预警系统的运转造成较大困难，同时因创新削弱了法定存款准备金政策和再贴现政策的作用力，减少了可操作工具的选择性。此外还加大了政策传导的不完全性。创新后由于指标增多，时滞不定，使货币政策的传导过程离散化、复杂化，政策效果的判定也更为困难。

③金融风险有增无减，金融业的稳定性下降。当代金融创新在提高金融微观效率和宏观效率的同时，却增加了金融业的系统风险。一是因为创新加大了原有的系统风险，如授信范围的扩大与条件的降低无疑会增加信用风险；二是创新中产生了新的金融风险，如大规模的金融电子化创新所产生的电子风险，金融业务和管理创新中出现的伙伴风险，与金融国际化相伴而生的国际风险等。各种金融机构的业务创新和管理创新虽然带来了高收益和高效率，但也产生了高风险。

④金融市场出现过度投机和泡沫膨胀的不良倾向。在当代金融创新中，金融市场上出现了许多高收益和高风险并存的新型金融工具和金融交易，尤其是从虚拟资本中衍生出许多新类别，如股票指数期货交易、股票指数期权交易等。一些避险性的创新本身又成了高风险的载体，如外汇互换、利率互换、货币互换等。这些新型的金融工具和交易以其高收益和冒险刺激，吸引了大批的投资者和大量的资金，在交易量呈几何级数放大的过程中，价格往往被推到一个不切实际的高度，拉大了与其真实价值的差距，表现为市价大大超过净值，虚拟资本急剧膨胀，由此产生大量的泡沫，极易引发金融危机。

综上所述，当代金融创新虽然利弊皆存，但从总体上看，金融创新的利远远大于弊，并且其利始终是主要的和主流性的。正确认识和客观评价金融创新对于金融发展和经济发展的积极推动作用，是有效利用和充分发挥其动力作用，主动驾驭并把握金融创新的内在规律，最大限度地推动金融、经济发展和社会文明进步的基本前提。当然，当代金融创新的副作用亦不能忽视，必须加以有效的引导和监管，以便进行防范和控制。对创新在不同方面存在的弊病可以采取不同的政策措施予以克服或减轻。

16. 货币供求与社会总供求。［兰州大学2014年研］

答：(1)货币供求

货币供求是用来说明货币供给与货币需求之间的关系。货币均衡是指货币供给满足货币需求，即 $M_s=M_d$；货币非均衡是指货币供给超过或者满足不了货币需求，即 $M_s \neq M_d$。

(2)社会总供求

总供给是一国在一定时期内提供的全部供最终消费的商品和劳务的总和，即 AS，它包括两个方面，即消费品供应和生产品供应。总需求是一国在一定的支付能力条件下全社会对生产出来供最终消费和使用的商品和劳务的需求总和，即 AD，它包括两个方面：一是消费支出；二是投资支出。总供求均衡的条件是：

消费支出＋投资支出＝消费品供应＋生产品供应

(3)货币供求与社会总供求的关联

从形式上看，货币均衡是货币领域内因货币供给与货币需求相互平衡而导致的一种货币流通状态，但其实质则是社会总供求均衡的一种反映。

货币不仅是社会再生产可持续进行的条件，也是总供给实现的媒介。经济体系中需要的货币量，取决于有多少实际资源需要通过货币实现其流转并完成包括生产、交换、分配和消费这些相互联系的再生产流程，即货币化程度。这是总供给决定货币需求的基本理论出发点。

任何需求都是以一定的货币量作为载体的，故总需求取决于货币的总供给。总需求指的是有效需求，即有支付能力的需求，如果没有货币供给，有效需求就无从产生。因此，货币供给决定并制约总需求。货币供给增加，总需求增大，反之则减少。货币供给的变动不仅会通过影响利率来影响投资，还可以通过信贷可得性和股票市场价格来影响投资，对消费和净出口也有着重要的影响。货币供应量的变化在保持国民经济持续、稳定发展和总供求均衡中起重要作用。如果货币供给过多，就会造成消费需求和投资需求的膨胀，从而导致通货膨胀；如果货币供给不足，则消费需求和投资需求就不能实现，致使经济萎缩。

货币均衡与总供求均衡不过是一个问题的两个方面。以 AS 代表总供给，AD 代表总需求，M_d代表货币需求，M_s代表货币供给，箭头表示主导性的作用，货币供求与总供求之间的相互关系如下图所示。

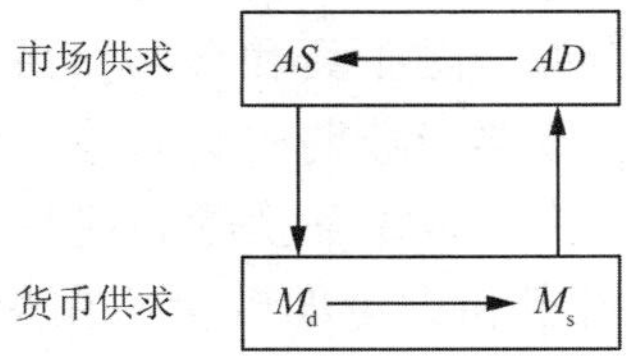

货币供求与总供求之间的相互关系

图中的四边联动关系表明，社会总供求均衡与货币供求均衡密切相关：①总供给决定货币需求，总供给决定了需要多少货币来实现价值，从而引出货币需求；②货币需求是货币供给的决定依据；③货币供给形成了社会总需求，成为总需求的载体；④总需求对总供给有决定性的影响。因此，货币均衡的两个基本标志就是商品市场上的物价稳定和金融市场上的利率稳定。但是，图中所示的只是一种主导性的关系，在现实中货币供求与总供求四个因素之间的关系都是相互作用的。

17．近年来人民币出现对外升值对内贬值现象，请对此进行分析并提出建议。［首都经济贸易大学 2014 年研］

答：(1)人民币升值及升值预期是人民币对内贬值的直接原因

由于人民币升值加快和升值预期强烈，国际资本源源不断地以外贸顺差、直接投资或国际游资的形式进入中国，中国外汇储备增加带来基础货币的大量投放，是造成国内流动性泛滥的重要原因。流动性过剩激活了房地产市场和股票市场，而房地产市场和股票市场的活跃也盘活了国内庞大的储蓄，进一步加剧了国内的流动性过剩。央行的对冲操作虽然在一定程度上有助于抑制物价上涨，但是却造成了全社会的本币流通总额小于全社会的商品总额(包括外汇储备)，这将进一步显得外汇储备过剩，促使本币升值。各个领域的资金向房地产和股市集中，这影响了部分实业领域的投资，抑制了部分产品的有效供给，这也是造成国内通货膨胀的重要原因。

(2)国家经济实力增强是人民币升值的根本原因

我国是一个经济快速崛起的发展中大国，钢铁、煤炭、机电产品、农畜产品等主要产品的产量都已居世界数一数二的地位，并且我国的经济发展速度还持续保持在很高的水平。根据“巴拉萨-萨缪尔森效应”，凡是经历高速经济增长的国家，其内部实际汇率和外部实际汇率都将面临中长期的升值。从国际经验看，日本、德国等主要大国的崛起都伴随着该国货币的大幅度升值。因此，货币升值是一个国家崛起必然要面对的问题，也是一个国家国际地位提升的重要途径。

(3)人民币对外升值和对内贬值的可持续性和面临的风险

我国目前出现这种现象受到我国特殊的外汇管理制度、房地产管理制度、宏观调控方式等体制性因素的影响。可以预见，在相当长的时期内，我国都会存在人民币对外升值和对内贬值的压力。人民币过快地升值或者放任通货膨胀发展，都可能产生破坏性的后果。人民币过快地升值，将严重打击我国出口，造成严重的失业问题。当人民币产生强烈的贬值预期，会引起大规模的资本外逃，那么将导致人民币汇率暴跌，股市和房地产价格暴跌，国民财富大量蒸发，引起个人和企业负债增加，爆发金融危机，之后陷入长期的经济萧条。

(4)人民币对外升值和对内贬值将是我国经济发展中可能长期面临的一个问题，根本上是我国经济对内和对外失衡的表现，需要有步骤地采取措施纠正目前的不平衡状态。在目前应对人民币对外升值和对内贬值问题时应注意以下问题：

①控制人民币升值幅度和速度。由于我国在国际分工中的位置，我国出口行业出口利润率很低，在其他条件不变时，人民币升值多少，我国出口企业的出口利润就下降多少。如果不能给予这些企业一定的缓冲时间去从其他方面降低成本或者转型到其他行业，那么这些企业将会面临破产倒闭的境地。

②控制通货膨胀的幅度。通货膨胀幅度过高，将侵蚀居民的收入，社会财富更多地转移到了垄断集团手中，影响社会资源的合理配置。通货膨胀幅度过高，也将恶化我国的投资环境，破坏经济稳健发展的基础，可能导致人民币贬值或者产生贬值预期，容易引发金融动荡。

③慎重推动金融自由化。应认识到，目前的资本市场和房地产市场繁荣，需求投资旺盛，是目前特定的制度环境下出现流动性过剩的一种反映，并不是一种稳健的经济发展。因此，要充分重视人民币升值预期逆转，国际资金外逃引发严重流动性不足，进而引发金融危机或者经济衰退的可能性。

18．什么是货币供给外生理论？这一理论为什么会受到一些学者的质疑？如何看待这一学术争论？［武汉大学 2014 年研］

答：(1)货币供给外生理论

货币供给外生理论认为货币供给弹性和替代弹性极小，无论货币需求多大，或经济中其他变量的刺激如何强烈，都不会影响货币供应量自行发生变化。货币供给的外生性是指货币供给这个变量并不是由经济因素，如收入、储蓄、投资、消费等因素所决定的，而是由货币当局的货币政策所决定的，货币当局能够有效地通过对货币供给的调节影响经济进程。

弗里德曼是倡言货币供给外生变量论的典型代表。弗里德曼认为：货币供给方程中的三个主要因素，即高能货币 H、存款 - 准备比 D/R 和存款 - 通货比 D/C，虽然分别决定于货币当局的行为、商业银行的行为和公众的行为，但其中，中央银行能够直接决定 H，而 H 对于 D/R 和 D/C 有决定性影响。也就是说，货币当局只要控制或变动 H，就必然能在影响 D/R 和 D/C 的同时决定货币供给量的变动。在这种情况下，货币供给是外生变量。

（2）对货币供给外生论的质疑

反对弗里德曼货币供给外生变量论的人们，如后凯恩斯主义流派的代表人物托宾则认为，弗里德曼对于货币供给方程式的解释是不能成立的。对于货币供给与高能货币、D/C 和 D/R 这三方面的关系不应简单视之。这三个变量及其决定因素之间存在着交叉影响关系，特别是后两个变量，即 D/C 和 D/R，常常随经济环境的变化而变动，因而不应被当成货币供给方程式中的固定参数。

托宾等反对者指出，从实际经济运行资料看，D/C 并不是始终处于稳定的状态，而常常出现的是周期波动现象；至于 D/R 的变动，他们认为，商业银行行为的独立作用很明显。商业银行以安全、营利和保持流动性为经营原则，因而盈利率与风险偏好程度以及与此相关的利率结构，是商业银行超额储备比率变动的重要决定因素。特别是在经济波动时期，D/R 的变动同高能货币之间往往具有明显的反向变动关系；最后，二战后非银行金融机构的兴起，打破了其与商业银行间的区别，从而使非银行金融机构也加入了商业银行货币信用创造的行列，这些都使中央银行的货币供应量成为一个内生性的变量。

当然，他们并不完全否认货币当局通过调节高能货币对货币供给的控制作用。内生性观点的支持者认为货币供应由经济运行本身决定的，即货币供给是由货币需求决定的。对于货币供给的变动，货币当局的操作起不了决定性的作用，起决定作用的是经济体系中的实际变量以及微观主体的经济行为等因素。

（3）对两种观点的看法

货币供应的内（外）生性事关中央银行对货币供应能否完全控制住的问题。在现代经济学中，主流货币理论主要是指主流凯恩斯主义和货币主义的货币理论，这种理论是建立在货币外生性的基础之上的。货币供应的内生性是随货币供给新论的发展而逐步发展和完善起来的概念。货币供给的内生性与外生性问题一直以来都是人们热议的话题，因为对于这两个理论不同的学者的研究角度不同，并且两种观点的坚持者都有各自的理论背景和研究框架。不过，他们在强调各自观点的同时，对于对方的观点也并没有完全否定。

货币供给外生性的观点认为货币供给可由中央银行有效控制，其论据是经济体系中的全部货币都是从银行流出的，从本源上说，都是由中央银行资产负债业务决定的，只要控制住每年新增贷款的数量，就可以控制货币供应量，换句话说，中央银行可以决定基础货币的水平进而决定货币供应量。但是，货币供给外生论者强调央行可以有效控制货币供给，并不否认经济活动对货币供给会产生影响以及央行控制货币供给的艰巨性。

货币供给内生性的观点认为货币供给不能由中央银行控制，而应当由经济活动水平，社会交易的商品价格总额决定。但是，内生论者强调中央银行难以控制货币供给，也并不否认中央银行的货币政策完全无效。

事实上，两种观点的对立或差异，在于强调的重点和主次的不同。站在国民经济运行的高度考察货币供给的性质，将货币供给既视为内生变量，又视为外生变量，是完全合理的。

19．什么是金融危机？金融危机通过什么渠道扩散，金融危机的危害有哪些，怎样避免金融危机的发生？［华中科技大学2016年研］

答：（1）金融危机的含义

金融危机是指全部或大部分金融指标（利率、汇率、资产价格、企业偿债能力和金融机构倒闭数）急剧、短暂和超周期的恶化。

（2）金融危机的扩散渠道

一国的金融危机扩散到另一国的渠道主要是两个：贸易联系和金融联系。

当某个或某些国家是危机国家的重要贸易伙伴，即存在直接贸易联系时，一国爆发金融危机所伴随的货币大幅贬值和国内需求急剧下降，都会导致与之有直接贸易联系的国家出口下降，国际收支恶化，成为危机扩散的牺牲品。与之同时存在的还有另一种情况，即某些国家相互之间直接贸易联系的规模虽然不大，但却往往在很大程度上依赖一个共同的出口市场。比如，发展中国家相互之间的贸易往来大多不占主要地位，而主要的出口市场却往往是彼此共同的，如美国、日本或西欧。在这种情况下，直接贸易联系通常不是危机扩散的主要途径，而间接贸易联系的影响却很大。危机间接扩散的可能途径：一是危机国家因货币大幅贬值而增强出口竞争力，抢占出口市场，使对手国的出口下降，国际收支恶化；二是危机国家的对外汇率失守，市场就会预期与之有间接贸易联系的国家也很有可能会让本币贬值，因而导致大量抛售该国货币，从而加速货币危机的扩散，等等。

金融联系同样有直接的联系和间接的联系。直接金融联系是指某个或某些国家与危机国家有直接的投资和借贷联系。在这种情况下，显而易见，会导致危机的直接扩散。而当某个或某些国家与危机国家都是跨国银行和国际机构投资者开展大量业务的地区时，则形成间接联系。从近几次金融危机可以看出，跨国银行和国际机构投资者在一国遭到损失后，为了达到资本充足率和保证金要求，或出于调整资产负债的需要，往往大幅收缩对另外国家的贷款或投资。

即使不存在贸易、金融联系，危机也有可能扩散。这是由于市场预期发生变化，或投资者的信心不稳，会由于种种导火线而导致资本市场上的热币大量从某个或某些国家流出。

（3）金融危机的危害

①使金融机构陷入经营困境

发生金融危机，首先受到损害的自然是金融机构本身。危机之后，无一例外地伴随着大量金融机构的破产或重组。即使一些银行幸而没有倒闭，经营上也会困难重重。首先是盈利能力下降；其次是不规范竞争增多；再次是银行体系的整体信誉下降，融资成本增加，等等。

②财政负担加重

由于金融业在国民经济中的特殊作用及其与千百万中小存户的密切联系，各国在发生银行危机时，财政都不得不出面救助。

③降低货币政策效率

不稳定的银行体系打乱了货币政策工具与货币政策目标之间正常的联系规律。比如，货币乘数有明显变化；货币供给量的利率弹性有明显变化，等等。在金融动荡期间所出现的扰动，往往难以预计其摆动方向以及摆动幅度。这无疑会给货币政策的实施增加困难。

④债务紧缩效应

金融危机之后的萧条阶段银行信用必然过分紧缩，这会成为抑制经济复苏的重要因素。银行信用必然过分紧缩的原因，主要如下：

a. 危机的余悸，使得银行以过分谨慎的心态面对风险；任何重要公司的倒闭、任何股市上的风吹草动，都可能提示金融领域中不确定性的增大，使得贷款风险的高低更难分辨。这必然会使贷款者倾向于严格控制贷款的发放。

b. 股市下跌，股票这类金融资产作为抵押品的价值下降；而且悲观的股市预期使得用这类抵押品取得贷款的折扣加大。这都使提供的贷款金额相应缩减。

c. 物价水平的下降，会提高公司负债的实际价值，但却不会提高公司资产的实际价值。结果，公司实际资产的净值下降，公司向银行借款的基本条件相应削弱。

d. 以风险加大为由而提高利率，基于弥补呆账损失的动机而扩大利差、提高利率，也会加剧紧缩效应。

本来，金融危机中许多银行倒闭的本身，就减小了金融中介活动和提供信贷的规模。而类似以上种种原因，又会使信贷紧上加紧，于是导致投资的过分缩减和总体经济活动水平的持续低迷。

⑤打击经济增长

金融危机的诸多不利影响最终都将打击经济增长。

(4)金融危机的防范措施

①建立危机预警系统

金融危机在给全球造成极大影响的同时，也因国际社会不能及时、准确地预测到这场灾难性的危机而留下了深深的遗憾。构造一套预警指标体系，使一国金融当局能在危机发生前有所准备，成为危机后人们关注的一个热点。

构造指标体系的主要步骤就是对一系列备选指标进行统计分析，选出其中在统计上显著的指标。选择哪些指标进行分析，在很大程度上取决于人们对危机起因的理解。但这些指标必须是易于测量的，且在测量时应是确定的。

比较好的指标主要是：国际储备的变化、实际汇率、国内信贷、对公共部门的信贷、国内通货膨胀率、短期外债与GDP的比例、贸易差额、出口、货币供应增长率、GDP增长率、财政赤字等。把这些指标组合成了一套预警指标体系，并力求恰当地赋予这些指标一定的权重，才有可能计算出在某一特定时间后的24个月中发生金融危机的概率。

②稳定金融市场

a. 动用外汇储备干预外汇市场。

b. 提高利率，增加借用本币资金成本。

c. 动用财政资金，稳定股市。

d. 保障金融债权，维护存款人信心。

③管理国际资本流动

在稳定金融市场的措施中，暂时实施资本账户管制，特别受到关注。国际资本流动具有极强的冲击性，任其自由流出入可能会给一个经济体带来严重的负面影响。就是在自由化最被推崇的时候，对于国际资本流动有必要适当限制和政策引导也是主流观点。

在管理短期资本流动方面，最突出的建议就是对短期资本流动课税。人们称这种税为托宾税。托宾认为，由于流动性不同，商品和劳务依据国际价格信号做出反应的速度要比金融资产价格变动缓慢得多。国际资本市场上由投机引起的国际金融市场震荡，会传递到商品和劳务市场。商品和劳务市场的反应速度慢，来不及做出合适的反应，于是导致商品和劳务市场的扭曲。为此，他建议对短期资本流动课税，使之运转得慢一点，这对稳定经济是绝对必要的。托宾税的益处，是有助于减轻国际投机对本国经济的支配程度，而且对贸易和长期投资不会有太大的冲击。

除课税手段外，还有很多直接管理资本流动的手段。但是这些直接性的资本流动控制，负面影响明显。本来是暂时性的资本管制有可能变为永久性的。金融改革可能由此延缓。这类措施向市场所传递的信号也会在紧要关头限制新的资本流入。在技术上，经常账户和资本账户难以准确区分；资本管制成本也颇高。

④重组和改革金融部门

发生了金融危机，金融部门难辞其咎。在金融危机之后，大规模的金融部门重组和改革势在必行。银行业的重组和改革被置于核心地位。

a. 确立金融部门重组和改革的规划及其执行机构。

b. 多渠道分离和处置不良资产。

c. 多途径充实银行资本金，银行充实资本金的主要措施有动用留存利润、发行债券、提高坏账准备的提取率等。但政府注入资本，作为实现银行资本充足率的非常规措施，有关键意义，在许多国家都采用过。

d. 允许或吸引外资参与重振国内金融业。

e. 加强金融机构的公司治理。

f. 合并、重组有问题的金融机构。

⑤推进宏观及结构性改革

a. 实施扩张性的财政政策。

b. 实施扩张性的货币政策。

c. 调整经济结构。

20. 金融监管的基本原则与理论依据。［兰州大学2013年研］

答：由于经济、法律、历史、传统乃至体制的不同，各国在金融监管的诸多具体方面存在着不少差异，但有些一般性的基本原则却贯穿于各国金融监管的各个环节与整个过程。

(1)金融监管的基本原则

①依法管理原则

a. 对金融机构进行监督管理，必须有法律、法规为依据。

b. 金融机构对法律、法规所规定的监管要求必须接受，不能有例外。

c. 金融管理当局实施监管必须依法行事。只有依法，才能保持监管的权威性、严肃性、强制性和一贯性，才能保证监管的有效性。

②合理、适度竞争原则

竞争是市场经济条件下的基本规律。金融监管当局的监管重心应放在保护、维持、培育、创造一个公平、高效、适度、有序的竞争环境上：既要避免造成金融高度垄断、排斥竞争，从而丧失效率与活力；又要防止出现过度竞争、破坏性竞争，从而波及金融业的安全和稳定。

③自我约束和外部强制相结合的原则

外部强制管理再缜密严格，其作用也是相对有限的。如果管理对象不配合、不愿自我约束，而是千方百计地逃避、应付、对抗，那么外部强制监管也难以收到预期效果。反之，如果将全部希望寄托在金融机构本身自觉自愿的自我约束上，则不可能有效地避免种种不负责任的冒险经营行为与道德风险的发生。

④安全稳健与经济效率相结合的原则

要求金融机构安全稳健地经营业务，历来都是金融监管的中心目的，为此所设置的金融法规和一系列指标体系都着眼于金融业的安全稳健及风险防范。但金融业的发展毕竟在于满足社会经济发展的需要，而追求发展就必须讲求效率。因此，金融监管不应是消极地单纯防范风险，而应是积极地把防范风险同提高金融效率这个最基本的要求协调起来。

（2）金融监管的理论依据

金融监管理论是在政府管制理论的基础上，结合对金融业特殊性的分析，发展和完善起来的。目前，金融监管的理论依据主要有社会利益论、金融风险论、投资者利益保护论以及管制供求论与公共选择论。其各自的具体含义如下：

①社会利益论

市场缺陷的存在，有必要让代表公众利益的政府在一定程度上介入经济生活，通过管制来纠正或消除市场缺陷，以达到提高社会资源配置效率、降低社会福利损失的目的。当然，管制也会带来额外的成本，可能会对金融体系运行的效率产生不利影响。但该理论认为，只要监管适度，就可以在增进社会公众整体利益的同时，将管制带来的成本降到最低水平。

②金融风险论

该理论主要从关注金融风险的角度，论述了对金融业实施监管的必要性。首先，金融业是一个特殊的高风险行业，与一般企业不同，金融业高负债率的特点，表明金融业的资金主要来源于外部；其次，金融业具有发生支付危机的连锁效应。在市场经济条件下，各种金融工具的存在都是以信用为纽带，社会各阶层以及国民经济的各个部门都通过债权债务关系紧密联系在一起，因此，作为整个国民经济中枢的金融体系，其中任一环节出问题，都会引起牵一发而动全身的后果，单个金融机构陷入某种危机后，极易给整个金融体系造成连锁反应，进而引发普遍的金融危机；最后，金融体系的风险直接影响着货币制度和宏观经济的稳定。信用货币制度的确立，在货币发展史上具有极其重要的意义，它极大地降低了市场交易的成本，提高了经济运行的效率。但与此同时，实体经济对货币供给的约束作用也越来越弱，货币供给超过实体经济需要而引发通货膨胀的过程一直对许多国家形成威胁。另外，存款货币机构的连锁倒闭又会使货币量急剧减少，引发通货紧缩，并将经济拖入萧条的境地。

③投资者利益保护论

在设定的完全竞争市场中，价格可以反映所有的信息。但在现实中，存在着大量信息不对称的情况。这种信息不对称的存在会导致交易的不公平。在信息不对称或信息不完全的情况下，拥有信息优势的一方可能利用这一优势来损害信息劣势方的利益。比如证券经营机构的员工和外部投资者相比，具有明显的信息优势，主要是他们会比一般的投资者掌握更充分的市场动态信息。同样，对于银行和保险公司的经营管理者来说，他们对所在金融机构的风险，也会比存款人和投保人更加了解。由于这些金融机构比投资者、存款人、证券持有人和保单持有人等在内的对某一资产拥有权益的人拥有更多的信息，他们就有可能利用这一信息优势为自己谋取利益，而将风险或损失转嫁给投资者。

因此，保护投资者利益对整个金融体系的健康发展至关重要，进而提出了这样的监管要求，即有必要对信息优势方(主要是金融机构)的行为加以规范和约束，以便为投资者创造公平、公正的投资环境。

④管制供求论与公共选择论

管制供求论将金融监管本身看成存在供给和需求的特殊商品。在管制的需求方面，金融监管是那些想从监管中获得利益的人所需要的。例如，现有的金融机构可能希望通过金融监管来限制潜在的竞争者，消费者需要通过监管促使金融机构提高服务质量、降低服务收费。在管制的供给方面，政府官员提供管制是为了得到对自身政绩更广泛的认可。由此可见，是否提供管制以及管制的性质、范围和程度最终取决于管制供求双方力量的对比。根据管制供求论，监管者具有通过过度监管来规避监管不力的动机。但是，这样却可能增加被监管者的成本，降低被管制行业的效率，并受到抵制。

公共选择论与管制供求论有很多相似之处，它同样运用供求分析法来研究各利益集团在监管制度提供过程中的相互作用。两者的不同之处在于，该理论强调“管制寻租”的思想，即监管者和被监管者都寻求管制以谋取私利。监管者将管制当作一种“租”，主动地向被监管者提供以获益，被监管者则利用管制来维护自身的既得利益。

21．试述商业银行中间业务的主要类型，并说明这类业务为什么越来越受到商业银行的重视。[华东师范大学2013年研]

答：(1)商业银行中间业务的主要类型

中间业务，是指商业银行以中介人的身份代客户办理各种委托事项，并从中收取手续费的业务。主要包括结算业务、租赁业务、信托业务、代理业务、信用卡业务、代保管业务和信息咨询业务等，具体内容如下：

①结算业务，是指各经济单位之间因交易、劳务、资金转移等原因所引起的货币收付行为(清算则是指银行之间的货币收付)。

②租赁是指以收取租金为条件出让物件使用权的经济行为。租赁可以分为经营性租赁和融资性租赁两种类型。商业银行所从事的租赁业务主要是融资性租赁。融资性租赁则是以融资为目的，其操作过程是：出租人(商业银行或租赁公司)根据企业的要求，筹措资金，购买企业所需的设备，然后出租给企业，收取租金；待租赁期满后，再以象征性的价格将租赁物出售给企业。

③信托，即信任委托。商业银行的信托业务是指它接受个人、机构或政府的委托代为管理、运用和处理所托管的资金或财产，并为受益人谋利的活动。商业银行对信托业务一般只收取有关的手续费。

④信用卡是由商业银行或专门的信用卡公司发行的一种现代支付工具。

⑤代收业务。这是银行根据各种凭证代替客户收取款项的业务。最常见的是银行代收支票，客户将收到的由其他银行付款的支票交给自己的开户银行委托代收。另外还有代理客户收取各种费用，例如水费、电费、话费等。

⑥信息咨询业务。金融经济信息是一种特殊的商品，是“无形的财富”。信息和资金已成为商业银行的两大主要商品，银行既是信用中介，又是信息中介。随着银行信息咨询服务的不断开拓，信息收入也将逐步超过利息收入，成为银行主要的收入来源。

（2）中间业务受到商业银行重视的原因

①规避资本管制，增加盈利来源。商业银行为了维持其盈利水平，纷纷设法规避资本管制给银行经营带来的限制，注重发展对资本没有要求或资本要求较低的中间业务，使银行在不增加资本金甚至减少资本金的情况下，仍可以扩大业务规模，增加业务收入，提高盈利水平。

②适应金融环境的变化。20世纪70年代以后，融资出现了证券化和利率自由化趋势，银行资产来源减少，存贷利差缩小，银行资金运用又受到许多限制，商业银行经营面临更大的困难。为了适应经营环境的变化，一些实力雄厚的大银行依靠自己客户多、人才多的优势，选择了大力发展中间业务的经营策略，从而使中间业务迅速扩张。

③转移和分散风险。由于资产业务的风险提高，商业银行注重寻求发展资产业务以外的中间业务，以分散和转移风险。

④适应客户对银行服务多样化的要求。金融衍生工具的层出不穷，各种非银行金融机构金融服务多样化给商业银行带来了挑战，商业银行为了巩固与客户的关系，便大力发展代理客户进行衍生工具服务。

⑤商业银行自身的有利条件促使其发展中间业务。

⑥科技进步推动商业银行中间业务的发展。计算机技术和信息产业的迅速发展，对商业银行中间业务的开展起了极大的推动作用。

22. 仔细阅读下列材料，并回答相关问题。

材料1：美联储的量化宽松货币政策

自2008年11月至今，美联储为缓解次贷危机对实体经济的不利影响，共实施了三轮量化宽松货币政策，以下为主要内容：

2008年9月，雷曼兄弟倒闭时，美国银行体制的基础货币为8750亿美元。

QE1：2008年11月24日，美联储宣布购买房地美、房利美、联邦住宅存款银行发行的价值1000亿美元债券及其担保的5000亿美元的资产支持证券。

QE2：2010年11月3日，美联储宣布买入6000亿美元政府长期债券。

QE3：2012年9月13日，美联储决定每月购买400亿美元抵押贷款支持证券。

材料2：美国基础货币及其他宏观经济指标（2008年6月～2012年6月）

时间	基础货币（亿美元）	M2（亿美元）	CPI	失业率
2008年6月	8331	77511	4.8%	5.8%
2008年12月	16541	82416	0.1%	7.4%
2009年12月	20177	85244	2.7%	9.3%
2010年12月	20085	88170	1.5%	9.6%
2011年12月	26107	96177	2.8%	8.9%
2012年6月	26150	99189	1.6%	8.2%

根据以上材料1和材料2回答下列问题。

（1）为什么在QE2中，美联储选择购买的金融资产与QE1和QE3完全不同？

（2）在2008.6～2012.6期间，美国的货币政策有何变化？可能是什么原因造成的？对

货币政策的效果有什么影响？

（3）QE3 要实现刺激实体经济、降低失业水平的目标，其可能的货币政策传导机制是什么？试写出 3 种不同的货币政策传导机制。

（4）量化宽松政策作为非传统的货币政策，受到很大质疑，它有哪些负面影响？你是如何看待美联储一再采用这一政策的？［上海财经大学 2013 年研］

答：（1）为什么在 QE2 中，美联储选择购买政府长期债券，其选购的金融资产与 QE1 和 QE3 完全不同，这是由其经济背景和政策目标决定的。

自 2010 年 4 月份开始美国的经济数据令人失望，进入步履蹒跚的复苏以来，美联储一直受压于需要推出另一次的量化宽松：第二次量化宽松（QE2）。美国联邦储备委员会公开市场委员会（FOMC）宣布，将再次实施 6000 亿美元的“量化宽松”计划，美联储发货币购买财政部发行的长期债券，每个月购买额为 750 亿，直到 2011 年第二季度。这就是 QE2，即所谓美联储的第二次量化宽松政策。QE2 的目的是通过大量购买美国国债，压低长期利率，借此提振美国经济，特别是避免通货紧缩，并降低高达 9.6% 的失业率。

（2）美国的货币政策变化、造成的原因以及对货币政策的效果

①美国的货币政策变化

金融危机期间，美国的货币政策表现为通过各种注资方式向市场提供流动性，降低市场利率，随后几年虽然也是在实施量化宽松政策，但是逐渐从直接干预转化为公开市场操作的间接干预。

②主要原因

金融危机导致的美联储大范围地增加货币供应量的行为，一定程度上缓解了社会的失业情况，但是却使得通货膨胀率上升，为了稳固物价水平，因此需要采取间接的市场干预。

③货币政策的效果

量化宽松政策通过购买国债等中长期债券，增加基础货币供给，向市场注入大量流动性，使利率保持在一个低位，来达到降低抵押贷款利率和平缓国债收益率曲线的作用，即不扩大资产负债表规模，但延长其持有债券的期限的非常规货币政策效果，并且通过卖掉短期国债，买入长期国债，进一步推低长期债券的收益率。

（3）QE3 的货币政策传导机制

货币政策影响经济变量主要是通过以下四种途径：

①利率传递途径

利率传导理论是最早被提出的货币政策传导理论，但从早期休谟的短期分析、费雪的过渡期理论、魏克赛尔的累积过程理论中所涉及的利率传导理论均未得到关注。直到凯恩斯的《通论》问世及 $IS-LM$ 模型的建立才正式引起学术界对利率传导机制的研究。利率传导机制的基本途径可表示为：

$$货币供应量\ M\uparrow \rightarrow 实际利率水平\ i\downarrow \rightarrow 投资\ I\uparrow \rightarrow 总产出\ Y\uparrow$$

②信用传递途径

威廉斯提出的贷款人信用可能性学说是最早有关货币政策信用传导途径的理论，伯南克则在此理论基础上进一步提出了银行借贷渠道和资产负债渠道两种理论，并得出货币政策传递过程中即使利率没发生变化也会通过信用途径来影响国民经济总量。信用传导机制的基本途径可表示为：

$$货币供应量\ M\uparrow \rightarrow 贷款供给\ L\uparrow \rightarrow 投资\ I\uparrow \rightarrow 总产出\ Y\uparrow$$

③非货币资产价格传递途径

托宾的 Q 理论与莫迪利亚尼的生命周期理论则提出了货币政策的非货币资产价格传递途径。资产价格传导理论强调资产相对价格与真实经济之间的关系，其基本途径可表示为：

货币供应量 $M\uparrow\rightarrow$实际利率 $i\downarrow\rightarrow$资产(股票)价格 $P\uparrow\rightarrow$投资 $I\uparrow\rightarrow$总产出 $Y\uparrow$

④汇率传递途径

汇率是开放经济中一个极为敏感的宏观经济变量，因而它也引起了众多学者的研究，而关于货币政策的汇率传导机制的理论主要有购买力平价理论、利率平价理论和蒙代尔－弗莱明模型等。货币政策的汇率传导机制的基本途径可表示为：

货币供应量 $M\uparrow\rightarrow$实际利率 $i\downarrow\rightarrow$汇率 $E\downarrow\rightarrow$净出口 $NX\uparrow\rightarrow$总产出 $Y\uparrow$

(4)对世界经济的影响

①量化宽松货币政策埋下全球通胀隐患；世界主要商品定价均以美元为基准，美联储实施量化宽松货币政策将导致美元大幅贬值，从而引发新一轮资源价格上涨，埋下全球通胀的隐患。

②量化宽松货币政策恶化相关贸易体的经济形势；美元贬值会增加美国出口商品的竞争力。

③美联储大举购买国债会降低美国国债收益率；债券价格和收益率是负相关的。美联储大举购买美国国债，将推升美国国债价格，降低其收益率，从而使相应持债国家的外汇资产存在非常大的贬值风险。

23. 根据国际资本流动与亚洲金融危机的关系，分析开放资本账户的利弊以及我国的选择。［兰州大学2013年研］

答：(1)中国开放资本账户的好处

①从宏观层面上讲，实现资本账户开放，一国便可以通过鼓励国外资本的流入，更充分地利用外资为本国金融及经济服务。无论是对本国国际收支调节机制的完善，还是对弥补本国资本市场投资、资金不足等方面都能起到有力的促进作用。

②从微观层面上讲，资本账户开放的有利影响将通过一国的金融及经济主体，包括金融管理部门、金融机构、金融市场及企业等的加快完善表现出来。资本账户开放后，金融管理部门特别是中央银行将加快完善金融调节机制，更多地利用市场机制及手段来调控一国金融。

(2)中国开放资本账户的坏处

①削弱宏观经济的自主性。资本账户开放会对一国宏观经济的自主性产生负面影响，主要表现在货币政策的有效性将受到影响，汇率政策也将面临两难选择。按照克鲁格曼“不可能三角”理论，金融市场的开放意味着我国将从“在资本管制下的货币政策独立和汇率稳定”转向“资本流动和货币政策独立下的汇率自由波动”。

②威胁中国的金融稳定增加国际收支失衡的风险。资本账户开放是指资本国际流动自由化。它意味着居民可以自由进入国际金融市场，非居民也可以自由进入本国国内金融市场。在此过程中，国家对金融的控制减弱，加剧了金融风险的可能性。其次，过量资本流动造成金融系统的脆弱性加大。目前，我国金融市场的发育程度普遍较低，金融监管相对薄弱。如果我国开放资本账户，将会带来银行资产负债规模的迅速扩张。在缺乏足够严格的金融监管的前提下，我国的银行将突然面临过度贷款的倾向，这将加大银行体系的风险。

同时，资本的频繁进出，将导致我国金融系统脆弱性的上升。

（3）我国的政策选择

资本账户开放的条件为：稳定的宏观经济状况、一定的经济发展水平（经济规模和竞争力）、国内金融体系的深化、微观主体的塑造、高效稳健的金融监管、合适的汇率制度和汇率水平、外汇短缺的消除和可维持的国际收支结构。这些条件面面俱到，但要全部达到将是一个漫长过程，而将资本项目自由化进程无限期延迟，必将导致管制成本不断增加、管制效率相应丧失。从国际比较来看，我国国民生产总值稳定增长，对外贸易持续顺差，外汇储备充足，国际收支、财务状况良好，宏观经济稳定，为资本账户的顺利开放奠定了坚实基础。而进行金融体系改革、放开国内利率以及促使目前事实上与美元挂钩的准固定汇率制向真正有管理的浮动汇率制度逐步过渡是我国当前面临的最严峻的挑战，也是迈向资本账户成功开放的第一步。从全球和中国的金融发展来看，资本账户开放是不可阻挡的必然趋势，我国要适当采取合理宏观经济政策来尽可能减少资本账户开放过程中的风险。虽然我国具备更多资本账户开放的条件，并且在实践方面也取得较大的进展。但从整体上看，我国资本账户开放的力度与发达国家相比还存在着一定差距。为了加强我国金融体系的稳定性，增强其对抗风险的能力，使得资本账户尽早完全开放，有如下建议：

①要实行稳健的财政政策。财政政策是政府宏观调控的主要手段。2005 年以来，稳健的财政政策对加强和改善政府宏观调控，增强经济运行的稳定性和协调性发挥了重要作用。2008 年，随着外部经济环境的变化和国内宏观调控政策效应的显现，影响财政经济运行的不确定性因素有所增大。统筹考虑调整经济结构、改善民生、加强薄弱环节、推动体制改革等经济社会各方面因素，有必要继续实行稳健的财政政策，保持政策的稳定性和连续性。

②要采取灵活的货币政策。国际经济形势的复杂性并没有呈现预想的清晰化趋势，相反更加复杂化。在复杂的外围环境下，中国的宏观调控政策只有以更加灵活的方式才能够在保持自身稳定的同时应对外部影响。

③增强人民币的弹性。着重完善以市场供求为基础、有管理的浮动汇率制度，逐步增强人民币的弹性，充分发挥汇率在国内国际两个市场中配置外汇资源的作用。维持相对充足的外汇储备将能够较好地应付各种冲击，从而减轻国际收支调节的压力。

④加快国内金融自由化改革。随着各国日益敞开本国金融市场的大门，资本流动的速度不断加快。资本流动的自由化使资源配置能够在世界范围得到改善。

24. 试论述中国住房价格如何影响货币政策。［首都经济贸易大学 2013 年研］

答：（1）一般来讲，对于世界上的大多数国家来说，货币政策的目标主要有四个：稳定物价、充分就业、经济增长与国际收支平衡。因此，若要讨论房价对货币政策的影响，首先应分析的是房价变化对经济产生的影响，继而再分析，在这种经济背景下，货币政策为了实现其目标而做出的反应。

（2）住房价格变动对我国经济可能产生的影响

①房地产业由于涉及钢筋、水泥、家电、土建以及装修等许多行业，所以当住房价格上涨时，会带动与其相关的上下游产业的产品价格的上涨，可能会导致通货膨胀。

②当住房价格提高时，在现有利率不变的情况下，投资房地产的净收益增高，因此会导致一方面银行资产中与房地产有关的贷款增加，如果银行贷款资产过于集中分布于房地产领域，银行的风险会增加；另一方面，会导致资源的配置低效，大量的资源进入房地产

领域，会影响到其他实业，比如制造业的发展。

③当房地产过度投资时，可能会导致虚假的繁荣——泡沫经济。

(3)根据上述住房价格持续升高对经济产生的影响可以看出整个经济状况偏向于过热，所以央行可能会采取相对偏紧的货币政策，比如提高商业银行的存款准备金率或通过公开市场操作卖出国债，从而使得利率提高，以此来增加投资房地产的成本，来达到稳定物价的目标。

25. 写出你所知道的人民币国际化进程的有关内容，并谈谈你对人民币国际化的必要条件和重大意义的认识。[上海大学2013年研]

答：(1)人民币国际化的含义

人民币国际化是指人民币能够跨越国界，在境外流通，成为国际上普遍认可的计价、结算及储备货币的过程。随着世界经济全球化进程的加快，人民币国际化对于进一步提升我国的国际地位和国际竞争力具有十分重要的意义。

(2)人民币国际化进程的有关内容

①人民币国际化的基本发展路径

在中期内(5~10年)逐步成为广为接受的国际贸易结算货币；在中长期(10年后)逐步开放资本项下管制后成为越来越重要的国际投资货币；在长期内(20年后)逐步成为储备货币。实现这一目标，人民币离岸市场须经历三个主要阶段：形成阶段、发展阶段、成熟阶段。

②人民币国际化的进程

近年来，人民币国际化进程不断推进。

2007年6月首只人民币债券登陆香港，此后内地多家银行先后多次在香港推行两年或三年期的人民币债券，总额超过200亿元人民币。

2008年7月10日国务院批准中国人民银行三定方案，新设立汇率司，其职能包括"根据人民币国际化的进程发展人民币离岸市场"。

2008年12月25日国务院决定，将对广东和长江三角洲地区与港澳地区、广西和云南与亚细安的货物贸易进行人民币结算试点；此外，中国已与包括蒙古、越南、缅甸等在内的周边八国签订了自主选择双边货币结算协议，人民币区域化的进程大步加快。

2009年4月2日中国人民银行和阿根廷中央银行签署双边货币互换协议。

2010年6月，六部门发布《关于扩大跨境贸易人民币结算试点有关问题的通知》，跨境贸易人民币结算试点地区范围将扩大至沿海到内地20个省区市，境外结算地扩至所有国家和地区。

2011年8月，人民银行8月23日明确表示，河北、山西等11个省的企业可以开展跨境贸易人民币结算。至此，跨境贸易人民币结算境内地域范围扩大至全国。

2012年11月，人民币国际化进程正式在南非起步，我国和南非之间的贸易都是直接将兰特兑换成人民币来结算。

2013年10月15日，第五次中英经济财金对话在北京举行，国务院副总理马凯与英国财政大臣奥斯本在新闻发布会上表示，中国和英国同意人民币与英镑直接交易。

2015年11月30日，国际货币基金组织正式宣布人民币2016年10月1日加入SDR(特别提款权)。2016年10月1日，特别提款权的价值是由美元、欧元、人民币、日元、英镑这五种货币所构成的一篮子货币的当期汇率确定，占权重分别为 41.73%、30.93%、10.92%、8.33%和8.09%。

（3）人民币国际化的必要条件

①人民币资本项目下的可自由兑换是人民币走向世界货币的必要前提。一种无法自由兑换的货币其国际接受范围将十分有限，也将成为一种具有高度风险的货币。从我国目前的情况来看，部分企业的自我约束能力还较差，证券市场容量较小，金融市场和监管能力都还处在一个较低的水平，因此，我国还不具备开放资本项目自由兑换的条件，而监管当局也一再强调，人民币实现自由兑换没有时间表。

②拥有高度开放和发达的金融市场和金融中心是人民币国际化的重要基础。一个高度开放和发达的金融市场和金融中心将使一个国家，包括其货币成为国际金融业的核心，它是一个国家货币进行国际兑换和调节的重要载体和渠道，同时也是一国货币转换成国际清偿力的重要机制。从国内目前情况来看，还没有一个城市或地区可以承担这样的重任，而金融市场的开放以及与国际接轨也显然不是短期内可以完成的。

③全球化的银行体系是实现人民币国际化的另一个必不可少的条件，遍布世界各国的银行机构不仅是保证人民币在海外存放、流通和转换的经营主体，而且对于促进我国对外贸易和境外投资具有十分积极的作用。很难想象一个国家的银行还没在国际上站稳脚跟，而它的货币却成为世界货币。显然，在这方面，我国的银行还远远落后于发达国家，甚至落后于一些发展中国家，许多国内商业银行跨出国门的步伐还只是刚刚起步。

（4）人民币国际化的重大意义

①正面影响

a. 进一步促进中国边境贸易的发展。边境贸易和旅游等实体经济发生的人民币现金的跨境流动，在一定程度上缓解了双边交往中结算手段的不足，推动和扩大了双边经贸往来，加快了边境地区经济发展。

b. 防范和降低汇率风险，促进中国国际贸易和投资的发展。人民币国际化有助于降低汇率变动不确定性对国际贸易与国际投资的影响，以及降低货币兑换导致的交易成本，从而促进中国的对外贸易与投资。

c. 获取铸币税收益。人民币国际化的最大收益是中国可以从中获得铸币税收入。在信用货币流通制度下，铸币税是指发行者凭借发行货币的特权所获得的纸币发行面额与纸币发行成本之间的差额。

d. 提升中国国际地位，增强中国对世界经济的影响力。美元、欧元、日元等货币之所以能够充当国际货币，是美国、欧盟、日本经济实力强大和国际信用地位较高的充分体现。人民币实现国际化后，中国就拥有了一种世界货币的发行和调节权，对全球经济活动的影响和发言权也将随之增加。

e. 有利于缓解高额外汇储备压力，降低外汇储备规模。目前美元不断贬值导致了我国外汇储备的实际缩水，同时巨额的外汇储备还必然导致人民币的升值压力，人民币国际化可减少中国对美元等其他国际储备货币的需求，从而缓解高额外汇储备的压力。

②负面影响

a. 对我国经济金融稳定产生一定影响。人民币国际化使我国国内经济与世界经济紧密相连，国际金融市场的任何风吹草动都会对我国经济金融产生一定影响。

b. 增加宏观调控的难度。人民币国际化后，国际金融市场上将流通一定量的人民币，其在国际间的流动可能会削弱中央银行对国内人民币的控制能力，影响国内宏观调控政策实施的效果。

c. 加大人民币现金管理和监测的难度。人民币国际化后，将会加大中央银行进行人民币现金管理的难度。同时人民币现金的跨境流动可能会加大一些非法活动如走私、赌博、贩毒的出现，伴随这些非法活动出现的不正常的人民币现金跨境流动，一方面会影响我国金融市场的稳定，另一方面也会增加反假币、反洗钱工作的困难性。

26. 试述现代金融监管体制的发展趋势。［武汉大学 2012 年研］

答：近年来，现代金融监管体制的发展趋势的总体态势是：①政府监管与行业自律结合；②外部监管与内部控制相互促进；③机构性监管向功能性监管转变；④各国金融监管模式日益趋同；⑤金融监管的国际合作不断加强。具体阐述如下：

（1）金融监管体制的内容

金融监管体制是指金融监管的权力制度安排和监管组织体系。监管的权力制度安排就是指行使政府监管权力的相关机构之间的权力分配。监管组织体系主要由金融当局宏观监管体系、金融机构内部监管体系、金融业行业自律体系和社会监督防范体系四个层次组成。前两者在金融监管中起主导作用，后两者起重要补充作用，四个体系相互作用、相互协作。

金融监管模式概括起来大致有三种类型：

①统一监管模式。对于不同的金融机构和金融业务，无论是审慎监管还是业务监管，都由一个机构负责，这个机构通常是各国的中央银行或另设的独立监管机构。这是一种典型的混业监管模式，以英国为典型代表。

其优势主要体现在：a. 成本优势，统一监管能节约人力和技术投入，大大降低信息成本，改善信息质量，获得规模效益；b. 改善监管环境，统一监管可避免由于监管者的监管水平和监管强度的不同，使不同的金融机构或业务面临不同的监管制度约束，也可避免被监管者对多种机构重复监管及不一致性无所适从；c. 适应性强，统一监管能迅速适应新的金融业务，既可避免监管真空，降低金融创新形成的新的系统性风险，又可避免多重监管，降低不适宜的制度安排对创新形成的阻碍。

其缺点在于：缺乏竞争性，易导致官僚主义。

②分业监管模式。将金融机构和金融市场按照银行、证券、保险划分为三个领域，在每一个领域内，分别设置一个专业的监管机构负责包括审慎监管和业务监管在内的全面监管。目前分业监管模式较为普遍，中国便是实行这一模式。

其优点在于：a. 具有监管专业化优势，每个专业监管机构负责各自的监管领域，职责明确，分工细致，有利于达到监管目标，提高监管效率；b. 具有监管竞争优势，尽管监管对象不同，但不同监管机构之间存在竞争压力。

其缺点在于：a. 各监管机构之间协调性差，容易出现监管真空，若设置多重目标或不透明目标则易使被监管对象难于理解和服从，出现多头管理和相互扯皮现象；b. 从整体上看，分业监管机构庞大，监管成本较高，规模不经济。

③不完全统一监管。是介于完全统一监管和完全分业监管之间的一种监管模式，也可以说是一种从分业监管到混业监管的过渡模式。

具体有：a. 牵头监管模式，几个主要监管机构为建立及时磋商协调机制，相互交换信息，以防止监管机构之间的扯皮推诿，特指定一个监管机构为牵头监管机构，负责不同监管机构之间的协调工作。其典型代表是法国、巴西。这种监管模式既可以发挥分业监管的专业化优势与竞争优势，提高监管效率，又可以通过监管机构定期的磋商协调、相互交换信息以及密切配合，将多重监管的不利影响降到最低。其弊端是，牵头监管者并不能做到控制整个体系风险。b. “双峰”监管模式，是对不同的金融业务的经营进行监管。

（2）现代金融监管体制的发展趋势

20 世纪 80 年代以来的金融国际化趋势，使得各国金融市场之间的联系和依赖性不断增强，各种金融风险在国家之间的相互转移和扩散在所难免，严重威胁着各国的金融稳定。金融国际化要求实现金融监管国际化，如果各国金融监管松紧不一，不仅会削弱各国监管措施的效应，而且还会导致国际资金大规模的投机性转移，影响国际金融稳定。因此，西方国家致力于金融监管的国际合作。一些主要的西方发达国家的金融监管体制改革趋势如下：

①20 世纪 30 年代大萧条后，美国建立了分业经营和分业监管的体制，到 1999 年美国金融经营体制正式从分业经营走向混业经营，但其分业监管体制并未发生变化，监管模式则转变为伞式监管与功能监管结合的模式。在该模式下，金融控股公司既要接受联邦储备委员会的综合监管，又要接受不同行业主要功能监管人的监管；伞式监管人和功能监管人相互协调、共同合作完成金融监管任务。

②英国历史上金融监管主要依靠金融机构的自我约束，采取非正式监管形式，以“道德劝说”“君子协议”等方式进行，直到 1979 年英国的银行监管才走向法治化的道路，在这之前英国的金融监管采取分业监管体制。20 世纪 70 年代之后，英国政府放松对金融业的管制，金融业出现混业经营的局面，英国开始注重对金融业的全面监管。1997 年成立了金融服务监管局，由此开始正式实行集中统一的混业监管模式。

③日本金融监管体制随着金融经营体制的变化而变化，20 世纪 80 年代后期，日本由分业经营转为综合经营，其金融监管体制也转变为混业监管。1998 年以来，日本金融监管体制进行了一系列以财政和金融相分离为核心的重大改革，形成了以金融厅为最高监管权力机构的新的统一监管体制。

27. 结合我国当前经济条件，比较存款准备金政策和利率政策的优劣？［南开大学 2012 年研］

答：货币政策工具是中央银行为实现货币政策目标而使用的各种策略手段。货币政策工具是中央银行可以直接控制的，其运用可对基础货币、银行储备、货币供给量、利率以及金融机构的信贷活动产生直接或间接的影响，有利于中央银行货币政策目标的实现。货币政策工具多种多样，各有其特点和适用条件。货币政策工具可分为一般性政策工具、选择性政策工具和其他补充性政策工具三类。

一般性货币政策工具是对货币供给总量或信用总量进行调节和控制的政策工具，主要包括法定存款准备金政策、再贴现政策和公开市场业务三大政策工具。其他政策工具包括直接信用控制和间接信用指导。而直接信用控制，是指中央银行从质和量两个方面以行政命令或其他方式对金融机构尤其是商业银行的信用活动进行直接控制。其手段包括利率最高限额、信用配额、流动性比率管理和直接干预等。

（1）法定存款准备金政策

法定存款准备金政策是指中央银行对商业银行等存款货币机构的存款规定存款准备金

率，强制性地要求商业银行等存款货币机构按规定比率上缴存款准备金；中央银行通过调整法定存款准备金率以增加或减少商业银行的超额准备，以收缩或扩张信用，实现货币政策所要达到的目标。

①法定存款准备的优点

a. 作用速度快而有力。

b. 作用呈中性，即改变法定存款准备金比率对所有的银行和金融机构都产生相同的影响。

c. 特定条件下可以起到其他货币政策工具无法替代的作用。

d. 存款准备金政策强化了中央银行的资金实力和监管金融机构的能力，可以为其他货币政策工具的顺利运行创造有利条件。

②法定存款准备的局限性

a. 作用效果过于猛烈。由于整个银行存款规模巨大，法定存款准备金比率的微小变动，就会造成法定准备金的较大波动，对经济造成强烈影响。不宜作为中央银行日常调控货币供给的工具。

b. 法定准备金率的提高，可能使超额准备金率较低的银行立即陷入流动性困境。为了减少这种冲击力，中央银行将被迫通过公开市场业务或贴现窗口向急需流动性的银行提供流动性支持。由于法定存款准备金政策对经济的极大冲击力，因而中央银行使用时一般都比较慎重。

c. 受到中央银行维持银行体系目的的制约——降低法定存款准备金比率容易，提高法定存款准备金比率难。

(2)利率政策

利率政策是指中央银行在一定时期内根据不同的经济环境和不同的经济政策目标的要求，在利率方面所制定的各种制度和规范的总和。主要包括：①在利率水平上是采取低利率政策还是高利率政策；②在利率管制上是采取管制性政策还是放开性政策。利率政策是我国货币政策实施的主要手段之一，中国人民银行根据货币政策实施的需要，适时地运用利率工具，对利率水平和利率结构进行调整，进而影响社会资金供求状况，实现货币政策的既定目标。

①利率政策的优点

a. 对居民储蓄的影响。利率水平的高低很明显会对居民储蓄的水平有一定的影响。当利率提高，居民则更愿意进行储蓄，以期获得足够多的利息收入；反之，当利率降低，居民则很可能会在市场上寻求其他的投资机会，以此来获得更多的经济利益。因此，政策可以通过对利率的调整来刺激消费，引发投资。

b. 对市场经济的影响。利率政策的变化也通过贷款利率来影响市场经济的发展。当利率提高时，企业获得贷款比以往更加困难，同时，也要比以往付出更多的利息成本，这在一定程度上限制了企业贷款的积极性；反之，利率降低，企业很容易以低息获得贷款，从而激励他们在市场上积极地寻求投资的机会，从而形成良好循环，刺激市场经济的发展。

②我国现行的利率政策存在的问题

a. 我国的利率管理实行政府管理，限制了中央银行操作利率杠杆的自主性。我国中央银行在职能上、组织上、人事上等各方面都缺乏足够的独立性，使得我国的利率政策往往并非由中央银行自主决定，而是由企业主管部门、商业银行、财政部门和中央银行等各个利益集团经过多方谈判、博弈达到利益均衡的结果。在这种体制下制定出来的利率政策最终代表着各方面的利益，而不能完全反映市场的变化，致使中央银行缺乏操作利率杠杆的自主性。

b. 我国的利率政策还存在着信息时滞和决策时滞的现象。我国在制定利率政策时，会考量社会资金总供求状况、企业成本水平、银行利率和市场价格等多种经济变量，因此存在着信息时滞和决策时滞。

c. 利率管制措施违背了市场公平的原则，严重损害了非国有企业的利益。长期以来，国有银行对国有企业一直实行优惠的官方利率，而对非国有企业却实行较高的利率，违背了市场经济公平的原则，损害了非国有企业的利益，妨碍了非国有企业的发展。

d. 利率政策难以真正发挥作用。理想状态下的利率水平应该完全由市场来决定，这样才能真正起到调节经济的作用。但实际上，市场上的供求关系并不能引发利率水平的相应变化，从而影响商业银行贷款的投放。此外这种利率政策还使得风险与收益不能成正比，进而影响商业银行对高风险高收益项目的贷款积极性，进而影响了利率政策的效果。

28. 试述金融创新对金融与经济发展的影响。[江西财经大学2012年研]

答：金融创新是近年来西方金融业中迅速发展的一种趋向。其内容是突破金融业多年传统的经营局面，在金融工具、金融方式、金融技术、金融机构以及金融市场等方面均进行了明显的创新和变革。金融创新给金融业带来了革命性的变革，使整个金融业的面貌焕然一新。

（1）金融创新的正面经济效应

①金融创新促进了金融机构运作效率的提高，增加了经营效益。

a. 金融业务的创新，促使金融业务多元化和金融机构的日趋同质化。传统的业务分工和机构分工的界限被打破，金融机构的业务除了传统的存贷款、结算外，还向证券、租赁、房地产、信托等方面拓展，其服务领域大大拓宽。

b. 金融工具、金融业务及金融交易方式的创新使金融机构的渗透力大大增加。金融市场的系统性风险、浮动汇率下跨国融资的利率和汇率风险以及全球范围内的资金调拨与转移等问题也都通过金融创新迎刃而解。

c. 金融创新使金融机构提供的金融商品和服务不断增加，多元化的金融机构及金融业务满足了不同类型的消费者不同层次的消费需求。

②金融创新丰富了金融市场的交易品种，促进了金融市场一体化。

a. 金融创新特别是金融工具的创新使得金融市场的交易品种增加，投资者的选择余地增大，防范风险的能力增强，交易成本降低。

b. 金融监管制度的创新，特别是金融监管的放松，从宏观上为金融市场一体化打开了方便之门。金融创新后显现出的全球市场一体化趋势，提高了各国金融市场间信息传递速度和对价格的反应能力，同时也使各国金融运行的关联度大大增加，一国的金融市场波动会在瞬间波及全球。

③金融创新促进了金融改革，推动了经济发展。

一方面，金融创新是金融改革的结果；另一方面，金融创新又促进了金融改革。正是由于金融改革才出现金融机构多元化、金融业务全能化及金融工具多样化等方面的金融创新，而这些创新又使传统的金融制度成为金融业进一步发展的障碍，促使金融制度进行相应改革和调整，并鼓励和刺激新一轮的金融创新。金融创新是以金融资产的运作更有效率为前提的，也是以金融资产获取更高利润为目的的。因而金融创新必然会促进经济的发展。

(2)金融创新的负面经济效应

①金融创新使金融体系的稳定性下降。

金融业务的多元化和金融机构的同质化，使得金融机构可以涉及信贷、信托、证券、保险、投资等诸多领域，金融体系的稳定性和安全性受到冲击。最明显的标志是金融机构破产数量急剧上升和金融机构不良资产迅速增加。因此，如何使金融创新的活力和金融体系的稳定性形成有机的统一，是当代金融创新中亟待解决的重要问题。

②金融创新使金融体系面临的风险加大。

金融创新可以降低或转移个别风险，但不能消除或减少整个金融业的系统风险。非但如此，金融创新反而使金融业在传统风险的基础上面临新的风险。

a. 电子风险。一是客观存在的计算机系统运行过程中可能出现故障的风险；二是犯罪分子通过电脑恶意攻击金融计算机网络系统或进行金融犯罪的风险。电子风险具有系统性特征，涉及交易金额巨大，一旦发生这些风险，可能会把金融机构甚至整个金融业都置于不安全的境地。

b. 伙伴风险。金融创新过程中的金融自由化、金融机构业务多元化及金融机构同质化，使各金融机构间形成了密不可分的伙伴关系。金融机构之间、金融机构与非金融机构之间、国内金融机构与国际金融机构之间的依赖性大大增强。一旦某个环节、某个部门出了差错，很容易形成“多米诺骨牌”效应。

c. 表外风险。金融创新的一大趋势是创新业务的表外化。表外业务的特点是灵活性和杠杆性强，但透明度差，一般不反映在资产负债表中，因而表外业务的风险具有潜伏性和放大性的特点。这种风险一旦爆发，就会给金融机构造成巨大损失甚至致命打击。

d. 国际风险。现代计算机和通信技术使全球金融市场一体化，一国的金融风险会波及多国，从而使金融业的国际风险加大。

③金融创新使金融监管的有效性被削弱。

金融创新模糊了各金融机构间传统的业务界限，而且金融机构同质化加剧了金融机构间的竞争。金融机构为了逃避管制，增强竞争力，大量增加表外业务，使金融监管出现“真空”地带。相对于金融机构的业务和工具创新，金融监管措施的创新显得滞后，传统的存款准备金、再贴现、银行充足资本比例等监管措施的有效性被削弱。

29. 请阅读以下两段材料：

[材料1]2010年9月12日，巴塞尔银行监管委员会管理层会议在瑞士举行，27个成员国的中央银行代表就加强银行业监管的《巴塞尔协议Ⅲ》(下简称“协议”)达成一致。该改革方案主要涉及最低资本要求水平，包括将普通股比例最低要求从2%提升至4.5%，建立2.5%的资本留存缓冲和0%～2.5%的逆周期资本缓冲。虽然目前全球主要银行资本充足率基本符合巴塞尔协议Ⅲ的要求，但由于巴塞尔协议Ⅲ对于资本金的计算有新的规定，包括中国在内的全球银行资本充足率将因此下降，部分欧美银行或面临资本短缺。

[材料2]中国社会科学院金融研究所研究员刘煜辉对《每日经济新闻》记者表示：“资本消耗型是中国银行业的典型模式，其绝大部分收入来自利差，对资本的补充要求很高，资本充足率一直是中国银行业面临的主要问题。由于新协议重新定义了资本充足率的计算方

式，中国银行业将面临更大的挑战。但是，这次也是中国银行业转型的一次机会。”

请结合以上两段材料谈谈你对中国银行业的资本状况、风险态势、盈利方式和发展前景的看法。［厦门大学 2012 年研］

答：（1）中国银行业的资本状况、风险态势、盈利方式

①资本状况

目前，我国商业银行普遍存在资产负债率较高的问题，虽然资本充足率能达到8%的监管要求，但是与国际活跃银行水平还存在着一定的差距，同时银行的不良贷款率也在大幅上升，这在很大程度上消耗了银行资本，造成银行资产结构的不合理。

我国银行业盈利能力低下，核心资本供应不足。商业银行核心资本包括实收资本或普通股本、资本公积、盈余公积、未分配利润和少数股权。在我国分业经营体制下，少数股权数量很少，核心资本的变动主要取决于股东权益的变动。一般情况下，银行主要靠留存收益的增加来实现权益资本的增加，我国银行业的盈利能力较低，使核心资本无法满足快速增长的资产所需要的资本要求。

我国银行业还存在附属资本偏低的现象，附属资本在商业银行资本中所占的比重远没有达到巴塞尔协议规定的水平，因此还有很大的空间来增加附属资本。

②风险态势

a. 信用风险。信用风险即违约风险，主要指借款人到期不能或不愿意履行还贷付息协议而使银行遭到损失的可能性。在我国社会信用体系尚未建立，社会诚信尚未根本好转的情况下，我国银行业的信用风险依然突出。

b. 市场风险。市场风险是由于金融市场的一些重要变量（如利率、汇率、股价等）的变动而导致银行的头寸面临损失的风险。多种风险因素都可以导致市场风险的发生，国家产业政策的调整或国际金融市场汇率变动频繁等，均会对商业银行造成不同程度的打击。随着我国金融市场开放程度的提高，此类风险也在上升。

c. 操作风险。操作风险是指银行内部控制、信息系统的缺陷以及公司治理机制失效导致的风险，这类风险是由于人为错误、系统失灵、不正确的流程和无效的监督等原因造成的。

③盈利方式

目前我国商业银行的经营活动大多依靠存款与贷款，银行业的绝大部分收入来自存贷款利差。中间业务品种较少，盈利模式的创新性不够，中间业务目前主要经营的业务还大都停留在筹资功能强、操作简单的劳务型、低收益业务上，而诸如个人理财、资产评估等以智力投入为主、盈利潜力大的业务还不足，高收益且具有避险功能的金融衍生工具业务则处于起步阶段。盈利模式比较单一，传统业务占主导。

（2）我国银行业未来的发展前景

①发展资本市场，提供更多的资本充足渠道，同时发挥市场约束作用。

大力发展资本市场，拓展直接融资渠道，放松金融管制，积极培育有利于商业银行金融创新的环境，促使商业银行创造出符合我国国情的金融工具，增强其融资的灵活性。同时，完善资本市场利于建立市场约束机制，通过包括信用评级机构在内的多种中介机构作用的发挥，资本充足的银行获得市场认可，低资本的商业银行遭市场抛弃，使商业银行具有补充资本的外在压力。

②提高盈利能力，增加留存收益。

留存收益是成本较低、限制较少的资本来源，它应成为商业银行资本的主要来源。我国商业银行应进一步提高盈利能力，调整经营结构，创新金融产品，扩大中间业务收入，增加盈利，不断提升留存收益在资本中的比重。

③合理利用次级债务补充资本。

次级债务是一种主动、快捷的资本金补充方式，在我国银行业面临资本金困境的情况下可以发挥重要作用。同时也要考虑到自身的资本结构、成本水平、盈利能力等，选择适当的发行规模，并且应当加快次级债务二级市场的发展，使次级债务形成一个合理的市场价格，有利于发挥其作为市场纪律工具的作用。

④加强监管，发挥资本约束作用，抑制商业银行资产扩充冲动。

资本充足率对商业银行约束的弱化使商业银行更加注重资产的扩张，而忽视资本的及时补充，导致严重的资本风险隐患，应强化监管要求，促进商业银行树立风险意识，采取合适的资本策略，抑制资产过度扩张。

30. 香港联系汇率制本质上是什么汇率制度？有何特点？它的缺陷表现在哪些方面？［武汉大学2012年研］

答：(1)香港联系汇率制的本质

香港的联系汇率制是一种货币局制度。我国香港地区是世界上由商业银行发行钞票的少数地区之一，联系汇率制需要香港外汇基金，三家发钞银行(香港没有中央银行，发行货币功能由汇丰银行、渣打银行、中国银行承担)在发行钞票时，以百分之百的外汇资产向外汇基金缴纳保证金，换取无息的“负债证明书”，以作为发行钞票的依据。持牌银行要获得港元也要有等值的美元存入发钞银行。

(2)香港联系汇率制的特点

①发钞银行换取负债证明书时，无论是白银、银元以及实行联系汇率后规定必须用的美元，都必须是足值的。这是港币发行机制的一大特点，实行联系汇率制则依然沿袭。

②发钞银行增发港币时，须按7.8港元等于1美元的汇价以百分之百的美元向外汇基金换取发钞负债证明书，若要换回美元则可以凭负债证明书和相同比例的港元与外汇基金兑换。其他持牌银行向发钞银行取得港币现钞时，也要以百分之百的美元向发钞银行进行兑换，而其他持牌银行把港元现钞存入发钞银行时，发钞银行也要以等值的美元付给它们。

③联系汇率与市场汇率、固定汇率与浮动汇率并存，是香港联系汇率制度最重要的机理。货币当局不直接干预外汇市场，也不直接设置浮动汇率的上下限，港币汇率都是由市场的供求状况来决定的，实行市场汇率。香港联系汇率制度是一种典型的货币局发行制度，现汇率稳定是利用了发钞银行的逐利性。当美元对港元的汇率大于7.8时，发钞银行会用负债证明书和港元去兑换美元，从中换取利差。同理，美元对港元的汇率低于一定幅度时，发钞银行就会增发港元。

④外汇基金管理局和银监处合并为金管局，将货币政策和银行监管的功能纳入同一个政府部门，保证了港元汇率的稳定，即：调节主体——金管局；调节手段——新会计安排、外汇基金票据和流动基金调节机制；调节工具。三者有机结合构成了香港维持港元联系汇率制的互相依赖的调节体系。

(3)香港联系汇率制的缺陷

①货币政策独立性和灵活性丧失。香港政府既要维持固定不变的汇率，又要允许资本

的自由流动。假如香港实行扩张的货币政策——利率下降——资本外流，港元贬值压力——政府回收港元，使得供给目标无法实现。香港货币政策被动地跟随美联储的政策变动。固定汇率、资本自由流动与自主性货币政策无法共存，即著名的"三元悖论"。

②利率武器可能使得香港在货币危机中遭受惨重的损失。在货币局制度下，政府采取的是弃利率保汇率的政策，例如1997年的亚洲金融危机使香港遭受了严重的损失。

③无法利用汇率水平变动来调剂国际收支，而通过价格和成本的调整是一个痛苦的长期过程。由于无法调整汇率，亚洲金融危机后，本地区的整体贸易水平下降，出口和旅游业受到了严重的影响。

④财政政策受到了很大的限制。如果支付实施持续的财政政策，财政赤字的积累将会带来沉重的利息负担，使得政府无力偿还。如果将赤字货币化将会导致通货膨胀和外汇储备的下降，最终导致经济危机，使得联系汇率制度无法维持。

⑤外汇储备在特定情况下可能不能完全满足兑换要求。维持汇率稳定需要大量外汇储备，外汇储备一旦用尽，将会导致联系汇率制度的失败。

31. 通货膨胀是我国宏观经济当前面临的最主要的不确定因素之一。试运用你所学习的金融学理论对引起中国通货膨胀的各种因素及其对策进行分析。［南开大学2011年研］

答：(1)通货膨胀的成因

①对大宗商品需求剧增。随着经济的全球化步伐加快，中国的市场越来越开放，中国经济与世界经济的联系越来越紧密。中国现在正处于工业化和城市化的快速进程中，中国对能源和原材料的需求进一步扩大，国内的资源供应已不足以支撑，很多原材料都必须从外国进口。2003年以来，国际原油价格，大米，小麦价格都在大幅上涨。这直接导致了国内与此相关的各种必需品价格上涨。此外，美元一再贬值，这导致了以美元计价的国际原材料价格上涨，从而进一步加剧了通胀。

②国际游资投机炒作。国际游资在农产品方面的投机炒作使得农产品价格急剧上涨，如2009年的大蒜涨价风波。今年以来金属市场的资金流出了10%，相应地农产品市场的资金量则增长了15%。在涌入农产品市场的资金中，频频出现以指数基金为代表的大型资金的身影，而传统的活跃于商品市场的对冲基金也大量囤于玉米、豆油等农产品，基金对这类商品总持仓的投入比例一度达到20%以上。除此之外，国际游资还活跃于投机人民币升值，这也进一步加大了人民币汇率的压力。

③需求过度，流动性过剩产生通胀压力。自2008年金融危机爆发以来，为了避免我国经济受到重大损失，我国政府开始实施积极的财政政策和稳健的货币政策。在这些政策的刺激下，各级政府聚集了大量资金并对基础设施建设进行大量投资；与此同时，房地产在内的固定资产投资不断增加，整个经济体呈现过热现象，物价上涨压力巨大。此外，我国当前货币投放量增速过快，出现流动性过剩现象。我国流动性过剩主要源于投资和消费的矛盾，国内居民消费动力不足，这主要是因为国内社会保障体系不健全，并且国内居民金融投资观念相对落后和投资领域狭窄，所以居民会选择存款方式来获取利息，这样就会使得银行的可贷资金逐渐增多，信贷膨胀带来的是投资过热，投资的增长又会增加国民收入，一旦投资过热，通货膨胀的暗流就已涌动。

(2)通货膨胀的对策

①中国现在存在经济过热，它不仅是某些地方政府不惜代价追求发展速度的惯性行为

的结果，也是中国特定政治周期在经济领域的一个反映。各级地方政府应该树立全局观念，确保政令畅通；中央政府各有关部门也应管好土地，管好税收。在宏观的几个指标中不能只顾经济增长，在有矛盾的指标之间要注意协调。应该采用稳健的政策防止经济过热，要根据实际情况来制定政策，不应该一味地追求 GDP 的增长速度，而要确保经济又好又快发展。

②中国应该进一步完善汇率政策，深化汇率体制改革。当前，人民币升值是导致国际热钱流入的重要原因。热钱的进入，虽然带来了更多的可利用资金，但也加大了投机的可能性，也会加剧流通性过剩，给国内经济带来更大的不确定性。同时自 2008 年美国金融危机以来，美元大幅度贬值，然而我国庞大的外汇储备都是以美元标价的，这造成了中国外汇储备的巨大资本损失，因此我国应改变盯住美元的单一汇率形成机制，建立更加多元化的汇率形成机制；与此同时应增加人民币汇率弹性，实行浮动的汇率制以增加汇率的灵活性。

③短期菲利普斯曲线表示，在短期内作为宏观经济的两大目标，低通货膨胀和高就业不可兼得，故在当前这种高通胀的条件下，我们可以牺牲一点就业率来平衡当前的高通胀。

④继续坚持市场调控的主导地位，时刻注意调整调控方向和效应。政府调控手段包括存款准备金率、利率、汇率和税率。其中，利率是最重要的工具和手段。但到目前为止，利率市场化程度仍然不发达，利率未能充分反映市场资金的真实供求关系，未能体现市场对价格的预期。利率的弹性也不强，企业对利率的敏感度较低，调控效果也不理想。控制通货膨胀的手段应主要是货币政策，即要继续实行适度从紧的货币政策。在中国通货膨胀的压力下，政府的宏观调控正是发挥力量的时候，必须时刻警惕国内的经济形势，在调控上，货币政策和财政政策必须双管齐下，从而取得更理想的效果。

32. 人民币升值的影响主要体现在哪些方面？［武汉大学 2011 年研］

答：人民币升值给中国经济带来的影响是双重的，既有有利的一面，也有不利的一面。

（1）人民币升值的有利方面

①人民币升值可以缓解政府的政治压力，也可以增加人民币的吸引力，提升中国经济在世界经济中的位置。

②有利于中国的进口，提高人民的生活水平和产业制造水平。

③国内财富总量增加，中国对外投资以及对外国产品的消费会增长。

④对于缓解物价上升有一定的帮助。进口产品价格的下降会带动国内产品价格的下降或者降低国内产品价格上升势头。

⑤对于缓解各种外汇投机也有一定的帮助。

⑥人民币升值对于中国改革汇率制度是个帮助，一方面借此机会推动有弹性的人民币汇率制度的建立，另一方面，也会与国际上的主要国家减少贸易摩擦，从而有利于未来中国贸易环境的改善。

（2）人民币升值的不利方面

①出口增长和外商直接投资会受到影响，可能会导致我国国际收支的平衡。人民币升值对出口的影响是显而易见的，对利用外商直接投资的影响，有三个方面：一是随着人民币升值，同样规模的外国投资，在中国的股权数量是下降的；二是随着人民币的升值，出口受到影响，外商投资的热情也会受到伤害，特别是原料在中国，而市场在国外的外商投

资；三是对已经在中国投资设厂的外商而言，再投资会受到影响，因为人民币升值后，对利润汇出国外是有利的。

②经济增长放缓，就业问题将更加突出。出口的放缓会影响经济增长，经济增长减慢会伤害就业。对于直接在出口企业中工作的人来讲，影响将更明显，因为出口增长放缓直接减少了他们的就业机会。

③金融不良资产处置问题加重。理由是人民币升值，银行不良资产的价值将被抬升，用外汇储备解决资本充足问题的力量将减弱。

④政府债务负担加重。

33. 比较分析商业银行中间业务与表外业务的异同。［西南财经大学2003年研］

答：(1) 中间业务是指商业银行不用或较少占用商业银行自己的资金，以中间人的身份为客户办理资金收付或其他委托事项，提供各种金融服务并收取各种服务费、手续费、管理费的业务。该种业务是由传统的资产业务、负债业务衍生而来，不在资产负债表中反映，具有相对的独立性。

中间业务的种类繁多，主要有：

①结算类业务。该类业务是商业银行存款业务的自然延伸，是连接商业银行存贷款业务的纽带。由于交易双方的货币收支，绝大部分通过双方支票存款账户上的资金划拨来完成的，所以结算业务也很重要。

②代理类业务。该类业务是商业银行利用其较好的信誉及资金实力，为不同的社会经济主体提供的债权实现、债务清偿、资信保证、买卖、保管、财务管理、资金融通、会计服务等多种金融服务。

③信息咨询类业务。该业务是指商业银行充分利用自身的各种优势资源，为客户提供各种有偿信息等方面的业务。

④其他中间业务。即除上述中间业务以外的其他中间业务，主要包括根据各国具体情况而制定的受商业银行法律保护的信托类业务、租赁业务、保险自营业务等。

(2) 表外业务，就是资产负债表以外的业务。从广义上看，它包括中间业务，也包括或有资产、或有负债的业务；狭义上讲就仅指后一类，即这类业务不在资产负债表中反映，但是与表内的资产业务、负债业务关系十分密切，可以在一定的条件下转化为表内业务。所以也称之为或有资产、或有负债，它的最大特点是收益较大、风险也较大。

常见的表外业务主要有：

①贷款承诺。贷款承诺是指商业银行向客户做出承诺，保证在未来一定时期内，根据一定的条件，随时应客户的要求提供贷款。

②备用信用证。备用信用证实际上是商业银行为其客户开立的信用保证书，保证了备用信用证持有人对第三方依据合同所作出的承诺。

③贷款销售。贷款销售是指商业银行通过直接出售或证券化的方式，将贷款转让给第三方的业务。

④除此之外，商业银行的表外业务还有金融期权、金融期货、互换、远期等。

(3) 中间业务与表外业务都不在银行的资产负债表中反映，所以从广义的角度讲，它们都是表外业务。它们的联系主要有以下两点：

①二者都不在商业银行的资产负债表中反映，二者的业务也不占用或较少占用银行的

资金，银行在其中充当代理人、客户委托人的身份。

②收入来源主要是服务费、手续费、管理费等。

（4）中间业务和表外业务的主要区别：

①中间业务更多地表现为传统业务，而且风险较小；表外业务更多地表现为创新业务，风险较大；而表外业务则需要从金融创新的角度来认识。该种业务虽然不在资产负债表中反映，但与表内的业务联系紧密，在一定的条件下会转化为表内的业务，所以也称或有资产、或有负债。它们有时也会占用银行的资金，其最大的特点是该业务的收益可能很大，而风险也可能很大。

②银行对它们所承担的风险却是不同的。在中间业务中，银行一般仅处在中间人或服务者的地位，不承担任何资产负债方面的风险。而表外业务虽然不直接反映在资产、负债各方，即不直接形成资产或负债，但却是一种潜在的资产或负债，在一定条件下，表外业务可以转化为表内业务，因此，银行要承担一定的风险。例如，当银行对商业汇票进行承兑后，即负有不可撤销的第一手到期付款责任，即使汇票的付款人无力付款，银行也必须向汇票的受益人付款，因此，银行承兑汇票是银行的一种或有负债。

34. 试述我国目前股票市场存在的主要问题及解决措施。［西南财经大学2003年研］

答：（1）我国目前股票市场存在的主要问题

我国的股票市场是在新旧经济体制的剧烈摩擦和尖锐对抗的夹缝中产生和发展起来的，是摩擦双方和对抗双方相互妥协和不断“磨合”的结果，因而我国的股票市场从产生的那一天起，就带有“先天不足”的制度缺陷。经过十几年的发展，市场中的一些“原生”的制度缺陷正在不同程度地得到或正在得到矫正，但就目前的情况来看，我国股票市场的制度性缺陷仍然相当明显，具体表现为：体制缺陷、机制缺陷、结构缺陷、功能缺陷和规则缺陷等五个方面。

①体制缺陷

a. 上市机制仍需优化：虽然A股发行已经改为注册制，简化了上市流程，但仍存在审核标准不统一、审核周期较长等问题，影响了优质企业的上市效率。

b. 退市制度不健全：相较于成熟市场，我国股市的退市率偏低，部分绩差公司长期滞留在市场上，影响了资源的有效配置。

c. 信息披露质量参差不齐：虽然近年来有所改善，但仍存在不少上市公司信息披露不充分、不及时甚至虚假披露的情况，损害了投资者权益。

d. 投资者结构不合理：个人投资者占比过高，机构投资者发展相对滞后，导致市场容易受到非理性因素的影响，波动性较大。

②机制缺陷

由于竞争机制、约束机制和激励机制的三重缺失，我国的股票市场在很大程度上失去了发展和进取的动力源泉。表现在：

a. 缺乏产权关系明确的市场主体，缺乏通过正常竞争而形成的市场价格，缺乏市场主体间通过价格而形成的有效竞争，是我国股票市场上资源流动和动态组合机制不健全从而不能形成有效的资源配置机制的根源。

b. 在约束机制方面，我国绝大部分上市公司是由国有企业改造而来，由于行政机制的介入与市场机制的缺失，上市公司中比较普遍地存在着“转轨”不转制现象。

c．在激励机制方面，我国上市公司中普遍存在着激励机制不健全的现象。在发达的市场经济国家，上市公司中普遍实行经营者的即时薪酬（工资和年度奖金）和长期薪酬（股票期权和限制性股票等）相结合的激励制度。

③结构缺陷

我国证券市场的结构缺陷体现在以下几个方面：

a．在总体设计上，我国的股票市场只有现货市场，即股票、债券等的现货交易，缺乏期货期权及其他金融衍生品市场，在现实中这种单方向的结构设计存在明显的弊端，使我国股票市场上只有做多机制而不具备做空机制，不具备期货期权市场中特有的价格发现功能、套期保值功能和风险规避功能，这就大大抵消了股票市场本身所固有的优点和优势。

b．在股权市场与债权市场存在着场内与场外的双重反向失衡。在沪深两个证券交易所之外，债权市场远远地大于股权市场。而在沪深两个证券交易所之内，则是股权市场远远地大于债权市场。

c．在股票的二级市场方面，我国股票市场的最主要的缺陷是缺乏与不同经济发展层次相适应并且能够反映股票和股份经济本质要求的多层次的市场体系和市场结构。

d．在债券市场方面，我国的市场格局也处于一种畸形状态，无论是债券种类还是债券规模，国债和国家金融机构发行的金融债券都大大高于企业债券。

④功能缺陷

我国价格市场化的基础和环境不具备，股票市场上价格形成的市场机制还远不具备，这不仅源于我国的股票市场在体制、机制和结构上都存在着明显的制度缺陷，而且还在于我国股票市场的主体秩序、行为秩序和监管秩序都还很不完善。由于股票市场具有明显的“政策市”和行政化的特点，因而市场的起落往往不是供求关系的真实反映，价格形成的市场化机制也因此而被扭曲了。

⑤规则缺陷

不但许多应有的法律和规则不具备，而且已有的一些法律也偏离了市场经济的基本原则，成为各种意志磨合的产物和拼盘的结果。从宏观的角度来看，我国的《公司法》和《证券法》都带有比较明显的制度缺陷；从微观的角度来看，模式化的公司章程导致上市公司不是“自治”而是“公治”，公司的独立的人格从而独立的意志和独立的利益都在这种行政权力的侵蚀下流于形式；从市场的角度来看，由于监管规则不健全，管理层对股票市场侧重调控而疏于监管，在市场秩序上存在着诸多的漏洞和比较大的违法“空间”。

需要指出的是，我国股票市场中上述 5 个方面的制度缺陷都不是孤立地存在的，而是同时并存和交互作用的。也正是由于这个原因，带有如此严重的制度缺陷的股票市场就不可避免地形成了对资源合理流动和优化配置的多重钳制，这也是我国股票市场在运行中发生重大的功能变形的深层根源。在发展思路上进行全面调整，尽快地从政策调整转入制度创新阶段，这样才能使我国股票市场规范发展。

（2）解决措施

①调整发展股票市场的战略，修正现有股票市场的功能定位。中国股票市场自诞生以来就负有为国有企业解困的使命，这种状况不仅造成股票市场发展目标的多元化和发展方向不清，而且也带来了政策取向的矛盾性：股票发行上市标准明显倾斜；上市股票价格与价值的严重背离；场外交易时而被默认时而被取缔等，都是这种矛盾性的反映。为了保证股票市场的健康发展，有必要对其发展目标和核心功能做出准确定位，否则股票市场的混

乱就是不可避免的。

其实就本质意义来说，股票市场的核心功能只有一个，就是提高全社会的资金配置效率，促使资金向最有效率、最有竞争力的企业流动。正是据此功能，股票市场才能有效地促进经济结构的调整。为了实现资源的有效配置，股票市场发展战略、市场组织和市场结构、市场运行规则以及监管体制，都应以培育规范的、无歧视性的、高度竞争和高效率的市场为目标。如果为了实现政府的某些特殊要求而人为地限制股票市场的范围和市场主体，则必然会破坏股票市场的内在运行规律。

②积极进行股票市场的结构调整。股票市场的结构失衡是限制其发展的关键因素，因为结构性失衡不仅抑制了股票市场的规模和功能，而且扭曲了股票市场的运作机制，降低了股票市场的效率。目前中国股票市场的结构畸形表现在市场主体结构、市场组织结构等多个方面，要对这些方面进行完善。

③提高上市公司整体质量是股市的治本之策，也是保护公众投资者合法权益的根本措施，即让投资者在总体上取得合理的回报。为此，要发挥股市扶优汰劣、优化资源配置的作用，下决心让一些上市公司退市，这样既有利于提高股市的整体素质，又可以为业绩真正优良的企业腾出上市空间，还可以不必对退市的公司的股票实行全流通，从而增强投资者对股市的信心。在部分上市公司退市的同时，让少量确实符合上市条件、业绩优良的股份制公司上市。

④进一步改善政府行为，强化有效监管。证券监管机构的主要职责应当是维护证券市场的公正与公平，让股市回归到直接投资及直接融资场所的基础地位；严肃并及时地查处掠夺中小投资者的财富的各种违法行为，同时要从制度上制止上市公司中一股独大，无视小股东正当权益的行为；建立公平、公正、公开的核准制度，为各类所有制的企业提供平等的市场准入待遇，让能给投资者较高回报的优秀企业得到更多的融资机会；消除一级发行市场的无风险套利条件，防止股市成为一些企业“圈钱”的场所；证券监管机构不应对股市的涨跌负责，更不应站在国有资产所有者的立场上去托市或救市；在极为特殊且十分必要的情况下，证券监管机构可通过法定程序要求政府对市场进行适当的临时干预。

监管机构要充分发挥好作用，应做好三方面的工作：第一，必须建立起一套系统的、符合中国国情的、具有国际水准的监管制度和监管体系。为此，监管机构必须就每一项政策与法规的出台作好充分而广泛的咨询和研究，要对每一项政策与措施可能出现的纰漏进行充分的评估，并且采取对策有效防范；第二，要建立一支高水平的、职业化的监管队伍。这支队伍不仅要有较高的监督管理水平、良好的职业操守和职业道德，而且还必须具有长期稳定性，是一支职业化队伍。只有这样，才能杜绝监管人员和监管机构的短期行为；第三，监管机构必须具有较大的独立性。这样才能保证监管工作不受外界干扰，才能真正做到公正持平、及时有效地进行监管；第四，监管者对市场的监管工作同时也必须接受市场各参与主体的共同监督，使各项监督工作做到公开、公正、透明。

⑤注意发挥市场的自我组织作用。当然，股市的健康发展固然离不开政府机构的监管，但也要注意发挥市场的自我组织作用。对于股票的发行、上市、交易等方面的有关事项，要尽量少用行政审批的手段；要充分发挥证券交易所、证券业协会等自律组织在政府与市场之间的桥梁和纽带作用；不断加强监管的手段，建立全国联网的股票实时交易系统及监控和预警系统；通过法律程序授予中国证监会必要的查处权力；进一步加强证券监管机构的队伍建设，提高证券监管人员的政治思想素质、业务素质和专业技能；证券监管、银行、

法院、检察院等部门之间要加强配合，建立统一的执法协调机制，加大对重大证券违法案件的打击力度。

35. 联系实际谈谈政策性金融机构在经济开发中的地位与作用。［西南财经大学2003年研］

答：（1）政策性金融机构的含义

政策性金融机构是指那些由一国政府或政府机构发起、出资创立、参股、保证或扶植的，不以利润最大化为其经营目标，而是专门为贯彻或配合政府特定社会经济政策或意图，在法律限定的业务领域内，直接或间接地从事某种特殊政策性融资活动，从而充当政府发展经济、促进社会发展稳定、进行宏观经济调节的管理工具的金融机构。

（2）政策性金融机构在经济开发中的地位

①在一定范围内市场配置资源的局限性（或称市场缺陷）和政府干预经济职能的客观存在为政策性金融提供了充分的理论依据。也就是说，在金融领域，市场机制同样存在着明显的作用边界和在一定范围内的作用失效，因而商业性金融按照市场原则配置金融资源不能完全解决资源的有效配置问题。

②在高度信用化的市场经济中，政策性金融是体现促进公共物品投资、保持宏观经济稳定、推动经济增长、增进社会平等政府职能的重要金融手段。政策性金融是政府财政手段在金融领域的延伸，是政府利用行政计划手段分配金融资源产生的一种特殊金融制度安排，它体现在金融组织体系、金融政策以及利用行政权力配置金融资源的机制等方面：

a. 在金融机构组织体系建设上，政府通过设立专门服务于经济结构调整和地区经济发展的政策性金融机构，从而在实现经济增长的同时解决收入分配不公、区域经济差距扩大、公共品和准公共品供给不足等“市场失灵”的缺陷。

b. 在金融政策上，通过实施有区别的金融结构调整政策，运用差别利率、信贷倾斜等手段影响社会资源配置，消除金融发展在地区之间、产业之间、人群之间分布的不均衡。

c. 在政府宏观经济管理体制上，建立政府干预型的金融资源动员体系，保证重点产业发展和提高支柱产业竞争力对信贷资金的需要。政策性金融机构在经济开发中弥补了商业银行的不足，对经济开发起着至关重要的作用。

（3）政策性金融在经济开发中的作用

政策性金融除了具有与商业性金融相同或类似的功能，即金融中介的功能以外，还具有其特殊的功能。具体有如下几点：

①对一国的基础产业和薄弱产业进行直接扶植与强力推进的作用。

作为国家宏观调控的一种手段，政策性银行主动进入市场机制作用不到和作用不好的领域，补充了市场机制的内在缺陷和不足，有力贯彻国家宏观政策意图。就我国而言，开发性金融不仅在重大投资建设项目上有重要作用，在支援“三农”、扶持中小企业贷款、建设公共卫生、促进环境保护等方面，都能介入，都有成效。然而，一些关系亿万人民群众的“三农”问题、中小企业贷款担保问题、城市职工下岗再就业问题、农村公共卫生建设问题、生态环境保护问题、三峡工程、西气东输工程等等，不知讨论过多少次，呼吁过多少次，决策过多少次，重申过多少次，却始终得不到解决。开发行将政策优势、政府组织、政府信用巧妙组合，既完成了政策性金融的要求，又放大了服务功能，使这些小而大的问题有了解决的途径。

②以市场经济为前提，对以商业性金融为主体的金融体系的运行有补充与辅助的作用。

a. 首先，政策金融通过发行金融债券，在全社会范围内融通闲散资金，从事批发业务，进行长期的、大规模的基础设施和基础项目融资，不仅突破了地域限制，为西部地区注入稀缺的资金增量，而且以提供长期信贷支持的方式，有力贯彻了国家产业政策和区域发展政策。更重要的是它打破了单一融资方式，与商业金融、财政融资和民间融资优势互补，共同构筑了多层次、多渠道的融资体系和机制。健全的融资机制将会提高资金使用效率，是经济开发的基本保证。

b. 其次，政策金融具有财政所没有的金融杠杆作用，具有商业金融所没有的资金来源市场化和资金运用政策化、产业化的信用优势。在经济发展日益复杂化和多元化的趋势下，与其他几种方式加强合作，不仅可以有效分散风险，为政策金融的最终推出创造渠道，而且可以弥补其他方式的不足，为商业金融和民间金融的市场化发展提供信用支持。

c. 最后，以国家信用为基础，以市场机制为媒介，通过资金投入的存量优化和增量调整，引导全社会资金的流动，推动社会尽快建立信用体系，完善信用结构，促进产业结构的优化和地区经济社会协调发展。

③政策性金融机构的直接融资对以商业利润为动机的民间投资有诱导、引发或促其扩张的功能。

根据政府的发展规划，政策性银行对开发地区进行大量的和长期的前期资金投入，前瞻性地构造经济发展的基础，消除发展的“瓶颈”，创造一个良好和宽松的经济环境。充分发挥政策性功能和筹措资金能力，为一些投资额大、技术和市场风险高、投资周期长、收益少但发展潜力大、具有重要战略意义的产业、企业和区域提供长期资金，大力支持社会效益好的公共产品和准公共产品的建设，扶持中小企业和高新技术的发展。

④政策性金融可以利用其在特定领域或行业融资的丰富经验和专业人才，对相关产业或企业提供全面而地道的服务，从而具有服务与协调的作用。

政策性银行具有较强的政策优势，熟悉国家宏观经济政策、产业政策和区域发展政策，可以为开发地区的政府和企业在发展方向、发展次序和发展进程等方面提供全方位、多功能服务。政策性银行在自身发展的过程中也不断开辟新的业务领域，完善银行功能，从而可以在支付结算、财务顾问、项目融资、企业并购、债务重组、承销债券和风险投资等方面提供更多服务，提高自身竞争力，更好满足客户需求。

36. 论对通货紧缩的治理。［西南财经大学 2001 年研］

答：通货紧缩从本质上讲是一种货币现象，在市场化条件下表现为物价水平的持续下跌。通货紧缩可以分为以下两类：①需求不足型通货紧缩。由于总需求不足，使正常的供给显得过剩。具体包括：消费抑制型通货紧缩、投资抑制型通货紧缩、国外需求不足型通货紧缩。②供给过剩型通货紧缩。由于技术创新和生产效率的提高，造成的产品绝对数量的过剩而引发的通货紧缩。

通货紧缩的治理措施有：

(1)宽松的货币政策

通货紧缩的成因之一是流通中的货币不足。采用宽松的货币政策，可以增加流通中的货币量，刺激总需求，有助于缓解通货紧缩。但是中央银行的货币政策在实行紧缩时较为有效，在实行扩张性货币政策时效果往往不理想。因其政策只能起指导作用，中央银行不能强迫公众借款、投资和消费。因此，单一宽松的货币政策往往很难有效。

(2)宽松的财政政策

宽松的财政政策主要包括减税和增加财政支出两种方法。减税可以刺激私人投资，从而增加有效需求。增加财政支出则可直接增加财政需求，也可以通过乘数作用带动私人投资和消费，从而成倍地增加总需求。但现代货币学派指出，运用财政支出存在“挤出效应”即在货币存量不变的情况下，扩大财政支出会导致利率的上升，引起私人投资和消费的缩减。因此，在对付通货紧缩时，通常都会将财政政策工具和货币政策工具配合使用。

(3)结构性调整

对于由于某些行业的产品或某个层次的商品生产绝对过剩所引发的通货紧缩，一般采用结构性调整的手段来治理。对于生产过剩的部门或行业要控制其生产，减少产量。同时，对其他新兴行业或有发展前途的行业应采取措施鼓励其发展，以增加就业机会，提高收入，增强购买力。

(4)改变预期

与通货膨胀一样，公众对通货紧缩发展前景的预期在很大程度上影响着政府各项反通货紧缩政策的效果。因此，政府有必要通过各种宣传手段，说服公众相信政府各项反通货紧缩政策的正确性和有效性，鼓励公众对未来经济发展趋势的信心。

(5)完善社会保障体系

如果消费需求不足的主要原因是中下层居民的收入过低，那么，建立健全社会保障体系，适当改善国民收入的分配格局，提高中下层居民的收入水平和消费水平将有助于通货紧缩的治理。

第二部分　章节题库

第1篇　货币、信用与金融

第1章　货币与货币制度

一、概念题

1. 金块本位制[厦门大学2000年研]

答：金块本位制又称为生金本位制，是指银行券只能有限制地兑换成金块的金本位制度，流行于金币本位制消亡后。其特点是：金币停止流通而以银行券(政府发行的“纸币”)作为流通货币。银行券仍规定一定的法定含金量，其发行以一定数量的黄金作为准备，银行券在达到一定数额之后可以兑换为黄金。但这一兑换限额往往比较大，一般公众通常无法接受。实行金块本位制只需保留一定比例的黄金作为发行准备，可节省黄金使用，暂时缓解了黄金短缺与商品生产和交换发展的矛盾。但金币流通的取消和兑换数量的限制，表明黄金的货币职能已开始萎缩，这时货币制度已不如金币本位制稳定；并且长期来看黄金数量仍然不能满足世界经济增长和维持稳定汇率的需要，最终会被不兑现的信用货币制度所取代。

2. 货币局制度[华中科技大学2025年研；中央财经大学2010年研]

答：货币局制度是指在法律中明确规定本国货币与某一外国可兑换货币保持固定的兑换率，并且对本国货币的发行做特殊限制以保证履行这一法定的汇率制度。货币局制通常要求货币发行必须以一定(通常是百分之百)的该外国货币作为准备金，并且要求在货币流通中始终满足这一准备金要求。货币局制度是固定汇率制度的一个特例，或者说是一种极端的固定汇率制度。

这种货币局制度的特征是：①本国的货币钉住一种强势货币，与之建立固定汇率联系，这种强势货币被称为锚货币。②本国的通货发行，以外汇储备——特别是锚货币的外汇储备——为发行保证，保证本币与外币随时可以按固定汇率兑换。

建立这种货币制度的国家和地区，一般不具有独立建立自己货币制度的政治经济实力。如果一国或地区的经济规模较小，开放程度较高，进出口集中在某一些商品或某一国家，货币局制度是一种选择。实施货币局制度，也就意味着失去了独立实行货币政策的主动权。

3. 特里芬难题[同济大学2024年研；对外经济贸易大学2023年研；厦门大学2022年研；东北财经大学2022年研；中山大学2013年研；武汉大学2012年研]

答：特里芬难题是指一种主权货币作为国际储备货币的货币制度的两难处境，即信心和清偿力之间的矛盾。布雷顿森林体系下，美元直接与黄金挂钩，其他国家货币与美元挂钩，即“双挂钩”体系，实际上是一种美元本位制。因此，它的运行既要求储备货币发行国——美国保证美元按固定官价兑换黄金，以维持各国对美元的信心，又要求美国提供足够的国际清偿力，即提供足够的美元，以促进生产和国际贸易发展的顺畅运转。而信心和清偿力又存在着不可克服的矛盾，美元供给太多就会有不能兑换的危险，从而发生信心问题，美元供给太少就会发生国际清偿力不足的问题。这一布雷顿森林体系的根本缺陷是美国耶鲁大学教授特里芬在20世纪50年代第一次提出的，故称“特里芬两难”。从四五十年代的“美元荒”到60年代以后的“美元灾”，布雷顿森林体系实实在在地陷入了“特里芬难题”中。这一根本缺陷，使后来采取的创设特别提款权复合货币也已无法修补，从而最终使布雷顿森林体系无法维持。

二、选择题

1. 以下哪种货币制度下各国货币汇率是浮动的？（　　）[厦门大学2012年研]

A. 布雷顿森林体系　　B. 牙买加体系

C. 欧洲货币联盟　　D. 金本位制

【解析】在牙买加体系下，发达国家多采取单独浮动或联合浮动，发展中国家多盯住某一国际货币或货币篮子；金本位制度下和布雷顿森林体系下实行固定汇率制度；欧洲货币联盟是一种以欧元为统一货币的货币制度，是一种区域性货币制度。

2. 以下货币制度中会发生劣币驱逐良币现象的是（　　）。[中央财经大学2011年研]

A. 金银双本位　　B. 金银平行本位　　C. 金币本位　　D. 金汇兑本位

【解析】金银复本位制下金、银两种金属同时被法律承认为货币金属，金、银铸币都可自由铸造，都有无限的法定支付能力。当金银铸币各按其本身所包含的价值并行流通时，市场上的商品就出现了金银两重价格，而这两重价格随金银市场比价的不断变动而变动。为了克服由此造成的紊乱，很多国家用法律规定了金币与银币的比价。但金银市场比价并不会由于法定比例的确定而不再发生变化。于是法定比价和市场比价之间可能会出现差异，价值被高估的货币渐渐被贮藏，而劣币充斥市场。于是劣币驱逐良币定律发挥作用。银贱则银币充斥市场，金贱则金币充斥市场。

3. 单纯地从物价和货币购买力的关系看，物价指数上升25%，则货币购买力（　　）。[南京航空航天大学2011年研]

A. 上升20%　　B. 下降20%　　C. 上升25%　　D. 下降25%

E. 不升不降

【解析】价格的倒数是货币的购买力。价格高，货币购买力低；反之，货币购买力高。而货币购买力变动的趋势和幅度是物价指数变动的倒数。比如物价指数上升25%，那么货币购买力就下降$1-1/1.25=20\%$。

4. 对货币单位的理解正确的有（　　）。[南京航空航天大学2011年研]

A. 国家法定的货币计量单位　　B. 规定了货币单位的名称

C. 规定本位币的币材　　D. 确定技术标准

E. 规定货币单位所含的货币金属量

1B　2A　3B　4ABE

【解析】货币单位的确定包括两个方面：货币单位的名称和货币单位的“值”。货币单位的确定更重要的是确定币值。当铸币流通时，就是确定单位所包含的货币金属重量和成色。

5．一般而言，要求作为货币的商品具有如下特征（　　）。［南京航空航天大学2011年研］

A．金属的一种　　B．价值比较高　　C．易于分割　　D．易于保存

E．便于携带

【解析】一般说来，作为货币的商品要求具有如下四个特征：①价值比较高，可用较少的媒介完成大量的交易。②易于分割，分割之后不会减少它的价值，以便于同价值高低不等的商品交换。③易于保存，在保存过程中不会损失价值，无须支付费用等。④便于携带，以利于在各地区间交易流通。

6．现代信用货币包括现金和银行存款两种主要存在形式，其基本特征包括（　　）。

A．中央银行发行的信用货币是中央银行代表国家发行的纸币本位货币，本身不具有十足的内在价值

B．信用货币是债务货币，现金是中央银行的负债，存款是商业银行的负债

C．信用货币是债权货币，现金是中央银行的资产，存款是商业银行的资产

D．信用货币具有强制性，通过法律手段确定其为法定货币

E．国家可以通过银行来控制和管理信用货币流通，把货币政策作为实现国家宏观经济目标的重要手段

【解析】信用货币是以信用作为保证，通过一定的信用程序发行，充当流通手段和支付手段的货币形态，是货币发展的现代形态。实际上是一种信用工具或者债权债务凭证，除纸张和印刷费用外，本身没有内在价值，也不能和实物货币按某种平价关系相兑换。在现代经济中，信用货币的发行主体是银行，发行程序是银行信贷程序，由国家赋予无限法偿能力，并强制流通。

7．金银复本位制是一种不稳定的货币制度，它与货币作为一般等价物而具有的排他性、独占性的本质特性相冲突。这种制度的不稳定性主要表现为（　　）。

A．金、银两种铸币不能自由兑换　　B．平行本位制下的劣币驱逐良币现象

C．双本位制下的双重价格问题　　D．平行本位制下的双重价格问题

E．双本位制下的劣币驱逐良币现象

【解析】金银复本位制的不稳定性主要表现在：①平行复本位制下，市场上各种商品存在着双重价格，即金价格和银价格；②双本位制下，尽管克服了平行本位制的双重价格缺陷，但又产生了新的矛盾，即出现了“劣币驱逐良币”现象。

三、判断题

1．牙买加体系规定美元和黄金不再作为国际储备货币。（　　）

【解析】国际储备货币多元化是牙买加体系的主要内容之一：黄金完全非货币化，各国可自行选择国际储备货币，但美元仍作为主要的国际货币。因此黄金不再作为国际储备货币，美元仍然是国际储备货币。

5BCDE　6ABDE　7DE　▎　1×

2. 信用货币价值稳定的基础是中央银行提供给社会公众的信用。(　　)

【解析】信用货币的发行是由中央银行通过信贷方式提供的。它的基础是社会公众向它提供的信用，即社会公众提供给中央银行进行分配的资产或资源。社会公众提供的资源越多，纸币发行的基础就越稳定。

3. 信用货币自身没有价值，所以不是财富的组成部分。(　　)

【解析】信用货币本身虽然没有价值，但能够发挥货币的所有职能，是价值和一般财富的代表，是直接的购买手段，随时可以进入流通同其他形式的财富相交换，具有保值增值功能。所以信用货币构成了社会财富的一部分。

4. 作为价值尺度，货币解决了在商品和劳务之间进行价值比较的难题。(　　)

【解析】货币发挥价值尺度职能就是将所有商品的价值按照统一的价格标准表现为价格，从而使商品价值可以相互比较，便于商品的交换。

5. 特里芬难题是指美元作为国际货币在满足国际清偿力和维持美元信心之间的矛盾。(　　)[中央财经大学2012年研]

【解析】特里芬难题是指美元承担了相互矛盾的双重职能：一是为世界经济增长和国际贸易发展提供清偿能力，二是维持美元的币信，保持美元同黄金的兑换比例。

四、简答题

1. 简述货币制度的演变过程。[天津商业大学2021年研]

答：国家货币制度是指一国政府以法令形式对本国货币的有关要素、货币流通的组织与调节等加以规定所形成的体系。国家货币制度是一国货币主权的一种体现，由本国政府或司法机构独立制定实施，其有效范围一般仅限于国内。国家货币制度开始于国家统一铸造货币之后，自国家货币制度产生以来，各国在不同时期都曾用不同的法令形式对货币的构成要素和货币流通的组织管理进行过种种规定。从历史上看，早期的货币制度较为杂乱，各国间的差异也很大。16世纪以后，随着资产阶级国家政权和资本主义制度的确立，国家货币制度才逐步完善并相对规范统一。国家货币制度从其存在的具体形式上看，大致可分为金属货币制度和信用货币制度。16世纪以后至今，国家货币制度的演变经历了从金属货币制度发展为不兑现的信用货币制度的过程，演变的基本形式是：银本位制——金银复本位制——金本位制——不兑现的信用货币制度。

(1)银本位制。银本位制是最早的金属货币制度，早在中世纪，许多国家就采用过银本位货币制度。银本位制的基本内容包括：以白银为主币币材，银币为无限清偿货币，具有强制流通的能力；主币的名义价值与所含的一定成色、重量的白银相等，银币可以自由铸造、自由融化；银行券可以自由兑现银币或等量白银；白银和银币可以自由输入输出。银本位制在16世纪以后开始盛行，至19世纪末期被大部分国家放弃。我国用白银作为货币的时间很长，唐宋时期白银已普遍流通，金、元、明时期确立了银两制度，白银是法定的主币。

(2)金银复本位制。金银复本位制是金、银两种铸币同时作为本位币的货币制度，在16~18世纪西欧各国普遍实行这种货币制度。其基本特征是：金、银两种金属同时作为法

2× 3× 4√ 5√

定币材，一般情况下，黄金适用于大额批发交易，白银适用于小额零星交易。金、银、铸币都可以自由铸造、自由输出国境，都有无限清偿能力。金币和银币之间，金币、银币与货币符号之间都可以自由兑换。但这种货币制度由于出现了金价、银价两种价格，而且这两种价格随金银市场比价的不断变化而变动，引起价格的混乱，给商品流通带来许多困难，以至于出现被称为“格雷欣法则”的“劣币驱逐良币”的现象。随着交换的进一步发展，这种货币制度被金本位取代。

(3)金本位制。从18世纪末到19世纪初，主要资本主义国家先后从金银复本位制过渡到金本位制，最早实行金本位制的是英国。金本位制主要包括金币本位制、金块本位制、金汇兑本位制三种形态。

①金币本位制是典型的金本位制。其基本特点是：只有金币可以自由铸造，有无限清偿能力；辅币和银行券与金币同时流通，并可按其面值自由兑换为金币；黄金可以自由输入输出；货币发行准备全部是黄金。金币本位制被认为是一种稳定有效的货币制度，因为它保证了本位币的名义价值与实际价值相一致，国内价值与国际价值相一致，价值符号所代表的价值与本位币价值相一致，并具有货币流通的自动调节机制，曾对资本主义经济发展和国际贸易的发展起到了积极的作用。但随着资本主义经济的发展，特别是西方列强矛盾的加剧所导致的战争，使金币流通的基础削弱。第一次世界大战期间，各国停止了金币流通、自由兑换和黄金的自由输出输入，战后也未能恢复金币流通，只能改行金块本位制和金汇兑本位制。

②金块本位制又称生金本位制。是不铸造、不流通金币，银行券只有达到一定数量后才能兑换金块的货币制度。英国于1925年率先实行此制度。金块本位制的实施，节省了黄金的使用，只需保留一定比例的黄金作为发行准备，暂时缓解了黄金短缺与商品经济发展的矛盾。

③金汇兑本位制又称虚金本位制。是将本国货币依附于某个实行金本位制国家的货币，并与其保持固定比价，同时将黄金存在该国，本币虽然仍有含金量，但不能在国内兑换黄金，只能兑换依附国的外汇，然后用外汇在该国兑换黄金。实行金汇兑本位制，进一步节省了黄金的使用，也扩大了各国的信用创造能力，使货币供给进一步摆脱了黄金的束缚。但是，实行金汇兑本位制的国家，使本国货币依附于外国货币，本币的币值常受联系国币值波动的影响，且在财政金融与外贸政策制订等方面都要受这些国家的制约。金块本位制和金汇兑本位制没有维持几年，20世纪30年代世界经济大危机后，各国的金本位制事实上已经不存在了。

(4)不兑现的信用货币制度。不兑现的信用货币制度又称为纯粹的信用货币制度，这种货币制度有3个特点：①现实经济中的货币都是信用货币，主要由现金和银行存款构成。②现实中的货币都是通过金融机构的业务投入到流通中去的。这与金属货币通过自由铸造进入流通已有本质区别。③国家对信用货币的管理调控成为经济正常发展的必要条件。一旦信用货币的现实流通数量与客观必要数量不相一致，就会破坏货币流通与商品流通的对应关系，出现通货膨胀或通货紧缩。为了保证货币流通与经济的发展需要相适应，必须由国家对信用货币加以管理和调控，由于中央银行有“发行银行”的职能，因此大多数国家都是由中央银行来管理信用货币的发行与流通，运用货币政策来调控信用货币供需总量的均衡。

2. 请简要回答现代信用货币制度具有哪些特点？

答：（1）信用货币制度又称纸币制度，在此制度下各国的主要货币是中央银行发行的纸币，它是国家强制流通的价值符号，具有无限清偿能力。纸币本身没有价值，它代替金、银执行货币的职能。纸币不能兑换黄金，它的发行不以金、银为保证。纸币的发行是依据经济发展的客观需要而定，它的发行是通过信用程序进入流通的。信用货币制度有如下特点：

①流通中的货币都是信用货币，黄金已不在国内流通，但仍然发挥着世界货币的职能。现实经济生活中的货币是由纸币和银行存款构成的，它们都是银行对所有者的负债，体现着信用关系。

②流通中的货币都是通过信用程序投入流通的，即是通过信用程序发行的。这与金属货币制度下货币通过自由铸造投入流通有着根本的区别。

③国家对货币流通的管理成为经济正常发展的必要条件。在纸币制度下，货币都是通过银行放款程序投入流通的，货币的发行不以黄金作为保证。如果银行放款过多，就会造成通货膨胀；如果放款过少，则会造成流通中货币短缺，使一部分商品的价值不能实现，进而造成经济萎缩。因此，中央银行必须通过货币政策工具来控制和调节信用，控制货币供应量，保持货币流通的稳定。

（2）纸币制度是货币制度发展的高级阶段，它的优点是：克服了金属货币制度下货币的数量受金属供给限制的缺点，使国家可以根据经济活动的客观需要来发行或回笼货币，以便灵活地调整货币供应量，进而实现对整个经济的宏观调节与控制。同时，纸币本身造价低廉，携带方便，可大大节约流通费用，并使金银等贵金属更多地用于非货币用途，有利于工业的发展和美化人民生活。然而正是由于纸币发行的人为性，也使得货币发行存在着超过经济发展的需要的可能。

3. 简述金本位制被信用货币制度取代的原因。

答：由金币本位制到金块本位制和金汇兑本位制的演变，以及它们最终为不兑现的信用货币制度所取代的过程，是一个货币制度与商品经济发展之间的矛盾不断产生以及解决的辩证过程。

（1）金本位制为信用货币制度所取代，从其自身的缺陷来看，有其必然性。

①金本位制在促进经济发展方面的作用来自它的稳定性，而这种稳定性是以黄金的充分供应为前提的，然而黄金的供应量是有限的。尽管部分准备制可以在一定程度上克服黄金不足的困难，但货币的供给仍然受到金准备数量的制约，金准备增加，货币发行就扩大，金准备减少，货币发行量亦随之减少。可见，货币供给的制约与经济增长对货币需求的增长之间的矛盾是导致金本位制崩溃的内在原因。

②从国际经济关系看，金本位制对国际收支的自动调节机制是以没有贸易管制及外汇管制，没有关税壁垒，物价有充分弹性，货币供给量受黄金数量的制约为前提的。但到了金本位制后期，货币的数量与黄金的增减失去了必然的联系。比如，金准备的减少固然会使中央银行减少银行券的发行量，而商业银行创造的存款货币却不会立即随之减少，物价在短期内亦不会随之下降。在这种情况下，要使金本位制的调节机制发挥作用，除减少银行券的发行外，还要采取紧缩信用的措施。但这会引起本国经济的萎缩，各国政府是不愿这样做的。于是，各国政府出于维护本国经济利益的考虑，非但不愿协助维护金本位制，

反而采取各种逆向调节和强制干预措施，如实行外汇倾销和限制进口以避免贸易逆差；当逆差发生时，政府卖出外汇阻止本币汇价下跌和黄金流失等。于是，金本位货币制度对国际收支的自动调节作用在政府的干预下是名存实亡了。

③金本位制度下，货币的价值稳定只是相对的。黄金本身的价值受黄金的劳动生产率变化的影响，而且黄金的相对价值还要受黄金供求状况的影响，这使金本位制下的币值稳定和物价稳定是相对的。另外，在金本位制下，黄金可以在国际间自由流动，使各国经济紧密相联，因而不利于各国实行独立的经济政策。

(2)同时，不兑现的信用货币制度能够取代金本位制，也有其自身的深刻原因。

①在金属货币流通的情况下，由于种种原因，铸币的名义价值会与实际价值相背离，而这并不影响它执行货币职能，于是产生了以不足值的价值符号取代金属货币来执行货币职能的可能性。

②信用货币同样可以执行货币的各种职能：价值尺度、流通手段、贮藏手段、支付手段和世界货币。

(3)由以上可以看出，金本位制最终为信用货币制度所取代，是商品经济发展到一定阶段的必然抉择。

五、论述题

1. 什么是最适度货币区理论？其选择的标准是什么？

答：最适度货币区理论是20世纪60年代兴起的关于汇率机制和货币一体化的理论，该理论着重要解决的是在什么情况下实行固定汇率和货币同盟或货币一体化最佳。而最适度货币区理论对货币流通的意义在于它指出了货币的适度流通范围对经济增长的意义。

西方的最适度货币区理论是有关区域货币一体化理论的概念，即指由一些符合一定标准的地区所组成的独立的货币区，在这种货币区内，各成员采用固定汇率制并保证区内货币的充分可兑换性。其最适度性表现为，这种货币区能通过协调的货币、财政政策和弹性的对外汇率实现三个目标：区内的充分就业、物价稳定和对外收支平衡。关于组成这种货币区的标准问题，经济学家进行了探讨，并提出了不同的意见。

(1)最适度货币区理论的提出

首先提出最适度货币区理论的是罗伯特·蒙代尔。1961年，他提出用生产要素的高度流动作为确定最适度货币区的标准。他认为，一个国家国际收支失衡的主要原因是发生了需求转移。当人们对甲经济体的商品需求转移到对乙经济体的商品需求时，就会出现甲、乙之间支付的不平衡。甲的出口下降，生产萎缩，从而导致失业；而乙的出口增加，需求上升，可能引起通货膨胀。如果甲、乙之间维持固定汇率，汇率不能随着双方收支差额的变动而自动调整，则要么允许甲减少失业和降低工资，要么允许乙的物价上涨，不存在一个同时解决甲、乙双方困难的两全其美的办法。

蒙代尔认为，解决这一困境的根本办法是放弃各自的本国货币，而采用区域性的货币。所谓区域性的货币，是指该区域内的各国使用共同的货币，或在使用不同货币的时候保持固定汇率。区域性货币对区域外的其他货币可以保持浮动。最适度的区域未必是按照国家领土的疆域来划分的。从纯粹经济角度考虑，一个国家可能划分为几个最适度货币区，或者几个国家也可合并为一个最适度货币区。蒙代尔认为，应该根据生产要素是否可以自由流动来划分货币区。因为在一个货币区内，由于生产要素可自由流动，从而可以实现相互之间的平衡，保持货币区内部的充分就业和物价稳定，因此可以维持稳定的汇率。对于区域外的其他地区，由于生产要素不能充分流动，故仍然须维持弹性汇率。

（2）标准的选择

蒙代尔的最适度货币区理论提出后，在选择划分区域的标准上引出了许多争论。主要有：经济高度开放、低程度的产品多样化、国际金融高度一体化、政策一体化、相似通货膨胀率等。

①经济高度开放。1963 年，罗纳德·麦金农指出，应当把经济的高度开放作为最适度货币区的标准。他把一个社会的总产品区分为可贸易商品和不可贸易商品，经济开放度是指可贸易商品在社会总产品中的比重，此比重越高，经济越开放。麦金农指出了一个经济高度开放的小国难以采用浮动汇率的两条理由：a. 由于经济高度开放，汇率稍有变动，就会引起国内物价的剧烈变动；b. 一个进口在消费中占有很大比重的高度开放的小国中，汇率变动对居民实际收入的影响如此之大，以至存在于封闭经济中的货币幻觉会消失，由此，汇率变动在纠正对外收支失衡方面会失去作用。麦金农强调，假定一国经济完全开放，汇率波动就会引起国内成本和物价的同比例变动，汇率的调节功能就会全部失效。

②低程度的产品多样化。彼得·凯南在 1969 年提出以低程度的产品多样化作为确定一个最适度货币区的标准，其理论是建立在国际收支失衡的主要原因是宏观经济需求波动的假设上的。他认为：一个产品多样化的国家，出口也是多样化的。在固定汇率下，某一种出口商品的需求下跌了，由于它在整个出口中所占的比重不大，因而对国内就业的影响也不会很大。相反，如果外国对本国出口商品的需求曲线下降，低程度产品多样化的国家势必要更大幅度地变动汇率才能维持原有的就业水平。由于出口的多样化，外部动荡对内部经济的影响经过平均化以后变小了，出口收益可以相对稳定。因此产品多样化的国家可以容忍固定汇率的后果；而产品非多样化的国家难以容忍固定汇率的后果，它们应当建立一个采用灵活汇率的独立的通货区。

③国际金融高度一体化。詹姆斯·伊格拉姆在 1969 年指出，在决定通货区的最优规模时有必要考察经济社会的金融特征，并在 1973 年提出用国际金融高度一体化作为最适度通货区的标准。他认为，一个区域内各国国际收支的不平衡同资金的移动有关，尤其同缺乏长期证券的自由交易有关。但如果国际金融市场高度一体化，那么国际收支失衡导致利率的微小变动，就会引起足够的均衡性资本流动，从而可以避免汇率的变动。

④政策一体化。1970 年，爱德华·托尔和托马斯·威莱特指出，一个具有不太完善的内部调节机制的通货区，最重要的在于各成员国对通货膨胀和失业率的看法，以及对调节通货膨胀和失业率两者的能力具有一种合理的一致性。可以设想，一个不能容忍失业的国家是难以同另一个不能容忍通货膨胀的国家相处的。因此政策的一体化是确定最适度通货区的标准。

⑤相似的通货膨胀率。1970 年和 1971 年，G. 哈伯勒和 G. M. 弗莱明提出用通货膨胀的相似性作为确定最适度通货区的标准。采用这一标准的理由是：产生国际收支失衡最可能的原因是各国发展结构不同、工会力量不同和货币政策不同所引起的通货膨胀的离散趋势，其中造成国际收支基本账户的失衡除外。因此，该标准不再注重宏观经济的需求和供应条件的波动，而是注重宏观经济的现象。该标准的实际含义是：通货膨胀差异是国际收支失衡和汇率波动的主要原因。所以，如果区域中各国的通货膨胀率趋于一致，便可避免汇率的波动。

2．试述现代经济中信用货币的供应与扩展过程。

答：（1）现代经济中信用货币是通过以中央银行为核心的银行体系通过信贷扩张过程被供应和扩展的。因而可以通过对银行体系信贷机制的实证分析，来揭示信用货币供应和扩展的过程。具体体现在以下两个相互联系的过程。

（2）中央银行信用创造与基础货币供应的过程

由于中央银行是一国唯一的货币发行机构，因而经济活动中的新增货币供给量首先是由中央银行根据经济增长的需要发行出来的。其基本过程是：当经济活动主体需要更多的货币时，会增加对信贷资金的需求，当商业银行的信贷不能满足这一需求时，商业银行就会将客户贴现和抵押的资产如汇票、抵押凭证、外汇等抵押给中央银行，以取得贷款；同时当财政出现赤字时，也会从中央银行透支，或中央银行从政府债券二级市场上购买政府债券。这样中央银行的各项资产就会增加，从而使商业银行在中央银行的存款增加，商业银行可以据此增发贷款，同时增加其在中央银行交纳的准备金存款，最终，整个商业银行体系的存款准备金总和在数量上等于商业银行在中央银行的存款。此外，商业银行在经营中需要面对客户提取现金的需要，因此，在中央银行的存款准备金进一步分解为准备金存款和流通中的现金两部分，这两部分的和称作基础货币。中央银行货币发行的过程可简单概括为中央银行资产增加使其负债——基础货币供应增加的过程。

（3）商业银行的信用扩张与派生存款的创造过程

在中央银行扩张基础货币的同时，商业银行也在扩张其信贷，并创造出存款货币增量。这一过程可概括为商业银行体系通过其获得的原始存款发放贷款，通过原始存款在体系内的辗转存贷，从而成倍创造派生存款的过程。

（4）在上述两个过程中，商业银行的原始存款来源于中央银行的新增基础货币发行，它表现为中央银行资产增加使其负债——基础货币供应增加的过程，基础货币的增加成为商业银行成倍扩张信用货币的基础。当商业银行的原始存款正好等于其在中央银行的存款准备金时，商业银行的信贷扩张能力达到最大。这一过程可用以下公式表示：$M_s=KB$。其中B表示基础货币，表明中央银行对信用货币的扩张；K为货币乘数，表示商业银行扩张货币量的倍数。

3．分析布雷顿森林体系维持的条件及崩溃的原因。［上海对外贸易学院2005年研］

答：（1）维持布雷顿森林体系运转的基本条件

要维持以美元为中心的国际货币体系，保证双挂钩原则的实现，必须具备三个基本条件：

①美国国际收支保持顺差，美元对外价值稳定

一国货币的对外价值受其通货膨胀和国际收支状况等因素的制约。如果其他国家通货膨胀严重，国际收支恶化，该国与美元的固定比价难以维持，经货币基金组织同意后，该国可以实行货币贬值，重新确立与美元的固定比价关系。但是，如果美国发生长期的、根本性的国际收支逆差，美元对外价值长期不稳定，美元就会从根本上丧失其中心地位，从而危及国际货币体系的基础。

②美国应有充足的黄金储备，以保持美元对黄金的有限兑换性

在布雷顿森林体系下，美国有按1盎司黄金等于35美元的价格兑换外国政府或中央银行持有的美元的义务，为了履行其兑换义务，美国必须保有充足的黄金储备，这是战后国

际货币体系的基础。

③黄金价格维持在官价水平上

战后，美国黄金储备充足，如果市场价格发生波动，美国可以通过抛售或购进加以平抑。但如果国际市场黄金价格剧涨，美国或有关组织由于黄金短缺，无力在市场上投放以平抑黄金价格，国际货币体系的基础也就随之动摇。

（2）布雷顿森林体系崩溃的原因

从表面上看，布雷顿森林体系崩溃的直接原因是：

①美元停兑黄金。在美国国际收支危机不断恶化的情况下，美国的黄金储备大量流失，美元的地位岌岌可危。1971 年 8 月，美国实行“新经济政策”停止履行外国政府或中央银行可以用美元向美国兑换黄金的义务。“新经济政策”的实施，意味着美元与黄金脱钩，支撑布雷顿森林体系的一大支柱已经倒塌。

②固定汇率波动幅度扩大。1973 年西方国家达成协议，实行浮动汇率制度。至此，支撑布雷顿森林体系的另一支柱，即各国货币钉住美元，与美元建立固定比价制度也完全垮台，布雷顿森林体系完全崩溃。

从根本上看，布雷顿森林体系崩溃的原因是：

①布雷顿森林体系本身存在着不可解决的矛盾——清偿力与信心之间的矛盾，即特里芬难题。美国在布雷顿森林体系中有两个基本责任：一方面是保证美元按官价兑换黄金，维持各国对美元的信心。另一方面是提供足够的国际清偿力，即提供足够的美元，以促进生产和国际贸易发展的顺畅运转。但信心和清偿力同时实现是有矛盾的。美元供给太多就会有不能兑换成黄金的危险，即信心问题。相反，美元供应不足则产生清偿力的问题。

②僵化的汇率制度不适应经济格局的变动。布雷顿森林体系把维护固定汇率制度放在首要地位，成员国在国际收支根本性不平衡时可以申请改变汇率。事实上，各国汇率很少变动。但伴随着世界经济格局的变化，各国国际收支的状况也相应变化。美国持续逆差，英法两国逆差多于顺差，日本与西德积累了巨额顺差。如果排除人为干预，则美元、英镑和法郎贬值，日元和马克升值是必然之举。但美国认为美元是基准货币，其他国家有责任维持汇率的稳定，因此美国主张盈余国货币升值。其他国家则认为美国赤字是其过度的财政赤字和通货膨胀所致，美国应对此负责。同时也没有任何盈余国愿意将货币升值，而使自己的国际竞争力下降。结果是，可调整的固定汇率制度成了固定汇率制。这种僵化状态违背了建立“可调整的固定汇率制度”的初衷，矛盾的积累最终冲破了布雷顿森林体系的约束机制。当 1973 年美元危机再起时，一些当时仍实行固定汇率制的国家也放弃了固定汇率制，布雷顿森林体系彻底瓦解。

③主要发达国家通货膨胀程度的悬殊。西方各国经济发展的不平衡决定了各国采取的赤字财政和扩张信用的规模各不相同，因此，表现的通货膨胀程度各不相同，反映的实际利率水平也不相同，因而进一步加剧了国际资本流动。

④解决国际收支平衡的能力有限。由于各国经济发展不平衡，也由于汇率制度僵化，所以各国国际收支问题日益严重，大大超过了 IMF 所能够提供的财力支持。特别是在各条款中，发展中国家处于十分不利的地位，它们需要得到的贷款与实际得到的贷款相差甚远。此外，从全球范围看，除少数国家国际收支为顺差外，大部分国家都出现了累积性的巨额国际收支逆差，而大量的、持续的国际收支逆差对固定汇率制度构成威胁，使其难以维持下去，最终崩溃。

第 2 章　国际货币体系与汇率制度

一、概念题

1. 直接标价法［上海社科院 2021 年研；南开大学 2000 年研；中南财经政法大学 2008 年研］

答：直接标价法又称“应付标价法”或“价格标价法”，是指以一定单位（1 或 100、10000 个单位）的外国货币为标准，折成若干单位的本国货币来表示汇率的标价方法。它是与间接标价法相对应的汇率标价方法。在此标价法之下，汇率是以本国货币表示的单位外国货币的价格。汇率越高，表示单位外币所能换取的本国货币越多，表明外国货币的币值越高、本国货币的币值越低。包括中国在内的世界上绝大多数国家目前都采用直接标价法。

2. 间接标价法［河北工业大学 2022 年研；中南财经政法大学 2008 年研］

答：间接标价法又称“应收标价法”或“数量标价法”，是指以一定单位（1 或 100、10000 个单位）的本国货币为标准，折成若干单位的外国货币来表示汇率的标价方法。它是与直接标价法相对应的汇率标价方法。在此标价法之下，汇率是以外国货币表示的单位本国货币的价格。汇率越高，表示单位本币所能换取的外国货币越多，表明本国货币的币值越高、外国货币的币值越低。目前主要有英国和美国采用间接标价法，但美元对英镑汇率保持了过去习惯用的直接标价法。

3. 有效汇率［华南理工大学 2025 年研；金融联考 2004 年研；上海财经大学 2000 年研；中央财经大学 2008 年研］

答：有效汇率是指一种货币相对于其他多种货币双边汇率的加权平均汇率。有效汇率与双边汇率的关系类似价格指数与各种商品价格的关系，因此又称汇率指数。它反映了一种货币价值的总体变化趋势。汇率指数的构造方法是：①选择一篮子有代表性的货币。通常选择一些与本国对外贸易关系密切的国家的货币作为计算基础；②确定每一个双边汇率的权重。根据所选择的权重标准不同，汇率指数的计算有下列几种方法：

a. 出口值有效汇率指数 = 对 A 国汇率 × 对 A 国出口值/一国出口总值 + 对 B 国汇率 × B 国出口值/一国出口总值 + …。

b. 进口值有效汇率指数 = 对 A 国汇率 × 对 A 国进口值/一国进口总值 + 对 B 国汇率 × 对 B 国进口值/一国进口总值 + …。

c. 双边贸易有效汇率指数 =（一国出口值 × 出口值有效汇率指数 + 一国进口值 × 进口值有效汇率指数）/（一国出口值 + 一国进口值）。

另一种解释：

有效汇率是指某种加权平均汇率。作为权数的指标主要有劳动力成本、消费物价、批发物价等。其中，以贸易比重为权数的有效汇率反映的是一国在国际贸易中的总体竞争力和该国货币汇率的总体波动幅度。一国的产品出口到不同国家可能会使用不同的汇率，另外，一国货币在对某一种货币升值时，也可能同时对另一种货币贬值，即使该种货币同时对所有其他货币贬值（或升值），其程度也不一定完全一致。因此，从 20 世纪 70 年代末起，人们开始使用有效汇率来观测某种货币的总体波动幅度及其在国际贸易和金融领域中的总体地位。以贸易比重为权数的有效汇率的公式如下：

$$A\text{币的有效汇率}=\sum_{i=1}^{n}A\text{货币对}\,i\,\text{国货币的汇率}\times\frac{A\text{国对}\,i\,\text{国的出口贸易值}}{A\text{国的全部对外出口贸易值}}$$

4. 买入价、卖出价与中间价

答：从银行买卖外汇的角度考察，汇率可分为买入价、卖出价和中间价。

买入价是银行买入外汇时所使用的汇率，由于这一汇率多用于出口商与银行间的外汇交易，故也称为“出口汇率”。

卖出价是银行卖出外汇时所使用的汇率，由于这一汇率多用于进口商与银行间的外汇交易，故也称为“进口汇率”。

银行买卖外汇时，以低价买进、高价卖出，从中获得差价收益。在以直接标价法标价的国家中，银行所报的外汇汇率的前一个数字是买入价，后一个数字是卖出价；在以间接标价法标价的国家中，银行所报的外汇汇率的前一个数字是卖出价，后一个数字是买入价。

中间价是银行买入汇率与卖出汇率的平均数。其计算公式为：中间价＝(买入汇率＋卖出汇率)/2。它是不含银行买卖外汇收益的汇率。中间汇率常用来衡量和预测某种货币汇率变动的趋势。西方报刊在报道汇率消息时，常采用中间汇率。

5. 单一汇率与复汇率

答：单一汇率是指一国货币当局对本国货币只规定一种买卖价格的制度形式。在实行单一汇率的国家，外汇买卖不分贸易、非贸易外汇收支，均按一种汇率进行外汇买卖。在实行外汇管制的国家，汇率由外汇管制机构制定和公布；在不实行外汇管制的国家，汇率受外汇市场供求关系的影响而变动。中国在1994年外汇体制改革后，实现了汇率并轨，从此人民币实行单一汇率。

复汇率又称“差别汇率”或“多重汇率”，是指一国货币当局对外汇汇率人为地规定两个或两个以上的汇率，不同汇率适用于不同类别交易项目的制度形式。它是某些外汇管制国家对汇率管制的方式之一。复汇率根据需要对不同的交易实行歧视性待遇，原则是对需要鼓励的交易规定优惠的汇率(如对出口规定适用较高的外汇价格，对先进技术设备的进口适用较低的外汇价格等)，对需要限制的交易则规定不利的汇率(如对奢侈品进口和资本输出用汇规定适用较高的价格)。在有些国家，只存在两种或三种的歧视性汇率，在有些国家则规定有多达几十种的歧视性汇率。

6. 冲销式干预与非冲销式干预[东北财经大学2006年研]

答：政府对外汇市场的干预按是否会引起货币供应量的变化可分为冲销式干预与非冲销式干预。

冲销式干预是指政府在外汇市场上进行交易的同时，通过其他货币政策工具(主要是在国债市场上进行的公开市场业务)来抵消前者对货币供应量的影响，从而使货币供应量维持不变的外汇市场干预行为。为抵消外汇市场交易对货币供应量的影响而采取的政策措施被称为冲销措施。

非冲销式干预则是指不存在相应冲销措施的外汇市场干预，这种干预会引起一国货币供应量的变动。

二、选择题

1. 假设2012年1月8日外汇市场汇率行情如下：伦敦市场1英镑=1.42美元，纽约市场1美元=1.58加元，多伦多市场100英镑=220加元，如果一个投机者投入100万英镑套汇，那么（　　）。[中央财经大学2012年研]

A. 有套汇机会，获利1.98万英镑　　B. 有套汇机会，获利1.98万美元

C. 有套汇机会，获利1.98万加元　　D. 无套汇机会，获利为零

【解析】若投机者投入100万英镑，那么他在伦敦市场可以换取142(万美元)，然后进入纽约市场，142万美元则可兑换142×1.58=224.36(万加元)，最后进入多伦多市场则可兑换224.36/2.2=101.98(万英镑)，因此有套利机会，获利101.98-100=1.98(万英镑)。

2. 一般来说，一国国际收支出现巨额顺差会使其（　　）。[暨南大学2011年研]

A. 货币疲软　　B. 货币坚挺　　C. 通货紧缩　　D. 利率下跌

【解析】国际收支巨额顺差使本国货币坚挺，本币汇率升值。

3. 解释金本位制度时期外汇供求与汇率形成的理论是（　　）。[中央财经大学2011年研]

A. 国际借贷说　　B. 购买力平价说　　C. 货币分析说　　D. 金融资产说

【解析】国际借贷说，也称国际收支说，是在金本位制度盛行时期流行的一种阐释外汇供求与汇率形成的理论。该理论认为，外汇汇率变动是由外汇供求对比变动所引起，而外汇供求状况又取决于由国际间商品进出口和资本流动所引起的债权债务关系。在国际债权债务关系中，主要是一定时期之内需要及时支付的流动债权债务才影响该时期的外汇供求状况。当一国的流动债权，即外汇应收，多于流动负债，即外汇应付时，外汇的供给大于需求，因而外汇汇率下跌；当一国流动负债多于流动债权时，外汇的需求大于供给，因而外汇汇率上升。

4. 作为一种国际货币体系，牙买加体系的主要运行特征有（　　）。

A. 可兑换黄金的美元本位　　B. 多元化的国际储备体系

C. 多种汇率安排并存的浮动汇率体系　　D. 可调整的固定汇率

E. 国际收支短期失衡调节主要靠国际货币基金融资

【解析】AD两项属于布雷顿森林体系的特征；E项，国际收支短期失衡调节主要通过汇率机制、利率机制、国际金融市场融通和国际货币基金组织调节等方式进行。

5. 国际货币体系的主要内容包括（　　）。

A. 确定国际储备资产　　B. 确定经济政策协调方式

C. 确定汇率制度　　D. 确定国际金融机构职责

E. 确定国际收支调节方式

【解析】国际货币体系的内容主要有三个方面：①确定国际储备资产，即使用何种货币作为国际间的支付手段，一国政府应持有何种国际储备资产，以满足国际支付和国际收支调节的需要；②确定汇率制度，即各国货币间的汇率应如何决定，是采用固定汇率制度还是浮动汇率制度，货币能否自由兑换等；③确定国际收支调节方式，即当国际收支出现失

1A　2B　3A　4BC　5ACE

衡时，各国政府应采用何种措施加以调节，各国之间的政策如何协调等。

6. 在纸币流通条件下汇率决定的理论中，(   )抓住了货币的内在特性，一直深受学术界的推崇，占据主流地位。

A. 国际借贷论 B. 汇兑心理论 C. 购买力平价论 D. 货币论

【解析】由于购买力平价论抓住了货币内在的特性——货币的购买力，即价格水平这一影响汇率的核心因素，并首次使理论汇率的确定得到了量化的尺度，因而长期以来一直深受学术界的推崇，占据主流地位，至今仍有极大影响。尤其是在严重的通货膨胀时期，购买力平价论的可靠性更为突出。

7. 一国是否有能力实行本币的自由兑换，这取决于(   )。

A. 是否具有稳定对外经济的强大实力

B. 是否有强大的 GDP 生产能力

C. 取决于其稳定国际收支和汇率的能力

D. 是否持有充足的外汇储备

【解析】一国是否有能力实行本币的自由兑换，取决于其是否具有稳定对外经济的强大实力，具体而言，取决于其稳定国际收支和汇率的能力以及是否持有充足的外汇储备。

8. 以下几种外汇资产中，属于狭义静态外汇的是(   )。

A. 外国货币 B. 外币支付凭证 C. 外币有价证券 D. 特别提款权

【解析】狭义的静态外汇概念是指以外币表示的、可用于国际结算的支付手段。按照这一定义，以外币表示的有价证券、外币有价证券和特别提款权不能直接用作国际支付手段，故不属于静态外汇。

9. 一国货币对国际上某一关键货币所确定的比价即(   )。

A. 中间汇率 B. 间接汇率 C. 基础汇率 D. 交叉汇率

【解析】中间汇率是指买入汇率与卖出汇率的平均价。交叉汇率是指各国在制定出基本汇率后，再根据外汇市场上其他货币对关键货币的汇率，套算出本国货币对其他货币的汇率。

10. 发达市场经济国家的货币通常都是完全可兑换的，这大体是指(   )。

A. 本币可以自由进出境

B. 外汇可携入、汇入境内，并在境内兑换为本币

C. 无论居民还是非居民，均可在境内持有外汇；彼此之间可相互授受

D. 允许外汇在境内自由流通和支付

【解析】一般来说，发达的市场经济国家实行本币与外汇的自由兑换，或称之为完全可兑换。大体是指：①本币在境内可兑换为外汇，外汇可携出或汇出境外；②本币可自由进出境；③外汇可携入、汇入境内，并在境内兑换为本币；④无论是居民和非居民均可在境内持有外汇，彼此之间可相互授受。

11. 汇率变化与资本流动的关系是(   )。[南京航空航天大学 2011 年研]

6C 7ACD 8B 9C 10ABC 11ABC

A．汇率变动对长期资本的影响较小　　　B．本币汇率大幅度贬值会引起资本外逃
C．汇率升值会引起短期资本流入　　　D．汇率升值会引起短期资本流出

【解析】汇率的变动对长期资本流动的影响较小。由于长期资本的流动主要以利润和风险为转移，在利润有保证和风险较小的情况下，汇率变动不致直接引起巨大的波动。短期资本流动则常常受到汇率的较大影响。当存在本币对外贬值的趋势，本国投资者和外国投资者就不愿持有以本币计值的各种金融资产，并会将其转兑成外汇，发生资本外流现象。反之，当存在本币对外升值的趋势下，本国投资者和外国投资者就力求持有以本币计值的各种金融资产，并引发资本的内流。

三、判断题

1．外汇是一切外国的货币，所以它与本币的区别只在于币种不同。（　　）

【解析】外汇并不是一切外国的货币，它与本币的区别也不只在于币种不同。所谓外汇，是以外币表示的金融资产，可用作国际间结算的支付手段，并能兑换成其他形式的外币资产和支付手段。

2．美国强大的经济实力不仅使美元成为主要的国际贸易结算货币和国际储备货币，也使其成为唯一采用汇率间接标价法的国家。（　　）

【解析】美国强大的经济实力使美元成为主要的国际贸易结算货币和国际储备货币，但美国并不是唯一采用汇率间接标价法的国家，英国、澳大利亚等也是。

3．货币对内价值是不同货币能够相互兑换的基础，也是决定兑换比率的依据。因此，国内发生通货膨胀的货币一定存在对外贬值的压力。（　　）

【解析】货币对内价值是不同货币能够相互兑换的基础，也是决定兑换比率的依据，但国内发生通货膨胀的货币不一定存在对外贬值的压力。

4．在采用直接标价的前提下，如果只要比原来更少的本币就能兑换一定数量的外国货币，则表明本币币值上升，外币币值下降，通常称为外汇汇率上升。（　　）

【解析】在采用间接标价的前提下，如果只要比原来更少的本币就能兑换一定数量的外国货币，则表明本币币值上升，外币币值下降，通常称为外汇汇率下降。

5．间接标价法是以一定的外国货币为标准，折算为若干的本国货币来表示汇率。（　　）

【解析】直接标价法是以一定的外国货币为标准，折算为若干的本国货币来表示汇率。

6．升水与贴水在直接与间接标价法下的含义截然相反。（　　）

【解析】升水与贴水在直接与间接标价法下的含义是相同的。

7．客户从银行手中买入或者向银行卖出外汇的价格是不一样的，前者为买入价，后者为卖出价，买入价和卖出价之间的价差是银行的经营费用和利润。（　　）

【解析】买入和卖出价是从银行的角度来说的，因此，客户从银行手中买入或者向银行卖出外汇的价格是不一样的，前者为卖出价，后者为买入价，买入价和卖出价之间的价差

1×　2×　3×　4×　5×　6×　7×

是银行的经营费用和利润。

8. 黄金输出点等于铸币平价减去输出黄金的成本，包括运输费、保险费、包装费以及改铸费。黄金输入点等于铸币平价加上黄金输入的成本。黄金输出点和黄金输入点之间的中点就是铸币平价。(　　)

【解析】黄金输出点等于铸币平价加上输出黄金的成本，包括运输费、保险费、包装费以及改铸费。黄金输入点等于铸币平价减去黄金输入的成本。黄金输出点和黄金输入点之间的中点就是铸币平价。

9. 一国货币升值会增加该国进口，减少该国出口，国际收支的恶化反过来又会导致该国货币贬值。因此，即使在纸币制度下，汇率的波动也是有限的，并最终会返回到其均衡位置。(　　)

【解析】货币升值或货币贬值对国际收支的影响是有条件的，所以在纸币制度下，汇率有时受其他因素的影响剧烈波动，很难短期返回到均衡位置。

10. 黄金平价表示了货币的实际含金量，而铸币平价表示了货币的名义含金量。(　　)

【解析】国际金本位制实行的是严格的固定汇率制，各国货币都规定含金量，各国本位币所含纯金量之比即为铸币平价。铸币平价是金平价的一种表现形式。所谓金平价是指两种货币含金量或所代表的含金量的对比。

四、简答题

1. 简述人民币汇率升值的利弊得失。［上海交通大学 2005 年研］

答：(1) 人民币升值的潜在好处

①对偿还外债有利，外债还本付息压力减轻，一批依靠外资贷款的项目的盈利能力将得到改善。

②对中国的海外投资有利，有利于更多的国内企业走出去，到国外去投资建厂。虽然人民币升值将增加在华外资企业的盈利能力(以美元计算)，但相应地新增投资成本上升，原有的外资企业会继续留守而新增资金会转向其他国家投资；但国内企业去国外投资的成本将降低，会促使大量企业走出去，尤其是饱受反倾销之苦的家电业，去美国建厂就成为非常好的选择。

③对进口贸易有利，对抑制通货膨胀有利，对人民币朝向区域货币和国际货币方向迈进有利。

④在出国培训和学习、增加国家税收收入和提高人民币的实际购买力方面是利好的。

(2) 人民币升值的弊端

①削弱中国商品在国际市场上的竞争能力。中国商品以“价廉物美”打进世界市场，人民币升值必然会影响中国产品的出口以及其在国际市场上的竞争能力。

②吸引外资能力减弱，外国企业来华投资数量将减少。中国的发展经验证明，缺少外资，或者是外资骤减，将对中国的持续发展非常不利。虽然人民币升值对已在华投资或在华拥有资金的外国企业家有利，因为他们的资产将会增值，但却会使即将到中国投资的企

---

8 ×　9 ×　10 ×

业家裹足不前。因此，长期来看对中国经济发展不利。

③对发展中国的国内旅游业不利。人民币一旦大幅度升值，对中国国内旅游业发展将起负面作用。当然，人民币升值，也会促进中国人出外旅行，但由此带来的外汇流失对中国也是不利的。

④中国庞大的外汇储备将大幅度缩水。中国外汇储备高达4033亿美元(2003年底)，居世界第二位，仅次于日本。中国的外汇储备以美元为主，只要人民币升值，大量的美元储备便会缩水。

⑤中国经济有可能失控。维持货币汇率稳定，对一个国家的经济持续发展非常重要，中国金融货币体系还很不健全，一旦大幅度调整货币汇率，失控的可能性很高。

人民币升值还可能增加市场投机行为、出口减少可能导致国内就业压力加大、可能导致出现通货紧缩、可能出现"暴富效应"、可能加剧低收入群体的支出负担等。

2．外汇市场上远期汇率的表示方法有哪几种?

答：远期汇率是指在远期交易中事先约定的未来交割日的汇率。外汇银行对于远期汇率的报价方法有三种：

(1)直接报价法。与现汇报价相同，即直接将各种不同交割期限的远期外汇的买入价与卖出价表示出来。这种方法通常适用于银行对一般顾客的报价，在日本、瑞士等国，银行同业之间的期汇买卖也采用这一报价方法。一般而言，期汇的买卖差价要大于现汇的买卖差价。

(2)掉期率或远期差价。即利用即期汇率与远期汇率之间的关系，只报出远期汇率与即期汇率的升贴水额。在即期汇率与远期汇率之间有一个远期差额或称远期汇水。当某种货币(对另一种货币)的远期汇率大于即期汇率时，其差额就是升水；当远期汇率小于即期汇率时，差额就是贴水。升水表示远期外汇比即期外汇贵，贴水表示远期外汇比即期外汇贱，平价表示两者相等。由于汇率的标价方法不同，计算远期汇率的原则也不相同：在间接标价法下，远期汇率=即期汇率-升水或即期汇率+贴水；在直接标价法下，远期汇率=即期汇率+升水或者即期汇率-贴水。如：在伦敦外汇市场，即期汇率为1英镑=1.4608美元，3个月美元远期外汇升水0.51美分，则3个月美元远期汇率为：1英镑=1.4608-0.0051=1.4557美元。外汇银行通常依据利率平价的条件来确定掉期率。外汇银行在报出远期汇率时，采用报出掉期率的方法来代替直接报出远期汇率的方法主要好处在于：当即期汇率变动时，远期差价常常保持不变，故报出掉期率可以避免期汇报价的频繁变动。

(3)点数法。即报出远期汇率与即期汇率的差额点数(即货币汇率数字中的小数点后的第四位数——1/10000单位的倍数)。在一般情况下，汇率在一天内也就是在小数点后的第3位数变动，也即变动几十个点，不到100个点。表示远期汇率的点数有两栏数字，分别代表买入价与卖出价。远期点数在不同的汇率标价法下的含义和计算方法各不相同。直接标价法：买入价在先，卖出价在后；间接标价法：卖出价在先，买入价在后。由于汇率的远期差价总是要高于即期汇率的差价，故当远期汇率第一栏点数大于第二栏点数时，应从相应的即期汇率减去远期点数，这表明在直接标价法下远期汇率贴水，而在间接标价法下远期汇率升水。反之，当远期汇率第一栏点数小于第二栏点数时，应在相应的即期汇率上加上远期点数，这表明在直接标价法下远期汇率升水，而在间接标价法下远期汇率贴水。

(4)升(贴)水年率法。即把掉期率转换成年率来表示的报价方法。其计算公式为：升

(贴)水年率=(期汇汇率－现汇汇率)÷现汇汇率×12/远期月数×100%。在直接标价法下，如果结果为正数即表示升水年率，如果是负数即表示贴水年率；在间接标价法下则相反。

3. 不同的货币制度下，汇率的决定基础及表现形式如何？

答：在不同的货币制度下汇率的决定基础和表现形式是不同的。

(1)金本位制度下汇率的决定基础和表现形式

在金本位制度下，汇率的决定基础是铸币平价，即两国本位货币的含金量之比。如英国货币1英镑铸币的含金量为113.0016格令，美国货币1美元铸币的含金量为23.22格令，根据含金量对比，两国货币的铸币平价就是113.0016÷23.22=4.8665，即1英镑折合为4.8665美元。在此基础上，市场汇率表现为：在外汇市场供求状况的影响下，围绕着铸币平价并以黄金输送点为界限的小幅度上下波动。例如，在直接标价法下，当市场上对某一外汇的需求突然增加使得需求大于对该外汇的供给时，则该外汇汇率上浮；反之，当市场上对某一外汇的供给突然增加使得供给大于对该外汇的需求时，则该外汇汇率下浮。但是，由于在金本位制度下黄金可以自由输出入，汇率的波动不会漫无边际，而总是受到黄金输送点的限制。若外汇市场上的汇率上涨达到或超过黄金输出点时，本国债务人用本币购买外汇的成本会超过黄金直接输出国境用于支付的成本，则黄金输出本国，汇率停止上涨；若外汇市场上的汇率下跌达到或超过黄金输入点时，本国债权人用外汇兑换本币所得会少于用外汇在国外购买黄金再输回国内的所得，则黄金输入本国，汇率停止下跌。

(2)金块本位和金汇兑本位制下汇率的决定基础和表现形式

在金块本位和金汇兑本位制度下，法定平价仍为决定汇率的基础，但此时银行券和纸币已不能与黄金自由地兑换，汇率的波动不再受制于黄金输送点，汇率的稳定机制已大大降低。

(3)纸币本位制下汇率的决定基础和表现形式

在纸币本位制度下，由于各国货币的发行已经脱离了兑换黄金的物质约束，货币的对内价值就决定了货币的对外价值。而货币的对外价值又是用其购买力来衡量的，因此，货币的购买力对比成为纸币制度下汇率决定的基础。另外，两国的通货膨胀率差异、利率差异、经济增长差异、中央银行的干预、市场预期以及经济政治形势等也是汇率的重要决定因素。在纸币本位制下，汇率有多种表现形式，如钉住汇率制、货币局制度、管理浮动汇率制、联合浮动汇率制和完全浮动汇率制等。但总体上来说，汇率的变动不再具有内在的约束机制，而是呈现出自由的或者管制的浮动特征。

4. 结合中国的内外均衡状况，分析人民币汇率升值对中国经济的影响。[暨南大学2011年研]

答：人民币汇率升值对中国经济既有有利的影响也有不利的影响。

(1)人民币汇率升值对中国经济的有利影响

①刺激进口增加。人民币汇率升值，国外消费品和生产资料的价格比以前便宜，有利于降低进口成本。

②有利于改善吸引外资的环境。人民币汇率升值，可使已在华投资的外资企业的利润增加，从而增强投资者的信心，促使其进一步追加投资或进行再投资；人民币汇率升值将吸引大量外资进入中国的资本市场，间接投资比重将进一步增加。

③有利于减轻外债还本付息压力。人民币汇率的上升，未偿还外债的还本付息所需本币的数量相应减少，从而在一定程度上减轻了外债负担。

（2）人民币汇率升值对中国经济的不利影响

①抑制出口增长。人民币汇率升值后，出口企业成本相应提高，在国际市场价格保持不变的情况下，出口利润的下降将严重影响出口企业的积极性；如果出口企业为维持一定利润而提高价格，则会削弱出口产品的国际竞争力，不利于出口的持续扩大和产品在国际市场上占有率的提高。人民币汇率升值将对中国大量劳动密集型出口产品的国际市场价格竞争力造成伤害。

②影响金融市场的稳定。资本市场上活跃的多为国际游资，这部分资金规模大、流动快、趋利性强，是造成金融市场动荡的潜在因素。在中国金融监管体系有待进一步健全、金融市场发展相对滞后的情况下，大量短期资本通过各种渠道流入资本市场的逐利行为，易引发货币和金融危机，将对中国经济持续健康发展造成不利影响。

③影响货币政策的有效性。由于人民币汇率面临升值压力，为保持人民币汇率的基本稳定，迫使中央银行在外汇市场上大量买进外汇，从而使以外汇占款的形式投放的基础货币相应增加。从表面上来看，货币供应量在持续增长，但供应结构的差异却造成资金使用效率低下，影响了货币政策的有效性。

④增加就业压力。由于目前中国提供新增就业机会的主要是出口企业和外资企业，人民币升值将抑制或打击出口，最终将影响到就业。在当前中国就业形势极其严峻的情况下，人民币汇率升值将可能恶化就业形势。

5．“当一个国家货币疲软时（价值下降），则这个国家的经济状况必然恶化”，试判断正确否，并解释。［中央财经大学2009年研］

答：这种说法是不正确的，理由如下：

（1）货币疲软是反映资金供大于求、市场利率下跌的一种货币现象。实行银本位制，因为银本身具有内在价值，银根疲软一般不会直接转化为物价上涨。在纸币流通条件下，货币疲软，是货币供给过多的结果，表现为商品供应少，而货币比较多，市场物价有上扬的趋势。

（2）当一个国家货币疲软时（价值下降），则这个国家的经济状况可能会恶化，因为有时，因生产和市场不景气，经营者负债经营的收益率不高，也会产生货币疲软的现象，此时，就会立即转化为资金价格（市场利率）下跌。此时这个国家的经济状况可能会发生恶化。

（3）当一个国家货币疲软时（价值下降），这个国家的经济状况不一定就会恶化。当一国的货币疲软时，其市场利率会对经济起到一定的刺激作用。

①成本效应。即利率通过影响资金的使用成本来决定它的作用。具体分为三种效应：

a．投资成本效应，利率变动引起投资决策和规模的变动，达到疏导和调节资金流向的效果。利率下降使投资的成本相应下降，从而可以增加投资，促进经济增长。

b．产品成本效应，利率的高低同时也决定流动资金的成本，从而决定产品的成本和价格。产品的成本降低，产品的价格在一定程度上相应降低，则在一定程度上会促进消费，促进经济增长。

c．持有货币的成本效应，这种成本效应有两种，一是持有货币而放弃的利率收入损失，二是因价格变动引起的购买力的损失。

②利率的预期效应。即中央银行利率变动对人们预期产生的影响。对中央银行的贴现率的预期影响银行的利率，从而影响企业和个人的资金成本，进而影响经济的发展。货币疲软使人们对市场利率的预期会降低，人们不愿再将钱存到银行，则在一定程度上会增加消费与投资，在一定程度上促进经济的增长。

③汇率效应。利率的变动对一国外汇市场起作用，使该国货币与外国货币的比价变动，从而影响国际收支。一国的货币疲软，使该国的汇率降低，货币贬值，这会使该国的出口增加，进口减少，在一定程度上促进该国经济的增长。

所以说，当一个国家货币疲软时(价值下降)，则这个国家的经济状况必然恶化是不正确的。

五、计算题

1. 1980～1985年，墨西哥的消费物价指数从100上升到1200，美国的消费物价指数从160上升到280，美元与比索的名义汇率(Fs/$)从8.5变为45.6，你认为墨西哥比索的实际升(贬)值率为多少？［中南财经政法大学1997年研］

答：设实际汇率为e，名义汇率为E，则：$e=EP^*/P$

所以，1980年墨西哥比索的实际汇率为：$\$1=Fs8.5\div100\times160=Fs13.6$。

1985年墨西哥比索的实际汇率为：$\$1=Fs45.6\div1200\times280=Fs10.64$。

可知墨西哥比索的实际升值率为：$(13.6-10.64)\div13.6\times100\%=21.76\%$。

2. 某瑞典公司在美国投资，银行报价是SKr6.3550－6.3600。如果该公司投资1000万瑞典克朗，则为此它将收到多少美元？为什么？［首都经济贸易大学2008年研］

答：该公司投资1000万瑞典克朗将收到$10000000\div6.3600=1572327$(美元)。

因为瑞典克朗采用的间接标价法，所以在银行的报价中，前面的是买入汇率，而后面的是卖出汇率。

六、论述题

1. 在固定汇率或钉住汇率制度下，哪些因素会造成本国货币升值的压力？根据你学到的经济学知识，分析人民币如果升值可能对本国经济和其他国家经济造成的影响。

答：(1)固定汇率或钉住汇率制度是指政府运用行政或法律手段确定、公布及维持本国货币与某种参照物之间的固定比价的汇率制度。在固定汇率或钉住汇率制度下，影响本国货币升值压力的因素有：

①国际收支。出现国际收支顺差时，本国的外汇储备就会增加，从而造成本国货币升值的压力。

②物价水平。在本国出现通货紧缩的情况下，本国实际物价水平提高，物价水平的提高会影响本国产品的出口竞争力，本国货币具有升值压力。

③本国的收入水平。本国收入水平的增加一方面会增加进口支出，导致经常贸易收支的逆差，另一方面又会增加国外投资者的信心，在资金可以自由流动的情况下，促使资金流入。总体上，本国收入增加使本币具有升值压力。

④利率水平。在资金可自由流动情况下，本国利率水平的上升会导致资金流入，从而使本币具有升值压力。

(2)人民币升值对本国经济的影响

人民币升值有利有弊，但总的说来是弊多利少。

人民币升值的好处有：

①偿还外债方面，人民币升值意味着人民币相对其他币种更加值钱，外债一般以外国货币作为计算单位（如美元），人民币升值可以使我国可以用更少的人民币偿还债务。

②抑制通货膨胀方面，在固定汇率制度下，由于升值压力导致外汇储备的增加，从而导致货币供应量的增加。货币供应量的增加会带来较大的通货膨胀压力。人民币升值有利于降低货币供应量不断增加的压力，从而抑制通货膨胀。

③海外投资方面，人民币升值意味可以有更多的资金投资海外，这对我国投资一些战略性的领域（如能源）具有重要意义。

④人民币区域化方面，人民币最终要走向区域化和国际化，人民币升值可以增加国外对人民币的信心，有利于人民币朝向区域货币和国际货币方向迈进。

人民币升值的弊端主要体现在：

①将对我国外贸出口增长产生严重负面影响。人民币升值将提高我国出口商品的外币价格，直接削弱我国出口的价格竞争优势，影响我国在美元贬值期间转移效应和相对比较优势的发挥，加大我国开拓国际市场的难度，我国对美日欧三大经济体的出口增速可能有所回落，不利于我国经济的稳定增长。

②不利于吸引外资和加工贸易产业升级。a. 人民币升值将减弱我国引资力度，可能会减缓外商对华直接投资的增长。b. 在华外企的经营目前已逐步进入成熟发展期，外资利润汇出的要求也在逐年增大，人民币升值将提高利润的外汇收益，可能加大资本外流规模，对国际收支平衡产生压力。这都将影响外商投资企业投资及利润再投资的规模与产业本地化的进程，不利于我国加工贸易的持续发展和产业升级。

③不利于我国缓解通货紧缩。人民币升值将导致其购买力提高，从而加重通货紧缩。这会影响我国各项培育和刺激内需政策的效用，可能会加大我国公司盈利难度，最终加重国有银行面临的问题。

④不利于缓解国内就业压力。目前很多新增就业机会是由本国出口企业和外资企业提供的。人民币升值对出口行业和外商直接投资的影响，最终将体现在就业上，势必对当前就业环境的改善产生一定冲击。

⑤将直接导致我国外汇净资产的权益受损。若人民币升值，势必加重美元实际贬值幅度，进而导致我国外汇净资产的严重“缩水”。

（3）人民币升值对其他国家的影响

从目前情况看，人民币升值主要是由美国和日本挑起，其目的是促进本国的出口和降低本国的失业率，但由于我国贸易结构的特点，人民币升值对美国和日本国内经济没有很大的影响。相反，对东南亚国家则会带来不良影响。

人民币升值不利于亚洲和世界贸易经济的稳定增长。在美元贬值期间，亚洲各国的货币保持了相对稳定。亚洲货币的稳定有利于亚洲地区出口型经济的稳定增长，若人民币升值，有可能打破亚洲货币的稳定，影响亚洲经济增长格局。人民币升值对出口负面影响，最终通过加工链条，影响加工贸易进口的增长，这也将不利于世界贸易经济的复苏。

2. 说明影响汇率变动的主要因素。［北京师范大学2003年研；首都经济贸易大学2003年研］

答：影响汇率变动的主要因素有：

(1)国际收支。当一国的国际收入大于支出即国际收支顺差时，本国货币升值，外国货币贬值；反之则本国货币贬值，外国货币升值。国际收支对汇率水平的影响，需要在收支差额较大，持续时间较长的情况下才会比较明显。

(2)相对通货膨胀率。相对通货膨胀率持续较高的国家，由于其货币的国内价值和购买力下降相对较快，则其货币相对于外国货币也会贬值。

(3)相对利率。本国利率相对于外国利率较高时，投资者愿意持有本币资产，进而本币需求上升，本币升值。反之则本币贬值。相对利率对汇率的影响，需要和相对通货膨胀率结合起来看，更具体地说，实际利率对汇率的影响，要大于名义利率对汇率的影响。利率在很大程度上属于政策工具的范畴，具有被动性，因而它对短期汇率产生较大的影响，对长期汇率的影响是十分有限的(从长期看，真实利率趋于稳定)。

(4)总需求与总供给。总需求与总供给增长中的结构不一致和数量不一致，也会影响汇率。如果总需求的整体增长快于总供给的整体增长，满足不了的那部分总需求将转向国外，引起进口增长，从而导致本国货币贬值。当总需求的增长从整体上快于总供给的增加时，还会导致货币的超额发行和财政赤字的增加，从而间接导致本国货币贬值。因此，简单地说，当总需求增长快于总供给时，本国货币一般呈贬值趋势。

(5)预期。就经济方面而言，预期包含对国际收支状况的预期，对相对物价水平和通货膨胀率的预期，对相对利率或相对资产收益率的预期，以及对汇率本身的预期等等。预期一方面会改变利率、国际收支等宏观经济变量以间接影响汇率；另一方面还会在外汇市场上直接影响汇率，譬如，集体性的贬值预期可能会推动货币的贬值。

(6)财政赤字。财政赤字往往导致货币供应增加(政府融资)和需求增加，因此，赤字的增加将导致本国货币贬值。但如果赤字增加同时伴随着利率上升(譬如，政府支出的挤出效应)，那么它对汇率的影响就不确定了。

(7)国际储备。国际储备，特别是外汇储备的多少，能表明政府干预外汇市场、稳定货币能力的强弱。储备增加能加强外汇市场对本国货币的信心，因而有助于本国货币升值；反之，储备下降则会引诱本国货币贬值。

(8)劳动生产率。在工资水平稳定的前提下，劳动生产率的相对快速增长，使单位货币代表的价值相对增加，从而使本国货币的对外价值相应上升。不过，劳动生产率对货币汇率的影响是缓慢而长期的，它不易马上被察觉出来。

第3章　信用、利息与信用形式

一、概念题

1. 信用

答：信用是指以偿还和付息为条件的价值单方面让渡。偿还性和付息性是其基本特征。

信用的最基本的职能是动员闲置资金并加以再分配，第二个职能是提供流通手段和支付手段。信用是国民收入再分配环节中的一个范畴，信用分配是建立在社会总资金运动中企业初次分配和财政二次分配基础上的第三次分配。信用是一种动员暂时闲置资金的行为，在这种借贷行为中，所有权没有发生变化，资金的使用权发生了转让，从而使各主体可支配的资金规模发生了变化。因此，信用没有自己独立的资金可分配领域，而是与企业初次分配和财政二次分配重叠，是建立在前两次分配基础之上的第三次资金分配。

在现代银行制度下，货币供应量的增加主要通过中央银行发放再贷款、办理再贴现和公开市场业务实现；货币供应量的收缩则做相反操作。流通中的现金属于中央银行的负债，通过商业银行等金融机构向中央银行提款获得增加。因此，无论是从中央银行层面，还是从商业银行层面来讲，信用活动本身都包含着流通手段和支付手段的职能，创造货币的职能主要是指中央银行增发货币的信用行为。

2. 消费信用［同济大学2025、2024年研；北京师范大学2000年研；南京理工大学2002年研；中南财经政法大学2005年研；东北财经大学2006年研］

答：消费信用是指企业、银行和其他金融机构向消费者个人提供的，用于生活消费目的的信用。消费信用与商业信用和银行信用并无本质区别，只是授信对象和授信目的有所不同。从授信对象来看，消费信用的债务人是消费者，即使用生活资料的个人和家庭。从信用目的来看，是为了满足和扩大消费者对消费资料的需求。

消费信用有两种基本方式：分期付款和消费信贷。分期付款是消费者在购买耐用消费品时，按规定比例支付一部分货款，其余部分要在一定时间内分期偿还，在货款付清之前，消费品的所有权仍属于卖方。消费信贷是指银行和其他金融机构直接以货币形式向消费者提供的以消费为目的的贷款，一般是用于购买耐用消费品、住房以及支付旅游费用等。

3. 信用工具

答：信用工具是指用来证明债权债务关系的书面凭证，反映了各种信用关系并为其服务。其特点为：①偿还性，即大多数信用工具必须到期偿付债务。②可转让性，即可以在金融市场上转让，有较强流动性。③本金的安全性，即债权人到期可安全收回本金。④收益性，即可以定期或不定期带来收益。主要信用工具有：商业票据、支票、银行票据、股票、债券等等，其中前三者是短期信用工具，而后两者是长期信用工具，能带来稳定的资金。

4. 信用交易［首都经济贸易大学2009年研］

答：信用交易是证券流通市场的一种交易方式。购买证券者先付证券价款一部分，或称保证金，其余部分由经纪人垫付。由于这种交易是取得了经纪人信用购买的，所以称为信用交易。这种交易方式在美国被称作“垫头”交易。当购买证券者想购买一定数额的某种股票而无足够的货币资本时就往往采用这种办法。由于信用交易下证券购买者仅支付部分证券价款，大部分价款是由经纪人垫款购买的，因此购买证券者在归还垫款之前，这种交易的证券抵押权归经纪人。经纪人可以用这些有价证券作抵押从银行取得贷款，作为其垫款的资金来源。证券购买者在这种情况下不但要支付给经纪人代买证券的佣金，而且要支付经纪人垫款的利息，垫款利息高于经纪人向银行贷款利息的差额为经纪人的收益。当购买者不能偿还贷款时，经纪人有权出卖这些证券。

5. 国际信用

答：国际信用指国与国间相互提供的一种信用形式，是国际经济发展过程中资本运动的主要形式。授信国通过借贷资本推动商品输出，而受信国则利用外资促进本国经济发展，主要形式有出口信贷，政府信贷，国际金融组织贷款，商业贷款，补偿贸易等等。国际信用促进了国际贸易的发展，加强了各国间的经济联系，是国际经济合作的必要形式之一。

二、选择题

1. 甲企业向乙企业提供价值。100万元商品，乙企业承诺分10个月偿付货款。甲企业与乙企业之间的信用形式为(　　)。

A. 国家信用　　B. 间接信用　　C. 商业信用　　D. 消费信用

【解析】商业信用有两种表现形式：①企业之间相互提供的、与商品的生产和流通有关的信用，包括赊销、预付和分期付款等形式；②指企业直接向社会集资，以解决自身扩大再生产的资金需要，主要是采取发行公司(企业)债券的形式。商业信用的债权人主要为公司(企业)及居民个人，债务人为发行债券的公司(企业)。

2. 货币与信用存在的共同前提是(　　)。

A. 商品经济的产生　　B. 社会分工

C. 私有制　　D. 剩余产品的出现

【解析】私有财产的出现是借贷关系存在的前提条件；而只有社会分工，劳动者才能占有劳动产品；只有剩余产品的出现，才会有交换行为和借贷行为的发生。所以，私有制是货币与信用存在的共同前提。

3. 下列信用形式属于银行信用的是(　　)。[中央财经大学2012年研]

A. 商业汇票和银行承兑汇票　　B. 商业本票和银行汇票

C. 商业汇票和银行本票　　D. 银行承兑汇票和银行本票

【解析】汇票可分为银行汇票和商业汇票。银行汇票是由出票银行签发的。商业汇票是由出票人签发的，出票人一般是企业。商业汇票又分为商业承兑汇票(由银行以外的付款人承兑)和银行承兑汇票(由银行承兑)两种。银行本票是银行签发的，承诺在见票时无条件支付确定金额给收款人或者持票人的票据。

4. 下列信用形式中，直接信用的有(　　)。

A. 商业企业对客户赊销商品　　B. 信用合作社对农户发放贷款

C. 企业发行债券　　D. 银行对居民发放购房贷款

1C　2C　3D　4ACE

E．股份公司发行股票

【解析】直接信用是指公司、企业在金融市场上从资金所有者那里直接融通货币资金，而不需要中介。直接信用方式包括预付或赊销商品形式的商业信用、发行及买卖有价证券形式的公司信用、国家信用等。BD两项均属于间接信用。

5．按信用创造的主体来划分，信用可以分为商业信用、银行信用、国家信用和消费信用。下列属于消费信用的有（　　）。

A．某超市向某人提供额度为2000元的赊销业务

B．某企业向某超市提供额度为200万元的赊销业务

C．某建材商允许某人对其所购置的装修材料以分期付款方式在两年内还清

D．某银行向某人提供10万元的经济适用房贷款

E．某银行向某企业提供1000万元的贷款

【解析】消费信用是指工商企业或银行以商品或货币的形式向个人消费者提供的信用。B项为企业之间相互提供的信用，属于商业信用；E项为银行向企业提供的信用，属于银行信用。

三、简答题

1．简述信用的特征。

答：不论信用的形式如何，它们都具有以下共同特征：

（1）信用的标的是一种所有权与使用权相分离的资金。它的所有权掌握在信用提供者手中，信用的接受者只具有使用权，信用关系结束时，其所有权和使用权才统一在原信用提供者手中。如图3－1所示：

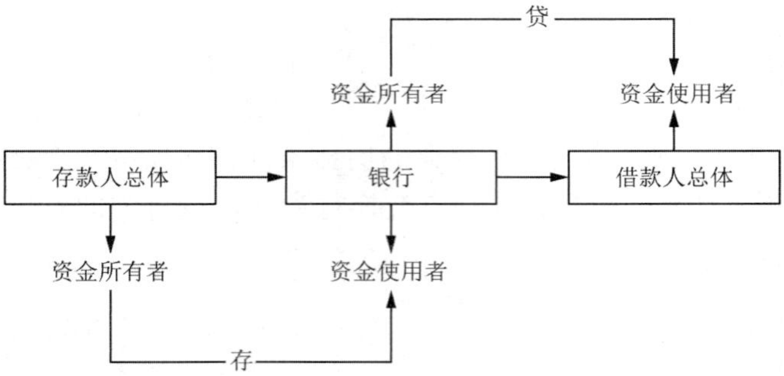

图3－1　资金信用关系示意图

（2）以还本付息为条件。信用资金的借贷不是无偿的，而是以还本付息为条件的。信用关系一旦建立，债务人将承担按期还本付息的义务，债权人将拥有按期收回本息的权利。而且利息的多寡与本金额大小及信用期限的长短紧密相关。一般来讲，本金越大，信用期限越长，需要支付的利息就越多。

（3）以相互信任为基础。信用是以授信人对受信人偿债能力的信心而成立的，借贷双方的相互信任构成信用关系的基础。如果相互不信任或出现信任危机，信用关系是不可能发生的，即使发生了，也不可能长久持续下去。

（4）以收益最大化为目标。信用关系赖以存在的借贷行为是借贷双方追求收益（利润）

5ACD

最大化或成本最小化的结果。不论是实物借贷还是货币借贷，债权人将闲置资金(实物)借出，是为了获取闲置资金(实物)的最大收益，避免资本闲置所造成的浪费；债务人借入所需资金或实物同样为了追求最大收益(效用)，避免资金不足所带来的生产中断。

(5)具有特殊的运动形式。产业资金的运动形式是

$$G-W\begin{cases}A\cdots P\cdots W'-G'\\P_m\end{cases}$$

商业资金的运动形式是 $G-W-G'$，而信贷资金的运动形式则是 $G-G'$。从表面上看，信贷资金的运动只表现为一种简单的“钱生钱”的过程，但这只是一种表面现象。信贷资金从来没有单独的运动，而总是以产业资金运动和商业资金运动为基础而运动的，它有两重付出和两重回流，表现如下：

$$G-G-W\cdots P\cdots W'-G'-G'$$

2. 如何正确认识消费信用的作用和制约因素？

答：(1)消费信用的作用

消费信用是企业、银行和其他金融机构向消费者个人提供的、直接用于生活消费的信用。在现代经济生活中，消费信用在一定条件下可以促进消费商品的生产和销售，并从而促进经济的增长。据统计，若不采用分期付款这一消费信用的典型支付方式，西方汽车的销售数量将会减少1/3。此外，企业通过以赊销方式对顾客提供信用，这一信用形式对于促进新技术的应用、新产品的推销以及产品的更新换代，也有不可低估的作用。但是，若消费需求过高，生产扩张能力有限，消费信用则会加剧市场供求紧张状态，促使物价上涨，促成虚假繁荣等消极影响。因此，消费信贷应控制在适度范围内。

(2)消费信用的制约因素

消费信用的制约因素有以下几方面：①总供给的能力与水平。总供给的水平越高，消费信用的规模一般越大。②居民的实际收入和生活水平。若居民的实际收入较低，偿还能力不高，一味地发展消费信用则会导致风险加大。③资金供求关系。它与消费信用的规模是此消彼长的关系，若资金供求紧张，消费信用的规模就越大。④消费观念和文化程度，它制约着消费信用方式的普及程度和消费总量。如在我国，受传统文化的影响，消费信贷起步较晚，规模也较小，但近年来发展很快，主要体现在住房贷款、汽车贷款的增长上。

3. 银行信用和商业信用有何区别？［上海交通大学2003年研］

答：(1)商业信用和银行信用的含义

商业信用是指企业之间提供的与商品交易联系的一种信用形式，典型形式有赊销、赊购、分期付款等。它包含了销售与借贷两方面，作为信用制度的基础，调节资金余缺，对经济有润滑和促进作用。而银行信用是指银行或其他金融机构以货币形态提供的一种信用形式，具有广泛性、间接性和综合性，是目前经济中最主要的信用形式。

(2)银行信用和商业信用的主要区别

①债权债务人不同。商业信用的债权人是商品的提供者，债务人是购买者，其客体是商品资本，一般只适用于有商品交易关系的企业，并且一般都是在信用能力较强、经常往来、相互信任的企业之间进行。银行信用的载体是货币形态的资金，债权人是银行和非银行金融机构，债务人是企业和个人，它所体现的是银行与企业、个人之间的信用关系。

②商业信用建立在商品买卖中，在方向上严格单向，由上游企业向下游提供；与商业

资本相联系，受单个企业规模限制；信用链条不够稳定，当单个或部分企业出现经营困难时，信用链断裂，容易引起信用危机。而银行信用在前者基础上发展起来，是一种间接信用。它独立于商业资本，不受个别企业资金限制；克服了前者方向上的局限性，无论是上游企业还是下游企业都可以获得资金支持；可以通过存款沉淀，续短为长，进行期限转化；可利用其在信息领域的优势进行信息生产，降低成本。

③商业信用不具有信用创造功能，而银行信用具有信用创造功能。任何经济实体只有在先获得货币资本或商品资本的前提下才能提供信用，并且对外提供信用的规模大小要受自身资本量的制约。只有银行可以突破这两个限制，它不仅可以根据其资金来源安排资金运用，还可以通过其资金运用创造出资金来源，通过提高贷款创造出货币。

4. 为什么说股份有限公司这种组织形式的存在是以信用关系的普遍发展为条件的？［中国人民大学2002年研］

答：股份有限公司是指通过发行等额股票募集资金，股东以所认购股票份额为限承担有限责任的一种公司形式。其特点是：①公司股本通过发行面值相等的股票筹集，每股面值不大，便于一般公众认购。②股东以投入股本为限承担有限责任。即当公司资不抵债时，如果已经交足认购金额，则无须额外承担责任，如果没有交足则只需补足即可。③不能退股，但可以在股票市场上转让流通。④根据持有的股票数量拥有相应的投票权。⑤实现了所有权和经营权的分离，公司由专门的经理人员管理经营。目前世界上大型企业多采用这一形式，以便在短时间积聚大量资金发展生产，同时使公司治理状况置于公众监督下，有利于提高治理水平，促进经济发展。之所以说股份有限公司这种组织形式的存在是以信用关系的普遍发展为条件的，是因为：

(1)股份公司的资本聚集必须依靠广泛的信用关系。股份公司的资本是靠发行股票聚集的。只有存在巨大的货币资金市场才能顺利地将股票发行出去。如果没有信用关系的普遍发展，即使有大量公众持有货币，也可能只是把它简单地存放于银行甚至留在身边，不会投入到资本市场。当信用关系广泛发展，使得不仅大额资金也包括为数众多的小额短期资金进入市场，并利用股票面额小、方便转让的特点，进行灵活的调剂，充分动员经济中闲置的资金，聚集成大量资金，形成股份公司。

(2)股份公司投资和经营原则融入了信用的基本原则。股票之所以能成为小额投资的对象，有一个重要原因是投资者只负有限责任。小额投资者无法了解到企业经营的详细状况，如果他们要以自己全部财产承担无限责任，就不可能参与投资。当信用普遍发展时，信用的原则融入股份公司构建原则中，形成了既是投资又只负有限责任的股份制，从而克服了小额资金所有者投资的困难。

(3)所有权与经营权的分离是信用发展的结果。股份有限公司的一个重要特点是经营权与所有权的分离，建立在信用关系的普遍发展上。公司资本不再是个人资本，而是依靠信用关系联系起来的社会资本。这种具有社会性的资本中，所有权与经营权必然会分离。资本的两方面本质属性分离开来，分别发挥作用。

总之，随着信用关系的发展，股份公司的形式有利于提高经济效率，优化资源配置，在现代经济生活中发挥了日益重要的作用。

四、论述题

论述信用在现代经济中的作用。

答：信用在现代经济中主要有以下四个方面的作用：

(1)促进资金再分配，提高资金使用效率

信用是促进资金再分配的最灵活的方式。借助于信用，可以把闲置的货币资金以及社会各阶层的货币储蓄集中起来，转化为借贷资本，用于各种临时性需要，使闲置资金得到充分利用。同时，在信用活动中，价值规律的作用能得到充分发挥。那些具有发展和增长潜力的产业，或者是国家优先发展的部门和企业，往往容易获得信用的支持。信用还会使资金从利润率较低的部门向利润率较高的部门转移。通过竞争机制，在促进各部门实现利润平均化的过程中，也提高了整个经济的效率。

(2)加速资金周转，节约流通费用

由于信用能使各种闲置资金集中起来并投放出去，促使大量原本处于相对静止状态的资金运动起来，这对于加速整个社会资金周转无疑是有巨大好处的。而且，利用各种信用形式，还能节约大量的流通费用，增加生产资金投入。

(3)加快资本集中，推动经济增长

信用是促使资金集中的有力杠杆，借助于信用，可以加速资本集中和积累，因为信用可以使零星资本合并为一个规模庞大的资本，也可以使个别资本通过合并其他资本来扩大资本规模。在现代兼并收购活动中，很多都是利用信用方式来进行并完成这种资本集中的。资本集中与积累有利于大工业和生产社会化程度的提高，也有利于推动一国的经济增长。

(4)调节经济结构

信用调节经济的职能主要表现为国家利用货币和信用制度来制定各项重要政策和金融法规，利用各种管理杠杆来改变信用的规模及其运动趋势。国家借助于信用的调节职能既能抑制通货膨胀，也能用于防止经济衰退和通货紧缩，刺激有效需求，调节资本流向的变化与资本转移，以实现经济结构调整，使国民经济结构更合理，经济发展的持续性更好。

当然，信用也有其两面性。如果国家对信用活动管理不当，导致信用膨胀或信用萎缩，信用就会对经济产生负面的影响。信用膨胀往往会引起通货膨胀，信用萎缩则会加速通货紧缩。在近几十年的经济活动中，与信用紧缩相比，信用膨胀发生的几率更大一些，需要给予更多的关注。

第 4 章　金融范畴的形成与发展

一、概念题

1. 直接融资[首都经济贸易大学 2022 年研]

答：直接融资是指公司、企业在金融市场上从资金所有者那里直接融通货币资金，其方式是发行股票或债券。股票或公司债券的发行者，售出股票、债券，取得货币资金；资金所有者，买进股票、债券，付出了货币资金。在这个过程中，没有既扮演债务人角色又扮演债权人角色的中介者处于债权人和债务人、资金所有者和资金需要者之间，所以用直接融资或直接金融概括，以区别于间接融资。

2. 单纯融资性商业票据[中南财经政法大学 2004 年研]

答：单纯融资性商业票据即金融票据，亦称"融通票据""空票"，是指不以商品交易为基础，专为融通资金而签发的一种票据。它由当事人双方达成协议后产生，一方作为债权人签发票据，一方作为债务人表示承兑，出票人则于票据到期前把款项归还付款人，以备清偿。融通票据有商人签发商人承兑、商人签发银行承兑和银行签发银行承兑几种形式。此种票据不反映真实的物资周转，只为获取资金而签发；拟获得资金融通的公司或商号，须事先向承兑公司申请承兑信用额度，在其额度内开立以承兑公司为付款人的融通票据。

3. 补偿贸易

答：补偿贸易是指技术贸易、商品贸易和信贷结合的一种利用外资的形式，是国际信用的一种形式。其基本含义是，由外商直接提供或在信贷基础上提供机器设备或技术给本国企业，本国企业用该设备或技术生产的产品或其他产品，分期偿还进口设备或技术的价款和利息。主要形式包括：直接补偿、间接补偿、综合补偿和劳务补偿。直接补偿是使用该设备或技术生产的产品偿还，间接补偿是用其他产品偿还，综合补偿是前两者的综合，劳务补偿是提供劳务偿还。

4. 经营性租赁、融资性租赁和服务性租赁

答：经营性租赁、融资性租赁和服务性租赁属于租赁信用的三种基本形式。

经营性租赁是指出租人将自己经营的设备或用品出租的一种租赁形式，目的在于使用设备。出租品的维修管理责任由出租人承担，但其后由出租人收回，租用者无权购买。

融资性租赁是指出租人按承租人的要求购买货物再出租给承租人的一种租赁形式。租赁期间承租人承担维修管理责任。租赁期满后，承租人可以选择购买货物。

服务性租赁是指出租人负责租赁物的保养、维修、配件供应和培训技术人员等服务的一种租赁形式。

三种形式虽然都以租赁为外在形式，但其交易实质、合同双方权利义务以及风险分担状况都是不同的，因此适用于不同的经济活动，满足了不同的需求。

二、选择题

1. 某企业因业务需要，申请银行为其开具银行汇票，银行经审查后，同意企业的申请，为其开具了一张100万元的银行汇票。银行的这一业务体现了银行的(　　)。

A. 信用中介职能　　B. 支付中介职能

C. 化货币收入为资本职能　　D. 创造信用流通工具职能

【解析】银行的主要职能包括信用中介、支付中介、信用创造三项。其中信用创造是指银行发行银行券等信用流通工具，满足对流通手段和支付手段的需要，节约社会流通费用，并使银行可以超出自有资本与吸收资本的总额而扩张信用。

2. 以下的金融资产中不具有与期权类似的特征的是(　　)。[清华大学2012年研]

A. 可转债　　B. 信用期权　　C. 可召回债券　　D. 认股权证

E. 期货

【解析】期权合约是指期权的买方有权在约定的时间或约定的时期内，按照约定的价格买进或卖出一定数量的相关资产，也可以根据需要放弃行使这一权利。期货与现货相对。期货是现在进行买卖，但是在将来进行交收或交割的标的物，这个标的物可以是某种商品，例如黄金、原油、农产品，也可以是金融工具，还可以是金融指标。但是期货的买方在期货到期时有义务进行交割而无选择权利。

3. 期货交易的真正目的是(　　)。[中央财经大学2010年研]

A. 作为一种商品交换的工具　　B. 减少交易者所承担的风险

C. 转让实物资产或金融资产的财产权　　D. 上述说法都正确

【解析】期货交易为交易人提供了一种避免因一段时期内价格波动带来风险的工具。

三、简答题

1. 什么是金融衍生工具？它有哪些基本功能？

答：金融衍生工具是在货币、债券、股票等传统金融工具基础上衍化和派生的，以杠杆或信用交易为特征的金融工具。金融衍生工具有两层含义：一方面，它指的是一种特定的交易方式；另一方面，它又指由这种交易方式所形成的一系列合约。经济活动日趋复杂是金融衍生工具发展的最终动力，而金融创新却是金融衍生工具种类增加和复杂程度加深的直接推动力。引发金融创新的原因主要有两个，即转嫁风险和规避监管。

金融衍生工具的功能有：

(1)转移价格风险。现货市场的价格常常是瞬息多变的，这给生产者和投资者带来了价格波动的风险。以期货交易为首的衍生工具的产生，就为投资者找到了一条比较理想的转移现货市场上价格风险的渠道。衍生工具的一个基本经济功能就是转移价格风险，这是通过套期保值来实现的，即利用现货市场和期货市场的价格差异，在现货市场上买进或卖出基础资产的同时或前后，在期货市场上卖出或买进相同数量的该商品的期货合约，从而在两个市场之间建立起一种互相冲抵的机制，进而达到保值的目的。

(2)形成权威性价格。在市场经济中，价格信号应当真实、准确，如果价格信号失真，必然影响经营者决策的正确性，打击投资者的积极性。现货市场的价格真实度一般较低，如果仅仅根据现货市场价格进行决策，则很难适应价格变动的方向。期货市场的建立和完善，可形成一种比较优良的价格形成机制，这是因为期货交易是在专门的期货交易所进行

2E　3B

的。期货交易所作为一种有组织的、正规化的统一市场，聚集了众多的买方和卖方，所有买方和卖方都能充分表达自己的愿望，所有的期货交易都是通过竞争的方式达成，从而使期货市场成为一个公开的自由竞争的市场，影响价格变化的各种因素都能在该市场上体现，由此形成的价格就能比较准确地反映基础资产的真实价格。

(3)提高资产管理质量。就投资者来讲，为了提高资产管理的质量，降低风险，提高收益，就必须进行资产组合管理。衍生工具的出现，为投资者提供了更多的选择机会和对象。同时，工商企业也可利用衍生工具达到优化资产组合的目的。例如，通过利率互换业务，可以使企业降低贷款成本，以实现资产组合的最优化。

(4)提高资信度。在衍生市场的交易中，交易对方的资信状况是交易成败的关键因素之一。资信评级为AA级或A级的公司很难找到愿意与它们交易的机构。但是，并非只有少数大公司才可进入衍生工具市场，因为该市场提供了制造"复合资信"(SC)的机制，即由母公司对子公司的一切借款予以担保，再经过评估机构的参与，子公司的资信级别会得到提高。此外，还有许多中小公司通过与大公司的互换等交易，无形中提高了自己的信誉等级。

2. 现代金融体系有哪些构成要素?

答：在现代经济生活中，金融体系是一个极其庞大的复杂系统。现代金融体系有五个构成要素：

(1)由货币制度所规范的货币流通。

(2)金融机构：通常区分为银行和非银行金融机构，这是个种类繁多的群体。最为概括但不一定非常精确地描述其特征，或可归结为经营货币或货币资本的企业，也可归结为充当信用中介、媒介以及从事种种金融服务的组织。

(3)金融市场：对金融市场进行分类，大都是资本市场、货币市场、外汇市场、保险市场、衍生性金融工具市场等等。这些市场的最重要参与者是金融机构，价格信号则由利率、汇率及指数构成，是金融工具发行和交易的场所。

(4)金融工具：一般释义为信用关系的书面证明、债权债务的契约文书等，是金融机构中和金融市场上交易的对象。在我国，通常指从传统的商业票据、银行票据、保单，直到期货、期权和种种金融衍生工具的标准合约。但类如存款、贷款等也属金融工具，它们也是信用关系的契约。

金融工具常常被称作金融产品、金融商品，可以在金融市场上进行交易，是金融活动的载体。

(5)制度和调控机制：市场经济体系中，在遵守市场规律的基础上，都存在国家对金融运行的管理和在金融领域进行政策性的调节。国家对金融运行的管理由一系列制度构成，这包括货币制度、汇率制度、信用制度、利率制度、金融机构制度、金融市场的种种制度，以及支付清算制度、金融监管制度及其他。这个制度系统，涉及金融活动的各个方面和各个环节，体现为有关的国家成文法和非成文法，政府法规、规章、条例，以及行业公约，约定俗成的惯例等等。对金融的宏观调控则通过货币政策以及种种金融政策实施，目的是用以实现政府对经济的干预。

四、论述题

如何认识金融在现代经济中的核心地位?

答：金融在现代经济中的核心地位，可以从以下几个方面反映出来：

(1)经济货币化程度加深。经济货币化是当代经济发展的趋势。从全球看，金融资产交易已经成为社会经济活动的热点，其规模已经超过商品交易。它不仅能满足商品交易规模扩大的需要，而且还同社会经济发展机制紧紧地联系在一起，成为推动社会经济发展的重要力量。

(2)以银行为主体的多元化金融体系已经形成。在现代经济活动中，银行作为信贷中心、结算中心和现金出纳的中心地位依然保持，银行作为社会分配中心、经济信息中心和资金调剂中心的地位已经形成。同时，一个以银行为主体的多元化金融体系已经产生。在这个金融体系中，现代中央银行的职能在不断健全，其调控手段不断完善，调控效果也不断提高。

(3)金融创新方兴未艾，货币形式正在发生变化。20世纪60年代兴起的金融创新浪潮正在以更强劲的势头向前推进，新的金融工具不断出现，各种金融衍生工具也不断产生。随着新的金融工具的不断发展，货币形式也在悄悄发生变化，电子货币已经出现，信用卡等支付手段也正在逐渐取代传统的货币，这些新型的货币以其便利性和安全性而受到了人们的欢迎。它们加速了社会资金周转，减少了货币流通费用，有利于经济的发展。

(4)经济主体的持币动机发生转移。由于货币形式的变化，以及金融市场的不断发展，经济主体持有货币的动机已经不是为了交换商品或预防未来不确定性支出的需要，而是更注意持有货币的机会成本和持币本身所带来的收益。货币已经成为一种真正的资产，而不仅是交换媒介。借助于发达的金融工具，经济主体在追求实物资产增长的同时，可以比较方便地追求金融资产的增值。经济主体持币动机的转移，是现代金融与现代经济增长结合的产物，它使经济因此而获得了更多的增长点。

(5)金融调控已经成为主要的宏观调控方式。在传统的商品经济中，货币作为交换的媒介只是被动地推动着生产的发展，而在金融经济中，信贷、利率等经济杠杆引导着货币在经济活动中流转，从而使货币作为第一推动力和持续推动力引导着生产要素的转移。正因为有了这一变化，以实行货币政策为主要方式的金融调控就比传统的市场调节显得更有效。利率水平能够更好地反映经济活动的状况，它成为国民经济活动的主要调节手段，中央银行也因此而成为现代经济中主要的宏观调控主体。

(6)金融深化已经成为现代经济发展中的典型特征。金融深化是一国经济发展的必经之路。由于在经济活动中，金融与经济发展息息相关，所以，金融深化必然会不断促进经济良性增长。金融深化的实质是要求实行金融体制的改革，以便能更好地发挥金融在现代经济中的核心作用。因此，金融改革已经在大多数国家广泛开展。

(7)党的十八大以来，习近平同志反复强调："金融是国家重要的核心竞争力，金融安全是国家安全的重要组成部分，金融制度是经济社会发展中重要的基础性制度"；"金融是实体经济的血脉，为实体经济服务是金融的天职，是金融的宗旨，也是防范金融风险的根本举措"；"金融活，经济活；金融稳，经济稳"，"经济兴，金融兴；经济强，金融强"，"经济是肌体，金融是血脉，两者共生共荣"。这些论断不仅阐明了金融服务实体经济的本质特征，还进一步将金融提升到事关国家长远发展的战略高度。2023年10月底召开的中央金融工作会议强调，金融是国民经济的血脉，是国家核心竞争力的重要组成部分，要加快建设金融强国，全面加强金融监管，完善金融体制，优化金融服务，防范化解风险，坚定不移走中国特色金融发展之路，推动我国金融高质量发展，为以中国式现代化全面推进强国建设、民族复兴伟业提供有力支撑。

总而言之，金融在资源配置过程中起重要作用；金融政策是国家调节宏观经济的重要杠杆；金融的稳定与否、效率高低事关一国经济的长期稳健发展。

第2篇　金融中介与金融市场

第5章　金融中介体系

一、概念题

1. 政策性银行［安徽财经大学2021年研］

答：政策性银行是指由政府设立，以贯彻国家产业政策，区域发展政策以及其他相关政策为目标，不以营利为目的的金融机构。一般政策性银行不直接吸收存款，不具备存款创造的功能，其业务活动特点决定了政策性银行不在普通银行法约束范围之列，一般通过制定专门的法律来规范其业务行为，为政策性银行开展活动提供法律保障。政策性银行一般不普遍设立分支机构，其业务通常由商业银行代理。对政策性银行的监管，应由中央银行和政府有关部门进行联合监管。

2. 保险公司

答：保险公司是指办理保险业务，在风险发生时对投保人或被保险人按照合同约定给予赔偿或支付的金融中介机构。保险公司的资金来源主要是投保人交纳的保险费。资金运用主要分成两部分，一部分用于应付赔偿所需；另一部分用于投资证券、发放不动产抵押贷款和保单贷款等。保险公司按照不同的分类标准可以划分为：法定保险公司和自愿保险公司、财产保险公司和人寿保险公司、公营保险公司与私营保险公司以及公私共营保险公司、原保险公司和再保险公司等。保险公司是除银行外最重要的金融机构，在各国国民经济中发挥着重要的作用。

3. 信用合作社

答：信用合作社是指由个人集资联合组成，以互助为主要宗旨的合作金融组织，其资金主要来源于其成员交纳的股金和吸收存款，贷款主要用于解决其成员的资金需要。基本的经营目标是以简便的手续和较低的利率，向社员提供信贷服务，帮助经济力量薄弱的个人解决资金困难。起初，信用合作社只发放短期生产贷款和消费贷款。现在，一些资金充裕的信用社开始为生产设备更新、改进技术等提供中长期贷款，并逐步采取了以不动产或有价证券为担保的抵押贷款方式。按照地域不同，信用合作社可分为农村信用合作社和城市信用合作社。

4. 间接投资

答：间接投资是指投资者以其资本在金融证券市场购买外国或本国的公债、公司债券、金融债券或公司股票，用以收取利息和红利的投资，与直接投资相对。间接投资者无权干涉投资对象对这部分投资的具体运用，因而接受投资方对资本的运用较为灵活。间接投资的进行有利于中央银行公开市场业务的操作。

间接投资与直接投资相比，有下列不同之处：①间接投资的对象为有价证券，通常可以过户转让，或者在证券市场上自由买卖；②间接投资购买有价证券的数额可多可少，这些资产的预期收益一般高于银行的存款利息；③资本运用较为灵活。由于有发达的证券二级市场的存在，证券可随时转手，更换成其他收益更好的资产。由于这种投资方式资金运用灵活，一旦投资所在国的政局或经济局势发生变化，投资者可将资金及时调离或转移，被冻结、被没收的风险较低，因此是国际投资领域长期流行的一种方式。但是，间接投资与国家的金融政策、资金市场的资金供求状况以及证券交易中的投机因素相关，因而缺乏安全保证。

5. 非银行金融机构

答：非银行金融机构是指除中央银行、商业银行及专业银行以外的其他经营金融业务的公司或组织，包括证券公司、保险公司、信托投资公司、财务公司、信用合作社、租赁公司、消费信贷机构、基金组织等。非银行金融机构不能吸收存款，业务范围也很狭窄，所提供的服务有限，它只能做资金经纪人，不具备创造信用的能力。但都是以信用方式集聚资金并投放出去以达到盈利目的，与商业银行及专业银行并无本质区别，仍然属于金融机构。

6. 投资基金［中央财经大学2005年研］

答：投资基金是指通过发行基金单位，集中投资者的资金，由基金托管人托管，由基金管理人管理和运用资金，利益共享、风险共担的集合投资方式，是一种间接的金融投资机构或工具。投资基金按不同划分标准可以分为不同的种类：开放式基金与封闭式基金、公司型投资基金与契约型投资基金、成长型投资基金和收入型投资基金及平衡型投资基金等。投资基金一般从事股票、债券、外汇、货币等金融工具投资，以获得投资收益和资本增值，其特点是：组合投资、分散风险、专家理财、规模经济。投资基金具有积累个人财富、价值贮藏和获取高收益的投资功能。

7. 国际金融公司［中国人民大学2002年研］

答：国际金融公司是指向成员的私人部门提供贷款的国际金融机构。它的建立主要是为了给属于发展中国家的会员国的私人企业的新建、改建和扩建等提供资金，促进外国私人资本在发展中国家的投资，促进发展中国家资本市场的发展。其资金来源主要是会员国认缴的股本、借入资金和营业收入。贷款期限一般是7~15年，贷款利率接近于市场利率，但低于市场利率，无需政府担保。

8. 租赁公司

答：租赁公司是指经营租赁业务的金融机构。按照国际通行的划分方法，租赁公司所经营的租赁业务可划分为：融资租赁、经营租赁和综合租赁三大类。通过融物的形式起到了融资的作用，实现了融资与融物的有效结合。当代租赁公司则主要以融资租赁为主。

二、选择题

1. 以下哪个组织不属于国际性金融机构？（　　）［厦门大学2012年研］

A. 国际货币基金组织（IMF）　　B. 世界贸易组织（WTO）

C. 国际复兴开发银行（IBRD）　　D. 国际清算银行（BIS）

1B

【解析】国际金融机构主要包括：国际清算银行、国际货币基金组织、世界银行(也称国际复兴开发银行)、国际开发协会、国际金融公司、亚洲开发银行以及非洲开发银行等。

2．以下哪种金融机构属于投资型金融中介？(　　)[厦门大学2012年研]

A．担保公司　　B．保险公司　　C．证券公司　　D．信用评级公司

【解析】按照金融活动中的业务特点和基本功能，金融中介机构可以分为：吸收存款型金融机构、契约储蓄型金融机构和投资型金融机构。其中吸收存款型金融机构主要包括商业银行、信用社、储蓄贷款协会和互助储蓄银行；契约储蓄型金融机构主要包括保险公司、养老金和政府退休基金；投资型金融机构主要包括共同基金、金融公司以及货币市场共同基金。

3．关于金融中介，以下说法正确的是(　　)。[中国人民大学2021年研]

A．存款货币银行具有其他金融机构不可替代的重要作用

B．证券投资基金是证券市场最主要的长期资金来源

C．社区银行是西方发达国家普遍存在的互助合作金融机构

D．20世纪90年代西方国家金融并购浪潮引起银行垄断

【解析】存款货币银行习惯上称为商业银行，也有称存款银行、普通银行的，是西方各国金融中介机构体系的主体，因其机构数量多、业务面广和资产比重大，始终居于其他金融机构难以替代的重要地位。

三、判断题

1．投资银行是专门对工商企业办理各项存贷款及结算业务的银行。(　　)

【解析】投资银行是主要从事证券发行、承销、交易、企业重组、兼并与收购、投资分析、风险投资、项目融资等业务的非银行金融机构，是资本市场上的主要金融中介；题中描述的为存款货币银行的概念。

2．我国的财务公司是由大经济集团组建并主要从事集团内部融资。(　　)

【解析】财务公司在西方称为金融公司，在我国称为财务公司。我国的财务公司是为集团内部成员提供服务，其业务范围、主要资金来源与资金运用都限定在集团内部。

3．城市商业银行都不是股份制的商业银行。(　　)

【解析】城市商业银行可以是股份制，例如北京银行、上海银行等都是股份制城市商业银行。

4．货币经纪公司可以从事金融机构间资金融通和外汇交易等经纪服务。(　　)

【解析】根据《货币经纪公司试点管理办法》，在我国进行试点的货币经纪公司是指经批准在中国境内设立的，通过电子技术或其他手段，专门从事促进金融机构间资金融通和外汇交易等经纪服务，并从中收取佣金的非银行金融机构。

四、简答题

1．简述金融中介机构的主要职能。[东北财经大学2007年研]

答：金融机构作为一个特殊的企业，它在经济中发挥以下职能：

2C　3A　▎　1×　2√　3×　4√

（1）信用中介职能。信用中介职能是金融中介机构最基本的职能。这一职能是指通过金融机构的负债业务，把社会上的各种闲置货币资金集中起来，再通过资产业务把它投向国民经济各个部门。金融机构作为货币资金的贷出者和借入者的中介，实现资本的融通，并从吸收资金的成本与发放贷款的利息、投资收益的差额中获取利差收入，形成其利润。

信用中介职能既可以实现资金在盈余者与短缺者之间的转移，还可以实现长短期限不同的转换。

（2）支付中介职能。支付中介职能是指为工商企业办理与货币运动有关的技术性服务。如通过存款在账户上的转移，代理客户支付；在存款的基础上，为客户兑付现款等，成为工商企业、团体和个人的货币保管者、出纳者和支付代理人。

支付中介职能的发挥，大大减少了现金的使用，节约了社会流通费用，加速了结算过程和货币资金的周转，促进了再生产的扩大。

（3）信用创造功能。信用创造功能是指通过贷款和投资活动创造存款货币，扩大信用规模的功能。金融机构利用其所吸收的存款发放贷款，在支票流通和转账结算的基础上，贷款又转化为存款，在这种存款不提取现金或不完全提取现金的情况下，就增加了银行的资金来源，最后在整个银行体系形成数倍于原始存款的派生存款。

信用创造功能的发挥，使银行可以超出自有资本和吸收资金的总量而扩大信用业务。当然，这种扩大不是无限的，它要受银行现金准备状况和经济发展对信用的客观需要的限制。

2．简述发展中国家金融中介体系的特点。

答：就绝大多数发展中国家来看，经济的货币化程度较低，自然经济比重大。它们的金融发展状况呈现许多共同的、类似的特点：

（1）绝大多数发展中国家既有现代型的金融中介机构，又有传统的非现代型的金融中介机构。前者如各类银行，但大都集中于大城市；后者如小规模钱庄、放债公司、当铺之类，普遍存在于小市镇、农村地区。

（2）现代型的金融中介机构体系普遍沿袭了中央银行模式。金融中介机构一般较为单一，主要包括中央银行、商业银行、专业银行和为数不多的非银行金融组织。在许多发展中国家，多数现代型金融中介为国营的，或国家资本参与的。

（3）多数发展中国家为了支持经济较快的发展，普遍对利率和汇率实行管制和干预；对于金融中介机构，政府则经常通过行政手段操纵它们的业务活动。在支持经济发展方面虽也取得一定成绩，但同时往往又都带来金融中介体系效率低下的负效应。

近些年来，发展中国家的金融中介体系先后出现新的发展趋势，如对国有化银行实行非国有化，放松政府管制等。有些地区，一些发展中国家建立区域化银行以利于开展对外业务。

五、论述题

1．试分析政策性银行与商业银行之间的关系。

答：政策性银行是由政府设立，以贯彻国家产业政策、区域发展政策以及其他相关政策为目标，经营专门性政府金融业务的金融机构；商业银行是指以各种存款、贷款和汇兑为主要业务，并以利润为主要经营目标的金融机构。

对于两者的关系，可以从以下几方面理解：

(1)政策性银行与商业银行虽然同属于金融机构，但有质的不同。

政策性银行属于财政投融资体系，是兼有金融和财政双重职能的特殊金融组织。商业性银行属于信贷融资体系，两大融资体系无论从资金来源，还是从资金运用上都不一样。

(2)从法律的角度讲，政策性银行与商业银行之间具有平等的地位。

政策性银行是政府的金融机构，为国有法人；商业银行也是一个国家的金融机构，但却是企业法人。政策性银行不是国家权力的代表，无权操纵和干预商业性银行而凌驾于商业银行之上，只是享有一些优惠待遇。它们应该拥有各自的法律依据，如商业银行遵循的是普通的商业银行法，而政策性银行不受其约束，而应遵循特定的政策银行法。

(3)政策性银行与商业银行之间不存在竞争。

政策性银行的经营宗旨是贯彻国家产业政策和政府的经济意图，不以营利为目的，实行保本经营。而商业银行要求营利性、流动性和安全性的统一，并以盈利为目的。因此政策性银行不能与商业银行竞争。

(4)政策性银行与商业银行相互补充。

商业银行作为经营货币投资的金融企业，要接受市场机制的调节，以盈利最大化为经营目标。政策性银行则是处于补充商业银行经营不足的地位，是帮助国家贯彻实施宏观经济政策和产业政策的一个重要工具。

在市场经济条件下，商业银行应该选择财务效益好的项目，但那些宏观效益好而微观财务效益差的项目如农业发展项目、大型长期的基建项目等等，只得由政府予以支持。政策性银行作为政府的金融机构，其主要任务就是支持那些社会发展急需但眼前效益较差的农业项目、大型基建、能源项目、进出口项目等。商业银行和政策性银行在业务分工中，形成了一种相互弥补关系，二者的协调配合，使社会资源的配置更加趋于合理。

(5)政策性银行与商业银行之间可以相互支持与利用。

政策性银行与商业银行之间存在着相互支持与利用的关系。例如，政策性银行对商业性银行从事的符合政策目标的贷款活动予以利息补贴；当政策性银行筹措的资金不能满足国家政策性投资需要时，可以向商业银行发行金融债券，商业银行则通过购买这些金融债券等有偿方式，弥补政策性资金的不足；此外，由于政策性银行考虑到经营成本，一般下设机构较少，无法将资金直接拨贷到投资项目上去，因而必须要借助商业银行的营业网点，委托商业银行办理转贷业务。商业银行则通过这种代理业务，增加自身的盈利。

综上所述，政策性银行和商业银行均有各自的经营宗旨、各自的服务领域、各自的服务对象，相互之间形成了相辅相成、互相弥补的关系，而不是相互替代与竞争的关系。它们的这种关系使得一国金融体系的整体功能更加完善。

2. 非银行金融机构有什么特点？我国为什么要发展非银行金融机构？

答：非银行金融机构是指中央银行、商业银行及专业银行以外的其他经营金融性业务的公司或组织；也就是说，非银行金融机构属于金融机构，但不是银行。主要包括：保险公司、证券公司、信托投资公司、租赁公司、基金组织、信用合作社等。

(1)非银行金融机构最大的特点是属于金融机构，但与商业银行、专业银行相比，不同之处在于不属于银行。具体来说：

①非银行金融机构属于金融机构，是因为它们与商业银行及专业银行并无本质的区别。非银行金融机构和商业银行及专业银行一样，都是以信用方式筹集资金并投放出去以达到

盈利的目的。

②非银行金融机构和商业银行及专业银行又有所不同。

与商业银行相比，非银行金融机构不仅不能吸收活期存款，而且不能吸收其他任何形式的存款；非银行金融机构的业务范围也比较狭窄且专业性较强，所提供的服务也是有限的；更为重要的是，非银行金融机构只能做资金经纪人，不具备创造信用的能力。而商业银行则不同，它最显著的特征之一在于它是唯一能吸收活期存款，并可以提供综合性金融服务的金融机构，而且许多经济学家认为商业银行能够在不减少储备的情况下，增加放款和存款，具有创造信用的能力。

与专业银行相比，非银行金融机构虽然同专业银行一样，业务种类和服务范围都很有限，而且都必须在减少储备的前提下才能增加贷款，但是，专业银行可以吸收除活期存款以外的其他形式的存款，而非银行金融机构则不能。

(2)非银行金融机构是各国金融体系中不可缺少的组成部分，在社会经济生活中发挥着重要的作用。在我国，大力发展非银行金融机构很有必要。

①发展非银行金融机构，是适应社会主义市场经济体制下，经济形式多元化导致筹资者和投资者的多元化后，不同经济主体多种形式融通资金的需要。

②发展非银行金融机构，有助于打破国有商业银行的垄断地位，增加商业银行的经营压力，促进金融业的竞争，提高整个金融体系的运转效率。

③发展非银行金融机构，可拓宽投资、融资渠道，促进我国资本市场发展和完善，积极推进金融创新，加速储蓄向投资的转化，从而有利于金融市场结构的优化，促进金融深化。

④发展非银行金融机构，也是世界经济发展的趋势。随着经济的发展，银行系统在金融机构资产总额中的比例下降。在经济最发达的国家中，银行系统(中央银行和商业银行)的资产已低于其他各种金融机构资产的总和。大力发展非银行金融机构，也是金融市场创新的必经之路和目标之一。

总之，我国的非银行金融机构大多是伴随着我国经济、金融体制的改革而产生和发展的；随着我国经济、金融体制改革的进一步深化，非银行金融机构也一定会达到更大的发展，其业务也将逐步趋于规范和完善。

第 6 章　存款货币银行

一、概念题

1．商业银行现金资产［北京师范大学 2000 年研］

答：商业银行现金资产是指商业银行持有的库存现金与现金等同的、可随时用于支付的无利息或利息较低的银行资产。一般包括以下几类：库存现金、在中央银行法定存款准备金、超额准备金、存放同业存款和在途资金。商业银行现金资产的作用主要是保持银行的清偿力和流动性，但由于持有这种资产无收益或收益较低，商业银行一般将现金资产保持在一个最低水平。

2．单一银行制和分支行制［华中科技大学 2002 年研］

答：单一银行制和分支行制是商业银行的两种组织制度。

单一银行制又称单元银行制，是指业务只由一个独立的银行机构经营，而不设分支机构的银行组织制度。分支行制是指银行在大城市成立总行，并在全国及该市或国外各地设立分支行的制度，分支行的业务和内部事务统一遵照总行的规章和指示办理。目前绝大部分国家都采用这种形式。

两种银行制度相比，单一银行制可以限制银行间的吞并和金融垄断，有利于协调政府和银行间的关系，自主性和灵活性较好。但是由于限制了竞争，不利于提高效率，与经济的外向化发展矛盾，金融创新不佳。而分支行制则有利于开展竞争，获得规模效益，有利于调剂和充分运用现金，分散风险，便于国家直接控制管理，但需要高水平的控制与管理能力。

3．存款保险制度［北京师范大学 2023 年研；北京师范大学 2001 年研］

答：存款保险制度是指商业银行按规定根据存款额的大小按一定保险费率投保的制度。这一制度指定了一个统一的保险机构，要求经办存款的机构都缴纳保险费给该保险机构。当投保存款机构流动性不足，不能支付存款人提现需要时，该保险机构在一定限度内代为支付。存款保险制度发起方式或组织形式主要有政府设立、政府当局与银行业联合组成、银行业自己组织三种形式，对保护存款人利益和金融稳定起到一定作用。

4．混业经营［南京理工大学 2002 年研］

答：混业经营是指各金融机构的业务范畴划分的一种经营模式。在这种经营模式下，各机构能全面经营传统银行业务、投资银行业务、保险业务、信托业务等所有金融业务，实行混业经营、混业管理。近十多年来，伴随迅速发展着的金融自由化浪潮和金融创新的层出不穷，一些长期实行分离型银行体制的国家开始逐步放松其对本国商业银行经营范围上的限制，出现了向综合性商业银行发展的趋势。1999 年美国通过了《金融现代化法案》，允许商业银行、证券公司、保险公司相互涉足对方的领域，进入到混业经营时代。

主要优点是：①经营的主动权和灵活性大得多；②业务包括各种期限和种类的存款与贷款以及全面的证券保险信托业务等，要广泛得多；③混业经营的金融机构拥有规模经济效应，在竞争中处于比较有利的地位。

5．DD 模型

答：DD 模型即银行挤兑模型，是由 Diamond 和 Dybvig 两位美国经济学家在 1983 年提出的用来证明银行在防止风险、提供流动性方面作用的模型。DD 模型包括三个基本观点：①银行开办活期存款可以通过在那些需要在不同的时间消费的人们之间进行较好的风险分担来改进竞争性的市场；②提供这种改进的活期存款合同有一个大家不希望的均衡（银行挤兑），处于这种均衡状态时，所有的存款人都很惊慌并且马上提款，包括那些本来是愿意把钱继续存在银行里的人；③银行挤兑引起实际经济问题，因为即使是健康的银行也会失败，这造成贷款被收回，生产投资被终止。为了制止或阻止银行挤兑，传统的工具有暂停存款变现和政府存款保险。

二、选择题

1．商业银行最基本的职能是（　　）。

A．信用中介　　B．支付中介　　C．信用创造　　D．货币创造

【解析】商业银行的主要职能包括信用中介、支付中介、信用创造，其中信用中介是最基本的职能。

2．自动转账制度的创新属于（　　）。［中央财经大学 2011 年研］

A．避免风险的创新　　B．技术进步推动的创新

C．规避行政管制的创新　　D．降低经营成本的创新

【解析】自动转账制度是 20 世纪 70 年代的一种创新。在美国，为了避免银行因招揽存款而进行不公平竞争，对储蓄付息，对活期存款不准付息。而自动转账制度这一创新就是规避不准对活期存款付息的规定。

3．商业银行不良债权的出现（　　）。［中国人民大学 2022 年研］

A．取决于市场　　B．由商业银行决定

C．由客户行为决定　　D．是不可避免的

【解析】中国商业银行不良债权的表现形式有三种：①贷款收不回；②保证担保不能兑现；③抵押、质押担保不能变现。其形成原因来源于体制、企业以及银行自身，所以不良债权是不可避免的。但随着我国国有银行股份制改革的推进，不良贷款比率在迅速下降。

三、判断题

1．16 世纪银行业已传播到欧洲其他国家，早期银行业经营中的最大特点是贷款带有高利贷性质。（　　）

【解析】早期银行业最早的发源地是意大利，16 世纪末 17 世纪初，银行业由意大利发展至欧洲其他国家。商业银行的产生大体可概括为：货币兑换业——货币保管业——货币经营业——商业银行。货币经营业者集中了大量的货币资金，当他们发现大部分的货币余额相当稳定时，开始将闲置的资金贷放出去，以取得高额利息收入。早期银行放款带有明显的高利贷性质。

2．货币经营业一旦从事存款业务，便转化成为商业银行。（　　）

1A　2C　3D　┃　1√　2×

【解析】应该是货币经营业一旦从事贷款业务，便转化成为商业银行。商业银行的产生大体可概括为：货币兑换业——货币保管业——货币经营业——商业银行。货币经营者将货币将闲置的资金贷放出去，以取得高额利息收入，为了扩大资金来源，主动吸收客户资金，当货币经营者同时开展存贷业务时，意味着货币经营业转化成为银行业。

3. 银行作为经营货币信用的企业，它与客户之间是一种以借贷为核心的信用关系，这种关系在经营活动中表现为等价交换。(　　)

【解析】银行作为经营货币信用的特殊企业，它与客户之间是一种以借贷为核心的信用关系，这种关系在经营活动中不是表现为等价交换，而是表现为以信用为基础、以还本付息为条件的借贷关系。

4. 在准备金制度和现金结算的条件下，商业银行可以创造信用量。(　　)

【解析】应该是在部分准备金制度和非现金结算的条件下，商业银行才可以创造信用量。完全准备金制度和现金结算的条件下，货币乘数无法发挥作用，商业银行不能创造信用量。

四、简答题

1. 与分业经营相比，混业经营有什么优势?［中南财经政法大学2003年研］

答：(1)按各种金融机构的业务范畴，金融业经营模式分为分业经营和混业经营。在分业经营模式下，银行局限于传统银行业务，不能进行证券承销、自营、保险和信托业务，而保险公司、投资银行、信托公司也都只能限于自身传统业务，不得交叉渗透；监管部门一般分别设立，对不同金融机构进行分业管理。而混业经营模式下，不同的金融企业业务可以交叉渗透，混业管理。

(2)近十多年来，伴随迅速发展着的金融自由化浪潮和金融创新的层出不穷，一些长期实行分离型银行体制的国家开始逐步放松其对本国商业银行经营范围上的限制，出现了向综合性商业银行发展的趋势。1999年美国通过了《金融现代化法案》，允许商业银行、证券公司、保险公司相互涉足对方的领域，从而彻底结束了分业经营，使混业经营成为整个国际金融业发展的大趋势。

与分业经营相比，它的主要优势在于：①分业经营时，各金融机构限于自身传统业务，混业经营时各金融机构的业务包括存款、贷款、证券、保险、信托、投资等一切金融业务，范围要广泛得多。所提供的各种服务可以吸引更多的客户，增强银行竞争地位；②开展全面、多样化业务时，可以深入了解客户情况，降低信息获得的成本，并与客户建立良好关系，反过来进一步促进传统业务的开展；③分业经营时，业务比较集中，造成风险难以分散和对冲，混业经营可以调节业务盈亏，减少乃至避免风险，有助于经营稳定。

(3)在中国现阶段的实践中，混业经营对我国金融的发展有如下好处：

①有助于降低我国金融业经营风险。通过多渠道资产组合有效分散了金融企业经营性风险，进而降低了整个金融体系的风险。

②混业经营有利于推动国企改革和促进私人消费投资。良好的金融环境和多方面的金融服务可以满足国有企业重组的需求，同时促进了储蓄的发展，并通过为客户提供全面的金融服务增加客户的投资选择面，有力地推动私人投资。

3× 4×

③有助于推动我国资本市场的发展。我国金融业分业经营制度抑制了市场资金供给来源，不利于资本市场的长期持续发展。当前打通货币市场与资本市场的资金交流是保证我国经济发展的重要因素。

④混业经营、混业管理是全球经济、金融发展大潮流。世界金融发展格局的变化日新月异，筹资渠道多样化及越来越依靠资本市场直接筹资。中国已经加入WTO，西方国家金融混业制度必将对中国现行分业经营制度带来强烈的冲击。

⑤全能银行有利于我国金融业降低成本、增强盈利能力、提高竞争力。混业经营有利于金融创新。我国现行的分业经营制度不利于金融业的规模集中、国际竞争力的提高及传统金融企业向现代金融企业的转变。

2. 商业银行的概念是什么？这个概念为何会发生变化？

答：(1)传统商业银行的概念是指以吸收存款、发放贷款、办理结算为基本业务的，以获取利润为目的，具有独立法人资格的金融企业。

(2)随着经济的发展，商业银行也在不断地变革，用现代发展的眼光来看，商业银行就是运用公众资金，以获取利润为经营目标，以多种金融资产和金融负债为经营对象，具有综合性服务功能并在经济生活中起多方面作用的金融服务企业。

变化的原因在于市场的环境在变，客户的需求在变，资金的运作规律也在变，商业银行要想在新的市场中获胜，必须不断地适应环境，不断地创新，不断地提供市场所需的具有竞争力的更加个性化、人性化的金融业务与金融服务。

3. 简述商业银行的作用。

答：商业银行具有特定的经营活动内容和职能作用。其主要作用有：

(1)充当资本家之间的信用中介：通过吸收存款，动员和集中社会上闲置的货币资本，再通过贷款或投资方式将这些货币资本提供给经营产业的资本家使用，银行成为货币资本贷出者与借入者之间的中介人。这有助于充分利用现有的货币资本。

(2)充当资本家之间的支付中介：通过为各个资本家开立账户，充当资本家之间货币结算与货币收付的中间人。在这里，银行是以资本家的账户和出纳的资格出现的，由此可加速资本周转。

(3)变社会各阶层的积蓄和收入为资本：将原来并非资本而预定用于消费的积蓄和收入，通过银行汇集起来，提供给企业家作为资本运用。这可以扩大社会资本总额。

(4)创造信用流通工具：在上述各项业务的基础上，商业银行成为银行券和存款货币的创造者。发行银行券的权利后来被取消了，但在组织支票转账基础上对存款货币的创造，则在经济生活中发挥着日益重要的作用。

4. 简述存款货币银行负债业务的种类。

答：存款货币银行的负债业务是指形成其资金来源的业务。其全部资金来源包括自有资本和吸收的外来资金两部分。自有资本包括其发行股票所筹集的股份资本以及公积金和未分配的利润。外来资金主要是吸收存款、向中央银行借款、向其他银行和货币市场拆借以及发行中长期金融债券等。

(1)存款。吸收存款的业务是银行接受客户存入的货币款项，存款人可随时或按约定时间支取款项的一种信用业务，主要包括活期存款、定期存款和储蓄存款三大类。

活期存款是指那些可以由存户随时支取的存款。存入这种存款的，主要是用于交易和支付用途的款项。这种存款支取时须使用银行规定的支票，因而又有支票存款之称。

定期存款是指那些具有确定的到期期限，且到期才准提取的存款。对定期存款，银行一般向存户出具存单，也有采取存折形式的。由于定期存款期限到期前一般不能提取，所以银行给予较高的利息。

储蓄存款是针对居民个人的货币储蓄而开办的一种存款业务。这种存款通常由银行发给存户存折，一般不能据此签发支票。储蓄存款的存户通常限于个人和非营利组织。

(2)从中央银行借款。若存款货币银行资金不足，必要时可向中央银行借款。向中央银行借款主要有两种形式：一是再贴现，二是直接借款。

(3)银行同业拆借。银行同业拆借是指银行相互之间的资金融通。一般均为短期的，常常是今日借，明日还。

(4)从国际货币市场借款。近二三十年来，各国存款货币银行，尤其是大的存款货币银行，广泛地通过各种方式在国际货币市场上筹集资金。

(5)结算过程中的短期资金占用。存款货币银行在为客户办理转账结算等业务过程中可以占用客户的资金。以汇兑业务为例，从客户把款项交给汇出银行起，到汇入银行把该款项付给指定的收款人止，中间总会有一定的间隔时间。在这段时间内，对于该笔款项，汇款人和收款人均不能支配，而为银行所占用。虽然从每笔汇款看，占用时间很短，但由于周转金额巨大，因而占用的资金数量也就相当可观。

(6)发行金融债券。存款货币银行可以通过发行金融债券筹集资金。自1985年以来，我国存款货币银行按照国家有关规定，经过中国人民银行批准，面向社会发行金融债券，为指定用途筹集资金。

5．简述存款货币银行资产业务的种类。

答：存款货币银行的资产业务是指将自己通过负债业务所聚集的货币资金加以运用的业务，这是取得收益的主要途径。对于所聚集的资金，除了必须保留一定部分的现金和在中央银行的存款以应付客户提存和转账结算的需求外，其余部分主要是以贴现、贷款和证券投资等方式加以运用。

(1)贴现。它在西方商业银行的开始发展阶段是最重要的资产业务。这项业务的内容是银行买进尚未到付款日期的票据。换言之，购买票据的业务叫贴现。

(2)贷款及其种类。贷款又称放款，是银行将其所吸收的资金，按一定的利率贷给客户并约定归还期限的业务。存款货币银行运用资金的方式虽不止贷款一种，但贷款在其资产业务中的比重一般占首位。通过贷款联系，银行可密切与工商企业的往来关系，从而有利于拓宽业务领域。

贷款业务种类很多，按不同的标准划分，至少有如下几个类别：

①按贷款有否抵押品划分，分为抵押贷款与无抵押的信用贷款。

②按贷款对象划分，分为工商业贷款、农业贷款和消费贷款。

③按贷款期限划分，分为短期贷款、中期贷款和长期贷款。

④按还款方式划分，分为一次偿还的贷款和分期偿还的贷款。

(3)证券投资。证券投资是指商业银行以其资金持有各种有价证券的业务活动。商业银行投资于有价证券的主要对象是信用可靠，风险较小，流动性较强的公债券、国库券等。

此外，一些财力雄厚、信誉较高的公司债券，也是商业银行投资的对象。

至于投资于公司、企业的股票，在实行金融业职能分工型的国家中，政府的管理是极为严格的：或干脆不允许购买和持有股票；或有苛刻的限制，比如只允许商业银行以其自有资本金及盈余的一个极小比例用于这方面的投资。至于在允许商业银行全能经营的国家中，不少国家在投资数量上也有限制性的规定。

禁止或限制银行对股票进行投资的出发点：一是保持银行业的稳定性，力求防止股市过分波动对特定企业融资所带来的风险；二是防止垄断。

第7章　中央银行

一、概念题

1. 跨国的中央银行制度

答：跨国的中央银行制度是指参与货币联盟的所有成员国家共同建立一个跨国的区域性中央银行，各成员国内部不再设完全意义上的中央银行。区域性中央银行是建立在若干地域相邻，经济文化发展水平相近的国家基础之上的，如西非货币联盟、中非货币联盟与加勒比海货币管理局。而欧洲中央银行和欧元的诞生，则标志着欧盟的成员国也开始实行跨国中央银行制。

2. 准中央银行制度

答：准中央银行制度是指由几个政府机构或由受政府委托的商业银行代行部分中央银行职能，而没有设立完全意义上的中央银行，又称类似中央银行制度。采用准中央银行制度的国家大多是一些经济水平较低、金融体系不够健全的发展中国家，也有一些经济体系与结构较为特殊的国家或地区，如新加坡、卢森堡和我国的香港地区等。

3. 最终的贷款人

答：最终的贷款人是指能作为银行业的坚强后盾，并为其信贷活动提供最终支持的金融机构，一般指中央银行。在19世纪中叶前后，连续不断的经济动荡和金融危机使人们认识到，金融恐慌或支付链条的中断往往是触发经济危机的导火线，因此提出应由中央银行承担"最后贷款人"的责任。最后贷款人可以发挥以下作用：一是支持陷入资金周转困难的商业银行及其他金融机构，以免银行挤兑风潮的扩大最终导致整个银行业的崩溃；二是通过为商业银行办理短期资金融通，调节信用规模和货币供给量，传递和实施宏观调控的意图。

4. 存款准备金率[东北财经大学2003年研]

答：存款准备金率是指中央银行要求的存款准备金占其存款总额的比例，分为法定存款准备金率和超额准备金率，二者都是影响货币乘数的重要因素。法定准备率是中央银行规定的商业银行必须提取的存款准备金的比率。当中央银行提高法定准备金率时，商业银行一定比率的超额准备金就会转化为法定准备金，商业银行的放款能力就会降低，货币乘数就会变小，货币供应就会相应收缩；而降低法定准备金率时，则会出现相反的倍数效果，最终扩大货币供应量。法定存款准备金率是最猛烈的货币政策工具。超额准备金率是银行依据最大化原则意愿持有的超额准备和所有支票存款之间的比率。

5. 公开市场操作(业务)[厦门大学2023年研；中国人民大学2018年研；北京航空航天大学2004年研]

答：公开市场操作(业务)是指中央银行在金融市场上出售或购入财政部和政府机构的证券，特别是短期国库券以影响基础货币的活动。公开市场业务作为最主要的货币政策工具，具有以下几个明显的优越性：①中央银行能够运用公开市场业务影响银行准备金，从而直接影响货币供应量；②公开市场业务使中央银行能够随时根据金融市场的变化，进行经常性、连续性的操作；③通过公开市场业务，中央银行可以主动出击，不像贴现政策那样处于被动地位；④由于公开市场业务的规模和方向可以灵活安排，中央银行可以运用它对货币供应量进行微调，而不会像存款准备金的变动那样，产生大范围影响。

二、选择题

1. 下列中央银行的活动中，能体现“发行的银行”职能的是(　　)。

A. 组织全国范围的资金清算　　B. 充当政府的金融代理人

C. 作为货币政策的最高决策机构　　D. 集中存款准备金

【解析】中央银行是发行的银行，具有两方面的含义：①指垄断纸币的发行权，是全国唯一的现钞发行机构；②指中央银行作为货币政策的最高决策机构，在决定一国的货币供应量方面具有至关重要的作用。B 项属于中央银行“国家的银行”的职能；AD 两项属于中央银行“银行的银行”的职能。

2. 真正最早全面发挥中央银行职能的是(　　)。

A. 英格兰银行　B. 法兰西银行　C. 德意志银行　D. 瑞典银行

【解析】A 项，英格兰银行是最早获得货币发行权、具有无限法偿资格的中央银行，也是最早全面行使中央银行职能的银行。

3. “经理国库、临时的财政垫支、充当银行最后贷款人”表示中央银行在行使(　　)职能。

A. 调节职能　B. 服务职能　C. 管理职能　D. 控制职能

【解析】服务职能是指中央银行向政府和银行及其他金融机构提供资金融通、划拨清算、代理业务等方面金融服务的职能。中央银行为政府服务，具体表现在：①经理国库；②临时的财政垫支；③代表政府参与国际金融活动；④作为政府的金融顾问和参谋。中央银行为银行与非银行金融机构服务，具体表现在：①主持全国的清算事宜；②作为银行的最后贷款者。

4. 中央银行作为特殊的金融机构，其业务对象为(　　)。

A. 一国金融机构与工商企业　　B. 一国政府与金融机构

C. 一国工商企业与金融机构　　D. 工商企业与个人

【解析】中央银行作为特殊的金融机构，一般不经营商业银行和其他金融机构的普通金融业务；其通常只与政府和商业银行等金融机构发生资金往来关系。

5. 在中央银行三大职能中，集中保管商业银行的存款准备金是中央银行(　　)职能的具体表现。

A. 银行的银行　B. 政府的银行　C. 发行的银行　D. 最后贷款人

【解析】A 项，银行的银行是指央行作为商业银行及其他金融机构办理融通资金、成为最后贷款人以及对商业银行及其他金融机构进行管理；B 项，政府的银行是指央行代表政府制定和执行货币政策，代为政府管理财政收支以及为政府提供各种金融服务；C 项，发行的银行是指央行拥有货币垄断发行权；D 项，最后贷款人是央行作为“银行的银行”职能

1C　2A　3B　4B　5A

的一部分，它为商业银行及其他金融机构提供信贷资金。

6. 中央银行产生的主要途径有(　　)。

A. 垄断货币的发行　　B. 票据交换与结算

C. 从商业银行演变而来　　D. 直接组建

【解析】纵观世界各国中央银行产生与发展的历史，中央银行的产生主要有以下两条途径：①由信誉好、实力强大的商业银行经过逐步演变，最终发展而成，如英国的英格兰银行和瑞典的瑞典银行；②由政府出面直接组建而成，如美国的联邦储备体系。

7. 下列有关中央银行的说法中，正确的是(　　)。

A. 中央银行的主要任务是制定和实施货币政策

B. 中央银行是金融中介体系的中心环节

C. 中央银行是工商企业的银行

D. 中央银行是政府的银行

E. 中央银行是居民的银行

【解析】中央银行又称货币当局，处于金融中介体系的中心环节，具有特殊的地位。它是发行的银行、银行的银行和政府的银行，具有国家行政管理机关和银行的双重任务。它的主要任务有：①制定和实施货币政策，调控宏观金融；②实施金融监管，维护银行业的稳健运行。中央银行只与商业银行、政府有直接联系，与工商企业和居民无直接联系。

三、判断题

1. 在纸币本位制下，中央银行不是唯一由国家授权发行货币的银行。(　　)

【解析】在纸币本位制下，中央银行是唯一由国家授权发行货币的银行，是发行的银行。

2. 中央银行从事“存、放、汇”银行业务的对象是商业银行和其他商业企业。(　　)

【解析】中央银行从事“存、放、汇”银行业务的对象是商业银行和其他金融机构。

3. 中央银行是发行的银行，所以，除中央银行外，任何其他金融机构的行为都不会影响货币供给。(　　)

【解析】货币供给 $M_s = M_B \cdot m$。虽然中央银行是发行的银行，但除中央银行外，存款性货币银行的行为会影响货币供给。中央银行决定基础货币的供给量，但货币乘数的大小受商业银行等其他金融机构的影响，从而影响货币供给。

4. 目前世界上绝大多数中央银行制度的类型为单一的中央银行制度。(　　)

【解析】单一中央银行制度是指国家单独建立中央银行机构，使之全面、纯粹地行使中央银行的制度。单一中央银行制度中又有如下两种具体情形：①一元式中央银行制度。这种体制是在一个国家内只建立一家统一的中央银行，机构设置一般采取总分行制。目前，世界上绝大部分国家的中央银行都实行这种体制，我国也是如此。②二元式中央银行制度。

5. 银行券的发行是中央银行一项重要的资产业务，成为中央银行调节金融活动的重要手段之一。(　　)

6CD　7ABD　▎　1×　2×　3×　4√　5×

【解析】发行银行券是中央银行实现“发行的银行”这一职能的一种表现。由于银行券的发行权集中在中央银行，所以持有银行券就意味着握有对中央银行的债权。银行券的发行是中央银行一项重要的负债业务，成为中央银行调节金融活动的重要手段之一。

6. 通常，政府的收入与支出均通过财政部门在中央银行内开立的各种账户进行。(　　)

【解析】国家财政收支一般不另设机构，而交由中央银行代理。政府的收入与支出均通过财政部门在中央银行内开立的各种账户进行。这是中央银行代理国库，实现“国家的银行”这一职能的表现。

7. 中央银行是整个宏观调控体系中的一个组成部门，因此，其行为目标自始至终与政府目标是一致的。(　　)

【解析】中央银行虽然是整个宏观调控体系中的一个组成部门，但其行为目标并非自始至终与政府目标一致。

四、简答题

1. 阐述国家加强对中央银行控制的理论依据及其加强手段。

答：中央银行一经产生就与政府有着密切的联系，经常体现着政府的某些意图，包括在金融管理中承担一定的责任。从这个意义上说，国家从来都在一定程度上控制着中央银行，尽管这种控制程度在不同的国家以及在同一国家的不同时期强弱不一。

国家对中央银行的控制，总的说来，是加强的趋势，尤其是 20 世纪 30 年代经济、金融大危机以来更为明显。

20 世纪 30 年代的经济大危机把西方世界推入混乱动荡的深渊，动摇了传统认为经济自身能够达到均衡和稳定的观念。应运而生的凯恩斯经济理论论证了资本主义经济不能自发达到充分就业的均衡，并进一步强调指出了国家干预经济的必要性。在这一理论的指导下，中央银行就成为政府对宏观经济施以调节的重要机构之一。中央银行的货币政策已不仅着眼于稳定金融业自身，而是着眼于稳定整个国民经济。

既然国家要利用中央银行干预宏观经济生活，那么加强对中央银行的控制就是顺理成章的事情，而且必然会引起中央银行制度发生新的变化。第二次世界大战后，国家对中央银行控制的加强手段直接表现为：

(1) 中央银行的国有化：在此之前，中央银行的股本大多是私人持有。如英格兰银行、法兰西银行基本上是私人股份银行。战后，各国中央银行的私人股份，先后转化为国有；有些新建的中央银行，一开始就由政府出资；即使继续维持私有或公私合营的中央银行，也都加强了国家的控制。

(2) 制定新的银行法：战后各国纷纷制定新的银行法，明确中央银行的主要职责就是贯彻执行货币政策，维持经济的稳定。

2. 简述中央银行制度的类型。

答：就各国的中央银行制度来看，大致可归纳为四种类型：单一型、复合型、跨国型及准中央银行型。

6√　7×

(1)单一的中央银行制度是指国家单独建立中央银行机构，使之全面、纯粹行使中央银行的制度。单一的中央银行制度中又有如下两种具体情形：①一元式中央银行制度：这种体制是在一个国家内只建立一家统一的中央银行。目前，世界上绝大部分国家的中央银行都实行这种体制，我国也是如此。②二元式中央银行制度：这种体制是在一国国内建立中央和地方两级中央银行机构，中央级机构是最高权力或管理机构，但地方级机构也有一定的独立权力。这是一种带有联邦式特点的中央银行制度。属于这种类型的国家有美国、德国等。

(2)复合中央银行制度是指一个国家没有设专司中央银行职能的银行，而是由一家大银行集中央银行职能和一般存款货币银行经营职能于一身的银行体制。这种复合制度主要存在于过去的苏联和东欧等国。我国在1983年以前也一直实行这种银行制度。

(3)跨国中央银行制度出现于第二次世界大战后，是由参加某一货币联盟的所有成员国联合组成的中央银行制度。组织货币联盟的主要是地域相邻的一些欠发达国家。1998年7月，一个典型的跨国中央银行——欧洲中央银行正式成立。它是欧洲一体化进程逐步深入的产物。

(4)准中央银行制度是指有些国家或地区只设置类似中央银行的机构，或由政府授权某个或几个商业银行，行使部分中央银行职能的体制。新加坡、中国香港属于这种体制。

3．试从一般的或传统的表述层面上阐述中央银行的基本职能。

答：对于中央银行的基本职能，归纳与表述的方法各有不同。一般的、传统的归纳是表述为发行的银行、银行的银行和国家的银行三大职能。

(1)发行的银行。所谓发行的银行就是垄断银行券的发行权，成为全国唯一的现钞发行机构。目前，世界上几乎所有国家的现钞都由中央银行发行。硬辅币的铸造、发行，也多由中央银行经管。

银行券的发行是中央银行的重要资金来源，为中央银行调节金融活动提供了资金实力。

(2)银行的银行。银行固有的业务——办理“存、放、汇”，同样是中央银行的主要业务内容，只不过业务对象不是一般企业和个人，而是商业银行与其他金融机构。作为银行的银行，其职能具体表现在三个方面：第一，集中存款准备。通常法律规定，商业银行及有关金融机构必须向中央银行存入一部分存款准备金。目的在于：一方面保证存款机构的清偿能力；另一方面有利于中央银行调节信用规模和控制货币供应量。存入准备金的多少，通常是对商业银行及有关金融机构所吸收的存款确定一个法定比例；有时还分别就不同种类的存款确定几个比例。同时，中央银行有权根据宏观调节的需要，变更、调整存款准备金的存入比率。集中统一保管商业银行存款准备金的制度，是现代中央银行制度的一项重要内容。第二，最终的贷款人。其作用：一是支持陷入资金周转困难的商业银行及其他金融机构，以免银行挤兑风潮的扩大而最终导致整个银行业的崩溃；二是通过为商业银行办理短期资金融通，调节信用规模和货币供给量，传递和实施宏观调控的意图。“最后贷款人”原则的提出确立了中央银行在整个金融体系中的核心和主导地位。第三，组织全国的清算。现代的支付清算体系是伴随着中央银行制度的发展而发展的。各国中央银行大多有法令明文规定，其负有组织支付清算的职责。

(3)国家的银行。所谓国家的银行，是指中央银行代表国家贯彻执行财政金融政策，代理国库收支以及为国家提供各种金融服务。作为国家银行的职能，主要是通过以下几方面得到体现：代理国库（我国多年习惯称之为“经理”国库）、代理国家债券的发行、对国家财政给予信贷支持、保管外汇和黄金储备，进行外汇、黄金的买卖和管理、制定和实施货币政策、制定并监督执行有关金融管理法规。此外，中央银行作为国家的银行，还代表政府参加国际金融组织，出席各种国际性会议，从事国际金融活动以及代表政府签订国际金融协定；在国内外经济金融活动中，充当政府的顾问，提供经济、金融情报和决策建议。

4. 简述存款货币银行调节其超额准备金比率的动机。［中国人民大学2005年研］

答：超额准备金是指存款货币银行超过法定要求保留的准备金。存款货币银行调节其超额准备金比率的动机在于营利性与流动性的平衡。具体来说，包括以下几个方面：

（1）调节流动性的需要。存款货币银行为了保证其流动性，以防存款人提款所需，总是要持有一定的超额保证金或备付金。当存款货币银行的流动性不足时，存款货币银行就可能提高超额准备金比率，以满足流动性需求；当存款货币银行的超额准备金超过满足流动性的需求时，存款货币银行就可能降低超额准备金比率。

（2）营利性的要求。由于超额准备金一般是没有收益的，存款货币银行的超额准备金率越高，其潜在的利息损失就越大，因此存款货币银行在满足流动性的前提下，为了提高收益率，也可能调整超额准备金比率。比如，当利率上升时，存款货币银行在满足流动性的前提下，可能会降低超额准备金率，以获得更高的收益。

（3）资产负债调整的需要。存款货币银行为了管理风险，要求资产负债的匹配，一般来说就是各种资产与相应的负债相匹配。超额储备可以看作是商业银行的现金资产，当商业银行的流动性负债减少时，为了调整资产负债结构，存款货币银行可能降低超额准备金率。相反，当流动性负债增加时，则会提高超额准备金率。

5. 简述中央银行的独立性。

答：（1）中央银行独立性的含义

中央银行独立性是指中央银行在货币政策决策和执行方面由法律赋予或实际拥有的自主程度。这意味着中央银行在制定和执行货币政策时，不受政府的直接干预，能够自主决定通货膨胀率、汇率、货币供应量和利率水平等关键经济指标。中央银行的独立性比较集中地反映在中央银行与政府的关系上，这一关系包括两层含义：一是中央银行应对政府保持一定的独立性；二是中央银行对政府的独立性是相对的。

（2）中央银行的独立性的表现

中央银行的独立性主要表现在：建立独立的发行制度，以维持货币的稳定；独立地制定或执行货币金融政策；独立地管理和控制整个金融体系和金融市场。这是一种相对的独立性，即在政府的监督和国家整体经济政策指导下的独立性。它的两条原则是：①中央银行的货币金融政策的制定及整个业务操作必须以国家的宏观经济目标为基础的出发点。要考虑自身所承担的任务及责任，不能自行其是，更不能独立于国家的宏观经济目标之外，甚至与国家的宏观经济目标相对立。②中央银行的货币金融政策的制定及整个业务操作都必须符合金融活动自身的规律。中央银行既不能完全独立于政府，也不能对政府百依百顺，成为政府附庸。

6. 简述中央银行独立性的理论来源及现实意义。［华东师范大学2024年研］

答：（1）理论来源

中央银行独立性的理论来源可以追溯到19世纪。当时，一些政府过度利用发钞支持财政支出，导致经济不稳定。人们逐渐认识到，中央银行的运作应当独立于政府，以维护货币稳定。第一次世界大战期间，各国政府加强对中央银行的控制，以筹集战争经费，导致通货膨胀严重。战后，许多国家在1920年和1922年的国际金融会议上提出减少政府干预的主张，这是中央银行独立性问题首次被集中提出。

20世纪70年代，国际货币体系发生巨大变化，经济运行出现许多新特点，中央银行独立性问题再次被提出。根据IMF的文献，中央银行独立性主要涉及货币政策决策和执行的自主程度，包括通货膨胀率、汇率、货币供应量和利率水平的决定不受政府干预。

(2)现实意义

中央银行独立性在现实中具有重要意义。

首先，政府和中央银行的行为目标不同。政府关注就业、经济增长、基础设施建设等多方面问题，金融只是其中的一部分。而中央银行则专注于货币政策，目标是稳定货币币值。中央银行与政府的行为目标不同，简单遵从政府目标不利于长期稳定发展。

其次，中央银行在制定和执行货币政策时，需要高度的专业理论素养和长期的专业经验积累。独立性确保中央银行能够基于专业知识和经验做出准确的决策，而不是受制于短期的政治压力。

此外，中央银行的独立性有助于更好地维护货币稳定，防止政府过度干预导致的通货膨胀或经济波动。然而，中央银行与政府的协调配合也是必要的，特别是在经济金融出现困难时，两者需要共同努力应对危机。

国际上，许多国家的中央银行都有较高的独立性。例如，美国联邦储备体系直接对国会负责，独立制定和执行货币政策。德国联邦银行的独立性由宪法保证，主要职责是保持货币稳定。在中国，中国人民银行在国务院领导下依法独立执行货币政策，不受地方政府和各级政府部门的干涉。

综上所述，中央银行独立性不仅是一个理论问题，更是一个实践问题，其目的是确保货币政策的有效性和经济的长期稳定。

第 8 章　金融市场

一、概念题

1. 货币市场[四川农业大学 2024 年研；南京大学 2022 年研]

答：货币市场是指融资期限一般在 1 年以内，主要满足交易者的资金流动性需求的短期融资市场，主要参与者包括商业银行、保险公司、货币市场基金等机构投资者。货币市场的主要特征表现为：期限短、流动性强、风险小等。货币市场的主要功能有：①融通资金，促进资金流动；②协调与联结金融机构资金；③货币市场供求及其变动状况是金融市场银根松紧的指示器，也是中央银行进行公开市场业务的活动场所。货币市场主要由票据市场、国库券市场、大额存单市场、回购市场、银行间拆借市场等构成。

2. 国际游资[中南财经政法大学 2005 年研]

答：国际游资是指国际短期资本市场中那些高度流通、期限较短、追逐高利的投资资金。其中，流通性强是“游资”最显著的特征，因为高周转才可能获得高利润，所以这类资金经常从世界某一金融中心，迅速地流向另一个金融中心，对当地金融秩序造成意想不到的冲击。有时“游资”的跨国转移并不是要直接获取高利润，而是为了保证资本的“安全”，为了逃避税赋、清查等等。国际游资一般具有交易杠杆化、快速流动、集团作战的特点。交易杠杆化使游资可以少量的本金驾驭几倍、几十倍的资金；国际游资进行的金钱游戏和资金转移速度已经形成一种独立的力量，它超越了国际金融组织的权利范围，将东道国的经济和金融形势的不稳定迅速传递给所有其他国家。国际游资对于东道国并非全无好处，在一定程度上可以活跃证券市场，也能够解决短期资金不足的问题，因而有利有弊，有其存在的土壤。

3. 互换[华中科技大学 2025 年研]

答：互换也称作“掉期”“调期”，是指交易双方约定在合约有效期内，以事先确定的名义本金额为依据，按照约定的支付率(利率、股票指数收益率等)相互交换支付的约定。互换合约实质上可以分解为一系列远期合约的组合。互换交易是降低长期资金筹措成本和资产、债务管理中防范利率和汇率风险的最有效的金融工具之一。互换有两种主要类型：利率互换和货币互换。①利率互换是指交易双方在约定的一段时间内根据双方签订的合同，在一笔名义本金数额的基础上相互交换具有不同性质的利率款项的支付，即同种通货不同利率的利息交换。具体地说，一个标准的利率互换是有两个当事人参与的契约。每方约定以某国一定数量的资金为基础，按照一组事先确定的未来支付日期以相同货币周期性地支付对方利息，其中一方为固定利率付款人，另一方则为浮动利率付款人。该固定利率在交易开始时由双方决定，而该浮动利率在整个互换交易期间参照某一特定的市场利率来决定。在标准的利率互换交易中始终无本金交易，只有利息交易。通过利率互换，交易一方可将某种固定利率资产或负债换成浮动利率资产或负债，另一方则正好相反。②货币互换是指交易双方互相交换不同币种、相同期限、等值资金债务或资产的货币及利率的一种预约交易业务。通常两种货币都使用固定利率。货币互换一般以即期汇率为基础，交易双方仅需考虑定期支付两种货币间的利率差异，由货币利率较低方向货币利率较高方定期贴补。

4．创业板市场

答：创业板市场是指风险资本所培育的企业。在上市之初，一般具有经营历史短、资产规模小的特点，加之它们是在一些新的领域内发展，失败的风险较大，通常满足不了一般的上市条件，而风险投资家又无不力求较早地把企业推向市场以撤出资金。鉴于这样的原因，需要建立有别于成熟企业股票发行和交易的市场，专门对小型企业以及创业企业的股票进行交易。这种市场一般称为创业板市场，或二板市场、小盘股市场。创业板市场是主板市场之外的专业市场，其主要特点是在上市条件方面对企业经营历史和经营规模有较低的要求，但注重企业的经营活跃性和发展潜力。

二、选择题

1．股指期货的交割是通过什么形式完成的？（　　）［清华大学2012年研］

A．从不交割

B．根据股票指数进行现金交割

C．对指数内每一只股票交割一个单位

D．对指数内每一只股票按照指数的加权比例分别交割

E．以上都不对

【解析】股指期货合约到期的时候和其他期货一样，都需要进行交割。一般的商品期货和国债期货、外汇期货等采用的是实物交割，而股指期货和短期利率期货等采用的是现金交割。所谓现金交割，就是不需要交割一篮子股票指数成分股，而是用到期日或第二天的现货指数作为最后结算价，通过与该最后结算价进行盈亏结算来了结头寸。

2．下面关于外汇看跌期权的表述中，错误的是（　　）。［南京大学2011年研］

A．合约买方拥有卖出外汇的权利　　B．合约买方拥有买入外汇的权利

C．合约卖方承担买入外汇的义务　　D．合约买方支付的期权费不能收回

【解析】外汇看跌期权的买方拥有卖出外汇的权利，在买方执行合约时，期权卖方承担买入外汇的义务，若买方放弃执行合约，其支付的期权费也不能收回。

3．关于可转换债券，下列描述错误的是（　　）。［南京大学2011年研］

A．可转换债券是指公司债券附加可转换条款，赋予债券持有人按预先确定的比例（转换比率）转换为该公司普通股的选择权

B．大部分可转换债券是没有抵押的低等级债券，并且常由风险较大的小型公司所发行的

C．发行可转换债券的公司筹措债务资本的能力较低，使用可转换债券的方式将增强对投资者的吸引力

D．可转换债券不能被发行公司提前赎回

【解析】可转换债券是指在约定的期限内，在符合约定条件之下，其持有者有权将其转换（也可以不转换）为该发债公司普通股票的债券。由于具有可转换的性质，债券利率低于普通债券，这有利于发行者降低筹资成本；也正是由于具有可转换的选择，增加了投资者的兴趣。可转换债券持有人还享有在一定条件下将债券回售给发行人的权利，发行人在一

1B　2B　3D

定条件下拥有强制赎回债券的权利。

4. 美式期权是指期权的执行时间(　　)。[中央财经大学 2010 年研]

A. 只能在到期日

B. 可以在到期日之前的任何时候

C. 可以在到期日或到期日之前的任何时候

D. 不能随意改变

【解析】期权又分美式期权和欧式期权。按照美式期权，买方可以在期权的有效期内任何时间行使权利或者放弃行使权利；按照欧式期权，期权买方只可以在合约到期时行使权利。

5. 期权的最大特征是(　　)。[中央财经大学 2010 年研]

A. 风险与收益的对称性

B. 期权的卖方有执行或放弃执行期权的选择权

C. 风险与收益的不对称性

D. 必须每日计算盈亏，到期之前会发生现金流动

【解析】期权对于买方来说，可以实现有限的损失和无限的收益，而对于卖方来说则恰好相反，即损失无限而收益有限。B 项，期权的买方有执行或放弃执行期权的选择权；D 项，期货交易必须每日计算盈亏，期权交易没有此规定。

6. 货币市场具有(　　)的特点。

A. 期限短、风险小和流动性差　　B. 流通快、数量大和风险大

C. 期限短、风险小和流动性强　　D. 流通快、数量大和无风险

【解析】货币市场是指融资期限在一年以内的金融市场，其融通的资金主要是用于短期生产周转需要，偿还期比较短，流动性比较高，风险比较小。因此货币市场具有期限短、风险小和流动性强的特点。

7. 某银行出售某证券的同时，与买方约定于 91 天后以双方事先商定的价格将等量的该证券再买回的融资方式称为(　　)。

A. 期货交易　　B. 回购交易　　C. 现货交易　　D. 信用交易

【解析】A 项，期货交易是指在期货交易所买卖标准期货合约的交易行为；C 项，现货交易是指买卖双方出于对实物商品的需求与销售实物商品的目的，根据商定的支付方式与交货方式，采取即时或在较短的时间内进行实物商品交收的一种交易方式；D 项，信用交易又称“保证金交易”和“垫头交易”，是指证券交易的当事人在买卖证券时，只向证券公司交付一定的保证金，或者只向证券公司交付一定的证券，而由证券公司提供融资或者融券进行交易。

8. 以下哪个市场不属于货币市场？(　　)[厦门大学 2012 年研]

A. 国库券市场　　B. 股票市场　　C. 回购市场　　D. 银行间拆借市场

【解析】货币市场是交易期限在 1 年以内的短期金融交易市场，其功能在于满足交易者的资金流动性需求，主要包括票据贴现市场、银行间拆借市场、短期债券市场、大额存单

4C　5C　6C　7B　8B

市场、回购市场等。资本市场是政府、企业、个人筹措长期资金的市场，包括长期借贷市场和长期证券市场。在长期证券市场中，主要是股票市场和长期债券市场。

9．某企业持面额3000万元、尚有4个月到期的票据到某银行办理贴现。假设年贴现率为9%，则银行应付给该企业(　　)万元资金。

A．2910　　B．90　　C．1080　　D．3090

【解析】根据贴现率的计算公式：

$$年贴现率=\frac{贴现利息}{票面金额}\times\frac{360}{未到期天数}\times100\%$$

可得：

$$9\%=\frac{贴现利息}{3000}\times\frac{360}{120}\times100\%$$

解得：贴现利息=90(万元)，则银行应付给企业的资金为：3000－90=2910(万元)。

10．下列属于场外交易市场的有(　　)。

A．证券交易所　　B．柜台市场　　C．第三市场　　D．第四市场

E．店头市场

【解析】证券流通市场主要有证券交易所和场外交易市场两种形式：前者是从事股票、债券等有价证券买卖最重要、最典型的证券流通市场，是整个证券市场的核心，分为公司制和会员制两种组织形式；后者是在证券交易所以外的证券交易市场的总称，一般没有集中的、固定的交易场所，是一个在交易所之外进行证券交易活动的、分散的无形市场，主要有柜台市场、第三市场、第四市场和店头市场等。

11．对于期货市场，下列说法正确的有(　　)。

A．期货市场是指交易双方达成协议成交以后，不立即交割，而是在一定时间以后按照当时的价格进行清算和交割的市场

B．期货市场可以作为投机的市场

C．期货市场必须是有形市场

D．期货市场中因交割期限与成交日期的间隔较长，由于市场变化，金融商品的价格会有升有降

E．期货市场是指交易双方在成交后，即时进行清算交割(钱货两清)的交易市场

【解析】A项描述的是远期市场；C项期货市场可以是无形市场；E项描述的是即期市场。

12．对于期权交易，下列说法正确的有(　　)。

A．期权交易的直接对象不是证券，而是买卖证券的权利

B．购买期权者在规定期限内必须行使期权，否则要付违约金

C．期权出售者在协议规定的有效期内，无论市场行情如何变化，都有按协议规定执行交易的义务

D．双向期权是指投资者在同一时间既购买某种证券的看涨期权，又购买该证券的看跌期权

9A　10BCDE　11BD　12ACD

E. 看跌期权又称为买入期权，是期权购买者预期未来某证券价格下跌，而与他订立买入合约，并支付期权费购买在一定时期内按合约规定的价格和数量买进该证券的权利

【解析】B项，购买期权者在规定期限内没有义务必须行使该期权；E项，看跌期权又称为卖出期权，是期权购买者预期未来某证券价格下跌，而与期权卖方订立买入合约，并支付期权费购买在一定时期内按合约规定的价格和数量买进该证券的权利。

13. 关于同业拆借利率，下列说法不正确的有（　　）。

A. 同业拆借利率随行就市

B. $拆借利率(年率) = \frac{拆借本金}{拆借利息} \times \frac{360}{拆借天数} \times 100\%$

C. 它是一种市场利率

D. 它往往被看作是高级利率

E. 同业银行可通过调整存款准备金率、再贴现率等，间接调节拆借市场利率

【解析】B项，计算公式为：

$$拆借利率(年率) = \frac{拆借利息}{拆借本金} \times \frac{360}{拆借天数} \times 100\%$$

D项，同业拆借利率往往被看作是基础利率；E项，中央银行可通过调整存款准备金率、再贴现率等，间接调节拆借市场利率。

14. 对于证券交易价格，下列说法正确的有（　　）。

A. 开盘价是指在证券交易所每个营业日开市后，某种股票第一笔成交的价格

B. 如果某股票在开市后一段时间内没有成交的话，则将上一个营业日的开盘价作为本日的开盘价

C. 债券交易价格变化波动幅度一般要比股票交易价格小得多

D. 买入价是指投资者委托买入某股票的申报价格，一般显示最高买入价

E. 涨跌是指某股票的涨跌与上一交易日收盘价的比率

【解析】B项，如果某股票在开市后半小时内没有成交的话，则将上一个营业日的收盘价作为本日的开盘价；E项，涨跌是指某股票的最新价与上一交易日收盘价的差额，题中描述的是涨跌幅的概念。

15. 影响国债回购利率变动的因素有（　　）。

A. 市盈率　　B. 时间　　C. 银行利率　　D. 中央银行管制

E. 股市行情

【解析】银行利率、股市行情是影响国债回购利率变动的主要因素，其中，银行利率对国债回购交易利率的长期变动起决定作用，两者呈同方向变动；股市行情对国债回购利率的短期变动起直接作用，国债回购利率的短期升降与股市行情的涨跌呈同方向变动。除银行利率、股市行情外，时间也是影响国债回购利率变动的因素。

三、判断题

1. 公司债券发行的价格一般高于其面值。（　　）

13BDE　14ACD　15BCE　❙　1 ×

【解析】公司债券是固定收益债券，其风险较国债和银行储蓄大。其价格是按未来每年固定收益贴现方式决定，与预期市场利率成反比。其发行一般采用折价方式发行，故其价格一般低于其面值。

2．一般情况下银行承兑汇票的价格要高于商业汇票。(　　)

【解析】银行承兑汇票是指经过银行承诺兑付的商业票据，由于银行信用的介入，其风险较商业票据低，故其收益率也低，所以其价格高于商业票据。

3．在美国短期国债的投标中，非竞争性投标者可以获得比竞争性投标者更低的国债购买价格。(　　)

【解析】非竞争性投标是指在国债购买投标中不给出价格只给出购买量的一种投标方式，其中标的购买价格是中标的竞争性投标的平均价。

4．直接融资就是指以金融机构作为信用中介而进行的融资。(　　)

【解析】直接融资是指最后借款人和最后贷款人之间进行的融资。金融机构在直接融资中仅仅是提供代理性质的中介服务而非信用中介，既不发行自己的负债(间接证券)购进资产，也不创造自己的债权来提供信用。

四、简答题

1．简述金融市场的定义及功能。[南京财经大学2024年研]

答：(1)金融市场的定义

金融市场属于要素市场，专门从事金融资产交易或者金融资源配置。金融市场是配置资源的场所，价格信号会引领资源在不同部门之间流动并实现有效配置。金融市场与产品市场存在密切联系，借助金融资产交易可以帮助社会实物资源实现有效配置，进而提供更多满足市场需要的商品和服务。

(2)金融市场的功能

①实现资金在盈余部门和短缺部门之间的配置。金融市场通过金融资产的买卖，实现资金从盈余部门(如储蓄者)向赤字部门(如借款人)的转移，从而促进资源的有效配置。

②实现风险分散和风险转移。通过金融资产交易，金融市场可以帮助投资者将风险分散到不同的资产上，或将风险转移给愿意承担风险的一方。需要注意的是，风险并未从总体上消除，而是从一个地方转移到另一个地方。

③确定价格。金融资产的内在价值通过市场上的买卖双方交易过程得以“发现”。市场价格反映了金融资产的真实价值，有助于金融资源的有效配置。

④提供流动性。金融市场为金融资产持有者提供了将资产售出或变现的机会。如果没有金融市场，人们将不愿持有金融资产，企业也可能因融资困难而影响正常生产经营。

⑤降低交易成本。金融市场通过金融中介机构帮助交易双方降低寻找合适交易对手和获取相关信息的成本。例如，证券承销商帮助发行企业寻找投资者，信息中介机构提供市场信息，从而降低搜寻成本和信息成本。

2√　3×　4×

2. 简述金融资产的特征。

答：金融资产也称为金融工具，与商品产品类比，金融资产也经常被称为金融产品。在金融市场上，人们通过买卖金融资产，实现资金从盈余的部门向赤字部门的转移，实现资金和资源在不同部门之间的重新配置。

金融资产种类繁多，千差万别，但都具有一些共同特征。这些特征包括：货币性和流动性、偿还期限、风险性、收益性。具体来说：

(1)货币性是指其可以用来作为货币，或很容易转换成货币的功能。一些金融资产本身就是货币，如现金和存款。

(2)流动性是指迅速“变现”而不致遭受损失的能力。变现的期限短、交易成本低的金融工具意味着流动性强；反之，则意味着流动性差。发行者资信程度的高低，对金融工具的流动性有重要意义。比如国家发行的债券、信誉卓著的公司所签发的商业票据、银行发行的可转让大额定期存单等，流动性就较强。衡量金融资产流动性的指标之一，主要是看交易的买卖差价，差价越大，标志着该金融产品的流动性越低。

(3)偿还期限是指在进行最终支付前的时间长度。更有现实意义的是从持有金融工具日起到该金融工具到期日止所经历的时间。

(4)风险性是指购买金融资产的本金有无遭受损失的风险。风险主要包括信用风险和市场风险。信用风险是指交易对方不愿意或者不能够履行契约的责任，导致另一方资产损失的风险。由于其中一方的信用等级下降，使持有金融资产方的资产贬值，也属于信用风险。信用风险对于任何一个金融投资者都存在，因此，认真审查投资对象，充分掌握信息，至关重要。市场风险是指由于金融资产市场价格下跌所带来的风险。在金融投资中，审时度势，采取必要的保值措施非常重要。

(5)收益性由收益率表示。收益率是指持有金融资产所取得的收益与本金的比率。收益率的计算方法有三种：名义收益率、现时收益率与平均收益率。

3. 什么是风险投资？简述风险投资的过程。

答：风险资本是由职业金融家投资到新兴的、迅速发展的、有巨大增长潜力的企业中的一种权益资本，风险投资是指投资人主动冒风险投入资本，以取得比谨慎投资更高的回报的投资。风险投资的资本即使以基金方式筹集，也是采取私募方式；资本的投向则是非上市公司的权益资本。

按照风险投资的传统做法，只是对于初创期、增长期、成熟期的新项目、新企业投资，特别是以高科技企业为对象。投资金额通常不大，但近年来风险投资的风格正在改变，激烈的市场竞争迫使风险资本也开始投资于一些风险低的传统项目和企业。

风险资本的投资过程大致分为五个步骤：第一，交易发起，即风险资本家获知潜在的投资机会。第二，筛选投资机会，即在众多的潜在投资机会中选出小部分做进一步分析。第三，评价，即对选定项目的潜在风险与收益进行评估。如果评价结果是可以接受的，风险资本家与企业家一同进入第四步——交易设计。交易设计包括确定投资的数量、形式和价格等。一旦交易完成，风险资本家需要与企业家签订最后合同，并进入最后一步——投资后管理，最后一步的内容包括设立控制机制以保护投资，为企业提供管理咨询，募集追加资本，协助企业进行资本市场运作以顺利实现必要的兼并收购和发行上市。

将投入的资本退出所投资的企业，以实现投资价值增值，是风险投资的最终目标。如何退出以及什么时候退出，是一个十分关键的问题。一般来说，风险资本要陪伴企业走过最具风险的5年时间；然后则是设法寻求有利的退出途径。风险资本的退出途径有多条，包括公司上市、兼并收购、公司股份回购、股份转让、亏损清偿、注销等。股票发行上市被称为风险资本的黄金收获方式。

4．简述当前发展我国资本市场的重要意义。［北京师范大学2001年研］

答：(1)资本市场的概念、作用以及我国资本市场存在的问题

资本市场是指证券融资和经营一年以上中长期资金借贷的金融市场，包括股票市场、债券市场、基金市场和中长期借贷市场等。资本市场的基本功能是促进资本的形成，它有效地动员民众的储蓄，将其合理地分配于经济部门。资本市场的完善与否，影响到一国的投资水平、资源的合理分配和使用，从而影响到国民经济的协调发展。

中国的资本市场存在着规模小、管理混乱、金融工具缺乏、投机性强、结构不合理等问题，远远不能发挥出资本市场应有的作用，因此我们应该大力推进资本市场的发展。

(2)当前发展我国资本市场的重要意义

①有效配置资金，促进经济增长。资本市场的基本功能在于促进资本的形成并将其合理地分配于各个经济部门。只有在资本市场得到了合理有效的发展之后，这种配置资金的功能才能得到正常的发挥，并能有效地促进经济的发展。很明显我国的资本市场离有效资本配置的水平还相距甚远。

②改善融资结构，扩大直接融资的比例。当前我国的融资结构十分不合理，过分依赖于银行和间接融资，这就导致了融资风险过度集中于银行的不合理现象。由于企业负债过高，在国民经济转型的过程中，国有企业退出的巨大成本，必然转化为银行的风险，其结果是使银行的竞争能力下降。资本市场的发展可以分散这种风险的累积，为国有商业银行的改革和竞争力的提高提供有利的条件。

③提高货币政策的有效性。中央银行的货币政策推出后，需要经过金融市场和商业银行的传导才能作用于货币政策的中间目标和最终目标。当前由于商业银行的贷款积极性不高，金融市场不够发达，我国的货币政策存在着传导机制不畅的问题，这在很大程度上影响了央行货币政策的有效性。扩大资本市场的规模，优化资本市场的结构，增强市场交易主体的理性，加强货币市场与资本市场的相关性，建立与资本市场发展相适应的货币政策框架，可以有效地提高货币政策的有效性，有利于改善我国目前面临的通货紧缩趋势。

④有利于社会主义市场机制的改革。金融市场尤其是资本市场是社会主义市场机制的重要组成部分，市场经济体制改革要求建立一个与经济发展水平相适应的资本市场。资本市场的发展本身不仅是市场经济体制改革的一个组成部分，而且还可以有效地促进整个经济体制改革的进程。

五、计算题

1．某债券面额为1000元，5年期，票面利率为10%，以950元的发行价向全社会公开发行。某投资者认购后持至第三年末以995元的市价出售，则该债券的持有期收益率是多少？

答：持有期收益率是指买入债券后持有一段时间，又在债券到期前将其出售而得到的收益率。它包括持有债券期间的利息收入和资本损益。

它的计算公式是：

持有期收益率＝[债券年利息＋(债券卖出价－债券买入价)/持有年限]/债券买入价×100%。

故该债券的持有期收益率＝[1000×10%＋(995－950)/3]÷950×100%＝12.11%。

2. 某公司1992年税后利润为1000万元，公司股份为4000万股，市价为每股10元。计算市盈率。

答：市盈率又称股份收益比率或本益比，是股票市价与其每股收益的比值，计算公式是：

市盈率＝当前每股市场价格/每股税后利润。

因此该公司1992年的市盈率＝10/(10000000/40000000)＝40

六、论述题

1. 试论我国资本市场存在的主要问题与对策。[上海交通大学2000年研]

答：资本市场是指证券融资和经营一年以上中长期资金借贷的金融市场。资本市场的基本功能是促进资本的形成，它有效地动员民众的储蓄，将其合理地分配于经济部门，资本市场的完善与否，影响到一国的投资水平、资源的合理分配和使用，从而影响到国民经济的协调发展。

全面地看，资本市场包括两大部分：一是银行中长期存贷款市场，二是有价证券市场。但是，一般可将资本市场视同或侧重于证券市场，而证券市场主要指的是债券市场和股票市场。

(1)我国资本市场存在的主要问题

就股票市场而言，虽然改革开放以来中国的股市得到了蓬勃发展，但也暴露出了不少问题，主要表现在：

①不规范现象还相当普遍。主要有：a. 管理体系不规范。股市管理无法可依、有法不依、执法不严的现象相当普遍；b. 上市公司行为不规范，特别是信息披露行为不规范；c. 证券商行为不规范，欺诈客户、内幕交易、违规透支等现象时有发生；d. 证券交易所行为不规范，放任、纵容甚至参与违规交易的行为不断；e. 证券中介机构行为不规范，评估不实、核准不准、查账不严、出具假证明等现象相当普遍；f. 投资者行为不规范，内幕交易、操纵股市、散布谣言、哄抬或打压股价等行为屡见不鲜；g. 股票种类设置不规范，中国按不同所有者的类别，把股票分为国家股、法人股、个人股、外资股，A股、B股、H股等，这些股种相互割裂，成为中国股市的一大历史问题。

②投机性较强。中国股市投机性强，大量游资在股市、期市和债市上游荡，哪有获利机会，这笔资金就蜂拥而至，造成其价格暴涨暴跌。

③决策层对加快中国资本市场培育问题的重视程度还有待进一步提高，并应制定一些带有扶持和推动作用且逻辑连贯性较强的政策。

④对国有企业上市，现行的某些政策措施具有相当的行政力量推动倾向。特别是实行“控制总量、限报家数”的上市公司指标分配方法以来，“块块”与“条条”行政力量的介入已产生了许多与市场经济规律相悖的现象。

⑤多层次市场结构不合理，当前，我国资本市场主要包括主板市场、创业板市场、中小板市场、新三板市场四个层次，但市场结构不合理，差异化发展不明显，主板市场依然占据主导地位，中小板市场和创业板市场的发展相对滞后。

我国的债券市场主要包括国债市场和企业债券市场两部分。这两大市场都面临着较为严重的问题。

国债市场上存在的主要问题包括：①市场处于分裂状态。当前我国国债发行市场基本呈现为银行间债券市场、证券交易所债券市场和凭证式国债发行市场三足鼎立的格局。②作为国债品种的发展主流，记账式国债在实际发行中的地位不突出。③凭证式国债提前兑付条款对发债人带来了潜在的风险。④发债规模与应债能力失衡。

在过去的十多年里，中国企业债券发行市场得到逐步的成熟，但流通市场的发展却不尽如人意，这主要表现在上市规模小，品种少。绝大部分的企业债券发行结束后都没有上市挂牌交易，即使是上市的企业债券交易量也很小，经常是有行无市。企业债券流通市场发展缓慢的直接后果就是企业债券的变现能力差。因而，企业债券缺乏作为一个金融工具的本质特征——流动性，其优越性无法体现出来。二级市场的这种滞后发展，必然会反过来影响到一级市场的发行，从而制约了整个企业债券市场的总体发展。

从总体上来说，我国的资本市场存在着规模小、结构不合理、金融工具少、投机性强、政府过多干预等问题，市场作用不能得以充分地发挥，迫切需要得到大力发展。

(2)促进我国资本市场发展的对策

由于资本市场本身所具有的重要作用以及我国资本市场存在的现实问题，我们必须要采取适当的应对措施，以促进资本市场的发展，并以此带动国民经济的健康发展。

需要采取的主要对策有：

①提高市场信息的可预期水平。近年来，资本市场中信息的真实性问题受到了广泛的重视，监管机构加大了对虚假信息提供者的处罚力度，但信息真实性本身并不能解决资本市场运行中的矛盾。提高市场信息的可预期水平，首先需要规范的是政府信息的生成与传播方式，免突击性的政策调整与监管策略的变动；其次需要建立常规性的信息发布机制和约束机制，避免以“个案处理”的办法代替制度性建设。

②加快上市公司股权结构的调整。从转型经济国家金融体制改革的一般经验来看，在计划经济向市场经济过渡时期，如果不打破国有或准国有企业对直接融资方式的垄断，资本市场效率的提高很难实现。在保持国有机构性质不变的前提下，解决这一问题的唯一方法是引入普遍的市场竞争，提高上市公司整体股权结构的市场化程度。

③建立内生性约束机制。外生性约束机制是在经济、金融运行外部形成的，体现的是“人的意志”；内生性约束机制是经济金融运行过程中自然形成的，体现的是“市场的逻辑”。改革开放40年来的经验证明，缺乏源于市场内部、符合市场规律、遵守市场规则的约束机制，提高金融体系的运行效率也就成为无本之木。

④弱化政府的作用。在金融活动中，政府的影响力越大，积累的潜在风险也就越大，最终支付的代价也就越大。弱化政府的作用，并不是否定政府的管理，而是在政府促进市场规则形成与政府替代市场规则之间进行选择，二者之间的关系是此消彼长的。从我国目前的情况来看，虽然经历了多次“机构精简”，金融管理部门在部门种类、人员数量、权力范围等方面都呈现出单调增长的趋势，这种现象需要引起我们足够的重视。

⑤建立投资银行体制。发展资本市场不仅要重新塑造市场主体，建立和发展市场客体，而且还要健全和完善中介人体系。我国资本市场中的中介人体系是很不健全的，发展和完善我国中介机构的重要途径是建立投资银行体制，通过投资银行业务综合化、功能多元化的特点，使其在企业产权市场和证券市场上发挥更大的作用。我国大体可以通过以下途径

建立投资银行体系：一是允许一些实力雄厚的大证券商开展投资银行业务，赋予其投资银行职能，使其逐步变成投资银行；二是按投资银行的功能改造和规范原有的信托投资公司，使其成为真正的投资银行；三是采取股份制的办法组建全新的投资银行；四是同国外投资银行联合在我国兴办中外合资的投资银行。

⑥在规范证券市场管理的基础上，支持符合条件的企业上市，支持机构投资者和个人购买上市公司股票；同时，要支持符合条件的企业发行企业债券。制定有关法规，积极支持成立各种基金，把民间资金集中起来，增加对企业和证券市场的投资。规范和支持股份制企业定向募集资金。

资本市场的发展应当是循序渐进的，我们应在参考西方发达国家成功经验的基础上结合我国自身的发展特点，逐步建立适合我们自己的资本市场体系。

2．请回答选择证券投资基金进行投资的好处和风险。［东北财经大学2022年研］

答：（1）选择证券投资基金进行投资的好处

①专业管理：证券投资基金由专业的基金经理进行管理，他们拥有丰富的市场经验和专业知识，能够做出更合理的投资决策。

②分散风险：基金通过将资金投资于多种不同的证券，实现资产的分散化，从而降低单一投资的风险。

③流动性高：开放式基金允许投资者随时申购和赎回份额，资金进出方便，流动性较好。

④门槛低：相对于直接购买股票或债券，投资基金的门槛较低，适合小额投资者。

⑤透明度高：基金的运作情况、净值变化等信息定期公开，投资者可以随时了解基金的表现。

⑥多样化选择：市场上有多种类型的基金，如股票基金、债券基金、混合基金等，投资者可以根据自己的风险偏好和投资目标选择合适的基金。

（2）选择证券投资基金进行投资的风险

①市场风险：基金投资于证券市场，市场波动会导致基金净值的波动，投资者可能面临本金损失的风险。

②管理风险：基金经理的投资决策可能不准确，导致基金表现不佳。

③费用风险：基金运作涉及管理费、托管费等多种费用，这些费用会侵蚀投资收益。

④流动性风险：虽然开放式基金流动性较高，但在市场极端情况下，赎回可能受到影响。

⑤信用风险：基金投资的债券等固定收益产品可能存在信用风险，即发行方违约的风险。

⑥政策风险：政府政策的变化可能影响市场环境，进而影响基金的表现。

第 9 章　资本市场

一、概念题

1. 资本市场［东北财经大学 2023 年研；上海社科院 2021 年研］

答： 资本市场又称长期资金市场，是指以期限 1 年以上的金融工具为媒介进行长期性资金交易活动的市场，广义的资本市场包括银行中长期存贷款市场和有价证券市场；狭义的资本市场则专指发行和流通股票、债券、基金等证券的市场，统称证券市场。

2. 二级市场

答： 二级市场是指对已经发行的证券进行交易的市场，当股东想转让股票或债券持有人想将未到期债券提前变现时，均需在二级市场上寻找买主。当希望将资金投资于股票或者债券等长期金融工具的人想进行此类投资时，可以进入二级市场，从希望提前变现的投资者手中购买证券，实现投资。因此，二级市场最重要的功能在于实现金融资产的流动性。

3. 公募发行

答： 公募发行是指向广泛的而非特定投资者发行证券的一种方式。公募发行涉及众多的投资者，其社会责任和影响很大，政府对证券的公募发行控制很严，要求发行人具备较高的条件。公募证券可以上市流通，具有较高的流动性，易被广大投资者接受。

4. 私募发行

答： 私募发行是指仅向少数特定投资者发行证券的一种方式，也称内部发行。发行对象一般是与发行者有特定关系的投资者，发行者的资信情况为投资者所了解，不必像公募发行那样向社会公开内部信息，也没有必要取得证券资信级别评定。

5. 竞价成交

答： 竞价成交是指在对同一种证券有不止一个买方或卖方时，买方交易员和卖方交易员从当时成交价逐步向上或向下报价；当任一买方交易员与任一卖方交易员的报价相等时，则这笔买卖即拍板成交。

6. 市场有效性

答： 市场有效性一般是指在市场上，商品买卖之间的相互行为形成某一特定商品价格，这一价格能够全面反映有关商品的所有公开信息，尤其在出现任何有关的新信息后，上述价格应该能够立即随之做出调整。对市场有效性的直观刻画是：价格可以反映所有公开的信息；价格对有关新信息可以做出迅速且不偏不倚的反映；没有可能利用公开信息进行套利。按照影响证券价格的历史信息、公开信息和内幕信息，有效市场理论将市场分为弱式、半强式和强式三种有效市场。在弱式有效市场存在情况下，证券价格反映了其所有历史交易信息，即有关证券的历史信息已经被充分披露、均匀分布和完全使用，任何投资者不可能通过任何方法来分析这些历史信息以取得超额收益；在半强式有效市场存在情况下，证券价格已经充分、及时地反映了所有可通过正当途径获得的公开信息，例如公司公布的盈利报告、分红、送配股的公告、会计政策变动以及专业机构公开发表的资料等，即证券价格的形成反映了全部投资者对所有公开信息的判断；在强式有效市场存在情况下，证券价格已经充分及时地反映了所有公开信息和内幕信息。

二、选择题

1. 下列金融工具中无偿还期限的有(　　)。

A. 商业票据　　B. 债券　　C. CDs　　D. 股票

【解析】股票是由股份公司发行的权益凭证，代表持有者对公司资产和收益的剩余要求权。持有人可以按公司的分红政策定期或不定期地取得红利收入。股票没有到期日，持有人在需要现金时可以将其出售。

2. 下列对有效市场特征描述正确的是(　　)。

A. 股票价格能根据有关信息及时准确调整

B. 股票收益可预测

C. 可通过分析以前的投资得到有用的信息

D. 投资收益存在差异

【解析】按照有效市场假说，资本市场的有效性是指市场根据新信息迅速调整证券价格的能力。如果市场是有效的，证券的价格可以对最新出现的信息做出最快速的反应，表现为价格迅速调整到位。

三、判断题

二级市场是有价证券在发行人与投资者之间流通的市场。(　　)

【解析】一级市场是有价证券在发行人与投资者之间流通的市场。二级市场又称次级市场，是对已经发行的证券进行交易的市场，当股东想转让股票或债券持有人想将未到期债券提前变现时，均需在二级市场上寻找买主。

四、简答题

1. 如何理解资本市场效率理论？

答：资本市场效率是指资本市场实现金融资源优化配置功能的程度。可以从以下三个方面来理解资本市场的效率理论：

(1)理论诞生的背景

金融市场的一个重要功能是传递信息。传递信息的效果，最后集中地反映在证券的价格上。好的市场可以迅速传递大量准确的信息，帮助证券价格迅速调整到应有的价位上；反之，差的市场信息传递慢且不准确，要花费很长时间才能将证券价格调整到位。为了评价市场对证券价格定位的效率，经济学家们做了大量研究，提出了资本市场效率理论，其中做出重要贡献的是美国经济学家法玛。

(2)理论的假设、内容及应用

①理解资本市场效率理论，应当注意理论的前提假设。其假设条件包括：资本市场上有大量相互竞争的以利润最大化为目标的理性参与者。这些参与者都各自独立地对股票价值进行分析并做出投资决策；各种信息以随机的方式进入市场，而且每个信息公布之后的调整一般是互相独立的；资本市场上互相竞争的投资者都力图使股票价格能够迅速地反映

1D　2A　Ⅰ　×

各种新信息的影响，这种影响在任何一个时点都无法进行预测。可以看出，这些假设条件是非常理想化的，现实生活不可能出现完全吻合的情况，但可能存在近似的情形。

②按照资本市场效率理论，资本市场的有效性是指市场根据新信息迅速调整证券价格的能力。该理论将资本市场的有效性分为弱式、半强式、强式三种。在弱式有效市场上，证券的价格反映了过去的价格和交易信息。如果市场是弱有效的，即存在信息高度不对称，提前掌握大量消息或内部消息的投资人就可以比别人更准确地识别证券的价值，并在价格与价值有较大偏离的程度下通过买或卖的交易，获取超常利润。在这种市场环境下，设法得到第一手的正确信息，确定价格被高估或者低估的证券，就显得十分重要。在半强式有效市场上，证券的价格反映了包括历史的价格和交易信息在内的所有公开发表的信息；半强式有效市场的有效性介于弱式和强式有效市场之间，其获利空间也介于二者之间。在强式有效市场上，证券的价格反映了所有公开和不公开的信息。在高度有效的市场上，想取得超常收益几乎不可能。因为，即使证券价格与价值偏离，人们也会立即掌握这一信息，然后通过迅速买进或卖出的交易行为将这一差异消除。强式有效市场对于证券投资专业人士的意义是，用不着费劲去探寻各种宏观经济形势和有关公司的信息。因为你得到了，所有其他人也同时得到了。换言之，试图通过掌握和分析信息来发现价值被低估或高估的证券，基本上做不到。因此，在这种情况下的正确投资策略是：与市场同步，取得和市场一致的投资收益。具体做法是，按照市场综合价格指数组织投资。

(3)对理论的评价

该理论对于证券投资而言，具有一定的指导意义。但是，这一理论近年来也面临挑战。在对有效市场假说进行实证的研究中，屡屡被指出存在许多统计异常的现象。同时，理性经济人的假设前提也遭到异议。

2．什么是初级市场，什么是二级市场？简述二者的关系。

答：初级市场与二级市场是针对金融市场功能划分的两个类型。无论股票市场还是债券市场均存在这样的划分。

初级市场是组织证券发行的市场。凡新公司成立发行股票、老公司增资补充发行股票、政府及工商企业发行债券等，均构成初级市场活动的内容。初级市场也称为实现融资的市场。

初级市场上，新证券发行有公募与私募两种方式。私募方式又称证券直接发行，指发行人直接对特定的投资人销售证券。私募的发行范围小，一般以少数与发行人或经办人有密切关系的投资人为发行对象。通常，股份公司对本公司股东发行股票多采用私募的办法。私募的手续简单，费用低廉，但不能公开上市。公募，指发行人公开向投资人推销证券。在公募发行中，发行人必须遵守有关事实全部公开的原则，向有关管理部门和市场公布各种财务报表及资料，以供投资人决策时参考。公募发行须得到投资银行或其他金融机构的协助。这些金融机构作为证券发行的代销商或包销商，从中取得佣金或价差收入。经销巨额证券业务，往往不是由一家投资银行之类的金融机构单独进行，而是由一家牵头，组成推销银团。

二级市场也称次级市场，是对已经发行的证券进行交易的市场，当股东想转让股票或债券，持有人想将未到期的债券提前变现时，均需在二级市场上寻找买主。当希望将资金投资于股票或者债券等长期金融工具的人想进行此类投资时，可以进入二级市场，从希望提前变现的投资者手中购买尚未到期的证券，实现投资。因此二级市场最重要的功能在于实现金融资产的流动性。

初级市场和二级市场有着紧密的相互依存关系。初级市场是二级市场存在的前提，没有证券发行，自然谈不上证券的买卖；有了发行市场，还必须有二级市场，否则，新发行的证券就会由于缺乏流动性而难以推销，从而导致初级市场萎缩以至无法存在。

3. 如何理解资本市场的功能?

答: 资本市场是现代金融市场的重要组成部分，是指社会资源配置和各种经济交易的多层次的市场体系，可以从以下三方面理解资本市场的功能:

(1)首先要把握资本市场的特点。资本市场交易的金融工具期限长，短则至少为1年，长可达数十年；市场交易的目的主要是为解决长期投资性资金的供求需要。例如，开办新企业，更新改造或扩充厂房设备，国家长期建设性项目的投资等等，除了利用企业的自有资本以及向银行借入中长期贷款外，需要去资本市场上利用发行股票、债券等方式筹措资金；资金借贷量大。巨额的资金主要用以满足长期投资项目的需要，市场交易工具收益较高而风险也大。资本市场的功能来自资本市场所具备的特点。而核心特点则要抓住资本市场的长期性。

(2)把握资本市场的两个市场层次——证券发行市场和证券流通市场。证券发行市场是发行人向投资者出售证券的市场，又被称为一级市场。发行市场与证券流通市场相辅相成，构成统一的证券市场。对于证券发行人来说，两个市场层次在便利了发行人筹资的同时，又对其形成强有力的市场约束。对于投资者来说，他可以在流通市场上根据自身利益需要，自由选择证券，“用脚投票”。把握两个市场的运行机制，有助于理解资本市场的功能。

(3)资本市场的具体功能分析。

①资本市场是筹集资金的重要渠道。由于资本市场上的金融工具收益较高，能吸引众多的投资者，他们在踊跃购买证券的同时，向市场提供了源源不断的巨额长期资金来源。

②资本市场是资源合理配置的有效场所。在资本市场中企业产权的商品化、货币化、证券化，在很大程度上削弱了生产要素部门间转移的障碍。实物资产的凝固和封闭状态被打破，资产具有了最大的流动性。一些效益好、有发展前途的企业可根据社会需要，通过控股、参股方式实行兼并和重组，发展资产一体化企业集团，开辟新的经营领域。另外，在资本市场上，通过发行债券和股票广泛吸收社会资金，其资金来源不受个别资本数额的限制。这就打破了个别资本有限，难以进入一些产业部门的障碍，有条件也有可能筹措到进入某一产业部门最低限度的资金数额，从而有助于生产要素在部门间的转移和重组，实现资源的有效配置。

③资本市场有利于企业重组。企业可以通过发行股票组建股份公司，也可以通过股份转让实现公司的重组，以调整公司的经营结构和治理结构。现代企业的兼并重组离不开资本市场。由于各投资主体直接代表了各方的利益，各层次的相互约束能形成一个有机统一的制衡整体，有助于提高公司的经营效率和发展能力。

④资本市场有利于促进产业结构向高级化方向发展。资本市场是一个竞争性的市场，筹资者之间存在着直接或间接的竞争关系，只有那些发展前途且经营状况良好的企业才能在资本市场上立足。这样，资本市场就能筛选出效率较高的企业，同时也能激励所有的上市公司更加有效地改善经营管理。正是通过这种机制的作用，促成了资源的有效配置和有

效利用，从而使产业结构得以优化。另一方面，在产业、行业周期性的发展、更迭过程中，高成长性的企业和行业通过资本市场上的外部直接融资，进行存量与增量的扩张与重组，得到充分而迅速的发展，率先实现并推动其他产业的升级换代。

五、计算题

设有一张分次付息、一次还本的单利债券，票面金额为1000万元，期限为3年，原定利率为5%，某人在第二年开始时购入，在市场利率为3%的情况下，试计算该债券的理论价格，并运用同等资本取得同等报酬的原理，验证计算方法的正确性。

答：(1)债权价值是其未来现金流入的现值，未来现金收入包括利息和本金。

设P为债券价格，C为每年的利息，R为市场利率，则该债券的市场价格为

$$P=\frac{(M+C)}{(1+R)^2}+\frac{C}{1+R}+C$$
$$=\frac{(1000+1000\times5\%)}{(1+3\%)^2}+\frac{1000\times5\%}{1+3\%}+1000\times5\%$$
$$=989.7+48.5+50=1088.27(\text{万元})$$

(2)价格1088.27万元的债券两年后获得的收入为：$1088.27\times(1+0.03)^2=1154.55$(万元)

而该债券到期日的现金流为：$50\times(1+0.03)^2+50\times(1+0.03)+1000+50=1154.55$(万元)

可见符合同等资本取得同等报酬原理，即计算方法是正确的。

六、论述题

论货币政策与资本市场(长期债券市场和股票市场)之间的互动性。[中南财经政法大学2002年研]

答：(1)货币政策指的是中央银行为实现既定的经济目标运用各种工具调节货币供应量和利率，进而影响宏观经济的方针和措施的总和。资本市场指交易期限在1年以上的长期金融交易市场，主要满足工商企业的中长期投资需求和政府弥补财政赤字的资金需要，期限长，风险大，收益高，流动性差，这里是指长期债券市场和股票市场。货币政策的实施对资本市场有明显的影响，而资本市场的变化对货币政策的制定、实施和效果也有反作用。

(2)货币政策的实施对资本市场的影响主要表现在：

①公开市场业务对资本市场有直接的影响。公开市场业务是央行实施货币政策的最重要、效果最易控制的政策工具之一。它主要是指货币当局在金融市场上出售或购入财政部和政府机构的证券，用以影响基础货币和货币供应量的一种政策手段。当中央银行要实行宽松的货币政策，增加基础货币和货币供应量，购入债券，增加了资本市场上的需求量，会活跃市场并促使总体价格上升；反之，则会降低资本市场上的总价格水平。

②货币政策的结果对资本市场有重要作用。较松的货币政策的结果是流通中货币增加，利率下降。一方面人们持有的货币超过意愿，资本市场的资金面比较宽松，会促使市场上价格上升；另一方面，利率的下降使必要收益率下降，证券价格上升。

③货币政策的稳定性有利于资本市场的健康发展。由于货币政策对资本市场有很大的影响，货币政策的变动势必会引起资本市场的波动。如果货币政策稳定性差，会影响到投资者对资本市场的信心，进而影响到资本市场的效率和长期发展。只有一个长期稳定的货

币政策，才能减少人为扰动，为资本市场的发展营造出一个良好的平台。

(3)资本市场的变化对货币政策的制定、实施和效果有一定的反作用，主要有：

①资本市场可以为货币政策的制定提供依据。由于资本市场尤其是股票市场在某种意义上是宏观经济的“晴雨表”，反映了经济总体状况，而且比实体经济指标反应更为迅速。如果资本市场过热，宏观经济往往出现通胀可能，央行就应该减少货币投放，甚至回笼通货；反之，如果资本市场过冷，央行应注意是否货币供给量太少，影响经济发展。因此资本市场的变动为货币政策的制定提供了一定的参考，具有向导作用。

②发达的资本市场是货币政策实施和传导的必要条件。一方面，公开市场操作必须要有一个高度发达的资本市场，才能容纳央行大笔吞吐资金，进一步将货币的增减传递到经济生活的各个方面，保证货币政策的顺利传导；另一方面，即使采用其他政策手段，也需要一个发达的资本市场在货币政策的推动下，迅速形成新的市场利率，通过改变投资影响实体经济，保证货币市场效果。

③发达的资本市场有利于缩短货币政策的时滞。资本市场越发达，货币供给变动时利率变动就越灵敏，货币政策从实施操作到发生效果的时间也就越短。

第10章　金融体系结构

一、概念题

参与成本

答：参与成本是指投资者参与金融市场的成本，可分为投资者学习某种金融知识需要花费的固定成本和平时监控与参与市场的边际成本。投资者要想参与市场，要付出学习成本，要交学费，要投入精力，学习市场运作，了解资本收益的变化，监视市场的动态；要懂得如何进行资产组合，而且要实时地调整组合等等，这些共同构成需要投资者付出的成本。

二、选择题

1．市场主导型的英国金融体系的形成与下列哪个事件有关(　　)。

A．密西西比泡沫事件　　B．南海泡沫事件

C．郁金香泡沫　　D．《格拉斯－斯蒂格尔法案》出台

【解析】1719～1720年是金融发展史上具有重要意义的年代，这两年发生了两个相互关联的事件：①法国的“密西西比泡沫事件”；②英国的“南海泡沫事件”。由此产生了英国与法国两种差别很大的金融体系，即以市场为主的英美模式和以银行为主的欧洲大陆模式。

2．美国金融体系的特点包括(　　)。

A．为投资者提供了大量的金融产品

B．为投资者提供了大量分散风险的机会

C．存在着大量无法对冲风险的银行存款

D．提供了大量利率与股市行情等金融信息

【解析】美国金融体系一个显著的特点，就是可以为一般投资者提供大量不同的金融产品，因而提供了大量分散风险的机会。而在德国，股票交易的种类和数量很少，存在的是大量无法对冲风险的银行存款。

3．德国金融体系的特点包括(　　)。

A．金融中介可使分散的投资者分享长期投资带来的高收益

B．少数大银行占支配地位

C．银行拥有大量相关企业的信息

D．股票交易的种类与数量很多

【解析】在德国这种少数大银行占支配地位的金融体制中，金融中介机构有对金融市场的替代功能。银行在与企业的长期合作关系中拥有大量相关企业的信息，它们可以直接对相关企业提出建议，也可以间接用于决定是否发放贷款给予支持。在德国，股票交易的种类和数量很少，没有多少可供分散风险的机会。

4．下列说法中正确的有(　　)。

1B　2ABD　3ABC　4BCD

A. 风险交易和风险管理的专业性越强，投资者的参与成本就越低

B. 资产证券化的运作使银行的运作与资本市场的运作交叉在一起

C. 传统利息性收入下降的压力促使银行从事高风险的衍生产品交易

D. 市场与机构、机构与机构相互渗透和界限日益模糊的趋势代表了金融发展趋势的主流

【解析】A 项，风险交易和风险管理的专业性越强，投资者的参与成本就越高。

5. 下列说法中错误的有(　　)。

A. 金融活动与社会公众利益之间有着极强的联系

B. 国家的管制框架是金融体系的重要组成部分

C. 银行对贷款要求抵押担保，会促使借款人更加大胆地使用贷款

D. 金融活动应该延伸并也延伸到企业公司治理之中了

【解析】C 项，银行对贷款要求抵押担保，增加了借款人的成本，会促使借款人更加谨慎地使用贷款。

三、判断题

1. 金融功能框架作为微观分析框架，不把创造货币、为经济提供流动性考虑在金融体系的功能之内。(　　)

【解析】金融功能框架核心功能包括以下六种：①在时间和空间上转移资源；②提供分散、转移和管理风险的途径；③提供清算和结算的途径，以完结商品、服务和各种资产的交易；④提供了集中资本和股份分割的机制；⑤提供价格信息；⑥提供解决“激励”问题的方法。博迪和默顿的金融功能框架基于微观分析的立足点，所以创造货币，为经济提供流动性，就不包括在上述的金融体系六种功能之内。

2. 从发达国家企业资金来源结构上看，股权融资是最主要的融资方式。(　　)

【解析】从发达国家企业资金来源结构上看，债权融资是最主要的融资方式。

3. 在活跃的市场机制下，投资者投票的简单随意性和随时可能出现的敌意收购，有利于管理者进行长期决策。(　　)

【解析】在活跃的市场机制下，投资者投票的简单随意性和随时可能出现的敌意收购，不利于管理者进行长期决策。

四、简答题

1. 简述金融功能观对于金融系统功能的概括。

答：金融系统的基本功能是指在不确定环境下进行资源的时间和空间配置，对于金融系统的基本的、核心的功能，金融功能观归纳为以下几点：

(1)在时间和空间上转移资源。

(2)提供分散、转移和管理风险的途径。

金融体系能够将风险合理地配置到有承担能力且愿意承担的部门和经济行为主体。

(3)提供清算和结算的途径以完成商品、服务和各种资产的交易。

5C　　▌　　1√　2×　3×

各类金融中介提供的服务使形形色色的货币支付日益便捷、安全、快速、节省。这就保证了经济的润滑进行，节省了经济发展的社会成本。

(4)提供了集中资本和股份分割的机制。

股份公司、银行、投资基金等等，都是集中小额资金、短期资金以解决巨额资本需求的形式。而巨大的营运资本可以通过股票形式把所有权细分；巨大的债权则可以通过基金形式把债权分割，等等。

(5)提供价格信息。

金融领域的价格信息，如利率、汇率、股市行情等，对于投资决策、经营决策的重要性人所共知。而金融体系则提供了这些金融信息形成的机制。

(6)提供解决“激励”问题的方法。

这是金融体系在涉及金融工具设计、公司治理等多个方面的功能。

2. 试分析20世纪70年代以来金融市场迅速发展和中介发展相对缓慢的原因。

答：20世纪70年代以来，世界各国的金融体系均发生了或正在发生着重大的变化。金融市场的发展趋势极为强劲；而金融中介，主要是银行，却好像步履蹒跚。造成变化的主要原因在于：

(1)信息技术的革命极大地提高了金融体系的效率，降低了融资的交易成本和信息成本。原来在金融体系中处于绝对优势的以银行为主的金融中介越来越多地受到直接市场融资的竞争压力。

(2)战后发达国家通货膨胀经常发生，利率风险加大；布雷顿森林体系在20世纪70年代初瓦解，国际货币制度进入浮动汇率制，汇率风险加剧。于是贸易和金融领域极其需要发展新的金融工具规避风险。这种客观需求刺激了衍生金融工具市场的发展，而衍生金融工具交易急剧地扩大了资本市场的规模。

(3)银行体系在金融市场的压迫下，不断突破政府的各种管制，创造和使用新的金融产品，积极参与市场交易。同时，受自由主义经济思潮的影响，各国政府的管制思想本身也在发生变化，基本趋势是放松管制，为金融创新提供了较为宽松的环境。但由此增强的银行业的竞争力量，在更为迅猛的资本市场扩充面前依然显得柔弱。

3. 试从金融功能的角度分析广义金融中介的共同点。

答：从金融功能着眼，广义金融中介具有一些有基本意义的共同点：

(1)所有金融中介都为金融产品的交易服务，可以是金融产品买卖双方的单纯的中介，也可以是金融产品的销售者、购买者。这类服务保障着金融资产的流动性。而丧失流动性，金融资产也就失去了生命力。

(2)所有金融中介都是信息的生产者，提供有关金融交易所必要的信息服务，包括承担信息的评价和监控的职能。在进行金融交易时，信息成本很高，交易者很难完全独立负担，这本身就是所有金融中介存在的一个内在原因。

(3)所有金融中介都本着同一的保险原则，集合、分散、转移金融风险。所有非保险业的金融中介，其运作都是基于集合、分担、转移风险的保险原理；或者说银行、股市、期市等，都是保险的形式。例如当银行向存款人承诺“即时付款”时，实质是集中存款提取的独立风险并向存款人提供流动性保险。

4．试分析中介与市场相互渗透发展的趋势。

答：中介与市场相互渗透发展的趋势主要表现在以下方面：

（1）银行业务的证券化发展。

在资本市场迅猛发展的背景下，人们的经济联系均可在证券化的形式中得到表现。证券化对经济生活所覆盖的范围日益扩大。就金融领域来说，银行业务，特别是资产业务的证券化有了迅速的发展。如抵押贷款中抵押品的证券化，消费信贷的证券化，应收账款的证券化，甚至不良资产也可进行证券化的操作。这样，银行的运作与资本市场的运作就交叉在一起。通过资本市场，银行解决了贷款资金长期占用与保持流动性的矛盾，资本市场也相应地扩充了自己的领域。

（2）银行在资本市场中扩充经营范围。

就西欧大陆全能性银行来说，本来就一直从事有关资本市场的经营活动。但在典型的分业经营的美国，银行的经营实际上也占资本市场业务总量的相当份额。在美国，利率和外汇衍生工具市场上，银行（特别是大银行）已成为主要交易商，它们所持有的这类合约占总额的绝大比重。在传统利息性收入明显下降的压力之下，银行不断为自己开拓新的盈利途径，在资本市场中扩充经营范围。

（3）服务于资本市场的中介机构向传统银行业务领域的扩张。

银行向金融市场渗透，金融市场的中介机构也不断侵入银行的传统势力范围。市场与机构、机构与机构相互渗透和界限日益模糊的趋势是明显的。这一趋势代表金融发展趋势的主流。

5．简述互联网金融的特征。［兰州大学2021年研］

答：互联网金融相较于传统金融模式，具有以下显著特征：

（1）成本较低

在互联网金融模式下，资金供求双方通过网络平台自行完成信息甄别、匹配、定价和交易。一方面，金融机构避免了开设营业网点的资金投入和运营成本；另一方面，消费者可以在开放、透明的平台上快速找到适合自己的金融产品，从而大大降低了信息不对称程度。

（2）效率较高

互联网金融业务主要由计算机处理，操作流程完全标准化，业务处理速度更快，用户体验更好。一笔贷款从申请到发放往往只需几秒钟。

（3）服务面广

借助互联网金融模式，客户能够突破时间和地域的约束，寻找可用的金融资源，客户基础更广泛，金融服务更直接。特别是，它可以覆盖部分传统金融业的服务盲区（如偏远地区和小微企业），有利于提升资源配置效率。

（4）风险较大

①信用风险大：互联网金融的进入门槛和违约成本较低，监管难度较大，容易诱发恶意骗贷等风险。

②网络安全风险大：互联网容易遭遇黑客攻击，确保消费者的资金安全和个人信息安全是互联网金融未来发展面临的严峻挑战。

（5）管理较难

①风险控制难：互联网金融总体上不具备类似商业银行的风险控制、合规管理和清收机制，如果得不到征信系统和信用信息共享机制的支持，极易出现各种风险漏洞。

②监管过程难：从全球范围看，各国针对互联网金融的监管制度大多落后于互联网金融发展。例如，金融监管制度较为完善的美国，从 1997 年就开始制定一系列专门针对互联网金融的监管规则和法律框架，但监管机构分工不明确，影响了监管效率。

6. 如何减少影子银行体系给金融稳定带来的潜在风险？［辽宁大学 2017 年研］

答：影子银行是指传统银行体系之外涉及期限和流动性转换的信用中介，或者行使商业银行功能却不受类似商业银行那样严格监管的非银行金融机构以及金融工具。影子银行活动包括货币市场基金（MMF）的相关活动、由未受监管的金融公司开展的信贷活动、由特殊渠道和由长期资产支持的商业票据等投资工具进行的保险活动以及通过回购市场证券化进行的融资活动。

影子银行体系能够促进信贷向特定部门扩张，也为银行和投资者提供了一系列管理信贷、流动性和期限风险的工具。但影子银行给金融部门带来了众多风险。其中一些风险（如与银行偶发贷款相关的风险敞口）可由银行监管的改善以及强化对信用评级机构和货币市场基金的监管得到解决，但其他方面则很难应对，特别是那些在国内以及国与国之间需要不同监管机构高度协作的领域。

减少影子银行体系给金融稳定带来的潜在风险的措施包括以下几个方面：

（1）需要改善机构层面的信息披露和全系统的统计框架，确保对风险积累进行适当监测。

（2）需要同时对那些反映潜在系统性风险实质和位置的指标进行定期监管。

（3）需要识别和解决监管缺口，随时应对金融体系中危险的杠杆率积累以及期限和流动性的错配。

（4）考虑到许多对冲基金活动都具有国际性，因此以上工作需要国际层面的协作。

第 11 章　金融基础设施

一、概念题

资本充足率[深圳大学 2012 年研]

答： 资本充足率是指资本总额与加权风险资产总额的比例。资本充足率反映商业银行在存款人和债权人的资产遭到损失之前，该银行能以自有资本承担损失的程度。比率中的风险资产是指不包括商业银行第一、第二级准备金在内的资产。只有这些资产才有必要考虑其保障程度。这一指标将不必用资本给予保障的资产排除在外，较多体现了资本的"抵御资产意外损失"的功能。

作为国际银行监督管理基础的《巴塞尔协议》规定，资本充足率以资本对风险加权资产的比率来衡量，其目标标准比率为 8%。

二、判断题

通常全额实时清算采用的是小额定时支付系统，而净额批量清算采用大额支付系统。(　　)

【解析】通常全额实时清算采用的是大额支付系统，而净额批量清算采用小额定时支付系统。

三、简答题

1. 如何认识支付清算系统的作用？

答： 由中央银行组织的支付清算系统是各国金融体系中重要的基础设施，它不仅可以安全、高效地清偿债权债务关系，加速社会资金周转，还有利于中央银行正确地制定和实施货币政策。其具体作用主要有：

(1)支持跨行支付清算。商业银行总行及其分行与所在地支付系统的城市处理中心连接，通过支付系统提供的开放的业务处理路径，实现跨行支付业务的快捷、安全、方便处理，并有利于实现其最终清算。

(2)支持货币政策的制定和实施。中央银行负责支付清算系统，可以全面及时掌握支付信息，有利于正确地分析金融形势、制定货币政策。同时，支付系统又是实施货币政策的重要渠道。例如，通过提供便利或设置障碍，支付系统可以加快或放慢货币流通的速度；通过公开市场操作业务系统与支付系统连接，使中央银行的债券买卖与金融机构的账户处理同步完成，实现资金的即时转账，可以有效地缩短公开市场业务这一货币政策工具的时滞。

(3)有利于商业银行流动性管理。商业银行总行及其分行可以通过支付系统实时监控本机构及辖属各分支机构清算账户的变动情况，并灵活地进行头寸调度，提高资金使用效率。系统还为商业银行提供紧急融资服务，提高商业银行的支付能力。

(4)有利于防范和控制支付风险。支付系统通常设置头寸预警功能，金融机构清算账户达到余额警戒线时，系统自动报警，中央银行可对清算账户实施必要的控制。此外，系统还具有支付清算信息和异常支付监测等功能。

2. 阐明支付清算系统的含义及其作用。

答：(1)支付清算系统的含义

支付清算系统，也称为支付系统，是一个国家或地区对交易者之间的债权债务关系进行清偿的系统。具体地讲，它是由提供支付服务的中介机构、管理货币转移的规则、实现支付指令传送及资金清算的专业技术手段共同组成的，用以实现债权债务清偿及资金转移的一系列组织和安排。

(2)支付清算系统的作用

现代的支付清算体系则是伴随着中央银行制度的发展而发展的。各国中央银行大多有法令明文规定，其负有组织支付清算的职责。支付清算系统具有以下几个方面的作用：

①由一国中央银行主持下的支付系统是现代经济活动运行的“基础设施”。它可以形容为资金的高速公路，当道路宽阔、畅通、覆盖面大时，资金在债权债务人之间的流动就顺畅，经济体运行就健康。如果不通畅，就会付出过高的清算成本，资金运用的效率就会降低；一旦发生局部的堵塞和服务中断，债权债务不能及时清偿，就会给经济运行带来巨大的影响。

②安全、高效的支付系统有利于规避金融风险。支付系统在运转过程中可以发现金融机构经营过程中的一部分潜在的信用风险和流动性风险，并能主动预警。比如支付系统可以监测各家商业银行清算账户的日间透支额和日终透支额，一旦这些指标出现异常，支付系统就会要求商业银行采取必要的措施，以保证支付效率。

③高效的支付系统还可以为一国中央银行的货币政策服务。任何国家的中央银行在制定货币政策时都需要以完整、可靠、及时的金融信息为基础。支付系统提供的信息来源于真实发生的每一笔支付业务，因此可以为中央银行分析金融形势、制定货币政策提供服务。从另一个角度讲，支付系统又是中央银行货币政策实施的工具和渠道。比如通过支付系统可以改变货币供给量，扩大或缩小现钞和硬币的发行量；通过提供便利或设置障碍，支付系统还可加快或放缓货币流通的速度。

如果是通用货币的支付系统如美元、欧元、日元的支付系统，它们还会对全球经济或区域经济发挥作用。

3. 金融危机以来各国和国际社会针对金融市场基础设施进行了哪些重要改革？

答：2008年以来的金融危机暴露了金融市场基础设施在应对金融工具特别是金融衍生工具交易方面的缺陷，许多金融交易的信息披露不充分，针对交易对手方之间敞口的风险抵押严重不足。根据二十国集团(G20)的要求，金融稳定理事会(FSB)于2010年4月开始着手推进金融市场基础设施的改革。迄今为止的改革主要包括两个方面：

(1)建立场外衍生品交易信息库

场外衍生品交易信息库是一个保存场外衍生品交易在其存续期间所有相关细节的电子登记库。该项改革要求所有的场外衍生品合同均须向交易信息库报告，交易信息库则为监管者、市场参与者和公众提供信息，据此提高场外衍生品市场的透明度。如果所有的金融交易均向交易信息库报告了交易信息，则相关监管机构就能及时全面地掌握场外金融衍生品市场的总体情况。假如在金融危机前交易信息库已经存在，则像美国国际集团(AIG)那样巨大的衍生品头寸就有可能被及早发现。除此之外，交易信息库须协助监管机构评估系统性风险和金融稳定性、监督市场参与者以及开展机构处置活动等。

（2）建立中央交易对手

中央交易对手相当于为场外金融衍生品建立一个集中清算机制。目前，衍生品的清算和结算存在两套平行体系，即双边清算体系和中央交易对手体系。通常而言，大部分的场外衍生品交易采用双边清算体系，而大部分在交易所买卖的衍生品和部分场外衍生品的清算则通过中央交易对手体系。中央交易对手是介于买卖双方中间的独立法律主体，一旦买卖双方达成交易，交易信息将由中央交易对手登记注册，买卖双方的原始合约将由交易方与中央交易对手分别签订的两份新合约替代。

相较于双边清算，通过中央交易对手进行清算具有明显的好处。中央交易对手介入两个原始交易对手之间，使原始交易对手相互隔离，一方面可以降低金融机构之间的关联性，另一方面还有助于防止金融违约，从而促进金融稳定。当然，集中清算也会将金融风险集中于中央交易对手，因此，中央交易对手自身的稳健性至关重要。中央交易对手清算机制是否具有分散风险的功能取决于两大关键因素：一是采用该清算机制的成员所投入的资本量；二是与未偿付的风险敞口相匹配的原始抵押值。针对此，中央交易对手会要求其成员至少每天根据头寸价格变动情况对抵押品进行调整。

4．如何认识金融业标准？中国在实施这些标准时应持何种态度？

答：（1）金融业标准是金融行业须共同遵守的统一规范和通用语言，是能对金融业务活动做出明确界定并作为衡量相关金融行为的参照系。

金融业标准目前主要集中在“金融部门评估规划”（FSAP）中。“金融部门评估规划”由国际货币基金组织和世界银行于1999年5月联合推出，旨在加强对成员国（地区）金融脆弱性的评估与监测，以减少金融危机发生的可能性，同时推动一国（地区）金融改革和发展。目前，FSAP已成为国际广泛接受的金融稳定评估框架。

尽管FSAP并不包括所有的业务准则，但涵盖了金融业五个主要方面的准则，即巴塞尔银行监管委员会（BCBS）发布的《有效银行监管核心原则》；国际证监会组织发布的《证券监管目标与原则》；国际保险监督官协会（IAIS）发布的《保险核心原则与方法》；十国集团中央银行支付体系委员会发布的《重要支付系统核心原则》以及IOSCO和CPSS联合发布的《证券清算体系建议》。

（2）2012年4月6日，国际货币基金组织和世界银行公布报告认为，中国金融体系较好地遵守了《有效银行监管核心原则》《证券监管目标与原则》《保险核心原则与方法》《重要支付系统核心原则》和《证券清算体系建议》等金融领域的国际标准，中国的金融监管体系在监管能力、法规体系、信息透明度和消费者保护方面进展明显，监管有效性显著提升。

从总体上看，过去国际上通行的金融业标准，大多是西方发达国家制定的，新兴市场经济国家和发展中国家是后来者，因此基本上是发达国家说了算。西方国家制定金融业标准，难免倾向于考虑自身利益。中国经济金融已经进入一定发展阶段，需要积极参与金融业国际标准的制定过程。“十二五”规划明确提出，要“参与国际金融准则新一轮修订，提升我国金融业稳健标准”。简言之，中国在制定金融业标准中需要有自己的声音。但无论如何，提高金融业标准对中国金融业的健康发展是有利的。

四、论述题

为什么中央银行的支付清算系统职责日益受到重视？一个方便、快捷并保持顺畅运行

的支付清算系统对经济生活有何重要意义？

答：(1)商业银行办理结算业务除需采用相应的支付工具、结算方式以外，还需借助银行同业的协作，才能最终实现客户委办的结算业务。另外，出于自身需要，银行也会与其他金融机构发生大量的业务往来。因此，银行同业之间也会产生债权债务的清偿和资金的划转。为此，需要通过一定的清算组织和支付系统，进行支付指令的发送与接受、对账与确认、收付数额的统计轧差、全额或净额清偿等一系列程序，即所谓的“清算”。尽管银行之间可以通过建立双边清算机制实现相互间的资金清算，但在一个复杂的、拥有许多参与者的金融体系中，单纯依靠银行间的双边清算实现巨额资金转移，不仅效率低下，而且造成资源的巨大浪费。为了顺利实现金融机构之间的资金转移，除需要借助清算机构、支付系统及支付工具以外，还需要银行的银行——中央银行提供支付清算服务。尽管各国的支付清算体系构成不同，但银行同业间的资金转移一般都是通过中央银行的最终清算实现的。

随着经济的发展，银行林立、银行业务不断扩大，债权债务关系错综复杂，票据交换及清算若不能得到及时、合理处置，会阻碍经济顺畅运行。中央银行作为一国支付清算体系的核心参与者和管理者，通过一定的方式、途径，使金融机构之间的债权债务清偿及资金转移顺利完成并维护支付系统的平稳运行，从而保证经济活动和社会生活的正常进行。所以其组织支付清算系统的职责日益受到重视。

(2)支付清算系统对经济生活的意义

①由一国中央银行主持下的支付系统是现代经济活动运行的“基础设施”。它可以形容为资金的高速公路，当道路宽阔、畅通、覆盖面大时，资金在债权债务人之间的流动就顺畅，经济体运行就健康。如果不通畅，例如用于支付的资金在支付系统中被金融机构无偿占用的时间过长，就会付出过高的清算成本，资金运用的效率就会降低；一旦发生局部的堵塞和服务中断，债权债务不能及时清偿，就会给经济运行带来巨大的影响。因此市场经济较发达的国家都十分重视建立一个高效、稳定的支付系统。

②安全、高效的支付系统有利于规避金融风险。任何一个国家或经济体的支付系统都是通过缜密设计、合理建设和规范运行来规避和控制各种金融风险的。支付系统在运转过程中可以发现金融机构经营过程中的一部分潜在的信用风险和流动性风险，并能主动预警。比如支付系统可以监测各家商业银行清算账户的日间透支额和日终透支额，一旦这些指标出现异常，支付系统就会要求商业银行采取必要的措施，以保证支付效率。

③高效的支付系统还可以为一国中央银行的货币政策服务。任何国家的中央银行在制定货币政策时都需要以完整、可靠、及时的金融信息为基础。支付系统提供的信息来源于真实发生的每一笔支付业务，因此可以为中央银行分析金融形势、制定货币政策提供服务。从另一个角度讲，支付系统又是中央银行货币政策实施的工具和渠道。比如通过支付系统可以改变货币供给量，扩大或缩小现钞和硬币的发行量；通过提供便利或设置障碍，支付系统还可加快或放缓货币流通的速度。近年来流行于欧美支付系统的 DVP(delivery versus payment)服务，是将支付系统与一国中央银行的公开市场业务交易系统相连接，使中央银行的债券买卖与金融机构的账户处理同步完成，这就有效地缩短了中央银行公开市场交易这一货币政策工具的时滞。

④如果是通用货币的支付系统如美元、欧元、日元的支付系统，它们还会对全球经济或区域经济发挥作用，促进全球经济一体化或区域经济一体化进程的发展。

第3篇　货币均衡与宏观政策

第12章　利率的决定及作用

一、概念题

1. 利息与利率

答：利息是指借贷关系中借入方支付给贷出方的报酬，它是伴随着信用关系的发展而产生的经济范畴，利息只是利润的一部分。对贷出者来说，利息是他们让渡资金使用权而应当获得的报酬；对于借入资金者来说，利息是他们取得资金使用权所付出的代价。

利率是利息率的简称，是指一定时期内利息额与贷出资本额的比率，利率体现着生息资本增值的程度，是衡量利息量与本金之比的尺度。按照不同的划分标准，利率可以分为官方利率、公定利率、市场利率、固定利率、浮动利率、基准利率、差别利率等。在现代经济生活中，利率是重要的变量，是各国政府调控宏观经济的重要杠杆。

2. 存款利率和贷款利率

答：存款利率是指客户在银行或其他金融机构所取得的利息与存款额的比率。存款利率的高低直接决定了存款者的利息收益和银行及其他金融机构的融资成本，对银行集中社会资金的数量有重要影响。一般来说，存款利率越高，存款者的利息收入越多，银行的融资成本越大，银行集中的社会资金数量越多。存款利率随存款种类和档次而变化。

贷款利率是指银行和其他金融机构发放贷款所收取的利息与贷款本金的比率。贷款利率的高低直接决定着剩余价值在企业和银行之间的分配比例，因而影响着借贷双方的经济利益。贷款利率越高，银行和其他金融机构的利息收入越多，借款企业留利越少。贷款利率也因贷款种类和期限不同而变化。

存款利率和贷款利率有着密切关系。存贷利差直接决定着金融部门的经营状况；存款利率高低直接影响银行集中社会资金的规模，进而对借贷资金的供求状况和贷款利率产生影响，贷款利率高低直接影响贷款规模，因此，保持合理的存、贷款利率对实现信贷收支平衡和调节货币流通有重要作用。

3. 短期利率和长期利率

答：短期利率一般指融资时间在一年以内的利息率，包括存款期在一年以内的各种存款利率，贷款期在一年以内的贷款利率和期限在一年以内的有价证券利率。

长期利率一般指融资时间在一年以上的利息率，包括期限在一年以上的存款、贷款和各种有价证券的利率。短期利率一般低于长期利率。因为首先，长期融资比短期融资风险大，期限越长，市场变化的可能性越大，借款者经营风险大，因而贷者遭受损失的风险越大；其次，融资时间越长，借者使用借入资金经营取得的利润应当越多，贷者得到的利息也应越多；最后，在现代纸币流通条件下，通货膨胀是一个普遍现象，因而，融资时间越长，通货膨胀率上升的幅度可能越大，只有利率较高才能使贷款者避免或减少通货膨胀的损失。

4. 单利和复利

答：单利是指在计算利息时，上一时间单位所生利息不再加入本金计算下一时间单位的利息，而仅按本金和时间的长短计算利息，也就是本金所生利息不再加入本金重复计息。其计算公式为：$I=P\times R\times n$，$S=P(1+R\times n)$。式中，I 为利息，P 为本金，R 为利率，n 为期限。用单利法计算利息，手续简便、易于计算借款成本，有利于减轻借款人的利息负担。

复利是指在计算利息时，在一定时期内按本金计算利息，随即将所得到的利息加入本金，作为计算下一期利息的基础，俗称“利滚利”。其计算公式为（字母含义同上）：$S=P(1+R)^n$，$I=S-P=P[(1+R)^n-1]$。用复利法计算的利息比按单利法计算的利息多，应该说，复利计算法体现了货币资金的时间价值，符合信用和利息的本质要求。

5. 基准利率［河北工业大学2022年研；中央财经大学2010年研］

答：基准利率是指影响其他利率的利率，也叫中心利率。它的变化传递出央行银根紧缩与松动的信息，是货币政策的主要手段之一，是各国利率体系的核心，在多种利率并存的条件下起决定性作用。中央银行改变基准利率，直接影响到商业银行的借款成本的高低，限制或鼓励信贷规模，从而影响其他金融市场的利率水平。因此，把握各种利率的变化趋势就要首先了解这种关键性利率的变动趋势。在西方国家通常是指央行再贴现率或短期资金市场利率，如美国的联邦基金利率。在我国，主要是中央银行对各金融机构的再贷款利率。

6. LIBOR［东北财经大学2001年研］

答：LIBOR是伦敦同业拆放利率的简称。同业拆放利率指银行同业之间的短期资金借贷利率。同业拆放有两个利率，拆进利率表示银行愿意借款的利率；拆出利率表示银行愿意贷款的利率。同一家银行的拆进和拆出利率相比较，拆进利率永远小于拆出利率，其差额就是银行的利得。LIBOR指在伦敦的第一流银行借款给伦敦的另一家第一流银行资金的利率。现在LIBOR已经作为国际金融市场中大多数浮动利率的基础利率，作为银行从市场上筹集资金进行转贷的融资成本，贷款协议中议定的LIBOR通常是由几家指定的参考银行，在规定的时间（一般是伦敦时间上午11:00）报价的平均利率。最大量使用的是3个月和6个月的LIBOR。

7. 实际利率［安徽师范大学2023年研；华南理工大学2011年研］

答：实际利率是指物价水平不变，从而货币购买力不变条件下的利息率。它剔除了通货膨胀率的影响，是储户或投资者得到利息回报的真实利率。其公式为：1+名义利率=（1+实际利率）×（1+通货膨胀率），也可以将公式简化为实际利率=名义利率－通胀率（可用CPI增长率来代替）。

8. 流动性陷阱［上海大学2025年研；对外经济贸易大学2024年研；上海外国语大学2023年研；上海社科院2021年研；中央财经大学2004年研；武汉大学2002年研；中国人民大学2000年研；中央财经大学2000年研］

答：流动性陷阱是凯恩斯的流动偏好理论中的一个概念，又称凯恩斯陷阱或灵活陷阱，是指当利率水平极低时，人们对货币需求趋于无限大，货币当局即使增加货币供给也不能降低利率，从而不能刺激投资的经济状态。当利率极低时，有价证券的价格会达到很高，人们为了避免因有价证券价格跌落而遭受损失，几乎每个人都宁愿持有现金而不愿持有有价证券，这意味着货币需求会变得完全有弹性，人们对货币的需求量趋于无限大，表现为流动偏好曲线或货币需求曲线的右端会变成水平线。在此情况下，货币供给的增加不会使利率下降，从而也就不会增加投资和有效需求，当经济出现上述状态时，就称之为流动性陷阱。但实际上，以经验为根据的论据从未证实过流动性陷阱的存在，而且流动性陷阱也未能被精确地说明是如何形成的。

9. 利率市场化［中央民族大学 2022 年研；四川大学 2006 年研］

答：利率市场化是指国家不直接制定金融机构的存贷款利率和市场融资利率，而是基于市场供求力量决定，并进行间接调控的变革过程。在实现了利率市场化的条件下，借贷双方将根据市场信息自主决定借贷利率，形成的市场利率能灵敏反映市场资金供求状况，国家只是根据货币政策目标和市场资金供求状况，通过调整中央银行控制的利率，并运用各种货币政策工具调节市场资金供求状况来调节金融机构利率和市场利率，并且力求形成灵活有效的传导机制。

利率市场化有两个内容：一是中央银行通过间接调控方式影响市场利率。一方面，中央银行放弃利率管制后，转而运用再贷款、再贴现、公开市场业务等政策工具间接调控货币市场资金供求，调节市场利率，由此影响商业银行存款利率；另一方面，中央银行应保留对存款利率上限、基础贷款利率或最优惠贷款利率的窗口指导权。二是商业银行的存贷款利率市场化。存款利率的决定以同业拆借利率为基础，根据本行资金的要求和资产负债的期限结构、成本结构、风险结构的匹配等因素自主决定；贷款利率在中央银行规定基准利率的基础上，根据市场利率的变动、贷款质量、期限客户状况等因素在一定波动幅度内自主决定。

10. 利率管理体制

答：利率管理体制是指一国政府管理利息率的政策、方法和制度的总称。一国的金融体制、经济体制、宏观经济调控能力和金融监管水平决定了其利率管理体制。利率管理体制在一个国家经济体制和经济管理水平发展过程中不断发生改变，一般分为直接管理体制和间接管理体制。在直接管理体制下，政府或中央银行直接制定利率政策、利率结构和利率水平，要求金融机构执行国家利率政策并进行监督检查；在间接管理体制下，金融机构的存贷款利率和金融市场利率由市场形成，中央银行通过调节基准利率，运用再贷款利率、存款准备金政策、公开市场业务等货币政策手段，进行间接调节和控制。

二、选择题

1. 背景材料：某储户 2008 年 3 月 30 日存入银行定期存款 2000 元，存期一年，假设存入时该档次存款年利率为 6%。该储户于 2009 年 5 月 30 日才支取这笔存款，若支取日挂牌公告的活期储蓄存款年利率为 3.78%。支取后该储户于当日将 1000 元存为活期存款（不考虑利息税）。

问题：

（1）面值为100元的永久性债券票面利率是10%，当市场利率为8%时，该债券的理论市场价格应该是（　　）元。［中央财经大学2011年研］

A．100　　B．125　　C．110　　D．1375

【解析】该债券的理论市场价格应该是 $P=C/r_m=100\times10\%/8\%=125$（元）。

（2）该储户一年到期的利息为（　　）元。

A．37.8　　B．60　　C．28.9　　D．120

【解析】$2000\times6\%=120$（元）。

（3）该储户的逾期利息为（　　）元。

A．4.90　　B．5　　C．3.78　　D．12.60

【解析】定期储蓄存款逾期部分利息＝逾期本金×活期储蓄利率×逾期天数＝$2000\times(3.78\%\div360)\times60=12.60$（元）。

（4）该储户于2009年6月30日全部支取1000元活期存款时，其日计息积数为（　　）。

A．30000　　B．90000　　C．180000　　D．60000

【解析】计息积数＝每次存款余额×存期＝$1000\times30=30000$。

（5）为该储户计算利息的方法属于（　　）。

A．单利计息　　B．复利计息　　C．定期结息　　D．利随本清

【解析】除活期储蓄存款未清户按年度结息外，其余各种储蓄存款，不论存期多长，一律利随本清，不计复利，可见，该案例符合单利计息和利随本清。

（6）为该储户计息使用的挂牌公告的定期储蓄和活期储蓄存款利率属于（　　）。

A．市场利率　　B．名义利率　　C．固定利率　　D．官定利率

【解析】一般挂牌利率均未扣除通货膨胀因素，属于名义利率，故B项正确；利率为一确定的数值，属于固定利率，故C项正确；定期储蓄和活期存款利率是由中央银行确定的利率，属于官定利率，而非市场利率，故A项错误，D项正确。

2．实际利率为3%，预期通货膨胀率为6%，则名义利率水平应该近似地等于（　　）。［暨南大学2011年研］

A．2%　　B．3%　　C．9%　　D．6%

【解析】根据公式：$r=(1+i)\times(1+p)-1$，其中，r 为名义利率；i 为实际利率；p 为通货膨胀率，可得 $r=(1+3\%)\times(1+6\%)-1=9\%$。

3．我国习惯上将年息、月息、拆息都以“厘”做单位，若年息3厘、月息2厘、拆息2厘，则分别是指（　　）。［南京航空航天大学2011年研］

A．年利率为3%，月利率为0.02%，日利率为0.2%

B．年利率为0.3%，月利率为0.2%，日利率为0.02%

C．年利率为0.3%，月利率为0.02%，日利率为2%

D．年利率为3%，月利率为0.2%，日利率为0.02%

1（1）B　（2）D　（3）D　（4）A　（5）AD　（6）BCD　2C　3D

【解析】年率的 1 厘是指 1%，3 厘即为 3%；月率的 1 厘是指 0.1%，2 厘即为 0.2%；日拆利率的厘是指 0.01%，2 厘即为 0.02%。

4．从生产率和节约角度分析的是以下哪种利率决定理论？（　　）[中国人民大学 2021 年研]

A．马克思利率决定理论　　B．古典实际理论

C．凯恩斯流动性偏好理论　　D．可贷资金理论

【解析】古典实际理论认为利率是由储蓄和投资的供求关系决定的。生产率高的时候，投资需求增加，从而推高利率；反之，当储蓄增加时，利率会下降。这种理论特别关注生产率和资源的有效利用，以及如何通过调整利率来促进经济的节约和高效运行。

三、判断题

1．以复利计息，考虑了资金的时间价值因素，对贷出者有利。（　　）

【解析】复利计息下的本金是不断增加的，考虑了资金的时间价值因素，对贷出者是有利的，对借入者是不利的。

2．凯恩斯的流动偏好论认为利率是由借贷资金的供求关系决定的。（　　）

【解析】凯恩斯的流动偏好论认为利率取决于货币供求均衡点。可贷资金理论从流量的角度研究借贷资金的供求和利率的决定。

3．*IS*－*LM* 理论则认为利率是由资本的供求均衡点所决定。（　　）

【解析】*IS*－*LM* 理论则认为利率是由储蓄、投资、货币供给、货币需求等多种供求因素共同决定的。

4．预期理论认为如果未来短期利率上升，收益率曲线下降；如果未来短期利率下降，收益率曲线则上升；如果未来短期利率不发生变化，收益率曲线也不动，即呈水平状。（　　）

【解析】预期理论认为如果未来短期利率上升，收益率曲线上升；如果未来短期利率下降，收益率曲线也下降；如果未来短期利率不发生变化，收益率曲线也不动，即呈水平状。

四、简答题

1．什么是利率？它是如何分类的？

答：利息率简称“利率”，是指一定时期内利息额同本金额的比率，即利率＝利息/本金。

利率按照不同的标志，可以有多种不同的分类，经济生活中几种常用的分类方法是：

(1)按照计算日期不同，利率分为年利率、月利率和日利率三种。年利率是指按年计算的利率，通常用百分数(%)表示；月利率是指按月计算的利率，通常用千分数(‰)表示；日利率是指按天计算的利率，通常用万分数(‱)表示。三者可相互换算：

$$年利率=12\times 月利率=365\times 日利率$$

$$日利率=(1/30)\times 月利率=(1/365)\times 年利率$$

(2)按照计算方法不同，利率分为单利和复利两种。单利是指不论期限长短，只按本金

4B　▎　1√　2×　3×　4×

计算利息，利息不再计入本金重新计算利息。其计算公式是：

$$I=P\cdot r\cdot n$$

式中，I 为按单利计算的利息额，P 为本金，r 为利率，n 为借贷期限。其本利和 S 的计算公式为：

$$S=P(1+r\cdot n)$$

与单利相对应，复利是指计算利息时按照一定的期限，将利息加入本金，再计算利息，逐期滚算，通称“利滚利”。复利有终值和现值的概念之分。终值也称本利和或到期值，是指本金在约定的期限内按一定的利率计算出每期的利息，将其加入本金再计利息，逐期滚算到约定期末的本金和利息的总额，其计算公式为：

$$S=P(1+r)^n$$

式中，S 为终值，其他符号含义同上式。

(3)按照性质不同，利率又分为名义利率和实际利率两种。名义利率是指货币数量所表示的利率，通常也指银行挂牌的利率。实际利率则是指名义利率扣除通货膨胀率之后的差数。实际利率有两种计算方法，一种是较为简单但比较粗略的计算方法，其公式为：

$$R=r-p$$

式中，R 为实际利率，r 为名义利率，p 为通货膨胀率。

另一种是比较精确的计算方法，其公式为：

$$R=(r-p)/(1+p)$$

(4)按照管理方式不同，利率可分为固定利率和浮动利率两种。固定利率是指在借贷业务发生时，由借贷双方确定的利率，在整个借贷期间内，利率不因资金供求状况或其他因素的变化而变化，保持稳定不变。浮动利率是指借贷业务发生时，由借贷双方共同确定，可以根据市场变化情况进行相应调整的利率。固定利率与浮动利率各有其优缺点。固定利率便于借方计算成本、贷方计算收益，但有一定的风险。在期限较长、市场利率变化较快的情况下，借贷两方中必有一方受损。浮动利率可以减少市场变化的风险，但不便于计算与预测收益和成本。我国现在所说的浮动利率是指各商业银行、其他金融机构可以在中央银行规定的利率基础上按一定幅度上下浮动的利率。

(5)按形成的方式不同，利率可分为官方利率和市场利率两种。官方利率是指一国政府或货币管理当局(通常为中央银行)所确定的利率；市场利率是指借贷双方在金融市场上通过竞争所形成的利率。在一般情况下，官方利率比较稳定，而市场利率的起伏波动则比较大。

2. 简要说明凯恩斯利率理论的基本要点。[首都经济贸易大学2005年研]

答：凯恩斯认为利息完全是一种货币现象，利率的高低由货币的供求来决定，在此基础上建立了货币供求论以分析利率的决定因素。

其理论的基本要点主要包括以下几个方面：

(1)利率是由货币需求和货币供给所决定。这与古典利率理论强调储蓄、投资等实物因素决定利率的观点相反，凯恩斯的利率决定理论强调货币因素对利率的影响。

(2)货币需求取决于人们的流动性偏好，而利息就被定义为人们放弃流动性偏好的报酬。在现代货币信用制度中，由于未来的不确定性，人们对货币具有流动性偏好，即考虑持有财富的形式时，大多倾向于选择货币，其动机包括：①交易动机，人们持有货币以备日常之需，它与收入成正比；②预防动机，人们为应付紧急需要而保有一部分货币，它也与收入成正比；③投机动机，人们持有货币以备将来投机获利，它是利率的减函数。

(3)货币供应是由中央银行决定的外生变量，而利率取决于货币的供求均衡点。当人们的流动性偏好增强时，愿意持有的货币数量增加，当货币供应不变时，利率就会上升；反之，当货币需求减少而货币供应不变时，利率就会下降。

(4)提出流动性陷阱，即当利率下降到一定程度时，人们愿意持有无限多的货币而不愿持有有价证券，故中央银行无法继续通过发行货币降低利率。如图 12－1 所示。

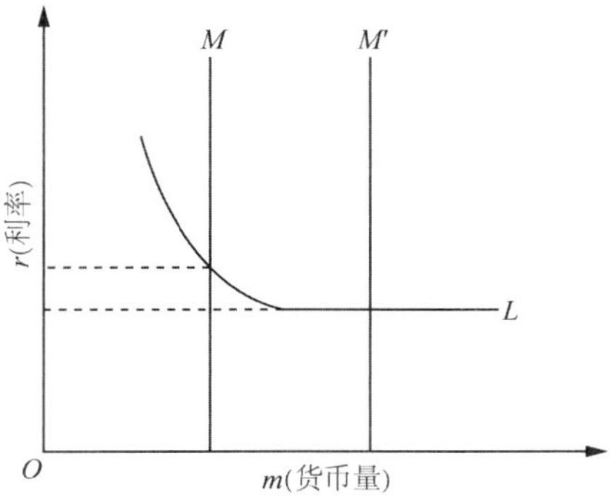

图 12－1 凯恩斯利率论

图 12－1 中的货币供应曲线 M 因由货币当局决定，故为一条直线；L 是货币需求曲线，两线相交点决定利率。但 L 越向右越与横轴平行，表明 M 线与 L 线相交于平行部分时，货币流通陷入流动性陷阱。

总之，凯恩斯学派的利率决定论从货币的供求来考察利率的决定，纠正了古典学派完全忽视货币因素的偏颇，然而它又走到了另一个极端，将投资、储蓄等实质因素完全不予考虑是不合适的。

3. 新古典综合学派是如何分析利率的决定的?

答：新古典综合学派对于利率的分析运用了著名的 *IS－LM* 模型。

IS 曲线刻画了任意给定的利率水平所对应的总产出均衡水平的位置，或者说商品市场处于均衡状态时的利率与产出的组合。建立这一曲线的基本出发点是利率 r 对市场总需求的负相关作用，以及总需求对产出，也即对收入 Y 的决定作用。

LM 曲线刻画了任意给定的利率水平所对应的货币供需均衡的位置，或货币市场处于均衡状态时的利率与产出的组合。建立这一曲线的基本出发点是凯恩斯发展的货币需求函数；货币需求是收入 Y 和利率 r 的函数——Y 与货币需求正相关；r 与货币需求负相关。

IS 曲线给出了相对于任意利率水平所对应的确定均衡产出的位置，但是它并不能确定任一利率水平本身是否是均衡利率；或者说，它说明了在一定利率水平上产品市场的均衡状况，但并不能够说明货币市场的状况。而 *LM* 曲线给出了相对于任一产出水平的确定均衡利率的位置，但是它并不能确定任一产出水平的本身是否是均衡产出。或者说，它说明了在一定收入水平上，假定货币供给不变时货币市场上的状况，但不能说明产品市场上的状况。

IS 曲线与 *LM* 曲线都是由利率和收入水平确定的。两条曲线的交点正表明：在产品市场上，总产出等于总需求；在货币市场上，货币供给等于货币需求。也就是说，这一点上，

既确定了均衡产出水平 Y_e，也确定了均衡利率水平 r_e（见图 12－2）。

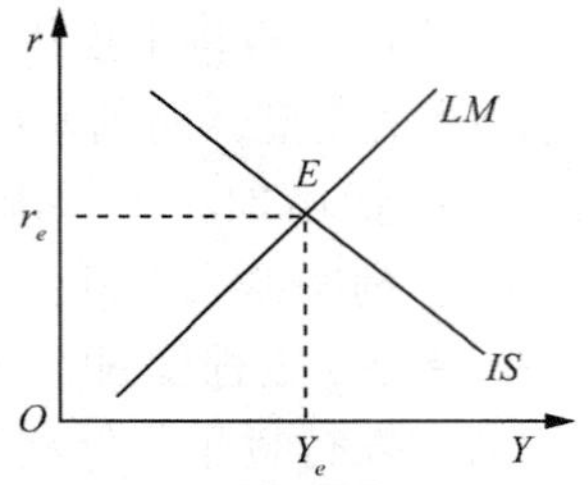

图 12－2　*IS－LM* 模型

4．为什么说利率在现代经济中发挥着“经济杠杆”的功能？

答：利率是指借贷期满所形成的利息额与所贷出的本金额的比率，它具有以下经济功能：联系国家、企业和个人、沟通金融市场与实物市场、连接宏观经济与微观经济的中介功能；对国民收入进行分配与再分配的分配功能；协调国家、企业和个人三者利益的调节功能；推动社会经济发展的动力功能；把重大经济活动控制在平衡、协调、发展所要求的范围之内的控制功能。

利率的作用正是通过上述五种功能发挥出来的。而利率之所以具备这些功能，是因为利率可以直接影响人们的经济利益。因此，利率发挥“经济杠杆”的功能，表现在以下几个方面：

（1）在宏观经济活动中通过影响储蓄收益可以调节社会资本的供给，例如提高利率可以增加居民储蓄。

（2）通过对投资成本的影响可以调节社会投资总量和投资结构，例如提高利率会减少社会投资总量，而差别利率可以调节社会投资结构，总储蓄和总投资的变动将影响社会总供求。

（3）在微观经济活动中，利率可以通过影响企业的生产成本与收益，发挥促进企业改善经营管理的作用。

（4）通过改变储蓄收益对居民的储蓄倾向和储蓄方式的选择发挥作用，影响个人的经济行为。

然而，利率发挥作用不是无条件的。它一方面要受到利率管制、授信限额、市场开放程度、利率弹性等环境性因素的影响，另一方面还要具备完善的利率机制，其中包括市场化的利率决定机制、灵活的利率联动机制、适当的利率水平、合理的利率结构等。如果利率机制本身存在缺陷，那么利率的杠杆性作用也很难发挥出来，因此，在我国社会主义市场经济条件下，要充分发挥利率的杠杆性作用，就是要强调市场在利率决定中的作用，使政府对利率的调控间接化。中央银行应建立以经济手段和法律手段为主的间接调控体系，从而使三大货币政策工具都能影响利率，并使反映市场供求的利率水平和利率结构符合国民经济和整个社会发展的需要；商业银行体系对利率的升降变化应有较强的灵敏度；微观经济主体的融资行为要建立在健全的利益机制基础上，且对利率有较高的弹性。只有从以上几个方面逐步进行改革，才能改善现有利率机制，充分发挥利率对我国经济的作用。

5．简述我国利率体制改革的指导思想。

答：（1）合理安排利率和利润率的关系。依据马克思的利息理论，利息来源于利润，是从企业利润中分割出来的。在资本主义市场经济条件下，利率水平受价值规律支配，利润水平对利率水平有决定性影响。随着我国市场经济体制的建立，在确定利率水平时，不仅要考虑利润总水平的情况，还要考虑各部门、各行业间的利润是否合理，以及主观和客观因素，如贷款时间长短、物价水平变化、国际市场货币利率等，以确定不同的利率。

(2)考虑资金供求与利率之间的相互作用。在市场经济条件下，一般是银根紧，利率就高，银根松，利率就低。借贷资本的供需状况决定着市场利息的变化。我国经济高度集中年代的资金分配，主要是通过计划进行的，要受国家经济政策和货币政策的干预，资金供求情况对利率高低影响较小。随着我国市场经济体制的逐步建立，资金供求关系将成为确定我国利率水平的一个重要因素，通过利率的高低来调节资金供求的作用日趋明显。

(3)处理好存款利率和贷款利率的关系。如何求得合理的利差，关键要兼顾存款人、贷款人和银行三者的利益。若三者关系处理不好，存款进不来，贷款出不去，银行业务活动就难以开展。在这种情况下，也就谈不上利率杠杆作用的发挥。

(4)兼顾物价水平变动的影响。从总体上说，保持一个稳定良好的货币环境，既是经济健康运行的保证，也是利率充分发挥作用的前提条件。但是，由于受多种因素的影响，物价的变动经常出现。一般来说，在通货膨胀情况下，货币的币值下降，物价上涨，就会提高利率；在通货紧缩情况下，货币的币值上升，物价下降，就要降低利率。兼顾利率与物价的关系，一是要考虑一般物价水平；二是要预期物价上涨率；三是要具体考虑不同利率与物价的关系，其实质是兼顾利率总水平与物价总水平的关系。

(5)设置一套灵活有效的利率管理体系。利率是一个体系，存贷利率之间、单位存款与贷款利率之间、各项存款利率之间、各项贷款利率之间、长期性存款利率和贷款之间等应协调配合。要建立灵活有效的利率管理体系的总要求是：①既能控制又能灵活，即中央银行规定基准利率和利率浮动幅度，在此基础上，商业银行有一定的确定利率的自主权；②既有差别又能协调，即应对不同行业、不同经济成分、不同地区、不同贷款的期限种类和数量、不同经济效益的利率有所差别，但又必须保持一定的比例和制约关系；③既要相对稳定又能因时而变，既能像资本主义国家那样，利率随资本供求和借贷市场的波动而经常波动，但又必须保持相对稳定。

(6)改革利息率在企业成本中列支的做法。从理论上说，利息应是利润的分割，我国目前将利息摊入成本的做法，人为地割断了利息与企业利润的内在联系，歪曲了利息的实质。从实践看，利息在企业成本中列支，利息支出转嫁给国家和消费者，这不利于企业加强经营管理，也不利于市场稳定物价。对此，必须适时地进行改革。

五、计算题

银行发放一笔金额为30000元，期限为3年，年利率为10%的贷款，规定每半年复利一次，试计算3年后本利和是多少？

答：年利率为10%，半年利率为10% ÷2 =5%

则 $S=P(1+r)^{n}=30000\times(1+5\%)^{3\times2}=40203$(元)

即三年后的本利和为40203元。

六、论述题

试述决定和影响利率变化的因素。

答：西方学者的利率决定理论虽不无道理，但不尽全面。他们可以解释利率为什么会变化，但不能解释为什么利率在变化前会处在某一种水平上。从现实角度考虑，有以下几个决定利率水平的因素：

(1)平均利润率

在资本主义制度下，利息是对剩余价值的分割，剩余价值的转化形式是利润，因此，利息只是利润的一部分，利息率要受平均利润率的约束。在社会主义制度下，利息也从利润中来。因此，为保证借款企业能在收支后还有剩余，利息也只能是利润的一部分，利息率也必须受平均利润率的制约。约束利息率的不是单个企业的利润率，而是一定时期内一国的平均利润率。这是因为利息率具有一种统一的特征，即使是市场利率，也存在着趋同的趋势。

(2)银行成本

银行作为经营存、放、汇等金融业务的特殊企业，直接以利润为经营目标。要赚取利润，就必须讲究经济核算，其成本就必须全部通过其收益得到补偿。银行的成本主要有两类：一是借入资金的成本，即银行吸收存款时对存款人支付的利息。二是业务费用。银行要经营业务，必须拥有房屋、设备等固定资产，必须雇用劳动力，在经营业务过程中，也要花费必要的费用支出等等。这一切，银行在确定利率水平时都会给予足够的考虑。

(3)通货膨胀预期

在预期通货膨胀率上升时，利率水平有很强的上升趋势；在预期通货膨胀率下降时，利率水平也趋于下降。可贷资金模型可以解释这种现象。假定近几年来通货膨胀相对温和，通胀率只有2%，此时可贷资金的供给和需求曲线用图12－3中的S_{LF}^1和D_{LF}^1表示，均衡点为A，均衡利率为i_1。

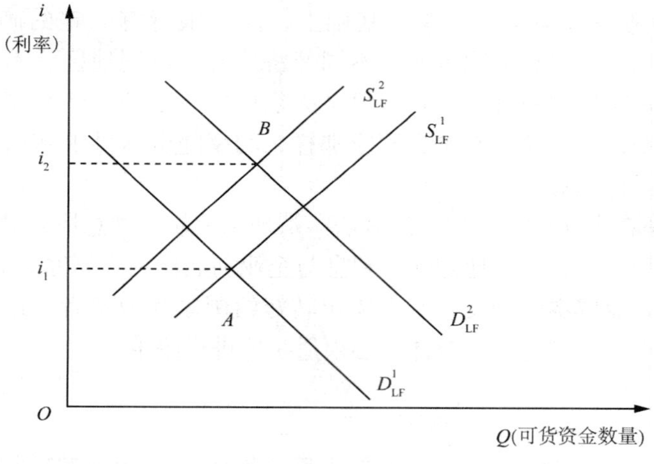

图12－3　通货膨胀预期与利率关系

假设现在的通货膨胀每年上升6%，而且公众预期这种通货膨胀仍将持续一段时间。在这种情况下，可贷资金的供给曲线会向左移动，而需求曲线则会向右移动，均衡利率水平将会上升。因为对持续增长6%的通货膨胀预期，将会使预期本金的实际价值减少而遭受损失，资金供给者为了避免损失，而会选择股票、黄金和其他贵金属、不动产等比债券更有效抵御通货膨胀的资产，使可贷资金的供给减少(向左移动)。同时，预期通货膨胀的上升会刺激借款的意愿和投资的增加，使可贷资金的需求增加，需求曲线由S_{LF}^1向左移动到S_{LF}^2。

由于预期通货膨胀率上升，使可贷资金的供给减少而需求增加，所以均衡点由图中的A

点移动到了 B 点，可贷资金的均衡价格(利率)上升。如果金融市场是一个不受控制的完全竞争性市场，那么利率将从 i_1 上升到 i_2。这种预期通货膨胀变化引起利率水平发生变动的效应称为费雪效应，它是以最先发现利率与预期通货膨胀关系的美国著名经济学家费雪命名的。

(4)中央银行货币政策

中央银行通过运用货币政策工具改变货币供给量，从而影响可贷资金的数量。当中央银行想要刺激经济时，会增加货币投入量，使可贷资金的供给增加，这时可贷资金供给曲线向右移动，利率下降，同时会刺激对利率的敏感项目，如房地产、企业厂房和设备的支出。当中央银行想要限制经济过度膨胀时，会减少货币供给，使可贷资金的供给减少，利率上升，使家庭和企业的支出受抑制。

货币供给增加对利率水平的影响有三种方式：流动性效应、收入效应和通货膨胀预期效应。首先，货币供给量的增加将使经济中的流动性变大，引起利率水平下降(流动性效应)。其次，从刺激经济的效果开始出现，到产出和收入的上升，资金需求增加，最终拉动利率水平上升(收入效应)。最后，宣布增加货币供给量的政策后，会提高社会公众和投资者的通货膨胀预期，利率水平将由于费雪效应(通货膨胀预期效应)而上升。如果金融市场对通货膨胀的敏感性较高，并且货币供给量是通货膨胀的主要诱因，那么，较快的货币增长率会推动长期利率快速上升。换言之，在造成高利率水平的因素中，通货膨胀预期效应有时候比流动性效应的作用更大。通货膨胀预期效应对长期利率的影响效果大于对短期利率的影响，而短期利率受其他因素，如商业周期和银行体系流动性的影响更大些。

总之，中央银行的货币政策对短期利率的影响大于对长期利率的影响，而后者主要受预期通货膨胀的影响，当中央银行首先向银行注资以刺激银行贷款增加并降低利率时，大部分效果显示短期利率将发生变化。由于货币供给量增加将提高预期通货膨胀率，费雪效应可能导致长期利率的上升。所以，在金融市场与通货膨胀预期高度相关时，中央银行对利率水平的影响就显得非常复杂。

(5)商业周期

利率的波动表现出很强的周期性，在商业周期的扩张期上升，而在经济衰退期下降。可贷资金模型同样可以很好地解释利率变动的周期性。

在经济扩张期，随着企业和消费者借款的增加，资金的需求会迅速上升；同时，费雪效应拉升利率，增加通货膨胀压力，而且中央银行可能会采取某些限制措施以抵消经济增长可能产生的通货膨胀，这三种力量会提高利率水平。在经济衰退期，会发生相反的情况：随着企业和消费者缩减支出，资金的需求下降，通货膨胀压力减轻，中央银行也开始增加可贷资金供给，这三种力量又会降低利率水平。

事实上，利率的周期性波动远比上述描述复杂得多。在经济复苏的初期，使利率升高的动力是比较温和的。因为随着企业存货和运营资本的增加，企业和政府债券的发行数量及信贷需求将会增加，同时税收也相应增加，这些因素使利率在经济复苏的第一年或前两年在低位徘徊甚至继续下降。在可贷资金市场的供给方面，由于失业人数减少和工资收入增加，储蓄将会增长，盈利和利润留存也会同时增加。由于在循环的初期仍存在着相当多的失业和过剩生产能力，银行仍会采取刺激性的货币政策，增加货币供给，而此时的预期通货膨胀率是非常低的，所以，在复苏初期的一两年内使利率上升的动力比较小。

在循环扩张的中、后期，利率上升的动力明显增强。因为生产能力利用率的提高和产品销售与盈利的增长，会使企业投资和资金需求达到高潮。消费者的信心也随失业率的降低、工资收入的增长而大大加强，从而导致耐用消费品及住房信贷购买的增加，可贷资金的需求迅速增加。同时，预期通货膨胀率也随通货膨胀压力的增强而急剧上升。上述因素将使利率在经济循环扩张的后期强劲上升。

（6）借款期限和风险

利息率随借贷期限的长短不同而不同。通常，借贷期限愈长，利率愈高，反之则愈低。从存款方面来看，存款期限愈长，资金就愈稳定，银行愈能有效地加以运用，利润也愈多，银行可以付给存款人更高的利息。从贷款方面看，借贷期限愈长，所冒风险就愈大，银行所受到的机会成本损失也就愈大，银行理应按更高的利率收取更多的利息。同时，在借贷资金的运动过程中，由于各种不测因素的出现，可能存在有多种风险，如因借款人破产、逃走，从而使借贷资金收不回或不能完全收回的风险；因物价上涨而使借贷资金贬值的风险；因已贷放出去的资金收不回来，而不能投入更有利的部门，贷款人所要承受机会成本损失的风险等。

（7）借贷资金供求状况

在资本主义制度下，从总体上说，平均利润率等因素对利息率起决定和约束作用，但市场利率的变化在很大程度上是由资金供求状况决定的，市场上借贷资金供应紧张，利率就会上升，反之则会下降。在社会主义市场经济体制下，尽管利率并非完全由资金供求状况决定，但也要充分考虑资金供求状况对市场利率的影响。

（8）政府预算赤字

如果其他因素不变，政府预算赤字与利率水平将会同方向运动，即政府预算赤字增加，利率将会上升；政府预算赤字减少，利率则会下降。由可贷资金模型可知，政府负债的增加，会使可贷资金需求曲线右移，均衡利率水平上升，而且较大规模的预算赤字将会引起通货膨胀预期，产生费雪效应，拉动利率上升。

（9）国际贸易和国际资本流动状况

国际贸易状况的变化通过产品市场与货币市场两方面影响利率的变化。在产品市场上，当净出口增加时，会促进利率上升；当净出口减少时，会促进利率下降。其作用机制是：当净出口发生变动时，将以乘数效应正向影响投资、消费和国民收入，进而影响利率的变动。

在货币市场上，当净出口增加时，会导致利率下降；而净出口减少时，则导致利率上升。其作用机制是：由于国际收支账户（包括经常账户和资本与金融账户两大类）总是保持平衡，因此净出口增加时，必然有外国资本以某种形式（如直接投资、证券投资、国际借贷等）流入本国，如果是中央银行要求增加货币供应量，货币供给增加，而本国的货币需求在短期内保持相对稳定，导致利率下降；相反，净出口减少时，必然引起外国资本的流出，货币供应量减少，利率则上升。

可见，国际贸易状况的变化通过产品市场与货币市场两方面对利率的影响方向是相反的。因此，关于国际贸易状况的变化对利率变动的影响要作具体分析。一般来说，在发展中国家，由于其边际储蓄倾向较高以及金融市场较不发达（投资工具的品种和规模都不足）等原因，货币需求对利率的敏感度较小，即 *IS* 曲线较平坦而 *LM* 曲线较陡，因此，国际贸易状况的变化通过产品市场对利率的影响程度大于通过货币市场对利率的影响程度。在发展中国家，净出口增加时，一般会导致利率上升；净出口减少时，一般会导致利率下降。

国际资本流动状况对利率的影响与国际贸易状况的变动在货币市场上对利率变动的影响相类似。当外国资本(无论是直接投资还是短期的证券投资)流入本国时，将引起中央银行增加货币供应量，导致利率下降；当外国资本流出本国时，将引起货币供应量的减少，导致利率上升。

(10)国际利率水平

在国际市场逐步形成、国际经济联系日益密切的时代，国际利率水平及其变动趋势对一国利率水平具有很强的“示范效应”。国际间的利率具有很强的联动性，或者说，利率在国际间具有严重的“传染性”。这是因为，随着对外开放范围的拓宽、程度的加深，国际市场上“一价定律”的作用、借贷资本自由流动的本性和国际商人套利的天性，使得利率的国际影响愈来愈强，即使不经过汇率的折算，各国利率也有“趋同倾向”，至少在联系比较紧密的国家之间是如此。

第 13 章　货币需求

一、概念题

1. 货币需求函数[中央财经大学 2002 年研]

答：货币需求函数是指表达货币需求量与决定货币需求的各种因素之间的关系的方程式，通常将决定和影响货币需求的各种因素作为自变量，而将货币需求本身作为因变量。

建立货币需求函数主要为满足以下三个用途：一是用于分析各种因素对货币需求的不同影响，包括影响的方向和影响的程度；二是用于验证货币需求理论分析的结果；三是作用于预测一定时期内全社会货币需求量及其变化的方向，作为制定货币政策、调节货币供给的依据。

影响和决定货币需求的变量有多种，所以货币需求函数是一个多元函数。按照货币需求中自变量的性质及对货币需求的不同影响，这些变量大致可分为三类，即规模变量，机会成本变量和其他变量，其中规模变量是指决定货币需求规模的变量。这类变量主要有财富和收入两种；机会成本变量即指债券的预期收益率、股票的预期收益率和实物资产的预期收益率，实物资产的收益率可用通货膨胀率来反映；除上述各种变量外，影响货币需求的还有一些其他因素，这些因素包括可测量和不可测量的两种因素，可测量的因素有货币自身收益率；不可测量的因素有制度因素，宏观经济政策等。

比较典型的货币需求函数有传统货币数量论的交易方程式（$MV=PT$，式中，M 为货币数量；V 为货币流通速度；P 为一般物价水平；T 为商品与劳务的交易量）与剑桥方程式（$M=KPY$，式中，M 为货币数量；K 为以货币形式持有的名义国民收入的比例；P 为一般物价水平；Y 为一定时期内按不变价格计算的实际产出；PY 表示名义国民收入水平），凯恩斯的货币需求函数（$M=M_1+M_2=L_1(Y)+L_2(i)=L(Y,\ i)$，$M_1$ 为满足交易动机和预防动机的货币需求，M_2 为满足投机动机的货币需求，Y 表示国民收入，i 表示利率，L_1 表示 M_1 与 Y 的函数关系，L_2 表示 M_2 与 i 的函数关系），以及弗里德曼的货币需求函数（$M=f\{p,\ r_b,\ r_c,\ (1/p)\cdot(\mathrm{d}p/\mathrm{d}t),\ w,\ y,\ u\}$，式中，$M$ 表示名义货币量；P 表示价格水平；r_b 表示债券的预期收益率；r_c 表示股票的预期收益率；$(1/p)\cdot(\mathrm{d}p/\mathrm{d}t)$ 表示物价的预期变动率；w 表示人力财富与非人力财富的比率；y 表示货币收入；u 为其他随机因素）。

2. 预防性需求

答：预防性需求是指企业或个人为了应付突然发生的意外支出，或者捕捉一些突然出现的有利时机而愿意持有一部分货币。根据凯恩斯的观点，货币的预防性需求也是同收入成正比的。但是凯恩斯的预防性货币需求不考虑利率变动的影响，与现实情况不符。在考虑了收入与支出在时间上的不确定性以后，惠伦等人论证了预防性动机的货币需求同样为利率的减函数，惠伦模型最有代表，他假设有 3 个影响因素：非流动性成本，持有预防性现金余额的机会成本，收入与支出的平均和变化情况，即 $M=\sqrt[3]{\dfrac{2Q^2b}{r}}$，即最适度的预防性现金余额同净支出方差 Q^2 以及非流动性成本 b 正相关，与利率 r 负相关。

二、选择题

1. 下列有关货币需求特性的说法，错误的是(　　)。

A. 货币需求是有效需求　　B. 货币需求是主观需求

C. 货币需求是有支付能力的行为　　D. 货币需求是派生需求

【解析】货币需求作为一种经济需求，是由货币需求能力和货币需求愿望共同决定的有效需求。货币需求也是一种派生需求，派生于人们对商品的需求。由此可见，货币需求不是人们主观上的需求，而是由客观情况所决定的一种需求。

2. 流动性陷阱是指(　　)。

A. 利率上升到一定程度后，无论如何增加，人们都不会选择持有货币

B. 利率下降到一定程度后，无论如何降低，人们都愿意持有货币

C. 由于交易动机存在，无论利率如何变化，人们都会持有一定量的货币

D. 由于预防动机的存在，无论利率如何变化，人们都会持有一定量的货币

【解析】凯恩斯认为，当利率降到某一低点时，货币需求会无限增大，即此时无人愿意持有债券，都愿意持有货币，流动性偏好具有绝对性。这就是著名的流动性陷阱。

3. 弗里德曼认为，货币数量说是(　　)。

A. 财富的理论　　B. 收入产出的理论

C. 物价水平的理论　　D. 货币需求理论

【解析】与剑桥学派观点不同的是，弗里德曼认为，货币数量说不是产出、货币收入或物价水平的理论，而是货币需求理论。

4. 在弗里德曼的货币需求函数中，与货币需求成正比的因素有(　　)。

A. 恒久性收入　　B. 人力财富比例　　C. 存款的收益率　　D. 债券的收益率

E. 股票的收益率

【解析】弗里德曼认为，人们持有实际货币的数量主要受四个因素影响：①财富总额。弗里德曼提出“恒久性收入”的概念，并认为恒久性收入越高，所需货币越多；②财富构成，即人力财富与非人力财富之比。人力财富比例越高，所需准备的货币就越多；③金融资产的预期收益率。其他金融资产的收益率越高，持有货币的机会成本越大，持有货币的数量就会减少；④其他因素。

三、判断题

1. 微观货币需求的总和总是等于社会总供给决定的货币需求量。(　　)

【解析】微观主体的货币需求有其独立性，对任何一个微观主体来说，相对于自己的收入，对货币的需求可能偏大，也可能偏小。因此微观的货币需求总和在实际上并不总是等于由市场总供给决定的货币需求量。

2. 费雪方程式强调了微观主体动机对货币需求的影响。(　　)

【解析】费雪方程式是从宏观经济角度分析货币需求问题，没有考虑微观主体动机对货币需求的影响；而剑桥方程式强调了微观主体动机对货币需求的影响，认为处于经济体系

1B　2B　3D　4AB　▌　1×　2×

中的个人对货币的需求，实质是选择一种方式保持自己资产的问题。

3．货币需求是一个不包含任何主观因素的纯客观的经济范畴。（　　）

【解析】从宏观角度进行货币需求的研究时，货币需求是一个不包含任何主观因素的纯客观的经济范畴。微观货币需求仍然是客观的范畴，但在分析、认识、把握这一范畴时不能撇开主观心理因素。

4．分析经济生活对货币的需求时，货币当局可通过估算微观主体货币需求来估算总体货币需求，从而完全替代宏观角度分析。（　　）

【解析】现实中，货币当局应将微观角度与宏观角度结合起来分析经济生活对货币的需求。原因在于，仅通过估算微观主体货币需求来估算总体货币需求是行不通的，要由个体估算总体，必须：①区分各种微观主体；②每一种类型分组；③抽样调查、分析计量、逐层汇总。这样会耗费大量的人力、物力和时间，且难以避免误差。而这些缺点可通过宏观角度分析来弥补。

5．需求拉动说认为当总需求与总供给的对比处于供不应求的状态时，过多的需求就会拉动价格水平上涨。（　　）

【解析】需求拉动说通俗地说是“过多的货币追求过少的商品”，即当总需求远远大于总供给时，过多的需求将拉动价格水平上涨。

四、简答题

1．简述凯恩斯的流动性偏好理论。［华南理工大学2011年研］

答：凯恩斯的货币需求理论又称“流动性偏好”理论。“流动性偏好”是指人们宁肯以牺牲利息收入而储存不生息的货币来保持财富的愿望或动机。

人们如果以货币以外的其他形式来持有财富，会带来收益，例如，以债券形式持有，会有利息收入；以股票形式持有，会有股息或红利收入；以房产形式持有，会有租金收入等。按照凯恩斯的观点，人们储存货币是出于三种动机：交易动机、谨慎动机和投机动机。

（1）交易动机是指人们为了应付日常支出的需要而持有一部分货币的动机。交易动机主要取决于收入，收入越高，交易数量越大，为应付日常支出所需要的货币量就越多。因此，出于交易动机所需的货币量是收入的函数。

（2）谨慎动机或预防性动机是指为了预防意外支出而持有一部分货币的动机，如个人或企业为应付事故、失业、疾病等意外事件而需要持有一定数量的货币。谨慎动机产生于人们对未来收入和支出的不确定性，这一部分所需的货币主要决定于人们对意外事件的看法，从整个社会来看，这部分货币量和收入密切相关。因此，出于谨慎动机所需的货币量大致也是收入的函数。

（3）投机动机分析是凯恩斯货币需求理论中最有特色的部分。他认为，人们保有货币除去为了交易需要和应付意外支出外，还是为了储存价值或财富。

因此，如果用L_1表示交易动机和谨慎动机所引起的全部货币需求量，L_2表示投机动机所引起的全部货币需求量，用Y表示收入，r表示利率，这种货币需求和收入的函数关系可以表示为：$M=M_1+M_2=L_1(Y)+L_2(r)$

---

3 ×　4 ×　5√

因此人们持有货币的理由是，货币最具有流动性，有货币在手，则机动灵活；放弃货币也就是放弃机动灵活。由这个判断出发，他还提出了著名的“流动性陷阱”假说：当一定时期的利率水平降低到不能再低时，人们就会产生利率上升从而债券价格下跌的预期，货币需求弹性就会变得无限大，即无论增加多少货币，都会被人们储存起来。

2．什么是微观货币需求和宏观货币需求？两者的差异性如何？［深圳大学 2011 年研］

答：(1)微观货币需求

货币需求分析的微观角度，就是从微观主体的持币动机、持币行为考察货币需求变动的规律性。货币需求方程和货币需求函数中，剑桥方程式、凯恩斯货币需求模型、弗里德曼货币需求函数，都是从微观角度分析货币需求的典型。

货币需求的研究任务首先是识别货币需求的决定因素并分辨清楚各因素对货币需求量的影响。对于货币需求的决定因素，通常划分为三类：一类为规模变量，如收入和财富；一类为机会成本变量，如利息、物价变动率；余下的则称为其他变量，如制度因素等。

将机会成本变量引入货币需求模型或函数，是从微观角度考察货币需求问题的典型表现。其目的在于说明利率和价格变动这类因素对货币持有主体可能造成的潜在收益或损失，以及这种潜在收益或损失对微观主体货币需求行为的影响。

(2)宏观货币需求

货币需求的宏观分析，是货币当局决策者为实现一定时期的经济发展目标，确定合理的货币供给增长率，从总体上考察货币需求的方法。判断总体货币需求的变动是决定货币供给的关键。

从宏观角度估算货币需求，需要利用货币需求的宏观模型。马克思的货币必要量公式、费雪的交易方程式都直接是宏观模型。这些模型的共同特点是都没有反映微观主体的心理、预期等因素，不考察各种机会成本变量对货币需求的影响，而主要是关心市场供给、收入这类指标的变化。也可这样理解：机会成本因素及微观主体行为对货币需求的影响都已纳入货币流通速度这一吸纳性极强的变量之中。

(3)两者的差异

对货币需求的微观分析，其着力点在于建立可以更充分反映客观实际的模型并据以剖析货币需求变化的原因；对货币需求的宏观分析则在于根据可以解释货币需求的变量，其中包括国民经济总量指标和一些重要机会成本变量，来估算总体货币需求作为货币供给决策的依据。

3．利率对于货币需求的替代效应和收入效应。［中南财经政法大学 2006 年研］

答：货币需求指人们在不同条件下出于各种考虑对持有货币的需求。根据凯恩斯的货币需求理论，货币需求主要受收入和利率等因素的影响。其中利率是影响货币需求的一个非常重要的因素。利率对货币需求的影响可分为替代效应和收入效应两方面。具体表现如下：

(1)替代效应：如果当前的利率水平提高，则预期利率水平将下降并从而债券价格将提高，即债券相对于货币的收益上升。这就会鼓励财富持有者冒较大的风险——少持有货币，多持有债券。这是利率提高产生的“替代效应”。

(2)收入效应：由于利率提高意味着财富持有者收入的增加，收入效应会使他们持有较多的货币；反之，如果利率下降，财富持有者收入减少，收入效应则会使他们持有较少的货币。以上分析表明，收入效应使货币需求与利率朝相同的方向变化，而替代效应则使货币需求与利率朝相反的方向变化。故利率对货币需求的影响取决于两种效应的相对大小。但在一般情况下，替代效应要大于收入效应，因此，货币需求总是同市场利率呈反方向变化。

4．简述平方根定律的内容。

答：（1）凯恩斯的流动性偏好理论是对货币需求理论的重大突破，但这一理论本身也存在一些明显缺陷，例如忽视利率对交易动机和预防动机需求的影响；将人们的资产选择范围假定在货币和债券之间。

（2）20 世纪 50 年代以后，凯恩斯的后继者们从微观经济主体的持币行为入手分析，论证了利率对交易性货币需求也有影响的理论，与此同时，美国著名经济学家鲍莫尔发现并提出了“平方根定律”。这一定律的表达式如下：

$$M_d=\sqrt{\frac{tcY}{2r}}$$

式中，Y 表示名义收入，tc 表示每次交易消耗的总成本，r 表示该时期的利率，M_d 表示交易性货币需求。

凯恩斯的后继者们认为，微观经济主体可以用一部分预定用于交易的货币购买债券以取得收入，当手中货币用完时可再把债券卖出，换成货币。为了简化分析，他们假定每次卖出债券的费用相等，并作为持有债券的成本，即卖出次数越多成本越高，那么，微观主体无疑就要比较把货币换成债券的收入与持有债券的成本。显然，用于交易的货币中，换成债券的比率越大，收入越多，但为此所付出的成本也就越大。因此就会形成一个使收益最大化的均衡点。“平方根定律”便根据这样的思路提出。此定律的表达式表示：交易性货币需求是收入 Y 的函数，随着用于交易的收入数量的增加，货币需求量随之增加，但 Y 的指数 1/2 又说明其增加的幅度较小，即交易性货币需求有规模节约的特点。同时又表明货币需求是利率 r 的函数，而 r 的指数等于 $-1/2$ 则说明，交易性货币需求与利率的变动呈反方向变动，其变动幅度较利率变动幅度小，由此可见，“平方根定律”认为，即使是交易性货币需求也会对利率的变化做出敏感反应，而且相对于交易数值而言，货币的交易性需求也呈现出规模经济的性质。

（3）总之，鲍莫尔的“平方根定律”突破了凯恩斯关于货币交易需求对利率不太敏感的论断，从人们会保持最适度的现金用于交易，而将暂时闲置的部分用以获利这个常见的现象出发，得出交易性货币需求在很大程度上受利率变动影响的结论，具有普遍的适用性。

5．如何理解货币需求的经济含义？［中央财经大学 2001 年研］

答：（1）货币经济学中研究的货币需求是指有效的货币需求，它必须同时满足两个条件：一是必须有得到或持有货币的意愿；二是必须有得到或持有货币的能力。在货币经济下，由于货币是一种财富的代表，如果没有限制条件，人们持有它的意愿或欲望可能是无限的，但在实际生活中形成的实际货币需求是有限的。

①人们需要货币，首先是因为货币是一般等价物，它具有和其他商品相交换的能力。无论是企业经营还是个人生活，都需要一定的货币作为支付准备。此外，货币本身又是财富的代表，人们可用持有货币的形式来持有财富或资产。因此，可将货币需求分为两大类，一是对作为流通手段和支付手段的需求；二是对作为财富贮藏手段的需求。

在现实生活中，人们持有多少货币，取决于人们的收入、财富总量并由人们对货币和其他资产，包括股票、债券等金融和房地产等实物资产的收益、成本作比较来决定的，也即人们持有多少货币，取决于人们对各种资产的营利性、流动性和安全性比较分析的结果，以使自己的资产组合达到最佳。

②对一个国家来说，在一定时期内的货币需求则要受到国民生产总值、财富总量及制度因素和信用制度、支付制度等制约。

(2)因此，可以从宏观和微观两个层面来理解货币需求含义。从宏观层面上讲，货币需求是指在一定的时间内，在一定的资源约束和制度约束下，整个社会应有多少货币来执行交易媒介，支付手段和价值贮藏职能。从微观层面上讲，货币需求是指有行为能力的经济主体在一定的财务约束下，持有货币的动机和行为，是经济主体在进行资产选择后，在其认为的资产组合最佳水平持有一定数量货币的愿望与行为。货币需求理论就是研究在一定的时间内，在一定的经济条件下，决定经济主体货币需求量的因素有哪些，以及这些因素和货币需求存量之间的关系如何。

6. 简析后凯恩斯学派关于投机性货币需求的见解。

答：后凯恩斯学派关于投机性货币需求的见解如下：

(1)后凯恩斯学派认为，凯恩斯在论证其投机性货币需求时的假定与现实不符。这个假定是：投机者通过对利率的预期，会在货币与债券之间选择能带来最大收益的资产，而后凯恩斯学派认为这样的假定与现实世界不符。他们仍然假设社会财富只有货币和债券两种形式，但在现实生活中，微观经济主体的选择并非只有货币或债券，二者只取其一；大多数情况下是既持有货币又持有债券，变动的只是两者的比例，因为在考虑收益的同时也要考虑风险。

(2)现实生活中，收益的高低与风险的大小是并存的，而且也有好多层次。债券的投机亦如此。从债券角度考虑，存在许多不确定性因素的情况下，既要考虑持有债券能够获得利息收入，同时也必须考虑将要冒多大的债券跌价的风险。换言之，持有债券的比重增加，预期财富也会增加；但同时也意味着风险增大，从而遭受损失的可能性也会相应增大。虽然保存货币无收益，但风险却较小，而且等于拥有流动性。微观经济主体不得不全面权衡，并找出持有货币和债券的最佳比例关系。这又属于多样化资产组合问题。因此，后凯恩斯学派对凯恩斯投机性需求理论的发展产生了多样化资产组合选择理论。

7. 阐明马克思关于流通中货币量的理论。

答：(1)马克思是以完全的金币流通为假设条件。他的论证是：①商品价格取决于商品的价值和黄金的价值，而价值取决于生产过程，所以商品是带着价格进入流通的；②商品价格有多大，就需要有多少黄金来实现它；③商品与货币交换后，商品退出流通，黄金却留在流通之中可以使另外的商品得以出售，从而一定数量的黄金，流通几次，就可使相应倍数价格的商品出售。因此，有：

执行流通手段职能的货币 = 商品价格总额/货币流通次数 =（商品价格 × 进入流通中的商品数量)/流通速度

公式表明：货币量取决于价格的水平、进入流通的商品数量和货币的流通速度这三个因素。

马克思在分析这个问题时还有一个极其重要的假设，即在该经济中存在着一个数量足够大的黄金贮藏：流通中需要较多的黄金，黄金从贮藏中流出；流通中有一些黄金不需要了，多余的黄金退出流通，转化为贮藏。也正是由于假设存在有这样一个调节器，所以流通需要多少货币，就有多少货币存在于流通之中。但在实际经济生活中，并不一定必然存在这样的假设条件。

(2)马克思进而分析了纸币流通条件下货币量与价格之间的关系。他指出，纸币是由金属货币衍生来的。纸币之所以能流通，是由于国家的强力支持。同时，纸币本身没有价值，只有流通，才能作为金币的代表。如果说，流通中可以吸收的金量是客观决定的，那么流通中无论有多少纸币也只能代表客观所要求的金量。纸币流通规律与金币流通规律不同：在金币流通条件下，流通所需要的货币数量是由商品价格总额决定的；而在纸币为唯一流通手段的条件下，商品价格水平会随纸币数量的增减而涨跌。

(3)马克思还曾分析银行券的流通规律。他认为，这类信用货币的流通规律也服从于他根据金币流通所分析出来的规律。

8. 简述货币学派的主要观点。

答：货币学派的主要观点有：

(1)货币需求是少数几个可以观察到的变量的稳定函数，在这些变量中，恒久收入最为重要，利率没有被看成是货币需求的重要决定因素。

(2)在货币供应发生变动时，因为货币和其他金融资产之间的替代效应很小，即货币需求的利率弹性很低，为使货币需求与已改变的货币供求均衡，收入水平必须改变。

(3)决定货币需求的主要因素是恒久收入，它是实测收入的平均值，为了在货币市场重建均衡，在短期内的收入必须有较大的变化。

(4)在货币量发生作用的传送机制解释上，货币学派认为，货币是一种有独特性的资产，它的替代品不仅包括金融资产，还应当包括房产、耐用消费品、投资品等所有实物资产，通过资产组合效应，货币的作用直接而迅速。

(5)实际利率、实际收入增长率都是由经济中的实际因素决定的。当货币供应增长率等于预期名义收入增长率时，名义收入增长率等于货币增长率。只有当货币增长率有意外增加时，名义收入增长率才会高于预期值。

(6)由于时滞因素，货币政策的短期作用很难预测，货币政策不是经济稳定的有效工具，最好的办法是实行一种与经济增长相一致的货币供应稳定增长的政策。

(7)短期内，由货币供给引起的名义收入变动，是物价与产出变动共同作用的结果，两者之间的划分，需要进一步地研究。

五、论述题

1. 试述货币学派的货币需求理论。［东北财经大学2013年研］

答：货币主义是一个与凯恩斯主义、凯恩斯学派直接对立的西方经济学流派，它形成了一套独具特色的理论观点和政策主张。在其理论体系中，弗里德曼设计的货币需求函数具有代表性。作为现代货币主义的代表人物，弗里德曼基本上承袭了传统货币数量论的观点，即非常看重货币数量与物价水平之间的因果联系。同时，他也接受了剑桥学派和凯恩斯以微观主体行为作为分析起点和把货币看作受到利率影响的一种资产的观点。1956年，弗里德曼发表了《货币数量学说的重新表述》一文，奠定了货币主义的货币需求理论的基础。弗里德曼认为，货币数量说不是关于产量、货币收入或物价问题的理论，而是关于货币需求的理论。货币主义认为影响货币需求的因素有：

（1）总财富。货币是人们持有财富的一种形式，个人所持有的货币量受其总财富限制。总财富包括人力财富和非人力财富。由于总财富难以直接计算，用“恒久性收入”来代替，这是现代货币数量说的主要特点。

（2）财富构成。即人力财富与非人力财富的比例。人力财富要转化为现实的非人力财富，受到劳动力市场的供求状况等因素的影响，所以在转化过程中，人们必须持有一定量的货币，以应付交易的需要。这一货币量的多少，取决于人力财富与非人力财富的比例。

（3）货币和其他资产的预期收益。在一般情况下，货币收益为零，而其他资产均有收益，其他资产收益率提高，则货币需求将减少，反之则货币需求增加。

（4）其他因素。人们对货币的嗜好程度以及人们对未来经济稳定性预期也会影响货币需求。

因此，弗里德曼提出了如下货币需求函数：

$$\frac{M_d}{P}=f\left(y,\ w;\ r_m,\ r_b,\ r_e,\ \frac{1}{P}\times\frac{\mathrm{d}P}{\mathrm{d}t};\ u\right)$$

式中，M_d/P 为实际货币需求；y 为实际恒久性收入；w 为非人力财富占个人总财富的比率或得自财产的收入在总收入中所占的比率；r_m 为货币预期收益率；r_b 为固定收益的债券利率；r_e 为非固定收益的证券利率；$\frac{1}{P}\times\frac{\mathrm{d}P}{\mathrm{d}t}$ 为预期物价变动率；u 为反映主观偏好、风尚及客观技术与制度等因素的综合变数。

货币学派认为，在短期内，财富构成、货币和其他资产的预期收益都是不变的，对货币的需求主要取决于收入水平，而在货币学派的分析中，其收入是指恒久收入，恒久收入具有较大的稳定性，所以货币学派认为货币需求具有稳定性。对于货币需求，弗里德曼最具概括性的论断是：由于持久性收入的波动幅度比现期收入的波动幅度小得多，因而货币需求函数相对稳定，这就意味着货币流通速度（持久性收入除以货币存量）也是相对稳定的。货币学派认为货币流动速度稳定和货币需求对利率不敏感，这是弗里德曼的货币需求理论与凯恩斯的货币需求理论之间的主要差异。

2．凯恩斯是如何论述货币需求和利率之间的关系的？为什么说这一关系的建立构成了对货币数量论的冲击？

答：凯恩斯货币需求理论的真正创新之处在于他引入了对货币的投机性需求的分析，从而强调了利率对货币需求的影响。这一点对于他的整个宏观经济理论体系也是至关重要的。

（1）凯恩斯对货币需求和利率之间关系的论述

凯恩斯假定人们可以以两种形式来持有其财富：货币或生息资产，后者可以用长期政府债券为代表。因此影响财富在这两者之间进行分配的因素也就是影响投机性需求的因素，而影响人们在货币和生息资产之间选择的因素主要取决于这两种资产分别能给人带来多少预期报酬。

他假定，货币的预期报酬率是零。和货币不同的是，债券等生息资产却可能有两种报酬：利息和资本利得。利息显然取决于利率的高低。资本利得则是指债券的卖出价和买入价之间的差额，它也是和利率相关。债券的价格和利率呈反向变化，利率越高，债券的价格就越低，反之则越高。预期资本利得的大小取决于预期的利率波动。凯恩斯假定，每个人心目中都会有一个利率的“安全水准”。当利率低于这个安全水准时，人们就会预期它将上升；反之，当利率高于这个安全水准时，人们就预期它将下降。因此，预期资本利得就取决于当前利率与安全利率的偏离程度。

货币的投机性需求与利率呈反向变化。首先，当利率较高时，持有生息资产的利息收入较大；其次，当利率较高时，它高于安全利率，从而在未来的时期内下降的可能性较大，所以持有生息资产获得资本利得的可能性也较大。这两方面因素加起来，就使利率越高，生息资产越有吸引力，货币的投机性需求越小。反之，当利率水平很低时，从生息资产上获得的利息收入还不足以补偿可能的资本损失，所以人们就宁愿持有货币。

在极端情况下，当利率水平低到所有人都认为它肯定将上升时，货币的投机性需求就可能变得无限大，任何新增的货币供给都会被人们所持有，而不会增加对债券的需求，结果使利率不能进一步下降，这就是“流动性陷阱”。

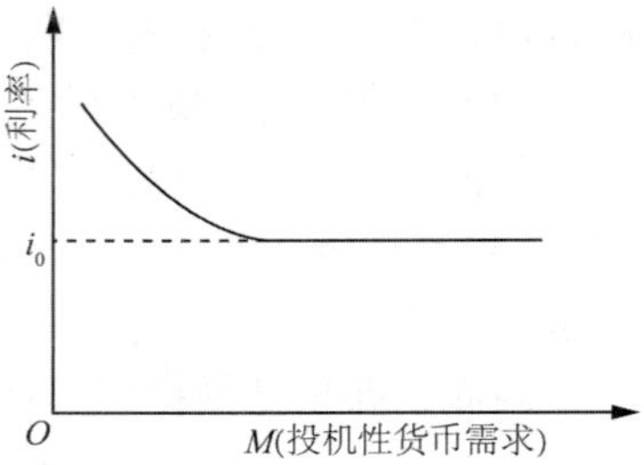

图 13－1　货币需求与利率的关系

总之，货币需求与利率之间的关系可用图 13－1 表示。

(2)把利率作为影响货币需求的重要因素考虑进来是凯恩斯的一大创举。在此之前的货币需求理论，要么根本否认利率对货币需求的影响(如现金交易说)，要么也只是隐约地提到利率发生作用的可能(如现金余额说)。凯恩斯则把货币需求对利率的敏感性作为其宏观经济理论的重要支点，并以此来攻击传统的货币数量论，主要表现在：

①货币需求是不稳定的，由于市场利率往往有较大的波动，受其影响，人们对货币这种资产的需求也会有较大的波动。而且，由于人们对于安全利率的看法也会发生变化，所以货币需求函数本身也是不稳定的，它会随人们对安全利率看法的变化而发生位移。这样，货币需求与利率和实际收入之间就缺乏稳定的关系。因此，货币需求不仅是波动的，而且是难以预测的。

②在货币需求波动较大的情况下，货币流通速度也必然有较大的波动。这一点不难由交易方程式看出来。在货币市场均衡(即货币需求 $M_d=M_s$)的情况下，恒等式 $MV=PT$。

即可写成：$M_dV=PY$

从中可得：$V=PY/M_d=PY/[L_1(Y)+L_2(i)]$

也就是说，货币流通速度和实际货币需求呈反向关系。这样，当实际货币需求随利率的涨落而发生波动时，货币流通速度也随之波动。

在凯恩斯看来，传统货币数量论将货币流通速度视为常数，其错误就在于忽略了货币投机性需求 $L_2(i)$ 的存在，只有当 $L_2(i)=0$ 时，即 $V=Y/L_1(Y)$ 时，货币流通速度才可被视为一个主要由制度因素决定的在短期内变化很小的量。

③在货币流通速度波动很大的情况下，货币量 M 与名义收入 PY 之间就不具有稳定的关系，因而名义收入完全由货币量决定的货币数量论观点就不能成立。例如，当货币供给增加时，利率将下降，从而实际货币需求上升，可以看出货币流通速度将因此下降。这样，货币供应量的增加就可能完全为货币流通速度的减小而抵消，从而对名义收入没有任何影响。更进一步讲，在货币流通速度不稳定的情况下，交易方程式虽然是一个随时都成立的恒等式，但其本身并不能说明任何问题。这也是凯恩斯抛弃交易方程式这一分析工具的原因。

第 14 章　现代货币的创造机制

一、概念题

1. 派生存款[深圳大学 2012 年研；深圳大学 2009 年研；中央财经大学 2001 年研]

答：派生存款是指由商业银行发放贷款、办理贴现或投资等业务活动引申出来的存款，又称为衍生存款。派生存款在原始存款基础上产生。原始存款是指商业银行接受的客户现金和中央银行对商业银行的再贷款，是商业银行从事资产业务的基础。派生存款的产生的过程，就是商业银行吸收存款、发放贷款、形成新的存款额……这一过程循环不断地在各家商业银行存款户之间转移、最终使银行体系的存款总量增加的过程。因此，商业银行创造派生存款的实质，是以非现金形式为社会提供货币供应量。

2. 原始存款[北京工商大学 2005 年研]

答：原始存款是指银行吸收的现金存款或中央银行对商业银行贷款所形成的存款。它包括商业银行吸收到的所增加其准备金的存款。商业银行的准备金以两种具体的形式存在：一是商业银行持有的应付日常业务需要的库存现金；二是商业银行在中央银行的存款。这两者都是归商业银行持有的中央银行的负债，也是中央银行对社会公众总负债中的一部分。商业银行所持有的这部分中央银行负债，对商业银行来说则是所拥有的一笔资产。这笔以准备金形式所持有的资产可分为两部分：一是商业银行遵照法律规定不能用以放款盈利的数额；二是由于经营上的原因尚未用去的部分。前一部分属法定准备金，后一部分属超额准备金。

3. 基础货币[上海财经大学 1996 年研]

答：基础货币亦称货币基础、货币基数，是指商业银行存入中央银行的准备金与社会公众所持有的现金之和，是中央银行直接控制的变量，也是银行体系的存款扩张、货币创造的基础。其数额的大小会影响货币供应量的增减变化，所以也称高能货币。当中央银行提高或降低法定准备金率时，各商业银行就要调整资产负债表项目，相应地增加或减少其存放在中央银行的法定准备金，这会使银行体系内产生一系列的变化。按照乘数理论，就会对货币供应量产生紧缩或扩张的作用。社会公众持有的现金的变动也会引起派生存款的变化，从而引起货币供应量的增加或减少。当公众将现金存入银行时，银行就可以按一定比例发放贷款，从而在银行体系内产生一系列的存款扩张过程；当公众从银行提取现金时，又会使银行体系内不断进行的派生存款过程部分中止。但一般来说，除季节性变动外，公众持有的现金额度比较稳定。基础货币具有以下四个属性：第一，可控性，是中央银行能调控的货币。第二，负债性，它是中央银行的负债。第三，扩张性，能被商业银行吸收作为其创造存款货币的基础，具有多倍扩张的功能。第四，初始来源唯一性，即其增量只能来源于中央银行，不能来源于商业银行，也不能来源于公众。

4. 部分准备制

答：部分准备制是指银行对于吸收的存款，不保留百分之百的现金准备，而只保留其中一定百分比以应付客户提现，其余部分则通过贷款等资产业务运用出去的准备制度。部分准备制度是相对于十足准备制而言的，在十足准备制度下，银行必须保持百分之百的现金准备，这就排斥了商业银行利用所吸收的存款去发放贷款的可能性。只有在部分准备制度下，商业银行才有创造存款货币的能力。因此，部分准备制是商业银行创造或削弱存款货币的首要条件。

二、选择题

1．以下哪一选项不属于中央银行的基本职能？（　　）［厦门大学2012年研］

A．发行的银行　　B．银行的银行　　C．国家的银行　　D．人民的银行

【解析】中央银行的基本职能包括：①发行的银行，是指垄断银行券的发行权，成为全国唯一的现钞发行机构；②银行的银行，是指中央银行以商业银行或其他金融机构为业务对象提供金融服务；③国家的银行，是指中央银行代表国家贯彻执行财政金融政策，代理国库收支以及为国家提供各种金融服务。

2．假设一个经济中流通中现金有20亿元，存款有100亿元，准备金有30亿元，法定存款准备金率是0.2，那么经济中商业银行持有超额存款准备金和货币乘数分别是（　　）。［中央财经大学2012年研］

A．10亿元和3.3　　B．20亿元和2.4　　C．10亿元和2　　D．10亿元和2.4

【解析】由题可知，商业银行的法定存款准备金为：$100\times0.2=20$（亿元），因此其超额存款准备金为：$30-20=10$（亿元）。货币乘数$k=(c+1)/(R_d+e+c)$，其中$c=20/100=0.2$，代表通货与存款的比率；$R_d=0.2$，代表法定存款准备金率；$e=10/100=0.1$，代表超额存款准备金率。因此，货币乘数$k=(0.2+1)/(0.2+0.1+0.2)=2.4$。

3．商业银行可以通过下列哪些途径增加自己的存款准备？（　　）

A．向中央银行再贴现　　B．向中央银行再贷款

C．向中央银行出售自己持有的外汇　　D．向中央银行出售自己持有的债券

【解析】商业银行可以通过向中央银行再贴现、向中央银行再贷款、向中央银行出售自己持有的外汇、向中央银行出售自己持有的债券来增加自己的存款准备。

4．存款货币银行的存款准备包括（　　）。

A．准备存款　　B．库存现金

C．流通于银行体系之外的现金　　D．贷款

【解析】存款货币银行的存款准备是指存款货币银行为保证客户提取存款和资金结算需要从存款中提取的保存在中央银行的存款和自我保存的现金。

5．存款货币银行派生存款的能力（　　）

A．与原始存款成正比，与法定存款准备金率成正比

B．与原始存款成正比，与法定存款准备金率成反比

C．与原始存款成反比，与法定存款准备金率成正比

D．与原始存款成反比，与法定存款准备金率成反比

【解析】存款货币银行派生存款的能力与原始存款成正比，原始存款越多，通货存款比越小，派生存款的能力越强；与法定存款准备金率成反比，法定存款准备金率越高，存款

1D　2D　3ABCD　4AB　5B

货币银行可贷出的货币越少，派生存款的能力低。

三、判断题

1. 国际货币基金组织所界定的存款货币仅包括活期存款，而不包括定期存款与储蓄存款。(　　)

【解析】国际货币基金组织所界定的存款货币不仅包括活期存款，还包括定期存款与储蓄存款。

2. 基础货币量等于原始存款量。(　　)

【解析】因为原始存款是指商业银行吸收的能增加其准备金的存款，包括商业银行吸收的现金和在中央银行的存款；而基础货币是指起创造存款货币作用的商业银行在中央银行的存款准备金与流通于银行体系之外的通货这两者总和。因此，基础货币大于原始存款。

3. 在其他条件不变的情况下，定期存款的利率下调将使货币乘数减小。(　　)

【解析】在其他条件不变的情况下，定期存款的利率下调将使货币乘数变大。

4. 基础货币直接表现为中央银行的资产。(　　)

【解析】基础货币直接表现为中央银行的负债。

5. 银行创造派生存款的过程就是创造实际价值量的过程。(　　)

【解析】创造存款货币的过程是创造价值符号的过程，并不是创造价值量的过程。

6. 派生存款是虚假存款。(　　)

【解析】货币量过多并不能将货币划分为真实货币和虚假货币，而只能使货币单位币值下降，因此派生存款不是虚假存款，创造派生存款与虚假存款无关。

7. 原始存款、超额准备金率、财政存款及现金漏损率等都是影响商业银行创造派生存款能力的因素。(　　)

【解析】财政存款不是影响商业银行创造派生存款能力的因素。影响商业银行派生存款能力的因素包括原始存款、法定存款准备金率、超额准备金率、再贴现率及现金漏损率等。

四、简答题

1. 简述原始存款和派生存款的区别。［厦门大学1999年研］

答：(1)原始存款，是指银行吸收的现金存款或中央银行对商业银行贷款所形成的存款，它包括商业银行吸收到的增加其准备金的存款。商业银行的准备金以两种具体的形式存在：一是商业银行持有的应付日常业务需要的库存现金；二是商业银行在中央银行的存款。这两者都是归商业银行持有的中央银行的负债，也是中央银行对社会公众总负债中的一部分。商业银行所持有的这部分中央银行负债，对商业银行来说则是所拥有的一笔资产。这笔以准备金形式所持有的资产可分为两部分：一是商业银行遵照法律规定不能用以放款盈利的数额；二是由于经营上的原因尚未用去的部分。前一部分属法定准备金，后一部分属超额准备金。

(2)派生存款，它相对于原始存款而言，是指商业银行以原始存款为基础发放贷款而引

1×　2×　3×　4×　5×　6×　7×

申出来超过最初部分存款的存款，是商业银行创造的存款货币。它是商业银行在其超额储备的基础上，将负债贷款转化的存款货币。这是商业银行货币的主要部分，商业银行创造派生存款的能力，受其掌握的原始存款（商业银行掌握的部分基础货币）的限制，亦即支付能力或清偿能力的限制。因而，中央银行经常根据货币政策需要松紧银根，通过调整法定存款准备率、再贴现政策和公开市场业务等手段，吞吐基础货币，改变货币乘数，调控商业银行创造的派生存款。

（3）原始存款与派生存款的区别：

①原始存款是派生存款的基础，没有原始存款，就没有派生存款，但在我国的整个货币供应总量中，派生存款的数量要大大多于原始存款。

②原始存款的来源是银行吸收的现金存款或中央银行对商业银行贷款所形成的存款。而派生存款是在商业银行内部体系中产生的，他们的来源不同。

2．简述货币乘数与存款货币扩张倍数的联系与区别。［中央财经大学2010年研］

答：（1）货币乘数是指货币供给量对基础货币的倍数关系，亦即基础货币每增加或减少一个单位所引起的货币供给量增加或减少的倍数；存款扩张倍数又称存款乘数，是指总存款（或银行资产总额）与原始存款之间的比率。

（2）货币乘数和存款货币扩张倍数的相同点为：二者都是用以阐明现代信用货币具有扩张性的特点。

（3）二者的差别主要在于两点：一是货币乘数和存款货币扩张倍数的分子分母构成不同，货币乘数是以货币供应量为分子、以基础货币为分母的比值；存款货币扩张倍数是以总存款为分子、以原始存款为分母的比值。二是分析的角度和着力说明的问题不同，货币乘数是从中央银行的角度进行的宏观分析，关注的是中央银行提供的基础货币与全社会货币供应量之间的倍数关系；而存款货币扩张倍数是从商业银行的角度进行的微观分析，主要揭示了银行体系是如何通过吸收原始存款、发放贷款和办理转账结算等信用活动创造出数倍存款货币的。

3．简述金融体系存款货币创造过程。［中央民族大学2023年研］

答：（1）存款货币创造过程如下：

①当客户将现金存入银行或银行通过其他渠道（如中央银行贷款、客户用支票存入款项等）获得初始资金时，这些资金被称为原始存款。

②银行收到原始存款后，根据法定准备金率（假设为r）保留一部分存款作为准备金，以确保客户随时可以提取现金。例如，如果法定准备金率为20%，银行收到10000元原始存款，则需要保留2000元作为准备金。

③银行将剩余的8000元（10000－2000）贷给其他客户。这些贷款通常会存入借款人的银行账户，形成新的存款。

④借款人将贷款存入自己的银行账户，银行再次根据法定准备金率保留一部分作为准备金，剩余部分继续贷出。假设借款人将8000元存入银行，银行保留1600元准备金，贷出6400元。

⑤这个过程会不断循环，每次贷款发放都会产生新的存款，银行再次保留准备金并贷出剩余部分。假设银行收到6400元存款，保留1280元准备金，贷出5120元，以此类推。

⑥经过多次循环，原始存款10000元最终可以派生出更多的存款。假设法定准备金率为

20%，最终可以派生出的总存款为50000元(包括原始存款10000元和派生存款40000元)。

(2)可以用以下公式表示存款货币创造过程：

派生存款总额D与原始存款R的关系为：$D=R/r$。

派生存款增加额ΔD与原始存款增加额ΔR的关系为：$\Delta D=\Delta R/r$。

存款创造乘数K为：$K=1/r$。

(3)实际中，存款货币创造过程还会受到以下因素的影响：

①现金漏损率c：客户从银行提取现金的比例。

②超额准备金率e：银行出于谨慎考虑额外保留的准备金比例。

③定期存款法定准备金率r_t：定期存款的法定准备金率。

综合考虑这些因素，存款创造乘数公式变为：

$$K=\frac{1}{r+c+e+t\cdot r_t}$$

其中t为定期存款与活期存款的比例。

4．影响基础货币投放的主要因素有哪些?

答：基础货币一般由存款准备金和流通在银行体系以外的现金两部分组成，因此影响基础货币投放的主要因素，具体说来就是影响两部分的因素：

(1)影响商业银行存款准备金变动的因素

①存款准备金率。如果中央银行提高存款准备金的比率，商业银行上交存款准备金越多，基础货币量增加。

②流通中的现金量。流通中的现金流入银行系统的数量增加，能使商业银行上缴存款准备金随之增加。

③中央银行买卖信用证券以及外汇的数量。买进有价证券和外汇，就能使商业银行的上缴存款准备金增加。

④中央银行对商业银行放款、贴现的松紧。如果中央银行扩大或放松对商业银行的放款、贴现，商业银行在中央银行的存款准备金也能够增加。

(2)影响流通在银行体系以外的现金量变动的因素

①公众收入增加和消费倾向。公众收入增加，手持现金量也会增加，消费倾向的变化也会引起现金量的复杂变化。

②物价变动状况。在币值不稳定和物价不稳定的情况下，会出现提取存款、手持现金、抢购商品等混乱状况。

③经济发展和体制的变动情况。如商品交易发展、就业人数增加、集贸市场扩大等因素往往会促使流通中现金量增加。

④存款和现金比例变化。如收购农副产品付现比重提高，农业贷款、个人贷款中相当部分的付现等，也会促使现金流量增加。

⑤信用开展程度。如银行存款利率的提高、储蓄网点的增多、非现金结算的广泛开展等，这些因素往往会影响流通中的现金量。

(3)中央银行对基础货币的控制，控制基础货币是中央银行的一项基本任务，就我国而言，假如中央银行与商业银行先前的资产负债已经平衡，基础货币就是指中央银行向商业银行的再贷款，也就是整个金融体系的原始资金来源。

五、计算题

1. 某小型经济体某会计月度发行的基础货币为10万元，该国央行规定该月法定存款准备金率为20%，商业银行系统平均超额存款准备金率为5%；又假设该国国民平均通货存款持有习惯是1∶4。［厦门大学2012年研］

(1)请计算该国货币乘数。

(2)该国该月度货币供应是多少？

答：(1)假设r_d、e、c分别代表法定存款准备金率、超额存款准备金率及通货－存款比率，因此，有$r_d=20\%$，$e=5\%$，$c=1/4=25\%$。

根据货币乘数的计算公式，可知

$$K=(c+1)/(r_d+e+c)=(25\%+1)/(20\%+5\%+25\%)=2.5$$

(2)由(1)可知货币乘数$K=2.5$，因此根据公式可得出该国该月度货币供应为：

$$M=K\times B=2.5\times 10=25(\text{万元})$$

2. 假设由美联储制定的准备金比率为10%，现在假定美联储通过纽约的债券交易商购买了价值10亿美元的美国政府债券，计算这一行为对以下各项的影响：(1)美联储的准备金；(2)商业银行法定准备金；(3)商业银行超额准备金；(4)货币供应量最初的变化；(5)在所有银行用掉它们所有的超额准备金后，货币供应量最终的变化。［南京大学2011年研］

答：(1)美联储准备金增加10亿美元。

(2)商业银行法定准备金增加$10\times10\%=1$(亿美元)。

(3)商业银行超额准备金增加了$10-1=9$(亿美元)。

(4)货币供应量最初增加了10(亿美元)。

(5)在所有银行用掉他们所有的超额准备金后，货币供应量的最终增加了$10/10\%=100$(亿美元)。

3. 6900万元的原始存款，当存款准备金率为18%，超额存款准备金率5%时，活期存款总额可达到多少？货币乘数是多少？［南京航空航天大学2011年研］

答：活期存款总额可达到$6900\times1/(18\%+5\%)=30000$(万元)

货币乘数$K=1/(18\%+5\%)=4.35$

六、论述题

结合现代货币创造原理，谈谈发展直接融资对我国货币供给机制的影响。［中国人民大学2000年研］

答：(1)现代货币创造原理主要是从货币供给的方程式来理解的，货币供给的基本方程式是：$M_s=B\cdot m$。它揭示了影响货币供给的两大基本要素：基础货币(B)及货币乘数(m)。基础货币又称强力货币或高能货币，是指处于流通领域为社会公众所持有通货及商业银行存于中央银行的准备金的总和。其数额大小对货币供应量具有决定性的影响。影响基础货币变动的因素通常为：对国外的净资产、对政府债权净额、对商业银行债权及其他项目净额等四项因素。基础货币主要由一国的货币当局——中央银行来决定。货币乘数是指货币供给扩张(或收缩)的倍数。中央银行的初始货币提供量与社会货币最终形成量之间存在倍数扩张(或收缩)的效果或反应，即乘数效应。$m=(C+D)/(C+R)=(C/D+1)/(C/D+R/D)$。从公式中可以看出货币乘数的大小取决于$C/D$，即货币供给中通货与存款货币之比，以及 R/D，即存款准备与存款货币之比。我国的货币乘数还受到财政性存款、信贷计划管理两项特殊因素的影响。其中，商业银行的行为居于中心地位。

由以上分析可知，现代信用货币供给的基本机制是：中央银行通过调整存款准备金率、再贴现率、对商业银行的贷款以及公开市场业务等手段，增加或减少基础货币量的供给；商业银行则在基础货币量的基础上，通过资产负债业务直接改变货币的供给总量。中央银行与商业银行两者在货币供给中的作用是相辅相成的。

（2）融资包括直接融资和间接融资两种形式，它反映资金从盈余部门向短缺部门的流动方式。其中直接融资是指公司、企业在金融市场上从资金所有者那里直接融通货币资金，其方式是发行股票或债券，进行直接融资的市场主要是证券市场。我国的证券市场由于起步晚、发展时间短、规模小，所以相对而言我国的融资结构中仍然具有明显的间接融资为主的特征，但从国外发达国家的发展轨迹及我国的实际情况来看，我国的直接融资在未来的比重将会越来越大，作用也日益增大。

（3）直接融资对我国货币供给机制的影响

证券市场发展对我国货币供给机制的影响首先是通过利率开始起作用的。这个利率不仅包括银行存款利率，也指股票市场上非货币金融资产的收益率。在改革初期，货币需求主要出于交易动机，人们由于收入水平较低以及投资渠道单一，利率对居民的货币供应量影响不大。但目前情况已有很大变化：利用各种资产组合来保全自己的财富，即投机动机开始变得不可忽视。1996 年两次降息后，1997 年一季度 M2 的增幅为 23.3%，而前两个季度分别为 25.2% 和 26.8%，降息的结果使货币流向证券市场以获得更高的收益。当然，货币供应量的变动是十分复杂的，但证券市场的影响可能在开始变大。进一步讲，货币供应量始于 1996 年下半年的下降与证券市场的扩张很可能有密切的因果关系。

证券市场对货币供应量的影响是通过利率进行的，可以用金融资产的替代效应来解释。金融资产可分为货币和非货币金融资产，货币收益（银行存款利息）与非货币资产收益之间的差距使经济个体对二者进行选择而发生替代效应。当股票等非货币金融资产收益率明显高于银行利率时，货币需求下降，人们宁愿保有非货币的金融资产；反之，人们则更倾向于货币的流动性。弗里德曼将证券市场对货币需求的影响因素分为四种：收入效应、资产调整效应、交易规模效应和替代效应。收入效应是指由于股票价格的上升使名义收入上升，当股票价格的波动大于收入的波动时，财富与收入的比例也随之上升，从而意味着货币对收入比例（M/Y）的提高，即货币流通速度的降低。资产调整效应是指股票价格的变化引起风险资产对安全资产比例的变化。例如当股市波动剧烈时，为规避风险从而加大安全资产（如存款、现金）在资产组合中所占的比例或者减少对长期债券的持有。交易规模效应是指股票价格的上涨使金融交易规模范围加大，从而使货币需求扩张。这三种效应无论是使货币流通速度的降低还是提高安全资产比例或直接扩大货币需求，都使股票价格与货币需求发生同向变动。而替代效应是指由于股票价格的上升使这种金融资产相对于其他形式变得更有吸引力从而诱使更多的货币流入股票市场，因此这种效应对货币需求有负影响。在我国，货币的收入效应是明显的，即收入的增加引起了货币需求的增加，但随着金融资产的进一步丰富，替代效应的影响也可能开始对我国的货币需求发生作用。

证券市场影响货币供应量的另一个值得注意的现象是物价与股票指数的相反变动趋势。资产可分为实物资产和金融资产，物价变动会使经济个体在两者之间进行选择，预期物价增长意味着实物资产增值，而使持币者选择实物资产。另一方面，证券市场所吸纳的一部分货币也减少了潜在流通货币对实物资产市场的冲击。

此外，直接融资对我国货币供给机制中的要素和运行方式也有重要的影响。表现在：

①改变了货币供给方式。在直接融资方式出现前，我国的货币供给方式为再贷款——贷款方式，即先由中国人民银行提供再贷款给商业银行，再由商业银行贷款给社会大众。

直接融资方式的主要市场——证券市场出现以后，中国人民银行经过多年的努力，终于在1996年4月正式运用公开市场操作，这意味着中国人民银行除了继续通过再贷款供给基础货币之外，还可以买卖有价证券来吞吐基础货币。

②影响货币供给量决定。决定货币供给量大小的因素主要有基础货币和货币乘数。在证券市场日益繁荣，证券资产品种日益丰富的情况下，商业银行和社会大众会根据新的情况，调整自己的资产结构，尽可能减少手中的现金持有，以降低机会成本，同时增加对证券资产的持有以满足其流动性的需要。这样，证券市场的发展，势必会影响到商业银行的超额准备金率和社会大众通货比率的变化。而这两个指标又是影响货币乘数的两个主要因素。其结果一般会造成货币乘数的扩大。

③增加了货币供给的主体。由于证券市场的发展，相继出现了为数不少的非银行金融机构。在早期金融分业经营和分业管理没有特别重视的情况下，这些金融机构一边经营证券业务，一边又在兼营银行业务，特别是信托投资公司、财务公司一类的非银行金融机构，其资产业务中贷款占有相当大的比重，所以在一定程度上扩大了我国的货币供给。而未来的发展趋势是金融业的混业经营，非银行金融机构经营贷款性质的业务也会占有相当大的比重。

④影响货币总量的计量和内部结构的变化。由于证券市场的兴起，特别是近年来的股市火爆，股民新开户数不断上升，上市资金不断增加，而这些资金由券商存放同业，没有计入货币供应量。股市上的新股发行和旧股扩容，所得到的资金支持大多数是来自居民储蓄存款的转移。由于居民储蓄存款为准货币，计入货币量M2，但这些存款流向证券市场，却成了现实流通的货币，计入M1，因此，证券市场的迅速发展会使货币内部结构发生变动。

第 15 章　货币供给

一、概念题

1. 货币供给的内生性[中南财经政法大学 2024 年研；山东大学 2016 年研]

答：货币供给的内生性是指货币供给是内生变量，其含义是：货币供给的变动，货币当局的操作起不了决定性的作用，起决定作用的是经济体系中实际变量以及微观主体的经济行为等因素。如果认为货币供给是内生变量，则货币供给总是要被动地取决于客观经济过程，而货币当局并不能有效地控制其变动，自然而然地，货币政策的调节作用，特别是以货币供给变动为操作指标的调节作用，就有很大的局限性。

2. 货币供给的外生性

答：货币供给的外生性是指货币供给的变动，主要取决于货币当局的政策行为，而不是取决于经济体系中的实际变量和微观主体行为。货币外生性与货币供应决定于内生变量的观点相反，认为货币的供给决定于货币当局的政策和操作手段，并非决定于经济运行的经济变量的变化。中央银行的货币政策就是从经济之外对货币供给进行控制。如果认为货币供给是外生变量，那么，货币当局就能够有效地通过对货币供给的调节影响经济过程。

3. 货币乘数[上海外国语大学 2023 年研；厦门大学 2023、2022 年研；首都经济贸易大学 2022 年研]

答：货币乘数也称货币扩张系数，是用以说明货币供给总量与基础货币的倍数关系的一种系数。货币供给总量之所以数倍于基础货币，是由于商业银行信用扩张或派生存款的缘故。影响货币乘数的因素有：现金漏损率、活期存款法定准备率、超额准备率、定期存款占存款的比例。当基础货币供应增加后，货币存量不是简单地以 1∶1 的比例增加，由于存款机构的信用创造，货币存量的增加量会以基础货币增量的若干倍数扩张。这种倍数关系用式子表达出来即：$M = M_1/H$ 或 $M = \Delta M_1/\Delta H$。其中，M 为货币乘数，M_1是货币供给量，H 为基础货币。

4. 存款准备金[南开大学 2011 年研]

答：存款准备金是指银行所持有的现金和在央行的存款。银行为应付储户的提现和正当的贷款要求，必须按所吸收存款的一定比例保留一部分现金和央行存款，其余部分用于贷款或投资，保留的这部分存款被称为存款准备金。存款准备金分为两部分，法定存款准备金和超额准备金。法定准备金是国家为了加强监管，维护储户利益，以法律形式规定，要求商业银行必须保留的部分准备金，而法定准备金与存款总额之比就是法定准备金率。而超过法定准备金的部分是超额准备金。银行一般会保留部分超额准备金，以免在需要资金时必须向央行贷款或拆入资金，增加成本，并受到一定的限制，流动性风险提高。

二、选择题

1. 西方学者所主张的货币层次划分依据是(　　)。[暨南大学 2011 年研]

1C

A．购买力　　B．支付便利性　　C．流动性　　D．金融资产期限

【解析】各国中央银行在确定货币供给的统计口径时，都以流动性的大小，也即作为流通手段和支付手段的方便程度作为标准。

2．下列哪种情况下(　　)导致货币供给增加。[浙江工商大学2011年研]

A．政府购买增加　　B．央行从公众手中购买国债

C．一个平民购买通用汽车的债券　　D．联想公司向公众发售股票

【解析】央行从公众手中购买国债属于公开市场操作，会造成基础货币的增加，从而使得货币供给增加。

3．货币供给是(　　)。

A．中央银行向经济主体供给货币以满足其货币需求的行为

B．政府授权中央银行向经济主体供给货币以满足其货币需求的过程

C．一国或货币区的银行系统向经济主体供给货币以满足其货币需求的过程

D．现代经济中的商业银行向经济主体供给货币以满足其货币需求的行为

【解析】货币供给是相对于货币需求而言的，指货币供给主体即一国或者货币区的银行系统向经济主体供给货币以满足其货币需求的过程。

4．下列表述中，正确的有(　　)。

A．在货币供给机制中，中央银行承担着通过信用创造货币的职能

B．在货币供给机制中，中央银行承担着通过信用扩张，创造派生存款的职能

C．在货币供给机制中，商业银行承担着通过信用创造货币的职能

D．在货币供给机制中，商业银行承担着信用扩张，创造派生存款的职能

E．现金是中央银行的负债，存款是商业银行的负债

【解析】在货币供给机制中，中央银行和商业银行各自承担不同的职能。其中，中央银行承担着通过信用创造货币的职能；商业银行承担着信用扩张，创造派生存款的职能。货币供应量包括现金和存款两个部分，其中现金是中央银行的负债，存款是商业银行的负债。

5．货币供给包括(　　)和货币供给行为两大内容。

A．货币总量　　B．资金运用量　　C．货币流通量　　D．货币供给量

【解析】货币供给由货币供给行为和货币供给量两部分组成。前者是指银行体系通过自己的业务活动向再生产领域提供货币的全过程，研究的是货币供给的原理和机制。后者是指金融系统根据货币需求量，通过其资金运用，注入流通中的货币量。

6．一国在二级银行体制下，基础货币200亿元，存款准备金130亿元，原始存款500亿元，派生存款3000亿元，货币乘数为3，则该国货币供应量等于(　　)亿元。

A．390　　B．600　　C．1500　　D．9000

【解析】货币供应量 M_S 是基础货币 B 和货币乘数 m 的乘积，本题中，该国货币供应量 $=200\times3=600$(亿元)。

7．决定货币供给的内生变量不包括(　　)。

2B　3C　4ADE　5D　6B　7C

A. 信贷收支　　B. 财政收支　　C. 财政收支平衡　　D. 国际收支

【解析】一国的信贷收支、财政收支、国际收支是决定货币供给的内生变量。中央银行必须重视这些因素，并根据货币政策的要求适当灵活地加以调节，以保证货币供应量与货币需求量相适应。

三、判断题

1. 一定时期货币供给量的大小由中央银行决定。(　　)

【解析】从货币供给原理来说，货币供给量等于基础货币与货币乘数之积。从货币供给量的形成过程来讲，它是由中央银行、商业银行和社会公众的行为共同决定的。他们的行为在不同的经济条件下又受各种特别的因素的制约。因此，货币供给量并不是中央银行绝对加以控制的。

2. 资产变现能力强，流动性就一定高。(　　)

【解析】流动性是指金融资产在不受损失的情况下，转化为现金的难易程度。因此，任何资产都能转化为现金，但不能说资产变现能力强，流动性就一定高，还要看其转化为现金的难易程度。

3. 在任何情况下，赤字与货币供给的增长都存在着一对一的关系。(　　)

【解析】只有当决定信贷扩张与紧缩的只有财政收支状况这一个因素时，赤字与货币供给的增长存在着一对一关系的论断才能成立。

四、简答题

1. 企业行为是如何影响货币供给的？

答：(1)货币供给是指一定时期内一国银行系统向经济中投入、创造、扩张(或收缩)货币的行为。货币供给的必然结果是在经济中形成一定的货币供给量。这种货币供给量对银行系统而言是一种负债，但对非银行系统而言则是一种资产。货币供给的基本方程式是 $M_s = B \cdot m$，它揭示了影响货币供给的两大基本要素：基础货币(B)及货币乘数(m)。

(2)从理论上讲中央银行可以控制货币供给，但实际上中央银行对货币乘数的控制面临一定的困难。企业行为也会影响货币供给。

在市场经济中，企业在运用手中的货币资金进行投资或资产选择时，常常与居民遵循着共同的规律，只是企业行为对货币供给的影响表现在对资金的需求和对贷款的需求上，主要来自两个方面：

①经营规模的变化。企业在追求发展的过程中要不断扩大规模，提高本企业的技术含量，就需要追加投资补充资金。从银行取得贷款是企业追加投资的重要来源，企业贷款要求的增加势必扩大货币乘数，导致货币供给的增加。如果经济不景气，厂商缺乏经营的积极性，即使降低利率，也不能引起贷款需求的增加，货币乘数就下降，货币供给就会减少。

②经营效益的高低。一般来说，单个厂商的经营水平高，整体经济结构合理，比例优化，使得资金周转率高，整个社会经济效率高，信贷资金占用时间短，对货币供给量的压力小，货币乘数稳定，经济可以平衡持续发展。若情况相反，导致厂商经营效益不好，以至出现亏损，厂商被迫缩减经营甚至破产，银行就会勾销一部分贷款，从而收缩货币

1× 2× 3×

供给。

2. 简述货币供给的含义。

答：货币供给是指一定时期内一国银行系统向经济运行投入货币的过程。货币供给形成的货币量，称为"货币供应量"，它由包括中央银行在内的金融机构供给的存款货币和现金货币两部分构成。影响货币供给的因素是中央银行的政策取向和公众及商业银行的行为。货币供应量从银行系统来看是负债，从非银行经济主体来说是为资产，它要由银行通过各项资产业务向国民经济中投放。从一定意义上说，货币供应量的大小是由银行系统资产业务的规模大小所决定的。

关于货币供给的定义，需要说明以下几点：

(1)货币供给中所指的货币，关系到货币供给的具体内容，但迄今为止，经济理论界对此并没有一个统一的认识。从而导致人们对许多金融理论和实务问题都存在争议，如货币供给在整个社会经济活动中的重要性，货币政策对宏观经济调控的作用等。因此，有必要进一步弄清货币供给的定义和包含的内容。

(2)货币供给是一个存量概念，货币供给量是指一国在某一时点上的货币存量，它是指被财政部门、各生产经营单位、家庭和个人所持有的，由银行体系所供给的存款量和现金发行量。因此，影响和决定货币存量大小的是银行的信贷收支。银行是供给和改变货币供给存量大小的重要机构。

(3)货币需要量虽然也是一个有客观数量界限的存量，但毕竟是一个预测量。而货币供给却是真实反映在银行资产负债表一定时点上的银行负债总额。具体地说，存款量是商业银行的负债，而现金发行量则是中央银行的负债。

(4)研究货币供给的目的，是为了使社会实际提供的货币量能够与商品流通和经济发展对货币的需求(即预测的货币需要量)相吻合。所以，对货币供给有重要研究价值的不是实际的货币供给量，而是合理的货币供给量，即指由银行通过各项资产业务实际投放的货币量与社会对货币的正常需求量相一致。

(5)因为中央银行能够按照自身的意图运用货币政策工具对社会的货币量进行扩张和收缩，即货币供给量的大小在很大程度上为政策所左右，所以货币供给首先是一个外生变量。然而，货币供给量的变化又受制于客观经济过程，即除受中央银行货币政策工具的操作左右外，还取决于经济社会中其他经济主体的货币收付行为。因此它同时又是一个内生变量，即不为政策因素所左右的非政策性变量。由此，中央银行对货币供给量的调控就变得十分困难。

3. 当价格水平为1、1.5和2及名义货币供给为450美元时，实际货币供给为多少？在其他条件不变的情况下，解释为什么价格水平与实际货币供给之间存在一种反向关系。

答：实际货币供给等于名义货币供给除以价格水平。当名义货币供给为450美元时，价格水平为1时，实际货币供给为450美元；价格水平为1.5时，实际货币供给为300美元；价格水平为2时，实际货币供给为225美元。由于实际货币量测量的是一定数量的货币所能够购买的商品数量，在一定的名义货币水平下，价格水平上升时，这些货币所能够购买的商品数量就下降。因此，在其他条件不变的情况下，实际货币供给与价格水平之间具有反向变动关系。

五、计算题

某国商业银行体系共持有准备金200亿元，公众持有的通货数量为200亿元，中央银行对活期存款和定期存款规定的法定准备率分别为15%和10%，据测算，流通中的现金漏损率为25%，商业银行的超额准备率为5%，而定期存款与活期存款之间的比率为50%，试求：

(1)货币乘数m_1和m_2。

(2)狭义货币供应量$M1$和广义货币供应量$M2$。

答：(1)

$$m_1=\frac{1+k}{r_d+r_t\cdot t+k+e}=\frac{1+25\%}{15\%+10\%\times 50\%+25\%+5\%}=2.5$$

$$m_2=\frac{1+k+t}{r_d+r_t\cdot t+k+e}=\frac{1+25\%+50\%}{15\%+10\%\times 50\%+25\%+5\%}=3.5$$

(2)$B=C+R=200+200=400$(亿元)

$M1=2.5\times 400=1000$(亿元)

$M2=3.5\times 400=1400$(亿元)

所以货币乘数m_1和m_2分别为2.5和3.5，货币供给量$M1$为1000亿元，$M2$为1400亿元。

六、论述题

存款银行行为如何影响货币供给?

答：(1)货币供给是指一定时期内一国银行系统向经济中投入、创造、扩张(或收缩)货币的行为。货币供给的必然结果是在经济中形成一定的货币供给量。这种货币供给量对银行系统而言是一种负债，但对非银行经济主体而言则是一种资产。货币供给的基本方程式$M_s=B\cdot m$，它揭示了影响货币供给的两大基本要素：基础货币(B)及货币乘数(m)。

(2)从理论上讲中央银行可以控制货币供给，但实际上中央银行对货币乘数的控制面临一定的困难，存款银行的行为也影响货币供给。在正常情况下，银行的两种行为会影响货币供给，一是调整超额准备金率；二是变动向中央银行借款的规模。

①调整超额准备金比率。银行的准备金是基础货币，超额准备金是银行持有的超过法定准备金没有发放贷款的部分，因此没有参与货币的创造，因为第一级银行发放的贷款少，次级银行收进的存款就少，货币乘数自然就小。据此，可以推论：在准备金总额不变时，银行增加超额准备金，货币乘数就会缩小。相应地，货币供给量也会减少。如果银行减少了超额准备金，货币乘数就会变大，从而货币供给量也会增加。

任何体制下的存款银行，在中央银行的准备金存款均有超过法定比率部分。在市场经济中超额准备有时增加或减少，原因有两个：一是成本和收益的动机；二是风险规避动机。在发达国家，商业银行总是试图把超额准备金压到最低，因为商业银行在中央银行的准备金存款是没有利息的，而一笔资金用于贷款或证券投资总能获得收入，所以，持有超额准备金就等于放弃收入，被放弃的收入就是超额准备的机会成本。发达国家的商业银行超额准备维持在1个百分点之下。如果银行持有的超额准备金也能得到一定的利息收入，银行一定会对放弃运用的损失和收益进行比较。我国的情况比较特殊，我国的准备金存款不仅有利息，而且相当长的时间利息较高，使得有些银行保持较高的超额准备金。这就属于成本和收益动机的问题。

风险规避动机，商业银行存款流出具有不确定性，不确定性有时会给银行带来损失，因此银行必须保有超额准备金。当银行出现存款大量流出的现象时，若无超额准备，就得采取出售证券、催收贷款、向中央银行借款等行为，这会增加银行的经营成本或减少银行的收益；如果存款流出规模过大而又无法采取措施补充资金，就可能面临倒闭的威胁。为了避免这种风险，在出现存款流出的迹象时，银行必须及时采取增加超额准备金的措施。超额准备金持有量与预期存款流出量成正相关关系，如果在某一时期，银行感到不确定性增大，就会增加超额准备金的持有量，反之，会相应减少超额准备金的持有量。不确定性系数与超额准备金成正相关关系。

变动超额准备金的行为无论出于何种动机，都会影响存款准备的比率，超额准备金增加，存款乘数缩小；反之，则相反。因此超额准备金的变化势必会影响货币供给。

②向中央银行借款的规模。在市场经济体系中，商业银行向中央银行借款，会增加准备金存款，也即增加基础货币的数量，从而支持更多地创造存款货币。所以在一般情况下，商业银行增加向中央银行借款会扩大货币供应量，减少向中央银行借款会减少货币供应量。

决定商业银行向中央银行借款的行为动机也是成本收益动机，而决定成本和收益的因素主要是市场利率和中央银行贷款的贴现率。市场利率的高低，主要是影响厂商向银行借款的多少；中央银行的贴现率的高低，影响商业银行向中央银行借款的多少。

商业银行向中央银行借款影响基础货币，同时也是中央银行通过市场行为控制基础货币的一个侧面，就像银行与企业在贷款增减的作用互为表里一样。

第 16 章　货币均衡与总供求

一、概念题

1. 货币均衡

答：货币均衡是指货币供给与货币需求基本相适应的货币流通状态。货币均衡是一个动态的概念，是一个由均衡到失衡，再由失衡恢复到均衡的不断运动的过程。货币均衡的实现具有相对性。

2. 货币失衡

答：货币失衡是同货币均衡相对应的概念，又称货币供求的非均衡，是指在货币流通过程中，货币供给(M_s)偏离货币需求(M_d)，从而使二者之间不相适应的货币流通状态。其基本表现可以表示为：$M_d \neq M_s$。

3. 市场均衡

答：市场均衡是指消费者愿意支付的价格和愿意购买的数量与厂商愿意售卖的价格和愿意售卖的数量达到一致的状态，即市场总供求均衡。总供给(AS)是由提供给市场的商品、服务构成，大致可分为两种：消费品供应和生产品供应。总需求(AD)是由指向于市场的支出构成。也可大致分为两种：一是消费支出；二是投资支出。总供求均衡的条件是：

消费支出 + 投资支出 = 消费品供应 + 生产品供应

4. 自然失业率[上海大学 2013 年研]

答：自然失业率又称"有保证的失业率""正常失业率""充分就业失业率"等，是指在没有货币因素干扰的情况下，让劳动市场和商品市场自发供求力量起作用时，总供给和总需求处于均衡状态时的失业率。没有货币因素干扰指的是失业率的高低与通货膨胀的高低之间不存在替代关系。自然失业率是充分就业时仍然保持的失业水平。自然失业率决定于经济中的结构性和摩擦性的因素，取决于劳动市场的组织状况、人口组成、失业者寻找工作的能力、现有工作的类型、经济结构的变动、新加入劳动者队伍的人数等众多因素。任何把失业降低到自然失业率以下的企图都将造成加速的通货膨胀。任何时候都存在着与实际工资率结构相适应的自然失业率。自然失业率是弗里德曼对菲利普斯曲线发展的一种观点，他将长期的均衡失业率称为"自然失业率"，它可以和任何通货膨胀水平相对应，且不受其影响。

二、选择题

1. 通货比率的变动主要取决于(　　)的行为。[浙江工商大学 2011 年研]

A. 中央银行　　B. 非银行金融机构
C. 商业银行　　D. 社会公众

【解析】通货对活期存款的比率叫作通货比率，其变动主要受居民、企业的影响。

2. 下面的经济学家中，(　　)不是传统货币数量说的代表人物。[南京大学 2011 年研]

1D　2A

A. 弗里德曼　　B. 费雪　　C. 马歇尔　　D. 庇古

【解析】弗里德曼提出了现代货币数量说，其余三位均是传统货币数量说的代表人物。

3. 持有货币的机会成本是(　　)。[南京大学2011年研]

A. 汇率　　B. 流通速度　　C. 名义利率　　D. 实际利率

【解析】持有货币，获得了货币的流动性并放弃了相应时间内的利息，即为名义利率。

4. 在市场经济制度下，衡量货币是否均衡的主要标志是(　　)。

A. 货币流通速度与物价指数　　B. 汇价变化率

C. 货币流通速度变化率　　D. 物价变动率

【解析】在市场经济条件下，综合物价水平取决于社会总供给与社会总需求的对比关系，而货币均衡又是总供求量是否均衡的重要前提条件，所以可用物价水平的变动来判断货币市场是否均衡。

5. 在计划经济条件下，衡量货币均衡的标志是(　　)。

A. 货币流通速度变化率　　B. 物价变动率

C. 货币流通速度与物价指数　　D. 汇价变动率

【解析】在计划经济体制下，物价受到控制，大量货币只能充塞于流通之中，引起货币流通速度延缓，所以只能用货币流通速度衡量货币是否均衡。

6. 货币均衡的条件包括(　　)。

A. 国民收入等于国民支出　　B. 出口等于进口

C. 有一个均衡的汇率水平　　D. 国民收入大于国民支出

E. 利率水平达到均衡状态

【解析】货币能否均衡取决于国民收入Y和利率r这两个重要条件，即国民收入等于国民支出；利率水平达到均衡状态。

7. 下列关于均衡的利率水平说法正确的是(　　)。

A. 货币供给的变动不会影响利率水平变动

B. 均衡利率是货币供求双方均能接受的利率水平，因而它是货币均衡的重要条件

C. 均衡利率水平的形成是由货币供求条件决定的

D. 适当地调节利率水平，可以有效地调节货币供求，使其处于均衡状态

E. 当货币需求小于货币供给时，适当提高利率水平，能增加对货币的需求

【解析】货币供给量的变动与利率的变动呈反向变化。当货币需求小于货币供给时，降低利率能增加对货币的需求。

8. 影响货币均衡实现的因素主要有(　　)。

A. 利率机制　　B. 央行的干预和调控

C. 国家财政收支平衡　　D. 生产部门结构是否合理

E. 国际收支是否平衡

【解析】利率是货币均衡实现的基本手段。除了利率机制发挥作用以外，其影响因素还

3C　4D　5A　6AE　7BCD　8ABCDE

包括：①中央银行的市场干预和有效调控；②国家财政收支要保持基本平衡；③生产部门结构要基本合理；④国际收支必须保持基本平衡。

三、判断题

1. 在比较发达的市场经济中，政府弥补财政赤字的办法不外三种：增税、增发政府债券和变动货币乘数。(　　)

【解析】在比较发达的市场经济中，政府弥补财政赤字的办法不外三种：增税、增发政府债券和变动基础货币。

2. 社会总需求大于总供给的矛盾通过压缩货币供给便可以得到彻底解决。(　　)

【解析】紧缩能在短期内对物价上涨起到明显的抑制作用，但从长期看如果紧缩也抑制了实际经济增长，供求矛盾仍然解决不了，价格水平上涨的压力依然难以缓解。

3. 在发达的市场经济条件下，货币当局完全可以对货币乘数进行直接调控。(　　)

【解析】在货币乘数中，中央银行能控制的只有法定准备金率，因此，即使在发达的市场经济条件下，货币当局也不可能完全可以对货币乘数进行直接调控。

四、简答题

1. 货币供给与社会总需求具有怎样的内在联系？［对外经济贸易大学2004年研］

答：(1)社会总需求的定义

社会总需求指的是经济中对商品和劳务需求的总和，也即购买商品和劳务的总支出。总需求由四部分组成：消费(C)、投资(I)、政府购买(G)和净出口($X-M$)。总需求也就是用支出法求得的国民生产总值(GNP)，所以$GNP=AD=C+I+G+(X-M)$。按照凯恩斯的观点，总需求水平决定产出水平，因而在凯恩斯主义中，总需求分析是宏观经济学理论的中心。

(2)货币供给的定义

货币供给是一定时期内一国银行系统向经济中投入、创造、扩张(或收缩)货币的行为。货币供给的必然结果是在经济中形成一定的货币供给量，货币供给的主体是中央银行和商业银行。

(3)货币供给与社会总需求的关系

①货币供给对总需求的影响

货币供给与社会总需求的内在联系是通过货币供给量的变动对构成社会总需求的四部分影响而联系的。一定程度上，货币供给的增加会导致社会总需求的增加。

在货币需求一定的条件下，货币供给的增加会导致利率下降，利率下降又会刺激投资和消费的增加；在其他条件不变的情况下，货币供给的增加也会导致货币贬值，继而有利于本国产品的出口，净出口增加，从而总需求增加。所以在其他条件不变的情况下，货币供给的增加会引起社会总需求的增加。

②总需求对货币供给的影响

同样，社会总需求的增加也会通过各种途径刺激货币供给增加。首先是社会总需求的增加会影响基础货币供应量，比如因社会总需求增加，商业银行超额储备减少，减少的超

1×　2×　3×

额储备通过信贷途径成倍数扩大了货币供应量；再如社会总需求增加，导致货币流通速度增加，从而扩大了货币乘数，货币供给量增加等。

所以货币供给和社会总需求存在同方向变动的内在联系，存在这种联系的原因在于货币供给的变化会影响汇率和利率水平，而汇率和利率变化又影响消费、投资、进出口，而社会总需求又等于消费、投资、政府支出和净出口之和。

2．如何理解关于“总供给曲线 *AS* 是向上倾斜”的论证？

答：总供给曲线 *AS* 是一条表示价格水平与总产出水平正相关的曲线。价格水平 *P* 与总产出水平 *Y*，在短期内为正相关，这就决定 *AS* 曲线向上倾斜。

价格水平与产出正相关的原因在于，价格的提高通常并不立即伴随单位产品生产成本的提高，至少并不立即伴随单位产品生产成本同比例的提高，从而导致单位产品利润增大。利润增大则会刺激增加产出，也即增加总供给。反之，价格的下降通常并不立即伴随生产成本的下降，至少并不立即伴随生产成本同比例的下降，从而导致利润减少。利润减少则会刺激缩减产出，也即减少总供给。

但是，随着价格的持续走高，生产成本必将逐步上涨。通过一定的过程，成本的提高，将使利润向原有水平回落，增加产出的推动力也将消失。反之，价格的持续走低，生产成本必将逐步有所下降。通过一定的过程，成本的下降将使利润可能有所回升；利润降低会导致缩减产出，若利润降低减小乃至消除，则会有利于产出的增加。显然，从相对长期的角度考察，价格与产出的关系并非绝对正相关。所以，对于 *P* 与 *Y* 之间正相关的论证特别强调“短期”这一约束条件。

3．在市场经济条件下，货币均衡是如何实现的？

答：市场经济条件下货币均衡的实现有赖于三个条件，即健全的利率机制、发达的金融市场以及有效的中央银行调控机制。

在完全市场经济条件下，货币均衡最主要的实现机制是利率机制。除利率机制之外，还有：中央银行的调控手段、国家财政收支状况、生产部门结构是否合理、国际收支是否基本平衡等四个因素。

在市场经济条件下，利率不仅是货币供求是否均衡的重要信号，而且对货币供求具有明显的调节功能。因此，货币均衡便可以通过利率机制的作用而实现。

就货币供给而言，当市场利率升高时，一方面社会公众因持币机会成本加大而减少现金提取，这样就使现金比率缩小，货币乘数加大，货币供给增加；另一方面，银行因贷款收益增加而减少超额准备来扩大贷款规模，这样就使超额准备金率下降，货币乘数变大，货币供给增加。所以，利率与货币供给量之间存在着同方向变动关系。就货币需求来说，当市场利率升高时，人们的持币机会成本加大，必然导致人们对金融生息资产需求的增加和对货币需求的减少。所以利率同货币需求之间存在反方向变动关系。当货币市场上出现均衡利率水平时，货币供给与货币需求相等，货币均衡状态便得以实现。当市场均衡利率变化时，货币供给与货币需求也会随之变化，最终在新的均衡货币量上实现新的货币均衡。

五、论述题

试述从货币失衡到货币均衡的调整对策。

答：从货币失衡到货币均衡的调整，可以分为四个步骤。第一步是分清失衡的类型，即货币供给量究竟是大于还是小于货币需要量；第二步是分析失衡的原因；第三步是选择相应的对策；第四步是采取行动。着重讨论第三步工作即对策问题。现在以货币供给量大于货币需要量为考察对象，提出四种类型的对策。

(1)供应型调节

供应型调节，是指在货币供给量大于货币需要量时，从压缩货币供给量入手，使之适应货币需要量。这包括如下几个层次的措施：①从中央银行方面来看，一是在金融市场上卖出有价证券，直接回笼货币；二是提高法定存款准备率，收缩商业银行的贷款扩张能力；三是减少基础货币供给量，包括减少给商业银行的贷款指标，收回已贷出的款项等措施。②从商业银行方面来看，一是停止对客户发放新贷款；二是到期的贷款不再展期，坚决收回；三是提前收回部分贷款。③从财政方面来看，一是减少对有关部门的拨款；二是增发政府债券，直接减少社会各单位和个人手中持有的货币量。④从税收方面来看，一是增设税种；二是降低征税基数；三是提高税率；四是加强纳税管理。

财政税收措施在减少社会各单位和个人的存款与现金持有量的同时，增加了财政金库存款。从表面现象上看，这似乎没有压缩货币供给量，但是社会各单位的存款和财政金库存款是两类不同性质的存款，前者流通性强，后者流通性弱。因此，通过财政税收手段将社会各单位的一部分存款转入财政金库存款，就是将一部分现实购买力转化为潜在购买力，从而在实质上收到了压缩货币供给量之效。

这种靠压缩现有货币供给量来达到货币均衡的供应型调节方式，如果仅仅从货币均衡的角度来看，它是有效的，也可以说是一种积极的调节方式。但是，如果把它放到整个经济运行机制中去考察，从收缩货币供给量对国民经济的影响来看，那么这种调节方式在有些情况下则可能是消极的。因为货币供给量的收缩，一方面意味着货币供给总量的减少，另一方面又意味着货币存量分布结构的改变。总量收缩对于生产经营性企业来说，可能是可投入的资金来源减少，也可能是已投入的资金被抽回。在资金使用效益短期内无法提高的情况下，社会再生产经营规模就只能在萎缩的状态下进行，从而使社会经济发展速度受到影响。

(2)需求型调节

需求型调节，是指在货币供给量大于货币需求量时，从增加货币需要量入手，使之适应既定的货币供给量。由于货币需要量主要还是一个独立于银行之外的内生变量，因此，对货币需要量的调节措施更多地在银行之外推行。这包括如下几条措施：①财政部门提供资金，国家物资部门动用物资储备，商业部门动用商品储备，以此增加商品供应量(这是增加货币需要量的同义语)；②银行运用黄金储备和外汇储备，外贸部门组织国内急需的生产资料的进口，以此扩大国内市场上的商品供应量；③国家物价管理部门(受命于国务院)提高商品价格，通过增加货币需要量来吸收过度的货币供给量。例如，零售商品价格的提高就可以很快地收到这种效应，因为商业部门的商品零售额吸收了居民可支配收入的极大部分。因此，任何时候提高商品零售价格都是增加货币需要量，吸收过剩购买力的强有力手段。

以上几种措施的采用，就使得投入流通的商品量(Q)增加，商品价格(P)提高，从而使商品价格总额(PQ)增大。按照货币需要量计量模型 $M=PQ/V$，此时，只要货币流通速度(V)不加快，或加快的幅度不足以抵消 PQ 增长的幅度，货币需要量就必定增大，从而缩小货币供需失衡的缺口，直至完全填平。

(3)混合型调节

混合型调节，是指面对货币供给量大于货币需要量的失衡局面，不是单纯地压缩货币供给量，也不是单纯地增大货币需要量，而是双管齐下，既搞供应型调节，也搞需求型调节，以尽快收到货币均衡而又不会给经济带来太大波动之效。具体措施已如前述。

(4)逆向型调节

逆向型调节，是指面对货币供给量大于货币需要量的失衡局面，中央银行不是采取釜底抽薪之策——压缩货币供给量，而是反其道而行之，采取火上浇油之法——增加货币供给量，从而促成货币供需在新的起点均衡。这是一种非常特别的调节方法，它是“欲取之，必先予之”和“以退为进”的哲学道理在银行货币供求均衡调节工作中的具体运用。它的内涵是：如果货币供给量大于货币需要量，同时，现实经济生活中又客观存在着尚未充分利用的生产要素(闲置的劳动力、闲置的生产资料、开工不足的机器设备等)和某些短线产品，社会需求量很大，可供能力又有限，银行就可以对生产这种短线产品的企业和其他“短、平、快”的项目提供追加贷款，以促进生产的发展，通过商品供给量的增加来消化过多供给的货币。这种逆向型调节方法不如供应型调节方法效果好，短期内还会有扩大货币失衡的态势，但只要控制适度，就有可能收到事半功倍之效。

第 17 章　开放经济的均衡

一、概念题

1. 国际收支平衡表[华南理工大学 2011 年研]

答：国际收支平衡表是指一种统计报表，全面系统地记录一国的国际收支状况。作为国际货币基金组织的成员国，有义务编制国际收支平衡表，并向世界发布。由于可以全面系统地记录一国的国际收支状况，国际收支平衡表已经成为反映一个国家对外经济发展、偿债能力等状况的重要文件，也是一个国家在制定外汇政策等宏观经济政策时的重要依据。

国际收支表的记录原则主要有复式记账原则、权责发生制、按照市场价格记录以及所有的记账单位一般要折合为同一种货币。各国国际收支平衡表的格式基本相同，所列项目略有差异，但通常都包含经常项目、资本和金融项目、储备资产和净误差与遗漏。

2. 国际收支调节

答：国际收支调节是指当一国国际收支经常出现失衡，而且收支差额较大、持续时间较长时，国家采取的争取国际收支平衡的政策措施。针对不同类型的国际收支失衡，国际收支调节的手段也有所不同。此外还要注意，国际收支失衡往往是由多方面因素造成的，因此解决国际收支失衡时，各种手段需要协调配合实施。此外，在对国际收支进行调节时，还需要考虑国内经济的承受力。

具体地看，调节国际收支的手段主要有：①采取财政手段；②调整汇率，以调节进出口；③调整利率，以影响资本的流出入；④利用政府间信贷和国际金融机构的贷款；⑤实行外汇管理，对外汇收支与汇率实行直接的行政性干预；⑥加强国际经济合作。

在我国目前的经济条件下，外汇管理在现阶段仍是调节国际收支最有效、最迅速的手段。

3. 国际收支失衡

答：国际收支失衡是指一国的自主性交易收支出现差额，必须通过调节性交易来维持其收支平衡的情况。

国际收支失衡的原因是多种多样的，因国、因时而异。概括说来，主要有：①一国处于经济发展阶段，常常需要进口大量技术、设备和重要原材料，而受生产和技术能力的限制，出口一时难以相应增长，因而出现贸易和国际收支差额；②受经济结构制约；③受物价和币值的影响；④受汇率变化的影响；⑤受利率变化的影响；⑥受经济周期性变化的影响。

上述影响因素相互作用，往往引起连锁反应，可能是不同影响因素效应的叠加，也可能是不同影响因素效应的相互冲抵。当不利因素大于有利因素时，国际收支的失衡就不可避免。

4. 国际间接投资

答：国际间接投资又称国际证券投资、对外间接投资，是指一个国家的企业、个人、团体等对其他国家所发行的有价证券进行投资的行为。这种投资以取得利息或股息等形式的资本增值为目的，以被投资国的证券为对象。国际间接投资者并不参与国外企业的经营、管理活动，其投资是通过国际资本市场（或称国际金融证券市场）进行的。从一国资本流入和流出的角度来看，购买国际证券意味着资本的流出，发行国际证券则意味着资本的流入。

国际间接投资的最突出的特点，也是它与国际直接投资最大的区别在于：投资者通过购买外国发行的债券或股票方式所进行的投资，只能获得固定股息和红利收益，而不能获得国外公司或企业的实际管理控制权。但因此也不用承担企业亏损的责任，风险较小。

国际间接投资产生的原因主要是为了获取定期金融性收益以及利用各国经济周期波动的不同步性和其他投资条件的差异，在国际范围内实现投资风险分散化。但是，也有不少证券购买者真实的目的是利用证券交易进行投机，这些人本质上是投机者而非投资者。

国际间接投资的作用表现为：①为了进行国际证券投资，贸易顺差国大量吸收美元，这就保持了汇率水平的相对稳定；②通过国际间接投资，促进了长期资本在国际范围内的流动，加强了对发展中国家投资，成为许多国家发展资金的主要来源。

5．资本外逃

答：资本外逃亦称资本逃逸、保值性资本流动，是以规避资本流动管理为目的，短期资本持有者迅速将其资本从一国转移到另一国的行为或过程。

资本外逃的原因包括资本安全因素和资本收益因素。资本外逃的渠道主要有：①各种形式的空壳公司；②外方通过产品出口和原材料的定价手段赚取高额利润，变相抽回资本；③外汇指定银行柜台把关不严；④外方投资设备作价高估，造成虚假投入。

资本外逃对于一国的经济发展和国际收支稳定有着十分不利的影响。因此防止资本外逃是国家宏观经济管理的一项重要任务。

6．国际储备

答：国际储备是一国或地区官方拥有的、可以随时使用的国际储备性资产，可以由财政部门拥有，也可以由中央银行拥有。必须具备三个特性：可得性、流动性、普遍接受性。国际储备资产主要包括货币当局持有的黄金、在国际货币基金组织的储备头寸、特别提款权、外汇储备以及其他债权。其中，最重要的是外汇储备。

国际储备的作用：

①主要是应付国际收支失衡、维持汇率稳定。当国际收支出现逆差时，为了避免进口减少影响国内经济发展，可以动用本国的储备，平衡外汇收支；当汇率出现不正常波动时，可以动用储备，影响外汇市场供求，使汇率变动保持在经济发展目标范围之内。

②在新兴市场国家，国际储备越来越被看作信心的标志。储备越多，偿付能力越强，国际评级机构就会给予该国更高的评级。评级提高，在国际市场融资就相对容易，融资成本也会降低。

③较高的外汇储备对国际金融市场投机者也是一个“震慑”，使他们不敢轻易对该国货币汇率下手。

④在一些转轨国家中，储备还常常被用作改革基金，以应付可能出现的支付困难。

7．自主性交易

答：自主性交易是指企业、单位和个人由于自身的需要而进行的交易，如商品和服务的输出入、赠予、侨民汇款和长期资本流出入。自主性交易是由生产经营、单方面支付和投资的需要所引起，与国际收支其他项目的大小无关。通常判断一国国际收支是否平衡，主要是看其自主性交易是否平衡。如果一国国际收支不必依靠调节性交易而通过自主性交易就能实现基本平衡，是平衡；反之，如果自主性交易收支出现差额，必须通过调节性交易来维持收支平衡，则为国际收支失衡。

8．经常项目差额

答：经常项目差额是指经常项目下贸易、服务和转让收支这三个项目的差额相抵后的净差额。如果贸易项目有逆差，可以依靠服务和转让收支项目顺差来平衡。经常项目差额与贸易差额有密切的联系。由于贸易差额是经常项目的主要构成部分，通常情况下两者的差额是同方向的。

经常项目的差额说明一国对外债权债务关系的变动情况。如果经常项目有逆差，表示从国外净动用了一些商品、服务供国内使用，相应地减少本国在外国的资产或是增加对外国的负债。如果经常项目有顺差，表示向国外净供应了一些商品和服务，相应地会增加本国对外的资产或减少对外的负债。比较贸易差额来说，经常项目差额更能精确地反映一国对外债权债务关系的变化状况。

9．外汇平准基金

答：外汇平准基金也称“外汇平准账户”，是指货币当局拨出一定数量的外汇储备和本国货币建立的基金。货币当局建立外汇平准基金的主要目的是调节临时性、偶然性的国际收支失衡。当国际收支发生逆差造成外汇市场上外汇需求超过外汇供给时，货币当局就动用该基金在外汇市场上卖出外汇，消除对外汇的超额需求，稳定汇率水平。当国际收支发生顺差造成外汇市场上外汇供给超过外汇需求时，货币当局就动用基金在外汇市场上买进外汇，消除对外汇的超额供给，以稳定汇率。用外汇平准基金来调节临时性、偶然性失衡的好处在于可使外部失衡的影响止于外汇储备阶段，而不影响国内经济与金融。另外，在浮动汇率制度下，货币当局还可以通过外汇平准基金的买卖来调节外汇供求，影响汇率，使之起到推动出口、增加外汇收入和改善国际收支的作用。

10．货币性不平衡

答：货币性不平衡也称“价格性不平衡”，是指在一定汇率水平下，国内货币成本与一般物价上升而引起出口货物价格相对高昂、进口货物价格相对便宜，从而导致的国际收支失衡。在这里，国内货币成本与一般物价上升的原因被认为是货币供应量的过分增加，因此，国际收支失衡的原因是货币性的。这种不平衡一般直观地表现为价格水平的不一致，故又称价格性不平衡。如果一国货币供应量增加过多，相对其他国家而言，该国一般物价水平和生产成本便会普遍上升，该国出口便会受到抑制，进口受到鼓励，从而造成该国经常项目收支恶化。另外，货币供应量的增加，还会引起本国利率下降和资本流出增加，从而造成资本与金融项目的逆差。两者结合在一起，会造成一国国际收支逆差。

11．自主性失衡

答：自主性失衡是指由自主性交易引起的失衡。自主性交易主要是指各经济主体或居民个人出于自身特别的目的，如追求利润、减少风险、资产保值、逃税避税等，进行的交易活动。通常，自主性交易包括国际收支平衡表中的经常项目，长期资本与金融项目和部分短期资本与金融项目。当这些交易的差额不为零时，便发生了自主性失衡。由于国际收支平衡一般就指自主性平衡，因此，自主性失衡即可视为国际收支失衡。

12. 周期性不平衡

答：周期性不平衡是指一国经济周期波动所引起的国际收支失衡。经济周期的不同阶段对国际收支有不同的影响。在繁荣时期，由于生产的高涨，进口大幅度增加，经常项目可能出现逆差，外汇储备相应下降；如果繁荣的经济促成了出口的增加，经常项目则会呈现顺差，外汇储备相应上升。而在萧条时期，随着生产下降，通常会导致国际收支恶化。

13. 调节性交易

答：调节性交易是指在自主性交易产生不平衡时所进行的用以平衡收支的弥补性交易，如向国外银行和国际金融机构借用短期资本、进口商取得分期付款的权利以及动用国际储备等。调节性交易则是因为国际收支其他项目出现差额，需要去弥补，才相应发生。如果一国国际收支不必依靠调节性交易而通过自主性交易就能实现基本平衡，是平衡；反之，如果自主性交易收支出现差额，必须通过调节性交易来维持收支平衡，则为国际收支失衡。

14. 静态平衡与动态平衡

答：静态平衡是指国际收支在每一统计期内达到平衡。其特点是：①目标单一，以一定时期内(通常是1年)国际收支平衡为目标；②国际收支平衡是国际经济交易的数额的对比平衡；③静态平衡能使国际收支保持基本差额或最小差额，不会使一国经济发生大的波动。由于具有这些特点，静态平衡成为国际收支平衡的主要方式。但实际上，一国国际收支不可能永远保持静态平衡。国际收支是一个从不平衡到平衡再到不平衡的全过程，收支平衡只是暂时的，不平衡却是长久的。从这个意义上讲，静态平衡是不存在的。

动态平衡是指不强调以年末的国际收支平衡为目标，而是以经济实际运行可能实现平衡的计划期为平衡周期，实现或要求达到的均衡状态或过程。其特点为：①根据经济波动和经济增长的需要，确定若干年为平衡期；②动态平衡以一定时期的国际收支平衡为一个基本目标，同时还以国民经济增长为另一个基本目标。这两个目标相辅相成、相互补充，是比较灵活的双重目标的方式；③动态平衡在实现其双重目标的过程中，根据一国的具体情况，允许出现不平衡，待经济实力增强后，再达到国际收支平衡；④动态平衡在计划期内随着经济的增长有一定的差额，因而对一国经济产生较大的影响。静态平衡与动态平衡有密切关系，静态平衡是动态平衡的基础，动态平衡是静态平衡的汇集。在实际情况中，许多国家在考虑国际收支平衡时，以静态平衡为主，兼用动态平衡，即采用两种平衡来计划国际收支的平衡。

15. 国际收支自动调节

答：国际收支自动调节是指由国际收支失衡引起的国内经济变量变动对国际收支的自动调节作用。在纯粹的自由经济中有货币－价格机制、收入机制及利率机制等国际收支自动调节机制。货币－价格机制(Money-price Mechanism)，也称“价格－现金流动机制”，其描述的是国内货币供给存量与一般物价水平变动以及相对价格水平变动对国际收支的影响。当一国处于逆差状态时，对外支付大于收入，货币外流，物价下降，本国汇率也下降，由此导致本国出口商品的价格绝对或相对下降，从而出口增加，进口减少，贸易收入得到改善。国际收支顺差的自动调节情况正好相反。收入机制(Income Mechanism)的调节作用表现为：当国际收支逆差时，表明国民收入下降。国民收入下降引起社会总需求下降，从而进口需求也下降，进而改善贸易收支，反之亦反之。利率机制(Interest Mechanism)的调节作用表现为：当国际收支发生逆差时，本国货币供给存量减少，利率因此上升，这意味着本国金融资产的收益上升，从而对本国金融资产的需求上升，对外国金融资产的需求相对下降。这样，资金外流减少或内流增加，资本与金融项目收支得到改善。当国际收支顺差时，上述的自动调节仍然起作用，只是方向相反而已。

16. 官方结算差额

答：官方结算差额也称“官方储备交易额”，是指基本差额加私人短期资本流动差额所得到的国际收支差额。它是从一国外汇储备和对外官方债权、债务的变化角度来表明国际收支状况的，着重反映一国在列表期内的国际收支状况对黄金、外汇储备及对外债权债务的影响，而不涉及全部对外收支的实际差额。用官方结算差额，国际收支平衡可以定义为：$(X-M)+LTC+STCp=0$。式中，X 为出口额；M 为进口额；LTC 为长期资本流动；$STCp$ 为短期私人资本流动。在官方结算差额中，短期私人资本变动成为国际收支顺差或逆差的一部分，最终通过官方储备和对外债权债务来平衡。官方结算差额能够全面地反映一国的整体金融实力。一方面，它区分自主性交易和调节性交易，全面地反映了一国的顺差或逆差，一国金融当局应根据这些情况，相应地调动官方储备资产和运用对外债务来平衡国际收支。另外，在固定汇率制度下，官方结算差额还可以作为衡量汇率走势的指标，反映外汇市场的供求状况。另一方面，根据本国货币与国际储备的密切联系，货币当局应通过货币控制手段来缓解官方储备变动给国内货币市场带来的冲击。

17. 收入性不平衡

答：收入性不平衡是指一国国民收入相对快速增长而导致进口需求的增长超过出口增长所引起的国际收支失衡。引起国民收入发生变化的因素很多，可能是经济周期，也可能是经济增长速度，还可能是国家的经济政策。国民收入变化对国际收支的影响，主要是通过其对外需求的增减来实现的。一国国民收入的增加，将导致一国贸易支出和非贸易支出的增加；国民收入减少，则贸易支出和非贸易支出都会减少。

18. 基本性失衡

答：基本性失衡是指由国际收支基本差额引起的失衡。基本差额指在国际收支平衡表中，经常项目和长期资本及金融项目两项收入与支出相抵后出现的差额。经常项目和长期资本流动主要受该国生产率的长期变化、生产要素的有效配置、消费者偏好及预期资本利润率等基本经济因素的影响，因此，基本差额一般可以反映一国国际收支状况的长期趋势。正因为如此，基本性失衡通常作为衡量一国国际收支长期平衡与否的指标。如果一国出现基本性失衡，往往意味着该国国际收支的长期性失衡。当基本差额不为零时，即发生了基本性失衡。当一国出现基本性失衡即长期性国际收支失衡后，政府就有必要采取适当的调节政策予以纠正。

19. 账面平衡

答：账面平衡是指国际收支账面上的平衡。国际收支平衡表是按复式记账法编制的，其借贷总差额必然为零，因此，账面平衡的实际经济意义并不大。账面平衡并不意味着各个具体项目的收支平衡，事实上，各个项目本身经常是不平衡的，而是通过各项目的借方或贷方差额的相互抵消与弥补，才达到总收支的平衡。在这种情况下，国际收支可能处于事实上的失衡状态。在国际收支分析中，各国通常用横线将国际收支各项目分成两个部分，线上的项目称实质项目，线下的项目称平衡项目。实质项目的盈余和赤字实际上表现为一国国际收支的真实平衡状况，而账面平衡则是由平衡项目来完成。实质项目收支若基本平衡，一国国际收支即被认为是平衡的，因而不需要平衡项目调整来实现账面平衡；反之，则需要用平衡项目的调整来实现账面平衡。总之，由于有平衡项目的调整，账面永远是平衡的。平衡项目是弥补国际收支赤字或反映国际收支盈余的项目，也就是国际储备。分析账面平衡是如何实现的，即实质项目与平衡项目的相互关系状况如何，有助于了解一国国际收支的实际平衡状况。

20．对外资产

答：对外资产是指存入国外的各种财产以及以外币表示的各种债权和其他权益等。主要包括：①外国货币；②外币有价证券；③外币支付凭证，如商业汇票、银行汇票、银行存单、支票、本票、邮政储蓄货币；④银行存款；⑤其他外汇资金，如国际货币基金组织(IMF)分配的普通提款权和特别提款权、银行间借款、政府援助贷款以及各种无偿援助、战争赔款、国外捐赠、汇款；⑥在外国购置的不动产等。

21．主动平衡与被动平衡

答：主动平衡是指通过自主性交易来实现收支相抵的国际收支平衡。这时经常项目、长期资本与金融项目及短期私人资本流动项目收支相抵而无需通过官方储备等项目实现其平衡，即无需调节性交易来实现国际收支平衡。只有通过自主性交易收支相抵而产生的平衡，才是真正的国际收支平衡。从这个意义上讲，主动平衡代表了真正的国际收支平衡。

被动平衡是指通过弥补自主性交易差额来维持国际收支平衡。这种平衡是通过调节性交易来实现的。例如，一国的进口商取得出口商或外国银行延期付款的权利，逆差国得到顺差国或国际货币基金组织等国际金融组织的短期资金融通，或动用黄金、外汇储备等，仍可达到国际收支平衡。通过调节性交易维持的国际收支平衡不是真正的平衡，仅为形式上的平衡。

22．外部平衡

答：外部平衡是相对内部平衡而言，指一国国际收支净额即净出口与净资本流出的差额为零。外部均衡可以理解为与一国宏观经济发展相适应的合理的国际收支结构，合理的国际收支结构不是短期的各项目收支平衡的概念，而是长期的、动态的各项目收支差额之间的协调与平衡。随着一国经济发展阶段的不同，内部均衡和外部平衡可能会产生冲突。英国经济学家米德最早提出了固定汇率制下的内部均衡和外部平衡冲突问题，这一观点被称作米德冲突。他指出，在汇率固定不变时，政府只能主要运用影响社会总需求的政策来调节内部均衡和外部平衡。这样，在开放经济运行的特定区间便会出现内部均衡和外部平衡难以兼顾的情形。

23．投机性资本流动

答：投机性资本流动是指投资者利用不同货币的利差以及预期汇率的变动，买卖金融资产，甘冒风险损失，而不采用任何对称的抵补性交易，以牟取高利而产生的短期资本流动。投机性资本流动主要有以下四种形式：

①不同货币之间的利差所引起的投机性资本流动，即投机者向利率较高的货币金融资产投资，以谋取高利息收益。

②货币汇率波动所引起的投机性资本流动。一国货币汇率暂时性下浮，会吸引短期资本流入，因为投机者此时按低汇率买进这种货币的金融资产，待汇率反弹后再卖出，就可从汇率变动中获利。

③迟收早付所引起的短期资本流动。如果预期结算货币将要升值，进口商就会设法加速完成付汇，而出口商则会设法推迟完成收汇；反之则反之。这种做法是基于当事人对货币汇率的预期而产生的，因而具有投机的性质。

④国际市场股票、黄金和某些重要商品价格的大幅度涨落，促使投机者伺机买进或卖出，以便从价格变动中获利。

24. 货币替代与资产替代[中南财经政法大学2007年研]

答：货币替代是指在本国出现较为严重的通货膨胀或出现一定的汇率贬值预期时，公众出于降低机会成本与取得相对较高收益的考虑，减少持有价值相对较低且不稳定的本国货币，增加持有价值相对较高且比较稳定的外国货币的现象。货币替代的充要条件是货币的可兑换性。最初出现的货币替代一般只是外国货币在一定程度上对本国货币的替代。随着通货膨胀率的持续攀升和货币汇率不稳定的加剧，一些大宗交易就可能以外国货币来履约，甚至某些大宗商品也可能以外币标价并进行交易。此时，外国货币便同时在价值贮藏、交易媒介和价值尺度功能三个层面上替代了国内货币。

资产替代是指资产收益率和风险结构失衡所引发的公众重新调整其资产组合，减持价值被高估的资产，增持价值被低估的资产的套利行为，这里的资产是广义的，它既包括不同层次的货币性资产之间的替代，也包括货币性资产与非货币性金融资产之间的替代，还包括金融资产与实物资产之间的替代。

货币替代与资产替代的联系则是显而易见的，货币替代是资产替代之一种，二者在成因、效应、产生机制、对策等方面均有很多共同之处。

二、选择题

1. 在以下影响一国国际储备需求的因素中，与一国国际储备需求正相关的因素是(　　)。

A. 持有国际储备的成本　　B. 一国经济的对外开放程度

C. 货币的国际地位　　D. 外汇管制的程度

【解析】ACD三项均与国际储备需求呈负相关。

2. 与其他储备资产相比，特别提款权主要有(　　)的特点。

A. 不具有内在价值　　B. 是纯粹账面上的资产

C. 分配极不均匀　　D. 具有严格限定的用途

【解析】与其他储备资产不同，SDR具有自身的特点：①它不具有内在价值，是IMF人为创造的、纯粹账面上的资产，因此它也被称作“纸黄金”；②它不像黄金和外汇那样通过贸易或非贸易交往取得，也不像储备头寸那样以所缴纳的份额作为基础，而是由IMF按份额的一定比例无偿分配给各成员国；③它具有严格限定的用途，可用于偿付国际收支逆差，或偿还IMF的贷款，但不能兑换黄金和用于国际之间的一般支付，它只能在IMF及各国政

1B　2ABCD

府之间发挥作用，任何私人企业不得持有和运用，不能直接用于贸易或非贸易的支付。

3. 国际资本流动反映在有关国家国际收支平衡表中的（　　）。

A. 金融账户的直接投资　　B. 净差错与遗漏

C. 金融账户的单方面转移　　D. 经常账户的单方面转移

【解析】国际资本流动与一国国际收支有关，主要反映在一国国际收支平衡表的资本和金融账户中，同时也反映在经常账户的单方面转移。

三、判断题

1. 国际储备的功能包括储备资产的增值保值和提高对外投资的收益率。（　　）［中央财经大学2012年研］

【解析】国际储备的作用主要是应付国际收支失衡、维持汇率稳定。随着经济全球化的发展以及全球储备资产的不断增加，国际储备又被赋予了其他的功能。在新兴市场国家，国际储备越来越被看作信心的标志。同时，较高的外汇储备对国际金融市场投机者也是一个“震慑”，使他们不敢轻易对该国货币汇率下手。在一些转轨国家中，储备还常常被用作改革基金，以应付可能出现的支付困难。

2. 资本外逃就是资本流出。（　　）

【解析】资本流出是指本国资本流到外国，它表示外国在本国的资产减少、外国对本国的负债增加、本国对外国的负债减少、本国在外国的资产增加；资本外逃是以规避资本流动管理为目的的，短期资本持有者迅速将其资本从一国转移到另一国的行为或过程。资本外逃是非法的资本流出，对一国的经济发展有着十分不利的影响。

3. “石油美元”是指OPEC国家出口石油所赚取的美元外汇。（　　）

【解析】“石油美元”是OPEC国家自1973年石油大幅度提价以来，历年国际收支顺差所积累的石油盈余资金，因美元所占比重最大，故称“石油美元”。1973年的中东战争，导致石油价格大幅度上涨，在石油消费国家中，发达国家遭受的打击较为严重，发达国家的经常收支因石油提价而多呈现庞大逆差。相反，石油输出国的经常账户则发生巨额的顺差，这就是“石油美元”。

4. 特别提款权是当前各国最重要的国际储备资产。（　　）

【解析】外汇储备是一国货币当局持有的对外流动性资产，它是一国最主要和最重要的储备资产，目前占国际储备的绝大部分比例。

5. 成员国在IMF储备头寸、成员国分配所得的特别提款权、储备资产收益和储备资产由于汇率变动而形成的溢价，不构成国际储备的来源。（　　）

【解析】国际储备资产主要包括货币当局持有的黄金、在国际货币基金组织的储备头寸、特别提款权、外汇储备以及其他债权。储备资产收益是指外汇储备的存款利息和作为储备资产的外国债券收益，也是国际储备的来源。

四、简答题

1. 国际收支平衡表主要包括哪些项目？它们之间存在着怎样的关系？［首都经济贸易

3ACD　┃　1×　2×　3×　4×　5×

大学2005年研；东北财经大学2006年研]

答：(1)国际收支平衡表是一国根据国际经济交易的内容和范围设置科目和账户，并按照复式记账原则对一定时期内的国际经济交易进行系统的记录，是对各笔交易进行分类、汇总而编制的分析性统计报表。

按照IMF在1995年的《国际收支手册》第五版，国际收支平衡表的账户设置包括经常账户、资本和金融账户、储备资产以及错误与遗漏账户。

①经常账户。经常账户反映本国与外国交往中经常发生的项目，也是国际收支中最重要的项目。它包括货物贸易、服务贸易、收益以及经常转移四个子项。

②资本和金融账户。资本项目记录的是资本性质的转移和非生产性、非金融性资产的获得或者出让。资本性质的转移包括生产设备的无偿转移、国外投资款项的汇入和向国外投资款项的汇出以及单方面的债务减免等。非生产性、非金融性资产的获得或者出让是指专利、版权、商标等资产的一次性买断、卖断。金融项目记录的是一国对外资产和负债的所有权变动的所有交易。按资金流向构成的债权、债务分为资产、负债；按投资方式分为直接投资、证券投资和其他投资三项。

③储备资产。储备资产是指由中央银行持有，也有的是由财政部门持有，并可随时直接使用的金融资产，包括货币性黄金、特别提款权、在国际货币基金组织的储备头寸、外汇储备以及其他债权。

④错误与遗漏账户。由于不同项目的统计资料来源不一、记录时间不同以及一些人为因素等原因，会造成国际收支项目出现净的借方或贷方余额时，这就需要人为设立一个平衡项目——错误与遗漏项目，在数量上与该余额相等而方向相反。当经常项目、资本与金融项目合计贷方总额大于借方总额，从而出现贷方余额，则在错误与遗漏项下的借方记入与该余额相同的数额；反之，当借方出现余额时，则在错误与遗漏项下的贷方记入相同数额。

(2)国际收支平衡表主要项目之间的关系

①从内容上看，国际收支平衡表的前两个项目，即经常账户与资本和金融账户记录了一国在一定时期内的全部经济交易。其中，经常账户记录实际资源的流动；资本和金融账户记录资产所有权在国际间的流动。而错误和遗漏账户并不记录实际交易，它是人为设立的保证按照记账法则借贷相等的平衡项目。

②从数量关系上看，经常账户与资本和金融账户的借方或贷方余额等于错误与遗漏项目贷方或借方数额。这是对国际收支平衡表人为调整的结果。

2. 国际收支不平衡会产生哪些影响?

答：国际收支不平衡是指一国自主性交易收支出现差额，必须通过调节性交易来维持收支平衡。

一国国际收支失衡，若不及时调整，会直接影响对外交往的能力和信誉，不利于国内经济的发展。如果国际收支出现大量逆差，由于外汇供应短缺、外汇汇率上涨、本国货币汇率下跌，短期资本就要大量外流，从而进一步恶化国际收支状况，甚至会导致货币危机。如果出现国际收支大量顺差，由于外汇供过于求、外汇汇率下跌、本币汇率上升，其结果可能会抑制出口，并增加国内货币供应和通货膨胀的压力。国际收支顺差和逆差都是失衡的表现。认为只有逆差出现才是失衡，这是片面的理解。实际上，如果出现持续的大额顺差，不仅会影响本国经济的均衡健康发展，而且会招致其他国家的抗议和报复。

3. 请讨论储备货币国发行储备货币的得失。

答：(1)通过发行储备货币为世界提供清偿力，储备货币发行国获得的收益包括用本国发行的储备货币为本国国际收支赤字融资，以及获得国际经济协调中的非对称性地位，而其成本在于增加了本国货币政策的不确定性，以及可能造成本国国际储备流失。

(2)对于非储备货币国而言，由于其货币不被他国接受，不能作为国际清偿手段，所以当发生国际收支赤字时，它们只能动用本国外汇储备或进行国际借贷，最终会导致实际资源从本国的输出或本国产出下降；而储备货币国的国内货币就可以作为国际清偿手段，于是只需要输出本国货币就可以为本国国际收支赤字融资。在信用本位制度下，对于本国货币的购买力或可兑换性，储备货币国并不需要做出保证，而且为国际收支赤字融资的储备货币直接流出国外，并不直接影响本国国内的货币政策，这都降低了国际收支赤字的调节成本。

由于非储备货币发行国会较为倾向于将储备货币作为储藏手段，并与储备货币发行国保持相对稳定的汇率，因此储备货币发行国在执行货币政策上拥有非对称的优势。对于储备货币国而言，在为国际收支赤字融资时，执行了扩张性的货币政策，非储备货币发行国为维持汇率稳定，就要被动进行本国货币的扩张，从而带来通货膨胀。由于维持汇率稳定的努力由非储备货币发行国承担，所以储备货币发行国能同时具有维持货币政策独立性、保持稳定汇率和资本自由流动三个特征，而且在一定条件下(进口以本国货币计价)还能阻隔国际通货膨胀，而将通货膨胀输出。这样，储备货币发行国突破了开放经济的三元悖论，享受了不对称的国际协调地位。

(3)就储备货币发行的成本而言，由于储备货币是国际清算和支付所使用的货币，因此储备货币的流通将超出本国范围，大量地出现在离岸金融市场上，这将造成本国货币数量调节的困难。具体而言，当储备货币国采取货币紧缩政策、减少货币供应时，国内的商业银行将很容易从欧洲货币市场借入本币资金以满足客户的借款需求，从而使货币紧缩政策难以奏效；当储备货币国采取货币扩张政策时，本国利率下降，又会有一部分货币流向国外，从而削弱了扩张性货币政策的效果。此外，如果在货币体系中，储备货币能够按固定比例与黄金等贵金属兑换，那么，储备货币的外流，将造成储备货币发行国黄金储备的减少，最终造成储备货币地位的不可维持，这也是储备货币发行的代价之一(布雷顿森林体系的崩溃即与此有关)。

4. 什么是外国直接投资？为什么具有大规模研究开发实力的企业更多地采用对外直接投资的方式在企业内部转移和使用技术专利等无形资产？[东北大学2003年研]

答：(1)外国直接投资的定义

外国直接投资是指外国非居民对本国的公司型或非公司型企业投资，并由此获得对企业的管理控制权。其具体方式包括：①在本国开办独资企业；②收购或合并本国企业；③与本国企业合资开办企业；④对本国企业进行一定比例以上的股权投资；⑤利润再投资。

(2)跨国公司在企业内部转移和使用技术专利等无形资产的原因

这主要是由于中间产品市场的不完全性所导致的。诸如专利等无形资产的市场具有很强的不完全性，这些不完全性是由某些市场失效及中间产品的特殊性质所致，如信息具有公共物品性质，在外部市场上转让容易扩散，这是市场失效的典型。这些特性导致了专利交易的不确定性及价格的不确定性，因此，企业正常经营活动所需要的中间产品市场是不完全的。这种缺乏某些市场以供企业之间交换产品，或某些市场经营效率低下的最终结果都导致企业市场交易成本增加。为追求最低限度利润，企业必须建立内部市场，使外部市场内部化，利用企业管理手段协调企业内部资源流动与配置，避免市场不完全对企业经营效率的影响。当企业内部化超越国界就是企业对外直接投资的过程，因此，决定企业内部化的因素就成为决定企业对外直接投资的因素，也就是说，企业对外直接投资是为了避免外部市场不完全对企业经营效率的不利影响。

具有大规模研究开发能力的企业自然希望通过将技术进行转移以规避由于市场不完全所造成的损失，如果不存在市场不完全，则企业完全可以通过特许权交易的形式来完成，不需要通过直接投资将这种技术进行内部化。

5．简述国际资本流动的经济影响。［首都经济贸易大学 2005 年研］

答：(1)积极影响

从整体上看，国际资本流动促进了世界经济的增长和稳定，表现在如下一些方面：

①国际资本流动在一定程度上打破了国与国之间的界限，使资本得以在全球范围内进行有效配置，有利于世界总产量的提高和经济福利的增加。

②通过各种方式的投资和贷款，使得国际支付能力有效地在各国间进行转移，有助于国际贸易的顺利开展和全球性国际收支的平衡。

③特别是国际直接投资有效地促进了生产技术在全球范围的传播，使科学技术成为人类的共同财富。

④国际证券投资可以使投资者对其有价证券资产进行更为广泛的多元化组合，从而分散投资风险。

(2)消极影响

国际资本流动对世界经济也带来了一些不利影响，主要是冲击了所在国的经济，便捷了国际金融风险的传递。

6．衡量一国外债规模的常用指标有哪几个？［东北财经大学 2007 年研］

答：外债是指一切本国居民对非居民承担的、契约性的、以外国货币或者本国货币为核算单位的、有偿义务的负债。确定外债规模要考虑两个基本因素：

(1)国内资金的需要

国内资金的需要，按照“两个缺口”理论，有两层含义：

①资金缺口，是指为保持一定经济增长速度所需投入的资金与国内本身所能积累的资金的差额。

②外汇缺口，是指为尽快提高本国生产和技术水平，常需进口相当数量的先进技术和设备等，而可动用的外汇收入一时难以满足需要而出现的外汇差额。

(2)偿还外债的能力

关于偿债能力，从宏观角度看，国际上通行的衡量外债规模的指标包括：

①偿债率

偿债率为当年中长期外债还本付息额加上短期外债付息额与当年货物和服务项下外汇收入之比，用以反映一个国家当年所能承受的还本付息能力，警戒线为20%。

②债务率

债务率是指年末外债余额与当年货物和服务贸易外汇收入之比，用以反映一国国际收支口径的对外债总余额的承受能力，警戒线为100%。

③负债率

负债率是指外债余额与国民生产总值之比，用以反映国民经济状况与外债余额相适应的关系，警戒线为20%。

在外债的规模掌握中，上述指标均为参考指标。对于具体的国家来说，判断其外债规模和增长速度合理与否，要综合、动态地考虑该国经济发展的水平、经济发展战略、贸易产品结构、外债的投向、外汇储备水平以及国际资本流动形势等因素。

7．简述影响国际资本流动的因素。

答：国际资本流动有长期与短期之分，两种性质不同的国际资本流动受各种因素影响的程度也有一定的差异。总体而言，影响国际资本流动的主要因素有：

(1)经济增长的差异

从本质上看，资本是趋利的，因此，在何处投资，以何种方式投资，投资规模大小，主要取决于投资的预期利润。在国内市场经济增长相对缓慢，而其他国家经济增长势头强劲时，追逐更高收益的资本就会向国外流动。美国在20世纪90年代经济增长超过欧洲及日本，导致大量欧洲及日本资本流向美国。而亚太地区经济在20世纪80年代后持续保持高速增长，也对国际资本形成了强大吸引力。

(2)利率的差异

利率是引导国际短期资本流动的一个主要影响因素。往往表现为高利率国家资本流入，低利率国家资本流出。因此，在国际收支不平衡时，提高利率吸引外国短期资本流入就成为一种较为普遍的做法。

(3)市场开放及成熟度

开放的市场不仅为国际资本的流动提供了可能，也意味着为资本提供了更多的市场机会。在国内市场相对饱和时，资本对正在开放的市场就会产生极大的兴趣。另外，市场的成熟程度对国际资本流动也有重要影响。市场的成熟主要表现为完善的法律法规体系、稳定的制度安排、规范的市场运作，这对国际资本获得正常投资收益具有重要的保障。

(4)成本的高低与市场需求的大小

这两个因素对国际直接投资具有极其重要的影响。从获得更高利润的角度进行分析，显然，选择劳动力成本低廉、原材料运输成本低廉的国家或地区投资是经济的。而从销售来看，选择贴近主要市场的国家和地区投资，可以更接近顾客，了解客户需求的变化，并可以绕开贸易壁垒的限制，使产品的市场更有保证。

(5)风险的大小

国际投资者对风险的考虑是左右国际资本流动的主要因素。导致风险的因素有很多，从宏观方面看，有外汇管制风险、货币贬值风险、国家信用风险(如没收投资、拒绝承认上届政府或政府担保的债务、拒绝偿还等)、经济波动风险等；从微观方面看，最主要的是违约风险。国际资本流动之所以主要在发达国家之间进行，最根本的因素就在于发达国家政治稳定、社会安定、法律健全，投资者的利益更有安全保证。

8．简述国际金融风险传递与扩散的机制。[西安交通大学2006年研]

答：(1)国际金融风险的形成和爆发往往是内外因素的合成，在当前金融全球化环境下很重要的一个因素是外部风险的输入，一国或一地区爆发金融风险，然后又通过相关途径再向国际金融市场和关联国家传输，存在一个“输出－输入”机制。研究国际金融风险的传递与扩散机制，透析金融风险的传导过程，对防范与化解国际金融风险，建立有效的预防机制具有重要的现实意义和深远的战略意义。

（2）国际金融风险传递与扩散途径有：汇率风险的传递、利率风险的传递、货物与服务贸易的传递和社会公众心理预期。

①汇率风险的传递是指经济主体在持有或使用外汇时，因汇率变动而蒙受经济损失或获取额外利益的机会或可能性。汇率风险的产生是由于浮动汇率的存在和对外计价结算使用外币，汇率风险有交易风险、会计风险和经济风险三种。交易风险是指在运用外币进行计价收付的交易中，因汇率变化而引起实际损益的可能性，包括外汇买卖风险（金融性风险）和交易结算风险（商业性风险）；会计风险是指企业对资产负债表进行会计处理中，在将功能货币（外币）转换记账货币（本币）时，因汇率变化而呈现出账面损益的可能性；经济风险是指外汇汇率变动导致企业在未来一定时期内预期收入减少的潜在性风险。汇率风险的传递往往是由于某些主要国家货币金融政策变化，引起相关国家货币汇率剧烈波动，引发区域性或全球性金融危机。例如，1997 年亚洲金融危机的真正原因，就是由于日本政府实行的日元贬值和低汇率政策使美元汇率升值，泰国等东南亚国家的货币实行与美元挂钩的汇率制度，美元升值不可避免地使与美元挂钩的泰国铢等货币被高估，导致国际投机者的冲击，危机先在泰国爆发，然后迅速传递到东盟各国，殃及大部分亚洲国家。

②利率风险的传递原理是由于某些国家货币金融政策变化，引起相关国家货币利率剧烈波动，引发区域性或全球性金融危机。例如，一些国家为了吸引更多外资采取偏离产业平均资金利润率的高利率政策，但在实际中当存款和贷款利率太高时，银行要支付存款人较高的利息，当贷款利息大大高于产业平均资金利润率时，借款企业难以承受资金成本，归还商业银行贷款利息中的一部分是来自新贷款的转移，导致高利率下的商业银行虚假收入。高利率泡沫的形成，源于银行在提高利率的同时企业效率却相对较低，也是虚假利息收入在金融系统中的风险积累。一旦这种虚假收入的泡沫链断裂，必然造成国内金融秩序的混乱，由于大量资金是依靠吸引外资，金融秩序混乱通过外资向国际金融市场传递。

③货物与服务贸易的传递是由于发生金融危机的国家往往伴随货币不断贬值，使该国在经济上遭到重创，国内经济萎缩，外汇减少，外贸进口下降，导致其他国家对这些国家出口减少，从而影响到其他国家或地区经济的进一步发展，甚至引起这些国家发生金融危机。对于发生金融危机国家的出国旅游的游客大大减少，使相关国家的服务贸易收入特别是旅游收入减少，使旅游发展型国家不同程度陷入困境。

④社会公众心理预期是社会公众对金融危机预测所产生的恐慌心理，以惊人的速度传播所形成的冲击波，具有扩散性与破坏性。在金融市场高度国际化的国家和地区，对金融危机非常恐惧，一有风吹草动金融市场就惊慌失措，股市一落千丈使资产极度缩水，如果政府缺乏有效金融监管和金融救助措施，金融危机在所难免。

9. 什么叫经常账户？经常账户包括哪些内容？［首都经济贸易大学 2010 年研］

答：经常账户是反映本国与外国交往中经常发生的项目，也是国际收支中最重要的项目。它包括货物贸易、服务贸易、收益以及经常转移四个子项。

（1）货物贸易。货物贸易包括通过海关进出口的所有货物以及一些虽然不经过海关，但是属于国际经济交往的货物交易，如飞机、船只等在境外港口购买的燃料、物料，远洋渔船向其他国家出售其所捕获的海产品等。

(2)服务贸易。服务贸易涉及的项目比较繁杂，包括运输、旅游、建筑承包、通信、金融、保险、计算机、信息、专利使用、版权、广告中介、专业技术、文化和娱乐等形式多样的商业服务以及一部分政府服务。

(3)收益。收益包括职工报酬和投资收益两项。职工报酬是指在别国居住不满一年的个人从别国所取得的合法收入。投资收益与资本和金融项目直接相关，是指与投资、资本流动相关的利息、股息、利润以及红利等收入。

(4)经常转移。经常转移又称单方转移，是指不以获取收入或者支出为目的的单方面交易行为，包括侨汇、无偿援助和捐赠、国际组织收支及居民收支等。这种转移收支与贸易收支在性质上不同，贸易收支要求等价交换或偿付，而转移收支则是一种单方面的价值转让。

五、理论应用题

国际收支失衡的自我调节机制和政策调节。［安徽大学 2024 年研］

答：(1)自我调节机制

①价格机制

当一国货币贬值时，其出口商品在国际市场上变得更便宜，从而增加出口；同时，进口商品变得更贵，从而减少进口。这有助于缩小贸易逆差。

相反，当一国货币升值时，其出口商品在国际市场上变得更贵，从而减少出口；进口商品变得更便宜，从而增加进口。这有助于缩小贸易顺差。

②利率机制

高利率会吸引外资流入，增加资本账户顺差，从而帮助平衡国际收支。

低利率会促使资本外流，减少资本账户顺差，从而帮助平衡国际收支。

③市场预期

市场参与者对未来经济前景的预期会影响资本流动。例如，如果市场预期某国经济将改善，外资可能会流入该国，从而改善国际收支。

(2)政策调节

①财政政策

通过出口退税政策，降低出口企业的成本，提高其国际竞争力，增加出口。

通过对进口商品征税，增加进口成本，减少进口。

对出口企业发放财政补贴，提高其出口积极性。

②货币政策

通过调整汇率，影响出口和进口。例如，贬值本币可以刺激出口，抑制进口。

通过调整利率，影响资本流动。例如，提高利率可以吸引外资流入，降低利率可以促使资本外流。

③外汇管理

对外汇收支和汇率实行行政性干预，例如规定外汇收入必须卖给国家，对外汇支出进行限制。

利用外汇储备干预外汇市场，稳定汇率，平衡国际收支。

④国际经济合作

通过政府间信贷协议，提供短期或长期贷款支持，帮助平衡国际收支。

通过国际金融机构(如IMF、世界银行)的贷款，帮助解决国际收支困境。

⑤结构调整

通过调整产业结构和经济布局，提高出口商品的竞争力，减少对进口的依赖。

通过引进和自主研发新技术，提高生产效率，降低成本，增强国际竞争力。

六、计算题

依下表回答问题：

某国 BOP 表　(单位：百万美元)

商品：出口	194716
商品：进口	－158509
服务：债权	23778
服务：债务	－31288
收入：债权	10571
收入：债务	－28545
经常转移：债权	5386
经常转移：债务	－424
资本账户	－26
直接投资	36978
证券投资	－11234
其他投资	－18077
储备和相关项目	－8652
错误与遗漏	－14656

(1)该国该年 BOP 差额是多少？

(2)简要分析一下该国的国际收支平衡状况。

(3)外汇储备是增加了还是减少了？

答：(1)国际收支差额＝194716＋(－158509)＋23778＋(－31288)＋10571＋(－28545)＋5368＋(－424)＋(－26)＋36978＋(－11234)＋(－18077)＝23308，所以国际收支为顺差。

(2)根据不同的国际收支不平衡口径，分析该国的国际收支如下：

①贸易收支差额＝194716＋(－158509)＝36207，该国的贸易收支差额为顺差。

②经常项目收支差额＝194716＋(－158509)＋23778＋(－31288)＋10571＋(－28545)＋5368＋(－424)＝15667，该国的经常项目差额为顺差。

③资本与金融账户差额＝(－26)＋36978＋(－11234)＋(－18077)＋(－8652)＝－1011，该国的资本与金融账户差额为逆差。

④综合账户差额＝23308，为顺差。

从上述四种不同口径的国际收支不平衡的情况可知：①该国经常项目下的国际收支占整个国际收支的很大比重，而资本与金融账户下的国际收支不发达，这说明该国资本市场开放程度较小，金融市场欠发达；②在经常项目下的交易中，商品的进出口处于绝对主导地位，说明该国的产业结构中，商品的进出口处于绝对主导地位，并且在该国的产业结构中，第一、二产业所占比重较大，第三产业比重较小、不发达；③在资本与金融账户中，直接投资占很大比重，这说明该国直接融资比例大，间接融资比例较小，资本市场不发达。

(3)外汇储备在增加。

七、论述题

一国在决定其国际储备时应考虑哪些因素？请就我国当前的外汇储备水平谈谈你的看法。

答：(1)影响国际储备的因素。国际储备又称自有储备，指一国政府持有的，可以随时用于平衡国际收支差额、对外进行支付和干预外汇市场的国际间可以接受的资产总和。一国保有国际储备时，要求得一个适度的国际储备量，是指既能满足发挥国际储备作用的需要，又能避免储备量过多，造成资源浪费。至于什么是适度的国际储备量，可以说至今世界上没有一个公认的模式。但是可以通过考虑影响国际储备需求的诸因素来分析。

影响国际储备需求的各因素：

①进口规模。由于国际储备最基本的作用是弥补国际收支逆差，进口规模大、占用的外汇资金多，发生逆差的可能性及数额往往也大，因此需要保持较多的国际储备。

②贸易差额的波动幅度。贸易差额在每个国家都是存在的，但每个国家贸易差额的方向和大小往往是不相同的，即有一个波动幅度问题。波动幅度越大，对储备的需求就越大；反之，储备需求就越小。

③外债规模与期限结构。一国外债规模越大、短期外债越多，还本付息的压力就越大，为维持清偿力，需要的国际储备就越多。

④其他调节国际收支手段的运用及其有效性。如果一国实行严格的外汇管制或贸易管制，能有效地控制进口和外汇资金的流动，则对外汇储备的需求相对较低。

⑤一国对汇率制度和汇率政策的选择。在当前世界主要货币实行浮动汇率制的条件下，一国的汇率政策和干预外汇市场的意愿在一定程度上影响该国的国际储备，尤其是外汇储备的需求量。通常实行钉住汇率制，严格维持固定汇率，比实行弹性汇率制、允许汇率经常或大幅度波动的做法一般需要更多的外汇储备。频繁干预外汇市场与偶尔干预外汇市场的做法相比，旨在“目标区”的干预比修正性的干预往往需要更多的外汇储备。

⑥进入国际金融市场筹借应急资金的能力与成本。一国出现对外支付困难或外汇市场出现异常波动需要政府出面干预时，货币当局既可动用储备，也可通过国际金融市场筹借资金。如果一国具有较高的债信等级，能迅速、方便地获得外国政府和国际金融机构贷款，且该贷款的来源稳定，或者该国在国际金融市场上的筹资能力很强，能够迅速以相对较低成本借入资金，则该国无需持有过多的国际储备资产；反之，若一国的国际资信较差，国际融资能力低，则应该保持充足的国际储备。

⑦一国国际储备的范围及其货币在国际货币体系中的作用。如果一国为国际货币基金组织成员国并参加特别提款权的分配，则该国国际储备中除了黄金和外汇储备外，还包括在基金组织的储备头寸和分配的特别提款权，从而增加了其国际储备的形式，也增加了国际清偿能力，可以缓解对外汇储备的需求，使外汇储备的持有量不必过多。如果一国货币是储备货币，它就可以通过增加本国货币的对外负债来弥补储备货币的不足，而不需持有

较多的国际储备。美国国际储备相对其经济规模和进出口规模并不充裕，而且常常出现巨额贸易逆差，但却从来没有出现支付困难的一个重要原因，就在于美元是最主要的储备货币。

⑧一国的对外开放程度。如果一国实行自由贸易政策，且其国际收支在国民生产总值中的比重较大，则其外汇收支较多，对储备资产的需求也较大；反之，对外开放程度较低、经济封闭的国家对国际储备的需求则比较小。

⑨持有国际储备的机会成本。国际储备代表着一定的实物资源，持有国际储备意味着放弃利用实际资源的权利，持有的国际储备量越大，闲置的实际资源就越多，由此造成的利润损失就越大。但目前各国国际储备一般都是以现金之外的金融资产保留，具有一定的利息收益。因此，一般认为一国持有国际储备的机会成本等于该国的边际投资收益率与国际储备资产利息率之差。但是进一步分析，我们看到国际储备的机会成本，还应包括因进行储备而减少的实际资源的投入，经过乘数作用会引起产出多倍减少的因素。持有国际储备的机会成本越大，储备量越应尽可能少一些。

⑩一国在特定时期的经济发展目标。一般来讲，一国在经济起飞和高速增长时期对资金的需求往往比较旺盛，故而，当一国的经济目标取向为维持经济高速增长时，应当保持较少的国际储备，将一部分储备资产用于投资或消费；当一国的经济目标取向为维持经济的稳定增长时，可适当增加国际储备的持有量。

(2)对我国当前外汇储备水平的看法。

随着我国改革开放程度的不断深入，我国的外汇储备呈现出逐年增长的态势，现今已经达到了两千六百多亿美元，因此有人认为现在的外汇储备额较大，应适当减少外汇储备的持有量，但是我认为现在的外汇储备量并不大，较为适合我国现在的经济情况。其中的原因可以先从影响我国外汇储备规模的各个因素进行分析。

①我国的国际收支虽然在总量上保持了基本平衡，但在经常项目的收支方面仍然存在着不稳定因素。1980 年以来，我国的国际储备总体上做到了“收支平衡，略有结余”，这在一定程度上说明我国没有必要维持太大的国际储备。但是，还必须看到，作为国际收支经常项目主要收入来源的外贸出口结构仍然十分不合理，出口产品仍然主要属于初级产品和附加值较低的初级加工品，这些产品的竞争能力受到很大限制。同时，由于我国一直坚持以改进产业结构、技术结构为指导的外贸进口方针，在外贸进口中，生产资料占了主要地位，从而使进口呈现出较强的刚性。以上两个方面同时作用的结果，使得我国国际收支中的经常项目长期处于逆差状态，而进口刚性又进一步限制了我国对国际收支经常项目不平衡的调节能力，只能更多地求助于资本项目和动用国际储备进行综合调节。从这一点上讲，在我国外贸结构尚未发生根本性改善之前，保持中等偏高的国际储备水平是必要的。

②从我国目前已经形成的外债结构和对外融资能力来看，目前尚处于比较有利的地位，这在一定程度上可以减少我国对国际储备的需求。但是，随着我国经济的发展和国际经济环境的改变，这种有利地位将会遇到严峻的挑战。这就决定了我国在制定今后的国际储备政策时，必须考虑到上述不利影响，适当增加国际储备的数量。

③我国现行的有管理的浮动汇率制度，改变了过去钉住汇率式的固定汇率制下，汇率难以针对我国国际收支的日常变化作自动的经常性的调整和浮动，往往只是在外贸出口发生严重问题时作一次性的调整，以维持国际收支平衡的状况。但是，考虑到我国出口贸易的实力和资本流动的因素，在相当一段时间内保持较高水平的国际储备规模还是十分必

要的。

④我国过去实行的国家外汇收支计划、严格的外汇管制和进口限制等行政手段的调节有利于我国减少对国际储备的需求。随着经常项目管制的大幅度放松，对国际储备的需求会不断增加。

⑤我国金融市场尚不发达，对利率、汇率等调节政策反应不灵敏，调节国际收支对政府自由储备的依赖较大。

⑥我国货币在国际货币体系中的地位。我国货币已经完成了经常项目的自由兑换，但资本项目还没放开，因此我国的货币还无法成为储备货币，这就要求我国保有较多的储备。

⑦我国已经加入了世贸组织，使得我国的对外开放程度加大，外汇收支较多，对储备资产的需求也较大。

总而言之，从目前我国的经济情况看，我国现在外债规模较大，对外融资能力不强，汇率制度面临改革(放开外汇市场，增大波幅，要求有一定的外汇储备进行干预)，人民币可自由兑换逐步推进，资本流动日益增加，这些都需要较多的外汇储备。因此现在的外汇储备规模并不大。但不适当地盲目地扩大我国的国际储备规模则是不可取的。这主要是因为我国是一个发展中国家，目前面临的主要任务是加速经济的发展。而对于发展中国家而言，保持较大规模的国际储备就等于放弃了相应的投资和消费需求，因而发展中国家持有国际储备的机会成本比发达国家高，而国际储备对国际收支调节的边际效用却逐渐降低。因此，不适当地盲目扩大我国国际储备的规模，不仅会增加持有储备的机会成本，而且会在一定程度上限制我国经济的发展。

第 18 章　通货膨胀与通货紧缩

一、概念题

1. 费雪效应［厦门大学 2024 年研；华东师范大学 2021 年研］

答：费雪效应是指通货膨胀预期导致利率上升的现象。费雪方程将名义利率与预期通胀联系起来，用来分析实际利率的长期行为，并导出一个关于货币增长、通货膨胀与利率的重要关系：长期中当所有的调整都发生后，通货膨胀的增加完全反映到名义利率上，即要求名义利率对通货膨胀的一对一的调整，这种长期效应被称为"费雪效应"。如果费雪效应存在，则名义利率的上升并非指紧的货币政策而是反映通货膨胀率的上升。

2. 通货膨胀税

答：通货膨胀税是指通货膨胀引起的一部分货币购买力由资产持有者向货币发行者转移，这种转移犹如一种赋税，故称之为通货膨胀税。通货膨胀税的计算公式是：$T=i/(1+i)\cdot M$。式中，T 为通货膨胀税，M 为一年中平均货币余额，i 为通货膨胀率，$i/(1+i)$ 为每一单位货币所丧失的购买力。

通货膨胀税的主要受益者是国家政府，在通货膨胀过程中，政府可以得到三方面的收益：①扩大货币供应量而直接增加其收入；②通过单位货币购买力的降低而减少为偿还国家债务的实际价值；③直接增加税收收入，通货膨胀使企业和个人的收入在名义上增加，纳税等级自动上升，政府可获得更多的收入。

3. 消费价格指数（consumer price index，CPI）

答：消费价格指数（CPI），也称零售物价指数和生活费用指数，是指综合反映一定时期内居民生活消费品和服务项目价格变动的趋势及程度的价格指数。由于直接与公众的日常生活相联系，这个指数在检验通货膨胀效应方面有其他指标难以比拟的优越性。它根据若干种主要日用消费品的零售价格以及服务费用而编制，用公式来表示即为：

通货膨胀率＝（报告期消费物价指数－基期消费物价指数）/基期消费物价指数

消费价格指数的优点是能及时反映消费品供给与需求的对比关系，资料容易搜集，能够迅速直接地反映影响居民生活的价格趋势。其缺点是范围较窄，只包括社会最终产品中的居民消费品的这一部分，因而不足以说明全面的情况。例如品质的改善可能带来一部分消费品价格而非商品劳务价格总水平的提高，但消费价格指数不能准确地表明这一点，因而有夸大物价上涨幅度的可能。

4. 通货膨胀缺口

答：通货膨胀缺口是指实际总需求水平大于充分就业时的国民收入水平所形成的缺口。或者说，是指在充分就业经济中投资超过储蓄的差额，即社会总需求超过社会总供给的差额。在存在通货膨胀缺口的情况下，社会对商品和劳务需求的价值超过在充分就业条件下所能够生产的价值。由于经济已经处于充分就业状态，社会已没有可以扩大实际产出的闲置资源，不可能再增加实际产出，所以，当存在通货膨胀缺口时，经济将面临物价普遍上涨的压力，在高于充分就业收入的名义收入水平上达到均衡。

5．通货膨胀[同济大学2024年研]

答：通货膨胀是指商品和劳务的货币价格总水平持续明显上涨的过程。度量通货膨胀程度所采用的指数主要有三个：居民消费物价指数、批发物价指数和国民生产总值或国内生产总值平减指数。

通货膨胀的成因主要有：①需求拉动说；②成本推动说；③供求混合推动说。

6．结构性通货膨胀[中央民族大学2024年研]

答：结构性通货膨胀是指由于经济结构的某些特点造成的需求过多或成本升高所引起的一般物价水平的持续上涨现象。一般有两种情况：①在产品需求结构经常变动的情况下，有些部门需求扩大，另一些部门需求减缩。前者的工资和物价将上升。但在工会力量强大、产品价格由垄断组织控制的条件下，需求衰落部门的工资和物价并不因需求减缩而降低。这样，即使总需求没有过大，平均物价水平也会出现持续的温和上涨。②在生产技术急剧变动下，不同经济部门的劳动生产率的提高差别很大（如劳务部门劳动生产率的提高一般落后于制造业），当劳动生产率提高较快的部门的货币工资随劳动生产率的提高而同比例增加后，而劳动生产率提高较慢部门的货币工资有向其他部门“看齐”的趋势，于是引起该部门商品的价格因货币工资增长率超过劳动生产率的增长率而上升，由此又引起一般物价水平的上升。

二、选择题

1．隐蔽性通货膨胀发生时，物价总体水平（　　）。

A．明显上涨　　B．变化不明显　　C．明显下降　　D．持续下降

【解析】隐蔽性通货膨胀是指货币工资水平没有下降、物价总水平也未提高，但居民实际消费水准却程度不同地有所下降的一种情况。在存在隐蔽性通货膨胀的条件下，消费品供不应求的矛盾主要是以非价格的方式表现出来的，包括国家牌价与自由市场价或黑市价之间的巨大价差、一些产品在价格不变的情况下质量下降等。

2．需求拉动的通货膨胀可以通俗地表述为（　　）。

A．太多的货币追求太多的商品　　B．太多的货币追求太少的商品

C．太少的货币追求太多的商品　　D．太少的货币追求太少的商品

【解析】需求拉动说或需求拉动型通货膨胀说是用经济体系存在对产品和服务的过度需求来解释通货膨胀形成的机理。其基本要点是当总需求与总供给的对比处于供不应求状态时，过多的需求拉动价格水平上涨。由于在现实生活中，供给表现为市场上的商品和服务，而需求则体现在用于购买和支付的货币上，所以对这种通货膨胀也有通俗的说法：“过多的货币追求过少的商品。”

3．按市场机制的作用，可把通货膨胀划分为（　　）。

A．结构性通货膨胀　　B．隐蔽型通货膨胀

C．公开型通货膨胀　　D．体制型通货膨胀

E．爬行型通货膨胀

【解析】按市场机制的作用可把通货膨胀划分为隐蔽型通货膨胀和公开型通货膨胀；按

1B　2B　3BC

通货膨胀的程度划分有爬行式、温和式和恶性通货膨胀三种；按成因划分有需求拉动型通货膨胀、成本推进型通货膨胀、供求混合型通货膨胀、结构性通货膨胀和体制性通货膨胀。

4. 成本推动说认为，造成生产成本提高的原因有(　　)。

A. 增加工资　　B. 出口的增长　　C. 进口的减少　　D. 原材料成本上升

E. 企业为了获得垄断利润

【解析】成本推动说认为，造成生产成本提高的原因有：①在现代经济中有组织的工会对工资成本具有操纵能力即工会的垄断力量，导致“工资成本推进型通货膨胀”；②垄断性企业为了获取垄断利润会人为地提高产品价格，由此引起“利润推进型通货膨胀”；③汇率变动引起进出口产品和原材料成本上升，以及石油危机、资源枯竭、环境保护政策不当等造成原材料、能源生产成本的提高，都是引起成本推进型通货膨胀的原因。

三、判断题

1. 通货膨胀不是一次性或短暂的物价水平的上涨，而是持续的不可逆转的物价上涨现象。(　　)

【解析】通货膨胀不是一次性或短暂的物价水平的上涨，而是持续性的物价水平上涨现象。

2. 需求拉动论认为，通货膨胀的原因在于产品成本的提高，因而推动着物价上涨。(　　)

【解析】成本推进论认为，通货膨胀的原因在于产品成本的提高，因而推动着物价上涨。需求拉动说或需求拉动型通货膨胀说是用经济体系存在对产品和服务的过度需求来解释通货膨胀形成的机理。其基本要点是当总需求与总供给的对比处于供不应求状态时，过多的需求拉动价格水平上涨。由于在现实生活中，供给表现为市场上的商品和服务，而需求则体现在用于购买和支付的货币上，所以对这种通货膨胀也有通俗的说法：“过多的货币追求过少的商品。”

3. 后凯恩斯学派与凯恩斯学派都主张需求拉动型通货膨胀成因论。(　　)

【解析】凯恩斯学派主张需求拉动型通货膨胀成因论，而后凯恩斯学派主张成本推进型通货膨胀成因论。

4. 凯恩斯学派赞同需求拉动论，而货币学派则主张成本推进论。(　　)

【解析】凯恩斯学派和货币学派都主张需求拉动型通货膨胀成因论。

5. 采用向商业银行、企业和个人发行债券的方法弥补财政赤字，一般不会扩大货币总量，引发通货膨胀。(　　)

【解析】央行发行国债，市场上就会有很多投资者购买这些债券，这时就会使市场上过多的资金回流，从而减少市场上的货币供应量，继而抑制通货膨胀。

6. 一般说来通货膨胀有利于债权人而不利于债务人。(　　)

【解析】一般说来通货膨胀有利于债务人而不利于债权人。债务人获得资金，将来还款，

4ADE　▎　1×　2×　3×　4×　5√　6×

如果利率固定，并且持续通货膨胀，将来他还的钱的购买力将大幅贬值；相反，债权人按照固定利率获取利息，在将来不足以弥补购买力下降的损失，因此通货膨胀对债务人有利对债权人不利。

7. 通货紧缩是反通货膨胀的手段和措施。（　　）

【解析】通货紧缩是成为经济走向、趋势的物价疲软乃至下跌。通货紧缩与通货膨胀一样对社会经济的影响是极具破坏力的。因此，通货紧缩不能作为一种反通胀的手段。

四、简答题

1. 简述通货紧缩的社会经济效应。［华南理工大学2025年研；中央财经大学2024年研；兰州大学2020年研］

答：通货紧缩对社会经济的影响是多方面的，主要体现在以下几方面：

（1）通货紧缩的财富收缩效应

①企业财富因通货紧缩而减少。企业财富的缩水即企业资产价格的下降。在通货紧缩情况下，全社会物价水平普遍下降，企业产品价格也下跌，以盈利能力为标准制订的企业资产价格就要相应降低。另一方面，在名义利率下降的程度不及物价的下降程度时，企业的债务负担加重。企业的债务负担一方面直接削减了企业的净资产，另一方面将使企业陷入债务的泥沼。

②居民财富的缩水。收入是居民财富的源泉。在通货紧缩的条件下，下岗失业者较多，劳动力市场明显供过于求，在完全竞争市场条件下，工资将会降低。另一方面，在通货紧缩的条件下，居民所拥有的大部分为消费用资产，消费用资产价格的大幅下降使居民的已有资产也将缩水。

③政府财富的缩水。政府的财富可以分为存量和流量两个部分。其中，存量部分在通货紧缩的情况下随着商品价格的降低而缩水；通货紧缩时期，财政赤字会显著增长，使政府财富的流量部分也缩水。

（2）通货紧缩的经济衰退效应

当发生通货紧缩时，物价普遍下跌，通货紧缩的经济衰退效应可以理解为物价的持续与普遍下跌对经济的促退作用。物价的普遍下跌主要通过以下途径对经济产生促退作用：

①产品价格下降，利润减少。物价的持续与普遍下跌使得生产者所生产的产品价格降低，从而使其利润减少甚至亏损，严重打击了生产者的积极性，导致生产者减少生产或停产，进而使全社会的经济增长速度受到抑制。

②实际利率高企。物价持续与普遍下跌将使实际利率高企，这是一种有利于债权人而损害债务人利益的制度安排。因为债务人在向债权人偿还债务的时候，由于物价一直在下跌，偿还同样的货币实际上包含了更多的价值，债务人越是还债，其债务就越重。而社会上的债务人大多是生产者和投资者，债务负担加重，会使他们的生产与投资活动受到影响，对经济增长也带来负面的影响。

③居民收入下降，失业增加。物价下跌使生产者的利润减少，生产积极性降低，这又将影响到居民的收入水平和就业状况。居民收入水平的降低意味着消费需求的减少，加重社会总需求不足的状况；非自愿失业增多，标志着社会远未达到充分就业状态，实际经济

增长率低于自然增长率。

(3)通货紧缩的失业效应

通货紧缩意味着投资机会的锐减，亦即可能就业的机会锐减；通货紧缩抑制了生产者的积极性，减产甚至停产的企业增多，失业人员自然增多。特别是在劳动力资源十分丰富的国家，在通货紧缩使投资需求与消费需求普遍不振的条件下，劳动力供求失衡的矛盾将会十分尖锐。

(4)通货紧缩的分配效应

在通货紧缩的情况下，物价持续下跌，而名义利率的下跌一般赶不上物价下跌的速度，因此实际利率呈现上升的趋势。这一变化使社会财富产生了巨大的再分配过程。

①在通货紧缩的情况下，产品的价格降低使企业利润减少；而实际利率高企使作为债务人的企业的收入又进一步向债权人转移，这又加重了企业的困难。为维持生计，企业只有选择借更多的债务来进行周转，这样，企业的债务总量势必增加，其债务负担更加沉重，由此，企业在财富分配过程中将处于更加恶劣的位置。

②通货紧缩税同样可以使财富在政府与公众间实现再分配，但与通货膨胀税不同的是，通货膨胀税是政府向公众征收的税，而通货紧缩税则是使财富向公众转移，即是与通货膨胀税方向相反的转移收入。

2. 如何理解“通货膨胀是一种货币现象”的观点？

答：(1)货币学派米尔顿·弗里德曼认为，“通货膨胀是一种货币现象，起因于货币量的急剧增加超过生产的增长……如果货币数量增长的速度超过能够买到的商品和劳务增加的速度，就会发生通货膨胀。”按照货币主义者的观点，只有在货币供给持续增长时，才会引起持续的通货膨胀，否则总供给曲线与总需求曲线的移动都不会引起持续的通货膨胀。货币供给保持不变，价格的上涨会减少实际货币量，提高利率。最终，通货膨胀将会消失。

(2)对于通货膨胀是一种货币现象，我们应从以下三个方面加以理解：

①货币发行过多，超过了商品流通对货币的客观需要。但是，流通中货币量的任何增加，并非一定是通货膨胀。例如，由于社会经济的发展，流通规模的扩大等，使货币需要量增加而引起的通货增加，就不会发生通货膨胀。不过，就一般情况而言，物价总水平的上涨，必然反映着货币流通量的增加，没有货币流通量的增加，物价水平无论如何也不会普遍地、大幅度地上涨。

②货币贬值为根本标志。所谓货币贬值是指由于货币发行数量过多，单位货币的购买力下降。通货膨胀的最终结果就是货币贬值。这里应当注意两点：a. 货币贬值与币值下降是两个不同的概念。币值下降是指单位货币购买到的商品的使用价值减少，货币的价值下降。币值下降既可能是因货币发行过多，也可能是因劳动生产率下降，单位商品价值量增加引起的单位货币价值量下降。币值下降可能导致货币贬值，也可能不会导致货币贬值。b. 通货膨胀不同于物价上涨。因为引起物价上涨的因素是多方面的，除货币供应过多外，生产成本的上升、商品供不应求、政策的调整等，都会引起物价上涨。同时，物价上涨是通货膨胀的主要表现形式，但不是唯一表现形式。通货膨胀可以通过变相的物价上涨或货币流通速度的减慢等方式表现出来。

③物价总水平普遍地、持续地上涨。物价总水平是指各类商品和劳务价格加总在一起的平均数，或称一般物价水平。如果物价总水平保持不变，则任何局部地区的物价上涨，

个别商品或劳务的上涨，就仅仅是相对价格的变化，而不是通货膨胀。若因季节性等因素的影响，商品价格时起时落，但一年中平均价格水平没有上升，这也不能视为通货膨胀。

(3)通货膨胀作为一种货币供应过多引起的经济现象，存在于一切信用货币制度的国家中。只要有信用货币流通，就会有通货膨胀的可能。

3. 简述通货膨胀预期产生的经济效益。

答：(1)通货膨胀预期是指在货币经济中，经济主体对未来通货膨胀率进行的估计。理论上看，预期形成主要有两种假设：①适应性预期假设。根据前期实际通货膨胀率及实际通货膨胀与预期通货膨胀的差值做出，所运用信息均为以前各期的信息。②理性预期假设。经济主体利用目前所能得到的各种信息进行综合分析，做出通货膨胀预期。

(2)通货膨胀预期的经济效益主要表现在宏观和微观两个方面：

①通货膨胀预期的宏观经济效应

a. 通货膨胀被预期到的程度越大，通货膨胀对预期经济变量的作用就越小，即只有没有预期到的因素，才会对产出和就业产生影响。

b. 通货膨胀预期构成对实际利率和名义利率的差异，实际利率是投资的决定因素之一，名义利率则是手持货币的机会成本，因而通货膨胀预期将直接影响货币需求以及资本积累，从而成为宏观经济变量均衡的一个决定因素。

②通货膨胀的微观经济效应

a. 通货膨胀预期导致货币工资率变动(上升)滞后过程的缩短和积累能力的削弱。

在实际经济运行中，随着通货膨胀现象的持续存在，人们对通货膨胀的预期日益成为一种习惯性的行为，并支配和调整着其自身的其他经济行为。最重要的是人们通过各种方式和各种途径使货币工资率的增长尽可能跟上价格上涨的速度，所谓的“货币工资指数化”是其最规范、最典型的表现。

就经济的长期增长有助于资金(资本)积累而言，如果在通货膨胀期间，货币工资率上升的时滞过程很短，并且特别是当货币工资一旦上升，超过劳动生产率增长与价格上涨率之和时，那么，通货膨胀就难以促进经济的更快增长。

b. 通货膨胀预期有可能导致发生临时性的过度购买行为。

受通货膨胀预期的影响，企业和家庭(消费者)经济会存在过度购买行为。在较高的通货膨胀率被预期继续存在并有可能加速的情况下，企业做出的反应是增加存货，使其超过正常的存货量。企业这种不断增加存货的目的在于保证在通货膨胀率下跌之前，按预期的比现时价格高得多的价格出售产品，以得到大量利润。这种预期所引起的经济行为，除了鼓励某些企业增加存货以外，还可能鼓励他们扩大用于购买新工厂设备的费用，是以这样的预期为前提的：借贷成本和生产资料(投资品)买价在以后若干年会不断上涨。

受通货膨胀预期的影响，消费者也会加入这种过度购买的浪潮中。当然，他们并不会像企业那样大量购买和保持可以用于再出售的产品和存货，而是积存耐用消费品和不易腐烂的商品，这种积存通常远远超过正常水平。

由通货膨胀预期引起的过度购买，虽然会短暂地促进经济增长和市场繁荣，但是，由此引起的经济过程的调整，肯定会导致下一轮经济增长的减速和市场“疲软”现象的出现。如果过度购买行为特别严重，那么下一轮经济增长就不仅仅是减速，而是严重的衰退。持续性的过度购买，是以持续性的过度货币供给为前提的。在现实经济中，货币当局不可能持续地满足企业的这种过度的货币需求。在一个适当的时候，它会减少以至拒绝为满足这种货币需求而给予的贷款。所以从整体上来看，企业不可能连续筹措到他们力求积累的存货额所需要的全部货币资金。这就是说，过度购买肯定是一个非持久的过程，过度购买行为的结束，意味着大规模增加存货的结束和存货减少的开始。随着存货的减少，通货膨胀会有所抑制，价格上涨的速度会放慢，这时经济的减速将是难以避免的事情，严重时，会出现经济的停滞和衰退。

所以，通货膨胀即使能带来短期经济增长效应，也会被后续的经济滑坡所抵消。

4. 什么是通货紧缩？通货紧缩与反通货膨胀的关系如何？

答：(1)通货紧缩

通货紧缩是与通货膨胀相对立的概念，它是指由于货币供应量相对于经济增长和劳动生产率增长等要素减少而引致的有效需求严重不足、一般物价水平持续下跌、货币供应量持续下降和经济衰退等现象。

通货紧缩从本质上来说一种货币现象，它在实体经济中的根源是总需求对总供给的偏离，或现实经济增长率对潜在经济增长率的偏离。当总需求持续小于总供给，或现实经济增长率持续低于潜在经济增长率时，则会出现通货紧缩现象。

通货紧缩的特征表现为物价水平的持续与普遍的下跌。这个物价水平，严格说来应包括资产价格如股票、债券、房地产及商品和服务在内的价格指数，但碍于统计上的局限性，一般在国内用全国零售物价上涨率，在国外用消费物价指数(CPI)作为度量指标。如果全国零售物价上涨率在零值以下，且持续时间超过6个月，人们通过在理论上就将其界定为典型的通货紧缩。

通货紧缩是一种实体经济现象。它通常与经济衰退相伴随，表现为投机机会相对减少和投资的边际收益下降，由此造成银行信用紧缩，货币供应量增长持续下降，信贷增长乏力，消费和投资需求减少，企业普遍开工不足，非自愿失业增加，收入增长速度持续放慢，各个市场普遍低迷。同时，通货紧缩也是一种普遍的经济现象。

(2)通货紧缩与反通货膨胀的关系

通货紧缩和反通货膨胀既有联系，又有区别。

①联系

两者都是物价涨幅出现下降。

②区别

a. 水平不同，通货紧缩时期的物价增幅下降到零以下，即物价负增长；而在反通货膨胀的过程中，物价增幅则处于相对较高的水平(远大于零)。

b. 出发点不同，反通货膨胀是在物价上升过快的情况下，采取相应政策降低物价增幅；而通货紧缩则是非政策主导型的物价下跌，往往是由经济内在运行机制生成的。

c. 程度不同，通货紧缩时，价格变化可能是剧烈的；而反通货膨胀通常表现为价格在一个较小的水平下降。

5. 衡量通货膨胀程度的指标主要有哪些，它们的特点是什么？

答：度量通货膨胀程度所采用的指标主要有三：居民消费物价指数(CPI)、批发物价指数(WPI)和国民生产总值或国内生产总值冲减指数(deflator)，此外还有核心价格指数。

(1)居民消费价格指数

居民消费价格指数是综合反映一定时期内居民生活消费品和服务项目价格变动的趋势和程度的价格指数。由于直接与公众的日常生活相联系，这个指数在检验通货膨胀效应方面有其他指标难以比拟的优越性。

（2）批发物价指数

批发物价指数是反映全国生产资料和消费资料批发价格变动程度及趋势的价格指数。以批发物价指数度量通货膨胀，其优点是能在最终产品价格变动之前获得工业投入品及非零售消费品的价格变动信号，进而能够判断其对最终进入流通的零售商品价格变动可能带来的影响。这个指标的变动规律同消费物价的变动规律有显著区别。在一般情况下，即使存在过度需求，其波动幅度也常常小于零售商品的价格波动幅度。因此，在使用它判断总供给与总需求的对比关系时，可能会出现信号失真现象。

（3）国民生产总值冲减指数

国民生产总值冲减指数，或国内生产总值冲减指数，是一个能综合反映物价水准变动情况的指标。它是将国内生产总值或国内生产总值指标的名义值化为实际值所使用的价格指数，是衡量通货膨胀率的基本指标之一。国民生产总值或国内生产总值冲减指数一般不直接编制，而是先计算不变价格的国民生产总值或国内生产总值，然后用现价国民生产总值或国内生产总值除以不变价格的国民生产总值或国内生产总值，即可得到国民生产总值或国内生产总值的冲减指数。该指数的优点是覆盖范围全面，能度量各种商品价格变动对价格总水平的影响，但它容易受价格结构因素的影响。

（4）核心价格指数

在所有商品和服务价格中，一般认为能源和食品价格的波动是最大的，而这两者价格的变化往往与社会总供求对比、与货币供应量增减之间并无紧密的直接联系。比如国家对能源产品限产、限价，以及由于人们消费结构的变化所导致的食品价格波动，或食品季节性波动等因素，都不是直接由社会总供求对比、由货币供应量增减所引起的。所以，人们把剔除了能源价格和食品价格之后的物价指数视为核心价格，并用这种经过处理后的指数来度量物价变动和通货膨胀的程度。

五、计算题

假定社会在某年按不变价格计算的商品价格总额为4000亿元，货币流通速度为4次，货币供应量（M1）为1300亿元。求这一年的物价变化率与币值的变化率。

答：按可变价格计算的商品价格总额 $=1300\times4=5200$（亿元）

设商品数量为 Q，则不变价格 $P_0=4000/Q$，可变价格 $P=5200/Q$

所以，物价变化率 $=(P-P_0)/P_0=30\%$

$$\text{币值的变化率}=\frac{\frac{1}{P}-\frac{1}{P_0}}{\frac{1}{P_0}}=\frac{\frac{Q}{5200}-\frac{Q}{4000}}{\frac{Q}{4000}}=-23.1\%$$

这一年物价上涨了30%，币值变化了 -23.1%。

六、论述题

请用 *AD*－*AS* 模型，论述通货膨胀的成因。

答：一般地，按照通货膨胀的起因可以把通货膨胀分为三类：

（1）需求拉动型通货膨胀

它是用经济体系存在对产品和服务的过度需求来解释通货膨胀形成的机理。其基本要点是当总需求与总供给的对比处于供不应求状态时，过多的需求拉动价格水平上涨。由于在现实生活中，供给表现为市场上的商品和服务，而需求则体现在用于购买和支付的货币上，所以对这种通货膨胀也有通俗的说法：“过多的货币追求过少的商品。”

进一步分析，能对物价水平产生需求拉动作用的有两个方面：实际因素和货币因素。对于实际因素，西方经济学主要分析其中的投资。如果利率、投资效益的状况有利于扩大投资，则投资需求增加。由于投资需求增加，总供给与总需求的均衡被打破，物价水平上升。从货币因素考察，需求拉动型通货膨胀可能通过两个途径产生：①经济体系对货币需求大大减少，即使在货币供给无增长的条件下，原有的货币存量也会相对过多；②在货币需求量不变时，货币供给增加过快。大多数情况是货币供给增长过快。货币供给过多所造成的供不应求，与投资需求过多所造成的供不应求，它们的物价水平上涨效果是相同的。

上面的分析是以总供给给定为假定前提的。如果投资的增加引起总供给同等规模的增加，物价水平可以不动；如果总供给不能以同等规模增加，物价水平上升较缓；如果引不起总供给增加，需求的拉动将完全作用到物价上，如图 18－1 所示。

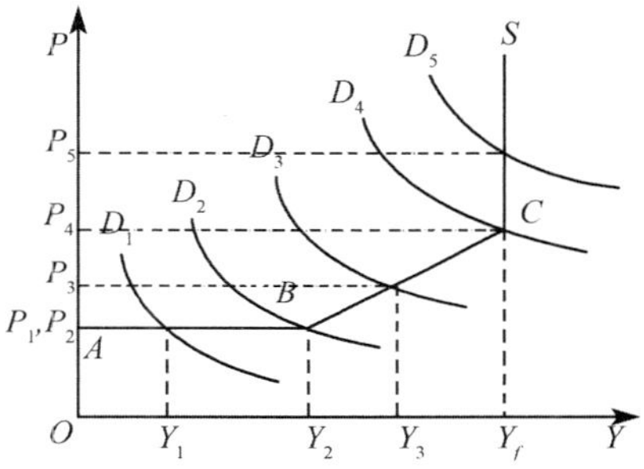

图 18－1　需求拉动型通货膨胀

该图说明：社会总供给曲线 *AS* 可按社会的就业状况而分成 *AB*、*BC* 与 *CS* 三个线段。

①*AB* 线段的总供给曲线呈水平状态，这意味着供给弹性无限大。这是因为此时社会上存在大量的闲置资源或失业人群。当总需求从 D_1 增至 D_2 时，总产出从 Y_1 增至 Y_2，而物价并不上涨。

②*BC* 线段的总供给曲线则表示社会逐渐接近充分就业，这意味着闲置资源已经很少，从而总供给的增加能力也相应较小。此时，在需求拉动之下的产出扩张将导致生产资源价格的上涨。因此，当总需求从 D_2 向 D_3、D_4 增长时，产出虽也增加，但增加幅度减缓，同时物价开始上涨。

③*CS* 线段的总供给曲线表示社会的生产资源已经达到充分利用的状态，即不存在任何闲置的资源，Y_f 就是充分就业条件下的产出。这时的总供给曲线就成为无弹性的曲线。在这种情况下，当总需求从 D_4 增加至 D_5 时，只会导致物价的上涨。

（2）成本推动的通货膨胀

是指在没有超额需求的情况下由于供给方面成本的提高所引起的一般价格水平持续和显著上涨，又称为成本通货膨胀或供给通货膨胀。可分为工资推动通货膨胀及利润推动通货膨胀（这里的利润通常为垄断利润）。

在总需求曲线不变的情况下，包括工资推动通货膨胀和利润推动通货膨胀在内的成本推动通货膨胀，可以用图 18－2 来说明。

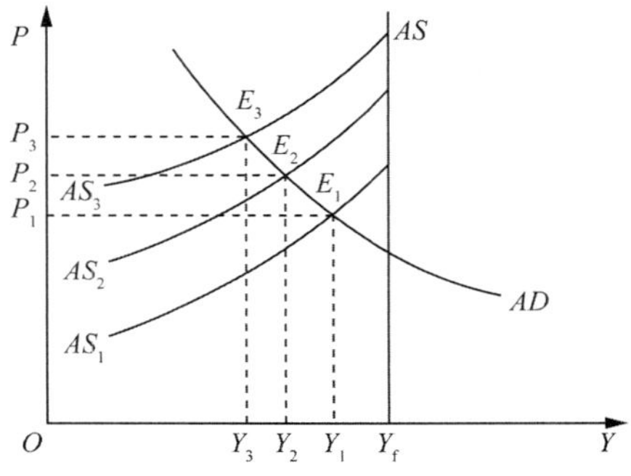

图 18－2　成本推进型通货膨胀

图 18－2 中，总需求是既定的，不发生变动，变动只出现在供给方面。当总供给曲线为 AS_1 时，

这一总供给曲线和总需求曲线 AD 的交点 E_1 决定的总产量为 Y_1，价格水平为 P_1。当总供给曲线由于成本提高而移到 AS_2 时，总供给曲线与总需求曲线的交点 E_2 决定的总产量为 Y_2，价格为 P_2。这时，总产量比以前下降，而价格水平比以前上涨。当总供给曲线由于成本进一步提高而移动到 AS_3 时，总供给曲线和总需求曲线的交点 E_3 决定的总产量为 Y_3，价格水平为 P_3。这时的总产量进一步下降，而价格水平进一步上涨。

(3)供求混合推动说

供求混合推进型通货膨胀是将供求两个方面的因素综合起来，认为通货膨胀是由需求拉动和成本推进共同起作用而引发的。这种观点认为，在现实经济社会中，通货膨胀的原因是需求拉动还是成本推进很难分清：既有来自需求方面的因素，又有来自供给方面的因素，即所谓"拉中有推，推中有拉"。当发生成本推进型的通货膨胀时，假定社会总需求不变，工资和物价会螺旋上升，失业增加，产量下降。政府此时采用扩张性的财政政策以扩大总需求，失业和产量会恢复到原来的水平，但物价会进一步上升，从而形成所谓的供求混合推进型通货膨胀。如图 18－3 所示。

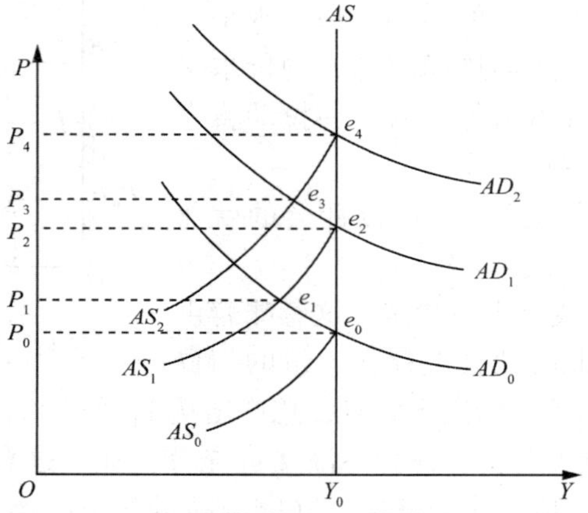

图 18－3　供求混合推进型通货膨胀

假定最初由于生产领域的原因导致总成本上升，供给曲线 AS 由 AS_0 向左上方移到 AS_1，AS_1 与最初的需求曲线 AD_0 交于 e_1 点，价格水平由 P_0 上升到 P_1，为了遏制实际产出的减少和防止出现高的失业率，政府采取扩大投资和刺激需求的措施，需求曲线由 AD_0 上升到 AD_1，这样使原来由成本推动的价格上升，进一步得到需求拉动的支持，AD_1 与 AS_1 相交于 e_2 点，P_1 上升到 P_2，需求扩张拉动的价格上升，又会进一步引起成本上升，供给曲线由 AS_1 移到 AS_2 与 AD_1 相交于 e_3，此时价格水平为 P_3。这样的过程持续下去，就表现出一种由供给曲线与需求曲线相互推动的机制，AS 与 AD 分别向左上方和右上方移动，价格则沿着均衡点的轨迹 $e_0 \to e_1 \to e_2 \to e_3 \to e_4$，所确定的水平 P_0 到 P_1、P_2、P_3、P_4，呈"螺旋式"上升过程。

第 19 章　货币政策

一、概念题

1. 社会融资规模［广东外语外贸大学 2024 年研］

答：社会融资规模是指一定时期内（每月、每季或每年）实体经济从金融体系获得的全部资金总额，是增量概念。这里的金融体系为整体金融的概念，从机构看，包括银行、证券、保险等金融机构；从市场看，包括信贷市场、债券市场、股票市场、保险市场以及中间业务市场等。社会融资规模是全面反映金融与经济关系，以及金融对实体经济资金支持的总量指标。社会融资规模核算内容包括人民币贷款、外币贷款、委托贷款、信托贷款、未贴现银行承兑汇票、企业债券、非金融企业境内股票融资、政府债券、存款类金融机构资产支持证券及贷款核销。

2. 通货膨胀目标制［四川大学 2016 年研］

答：通货膨胀目标制是一套用于货币政策决策的框架，其基本含义是：一国当局将通货膨胀作为货币政策的首要目标或唯一目标（该目标具有无可争议的优先权），迫使中央银行通过对未来价格变动的预测来把握通货膨胀的变动趋势，提前采取紧缩或扩张的政策，使通货膨胀率维持在事先宣布的水平上或范围内。在通货膨胀控制得比较好的国家，这是当局认定的不可避免的（如调动潜在生产力所必需的）通货膨胀率；对高通货膨胀率的国家，则是当局认定的可能实现的反通货膨胀的目标，借以实现长期的价格稳定。自 20 世纪 90 年代以来，一些发达国家及发展中国家直接采用通货膨胀目标制本身作为货币政策目标。

虽然近年来主张在货币政策中实施通货膨胀目标制似乎正在成为主流见解，但也有相当的观点认为，到目前为止，对通货膨胀目标制的诸多关键问题做出的明确的结论，还缺乏经历若干经济周期、恶劣环境等条件下更加充分的证据。所以，给予通货膨胀目标制肯定的评价似乎还为时尚早。

3. 相机抉择［上海外国语大学 2023 年研；武汉大学 2016 年研；南开大学 2012 年研］

答：相机抉择是政府进行需求管理时，根据市场情况和各项调节措施的特点，机动灵活地采取一种或几种措施，使财政政策和货币政策相互搭配。根据宏观财政政策和宏观货币政策在决策速度、作用速度、预测的可靠程度和中立程度这四方面的差异，相机抉择一般具有三种搭配方式：①松的财政政策与松的货币政策相搭配；②紧的财政政策与紧的货币政策搭配；③松的财政政策与紧的货币政策搭配或紧的财政政策与松的货币政策搭配。实行相机抉择的目的在于既保持总需求，又不引起较高的通货膨胀率。一般要求逆经济风向行事，经济衰退时实行扩张政策，经济过热时实行紧缩政策。这是凯恩斯学派的政策主张。

4. 货币政策时滞［东北财经大学 2006 年研］

答：货币政策时滞是指中央银行从制定货币政策到货币政策取得预期效果的时差。由于经济处于不断的变动之中，政府当局未必能及时认识和判断有无必要采取政策行动，即使认识到采取措施的必要性，但由于行政手续所需要的时间较长，也未必能立即执行。而且，在执行过程中，假定无外界因素干预的话，也需要一段时间才能奏效。

一般地说，货币政策时滞可分为内部时滞和外部时滞两部分。内部时滞是指从经济现象发生变化，需要制定政策以矫正，到中央银行实际上采取行动的时间过程。外部时滞是指从中央银行采取行动开始直到对政策目标产生影响为止的这段过程。一般来说货币政策的内部时滞较短，而外部时滞时间较长。

5．再贴现率［南京理工大学2002年研］

答：再贴现率是指中央银行买进商业银行所持有的未到期商业票据时所用的贴现利率。中央银行通过再贴现，向商业银行融通资金，解决商业银行短期资金不足。再贴现率是中央银行实施货币政策的重要工具之一。通过再贴现利率的变化，影响市场利率和商业银行筹资的成本，从而改变货币供给。当经济过热时一般提高再贴现率，反之经济不振时降低再贴现率。其主要缺点是作为货币政策工具有一定被动性。

6．信用配额

答：信用配额是指中央银行根据金融市场状况及客观经济需要，以行政命令的形式控制商业银行的信用活动，分别对各个商业银行的信用规模加以分配，限制其最高数量。它是政府货币政策工具的一种，属于直接信用控制。在多数发展中国家，由于资金供给相对于需求极为不足，所以这种方法被广泛使用。

7．直接信用控制

答：直接信用控制是指从质和量两个方面，以行政命令或其他方式，直接对金融机构尤其是商业银行的信用活动所进行的控制。其手段包括：

①规定存贷款最高利率限制。这是最常用的直接信用管制工具，其目的是防止银行用抬高利率的办法竞相吸收存款和为谋取高利而进行高风险存贷。

②信用配额。它又称信贷分配，是指中央银行根据金融市场状况及客观经济需要，分别对各个商业银行的信用规模加以分配，限制其最高数量。

③流动性比率。规定商业银行的流动性比率也是限制信用扩张的直接管制措施之一。

④直接干预。直接干预是指中央银行直接对商业银行的信贷业务、放款范围等加以干预。

二、选择题

1．在经济萧条时期，政府不会选择的货币政策是（　　）。［南京大学2012年研］

A．降低法定准备率　　B．中央银行在公开市场上买进政府债券

C．中央银行在公开市场上卖出政府债券　　D．降低再贴现率

【解析】在经济萧条时期，政府会采取宽松的货币政策，主要包括降低法定准备金率、降低贴现率和在公开市场上买进政府债券，以达到扩大货币供给的目的。C项，卖出政府债券属于紧缩的货币政策，是治理通货膨胀的货币政策。

2．提高存款准备金率对货币供求的影响是（　　）。

A．增加货币需求　　B．减少货币需求　　C．增加货币供给　　D．减少货币供给

【解析】若中央银行采取紧缩政策，提高法定存款准备金率，则限制了商业银行的信用

1C　2D

扩张能力、降低了货币乘数，最终起到收缩货币量和信贷量的效果，从而会减少货币供给。

3．以下哪一选项不属于货币政策的三大传统工具？（　　）［厦门大学 2012 年研］

A．法定存款准备金率调整　　B．再贴现率调整

C．窗口劝导　　D．公开市场操作

【解析】货币政策的三大传统工具包括：法定存款准备金率、再贴现以及公开市场业务。C 项，窗口指导属于选择性货币政策工具。

4．下列说法不正确的是：货币政策效果（　　）。［南京大学 2012 年研］

A．取决于 *IS*、*LM* 曲线的斜率

B．取决于边际消费倾向、投资的利率弹性、货币需求的收入弹性和利率弹性

C．在浮动汇率制度和资金完全自由流动的条件下得到加强

D．在浮动汇率制度和资金完全自由流动的条件下完全无效

【解析】浮动汇率制和资金完全自由流动的条件下货币政策具有扩张效应，可归结为：在造成本国产出上升的同时，却使得外国的产出下降。因此，这时的本国货币扩张是一种典型的“以邻为壑”政策：本国产出的扩张，部分是靠外国产出的相对下降实现的。

5．属于货币政策远期中介目标的是（　　）。［暨南大学 2011 年研］

A．汇率　　B．利率　　C．基础货币　　D．超额准备金

【解析】利率和货币供应量两种指标一般视为远期指标。这类中介指标离货币政策最终目标较近。但中央银行对这些指标的控制力弱于像超额准备金和基础货币这样的短期指标。

6．下列属于扩张性货币政策操作的是（　　）。［浙江财经学院 2011 年研］

A．发行央行票据　　B．降低法定存款准备金率

C．在公开市场上进行正回购操作　　D．在公开市场上进行现券卖断操作

【解析】降低法定存款准备金使得商业银行的放款能力提高，货币乘数变大，最终会扩大货币供应量，属于扩张性货币政策，正回购的交易是央行卖出债券、回笼资金，承诺以后购回证券的操作，ACD 三项均属于紧缩性的货币政策。

7．下列哪项是国家为了让人民看到政策导向进行的操作？（　　）［对外经济贸易大学 2023 年研］

A．公开市场操作　　B．常备借贷便利　　C．前瞻性指引　　D．道义劝告

【解析】前瞻性指引是指中央银行通过公开声明或预测，向公众传达未来货币政策走向的信息，以影响市场预期和经济行为。这种方式可以让人民更清楚地了解政策导向，从而做出相应的经济决策。

三、判断题

1．货币政策操作指标需要满足可测性、可控性、相关性和抗扰性的特点。货币供应量的相关性、抗扰性较好，但可测性和可控性不足，因此不是好的操作指标。（　　）［中央财经大学 2012 年研］

【解析】货币政策操作中介指标需要满足可测性、可控性、相关性和抗扰性的特点。货

3C　4D　5B　6B　7C　▎　1×

币供应量具有很强的可测性，并且能够满足可控性和相关性的要求，而且抗扰性也较好。

2．选择性货币政策工具是指中央银行用以调控货币供给总量、信用供给总量和一般利率水平，或是针对某些特殊经济领域、特殊用途的信贷而采用的货币政策工具。（　　）

【解析】选择性货币政策是指中央银行针对某些特殊经济领域或特殊用途的信贷而采用的、可以影响银行体系资金运用方向以及不同信用方式利率水平的货币政策工具。

3．一般性的货币政策工具可以在不影响货币供应总量的条件下，影响银行体系的资金投向和不同贷款的利率。（　　）

【解析】一般性货币政策是指中央银行用以调控货币供应量、信用供给总量和一般利率水平的常规手段。

4．币值稳定与物价稳定是同一个概念。（　　）

【解析】币值稳定与物价稳定不是同一个概念。在纸币流通或信用货币流通的条件下，币值的稳定与否是以单位货币的购买力来衡量的，而单位货币的购买力通常是以综合物价指数来表示的，通常表现为物价稳定。

5．由于货币政策操作必然影响资本市场的价格，并通过资本市场影响到其他微观经济行为，所以多数货币当局对资本市场的运行负有干预责任。（　　）

【解析】虽然货币政策操作必然影响资本市场的价格，并通过资本市场影响到其他微观经济行为，但多数货币当局对资本市场的运行不负有干预责任。

四、简答题

1．简述货币学派反对凯恩斯的相机抉择理论的主要原因。［中南财经政法大学2019年研］

答：（1）凯恩斯的相机抉择理论

相机抉择是指政府在进行需求管理时，可以根据市场情况和各项调节措施的特点，机动地决定和选择当前究竟应采取哪一种或哪几种政策措施。相机抉择分为：

①相机抉择的财政政策。相机抉择的财政政策是指政府根据一定时期的经济社会状况，机动地决定和选择不同类型的反经济周期的财政政策工具，干预经济运行，实现财政目标。

②相机抉择的货币政策。相机抉择的货币政策又称权衡性货币政策，是指货币当局或中央银行依据对经济情势的判断，为达成既定的货币政策目标而采取的权衡性措施。

（2）货币学派的“单一规则”理论

货币主义学派主张“单一规则”的货币政策规范。单一规则货币政策是指将货币供应量作为唯一的政策工具，并制定货币供应量增长的数量法则，使货币增长率同预期的经济增长率保持一致。

（3）货币学派反对凯恩斯的相机抉择理论的主要原因

货币主义极力反对凯恩斯学派“相机抉择”的货币政策操作理论，提出应推行“单一规则”的货币政策，以使货币不致成为经济波动的根源，从而为经济的发展提供一个稳定的货币环境。货币学派反对凯恩斯的相机抉择理论的原因有以下几点：

①为了保持物价的稳定，国家应尽量减少对经济生活的干预，避免货币政策对经济运

2× 3× 4× 5×

行可能产生的消极影响。要使失业和经济增长分别保持在“自然失业率”和适度增长率上，就要控制货币供给量，保持一个稳定的货币增长速度，将货币供给量的年增长率长期固定在与预计的经济增长率基本一致的水平上。

②货币学派相信经济本身存在自动调节功能，在没有中央银行旨在稳定经济的政策行动情况下，产出可以自动达到充分就业的产出水平。理论上，经济会表现出一种固有的自我调节机制，随着时间变化，它可以自动消除紧缩和通货膨胀缺口，这一机制源于工资和价格水平具有伸缩性。

③货币学派认为用来操纵社会总需求的相机抉择理论没有效果，这是因为货币政策的时滞和经济生活中所存在的不确定性造成的。他们还认为这种相机抉择的货币政策无助于稳定产出和就业，并可能导致很严重的通货膨胀。

2. 简述公开市场业务的政策效应及其优缺点。［武汉大学 2012 年研］

答：(1)公开市场业务指货币当局在金融市场上出售或购入财政部和政府机构的证券，特别是短期国库券，以影响基础货币。这个工具的运作过程如下：当货币当局从银行、公司或个人购入债券时，将造成基础货币的增加。由于债券出售者获得支票后的处理方式不同，将产生不同形式的基础货币。

(2)公开市场业务的优点：

①中央银行能够运用公开市场业务影响商业银行准备金，从而直接影响货币供应量。

②公开市场业务使中央银行能够随时根据金融市场的变化，进行经常性、连续性的操作。

③通过公开市场业务，中央银行可以主动出击，不像贴现政策那样，处于被动地位。

④由于公开市场业务的规模和方向可以灵活安排，中央银行有可能用以对货币供应量进行微调，而不会像法定准备金率的变动那样，产生震动性影响。

(3)公开市场业务的缺点：

公开市场业务虽然具备许多优点，但并不是所有国家的中央银行都可以采用这一货币政策工具的。开展公开市场业务必须具备以下条件：

①中央银行必须是强大的，具有调控整个金融市场的力量。

②金融市场发达，证券种类特别是债券种类齐全并达到一定的规模。

③必须有其他政策工具配合。

3. 什么是法定存款准备金政策？其效果和局限性如何？［深圳大学 2011 年研］

答：(1)法定存款准备金政策的含义

法定存款准备金率是指一国中央银行规定的商业银行和存款金融机构必须缴存中央银行的法定准备金占其存款总额的比率。当货币当局提高法定准备金率时，商业银行一定比率的超额准备金就会转化为法定准备金，导致商业银行的放款能力降低、货币乘数变小，货币供应就会相应收缩；当降低法定准备金率时，则出现相反的调节效果，最终会扩大货币供应量。

(2)法定存款准备金政策效果

法定准备金率通常被认为是货币政策最猛烈的工具之一，其政策效果表现在以下几个方面：①法定准备金率由于是通过货币乘数影响货币供给，因此即使法定准备金率调整的幅度很小，也会引起货币供应量的巨大波动。②即使法定准备金率维持不变，它也在很大程度上限制了商业银行体系创造派生存款的能力。③即使商业银行等存款机构由于种种原因持有超额准备金，法定准备金率的调整也会产生效果；如提高法定准备金率，实际上就是冻结了一部分超额准备金。

(3)法定存款准备金政策局限性

①由于准备率调整的效果较强烈，不宜作为中央银行日常调控货币供给的工具。

②由于同样的原因，它的调整对整个经济和社会心理预期都会产生显著的影响，使得它有了固定化的倾向。

③存款准备金对各类银行和不同种类的存款的影响不一致，因而货币政策实现的效果可能因这些复杂情况的存在而不易把握。

4. 影响货币政策效果的因素有哪些？它们是如何影响的？

答：货币政策效果的影响因素及其影响过程如下：

(1)货币政策时滞

货币政策时滞是指货币政策从研究、制定到实施后发挥实际效果的全部时间过程，这一时滞包括内部时滞和外部时滞。时滞是影响货币政策效应的重要因素。如果货币政策可能产生的大部分效应较快地有所表现，那么货币当局就可根据期初的预测值，考察政策生效的状况，并对政策的取向和力度作必要的调整，从而使政策能够更好地实现预期的目标。假定政策的大部分效应要在较长的时间，比如两年后产生，而在这两年内，经济形势会发生很多变化，那就很难证明货币政策的预期效应是否实现。

(2)货币流通速度的影响

对于货币流通速度一个相当小的变动，如果政策制定者未能预料到或在估算这个变动幅度时出现偏差，都可能使货币政策效果受到严重影响，甚至有可能使本来正确的政策走向反面。但是，在实际生活中，对货币流通速度变动的估算很难做到不发生误差，因为使之发生变动的因素太多，这就限制了货币政策的有效性。

(3)微观主体预期的抵消作用

政策提出时，微观主体会立即根据可能获得的各种信息预测政策的后果，从而很快地做出对策，而且极少有时滞。货币当局推出的政策，面对微观主体广泛采取的抵消其作用的对策，可能归于无效。鉴于微观主体的预期，似乎只有在货币政策的取向和力度没有或没有完全被公众知晓的情况下才能生效或达到预期效果。但是，货币当局不可能长期不让社会知道它所要采取的政策；即使采取非常规的货币政策，不久之后也会落在人们的预期之内。假如货币当局长期采取非常规的货币政策，将导致微观主体做出错误判断，并会使经济陷入混乱之中。但实际的情况是，即使公众的预测非常准确，实施对策即使很快，其效应的发挥也要有个过程。这就是说，货币政策仍可奏效，只是公众的预期行为会使其效应打很大的折扣。

(4)其他经济、政治因素的影响

货币政策的效果也会受到其他外来的或体制因素的影响。一般来说，一项既定的货币政策出台后总要持续一段时间。在这段时间内，如果客观经济条件出现变化，而货币政策又难以做出相应的调整时，就可能出现货币政策效果下降甚至失效的情况。政治因素对货币政策效果的影响也是巨大的。由于任何一项货币政策方案的贯彻，都可能给不同阶层、集团、部门或地方的利益带来一定的影响。如果这些主体在自己利益受损时做出强烈的反应，就会形成一定的政治压力。当这些压力足够有力时，则会迫使货币政策进行调整。

(5)透明度和取信于公众问题

如果决策过程不透明，就难以树立公众对货币当局的信任；如果没有必要的透明度使公众领会决策者的行为准则和意向，在胡乱猜测中所造成的紊乱必然会使经济付出代价。不透明或没有必要的透明度，公众的预期和“对策”将对冲货币政策的效应，乃至“政策无效”；有了必要的透明度，取得了公众的信任，由此诱导的公众预期将是贯彻货币政策的助力。不透明，不利于货币政策的有效贯彻，但不能与保密要求统一的透明也不成立。

5. 什么是动态不一致？简述在货币政策的制定过程中遵循单一规则的重要性。[南开大学2006年研]

答：(1)动态不一致是指一项起初适合于今天的政策，随着时间的推移，就可能不再适合于明天。

货币政策的动态不一致性，又称为货币政策时间上的不连贯性，是指一个货币政策在制定时对政府而言是最优的，但在执行阶段往往不是最优的，当私人部门相信政府会实施这一政策时，政府就会没有积极性去真正实施这一政策，即政策制定者最终没有兑现自己的承诺。

(2)动态不一致性产生的原因是政府目标多样化。政府往往面临通货膨胀目标和失业率目标之间的两难选择。根据菲利普斯曲线，失业率与未预期到的通货膨胀率之间在短期内存在此消彼长的关系，当政府宣布要降低通货膨胀率而公众又相信政府会将通货膨胀率降下来的时候，较低的通货膨胀预期就会反映到工资和物价合同中，使物价和通货膨胀相应地下降，这就是通货膨胀的自我实现原理。但这时政府又会反悔，转而采取扩张性货币政策，产生未预期到的通货膨胀，从而刺激经济增长，同时降低失业率。

当政府更关心失业问题时，它往往会牺牲降低通货膨胀率的目标而采取扩张性的货币政策来增加就业，从而违背其最初的降低通货膨胀率的承诺。由于货币政策的动态不一致性，政府有违背降低通货膨胀的承诺而扩张货币政策的潜在动机。未预期到的通货膨胀会降低公众的实际收入，理性的公众因为了解货币政策的动态不一致性，对政府降低通货膨胀的信任总是有限的。在公众不信任的情况下，预期通货膨胀降不下来，政府的机会主义行为不能增加就业，反而会使通货膨胀率进一步升高。

由此可见，政府要想实现其承诺可信，只通过口头承诺是建立不起来货币政策的信誉的，最有效的方法是通过设计出捆住政府进行货币扩张的“手脚”，即单一货币规则，从而克服货币政策的动态不一致性，即让货币政策在时间上有连贯性，最终使货币政策制定者获得信誉。

6. 什么是货币政策的“双重目标论”？[对外经济贸易大学2004年研]

答：货币政策的“双重目标论”是指在制定和执行货币政策时，中央银行的货币政策目标不应是单一的，应当同时兼顾发展经济和稳定物价两方面的要求。强调它们两者的关系是：就稳定货币而言，应是一种积极的、能动的稳定，即在经济发展中求稳定；就经济增长而言，应是持续、稳定、协调的发展，即在稳定中求发展；不兼顾，则两者的要求均不能实现。经济增长是币值稳定的物质基础，而币值稳定又有利于经济的长期稳定增长。二者相互制约和互相影响，只偏重某一目标的结果不仅不可能在长期经济运行中实现该目标，对整个国民经济的稳定协调发展也是不利的。

我国的《中国人民银行法》规定，我国货币政策的目标是保持物价稳定，并在此基础上促进经济发展，在一定程度上，也属于双重目标论。

7. 什么是货币政策调控？什么是宏观审慎监管？什么是双支柱框架？在什么情况下需要使用双支柱调控？［上海外国语大学2023年研］

答：(1)货币政策调控

货币政策调控是指中央银行为实现特定的经济目标(如稳定物价、促进经济增长、实现高就业率等)，通过调整货币供应量、利率等金融变量来影响经济活动的一系列政策措施。这些措施包括但不限于调整基准利率、存款准备金率、公开市场操作等。

(2)宏观审慎监管

宏观审慎监管是指从宏观、逆周期和跨市场的角度，对金融体系进行监管，以防止系统性金融风险的发生。宏观审慎政策的目标是维护金融稳定，防范系统性风险，减少金融体系的顺周期波动和跨市场风险传播。宏观审慎政策的工具包括资本要求、杠杆率限制、流动性要求等。

(3)双支柱框架

双支柱框架是指将货币政策和宏观审慎政策相结合，形成一个综合性的金融宏观调控体系。这一框架旨在通过货币政策与宏观审慎政策的相互支持和配合，实现币值稳定和金融稳定双重目标。具体来说：货币政策主要关注物价稳定和经济增长，通过调节总需求来实现目标。宏观审慎政策则更多针对加杠杆行为，通过资本要求、杠杆水平调整等手段来维护金融稳定。

(4)使用双支柱调控的情况

①系统性金融风险上升：当金融体系中的风险积累到一定程度，可能引发系统性危机时，需要通过宏观审慎政策来防范和化解这些风险。

②经济周期波动：在经济周期的不同阶段，货币政策和宏观审慎政策可以相互配合，平滑经济波动。例如，在经济过热时，可以通过紧缩货币政策和加强宏观审慎监管来抑制过度借贷和投资。

③资产价格泡沫：当资产价格出现泡沫时，仅靠货币政策可能难以有效应对，需要结合宏观审慎政策来限制信贷扩张和投机行为。

④国际资本流动冲击：在国际资本流动频繁的情况下，宏观审慎政策可以帮助抵御外部冲击，维护金融稳定。

8. 讨论我国近年的结构性货币政策工具及其意义。

答：(1)结构性货币政策工具的创设

自1999年起，中国人民银行为了更好地发挥货币政策的总量和结构双重功能，支持普惠金融、绿色发展、科技创新以及民生保障等重点领域，创设了多种结构性货币政策工具(Structural Monetary Policy Tools，SMPT)。这些工具通过提供再贷款或资金激励的方式，精准引导金融机构增加对特定领域和行业的信贷投放，从而降低企业融资成本，激发微观主体活力，促进经济高质量发展。

至2023年3月，共推出17种此类工具，具体包括支农再贷款、支小再贷款、再贴现、普惠小微贷款支持工具、抵押补充贷款、碳减排支持工具、支持煤炭清洁高效利用专项再贷款、普惠养老专项再贷款、交通物流专项再贷款、设备更新改造专项再贷款、普惠小微贷款阶段性减息支持工具、收费公路贷款支持工具、民营企业债券融资支持工具（Ⅱ）、保交楼贷款支持计划、房企纾困专项再贷款、租赁住房贷款支持计划。

结构性货币政策工具主要分为三个层次：

①长期性工具与阶段性工具：前者如支农、支小再贷款及再贴现，服务于普惠金融长效机制建设；后者有明确实施期限或退出安排。

②总行管理工具与分支行管理工具：前者多为阶段性工具，面向全国性金融机构；后者则以长期性工具为主，针对地方法人金融机构。

③提供再贷款资金工具与提供激励资金工具：前者根据金融机构对特定领域的信贷发放量给予再贷款支持；后者依据信贷余额增量比例提供激励资金。

（2）结构性货币政策工具的意义

①促进经济结构调整：

支持重点领域：这些工具能够引导金融机构增加对普惠金融、绿色发展、科技创新等关键领域的信贷投放，从而推动经济结构的优化升级。

解决不平衡问题：通过定向支持，可以有效缓解某些领域或行业的融资难、融资贵问题，促进经济均衡发展。

②提高政策效果：

精准调控：结构性货币政策工具能够更精确地针对特定领域和行业进行调控，避免了传统总量型货币政策可能带来的“一刀切”问题。

高效落地：通过总行管理和分支行管理相结合的方式，确保政策能够高效落地并及时退出，提高了政策的灵活性和响应速度。

③降低企业融资成本：

再贷款和激励资金：通过提供再贷款或激励资金，降低了金融机构的资金成本，进而传导到企业端，降低了企业的融资成本。

支持小微企业：特别是对于小微企业和民营企业，这些工具提供了更加便捷和低成本的融资渠道，有助于激发市场活力。

④支持国家战略实施：

绿色发展：例如碳减排支持工具和煤炭清洁高效利用专项再贷款，直接支持了国家的绿色发展战略，推动了清洁能源和环保产业的发展。

科技创新：科技创新再贷款等工具为科技型企业提供了必要的资金支持，促进了技术创新和产业升级。

⑤保障民生和社会稳定：

普惠金融：支农、支小再贷款等工具支持了农村和小微企业发展，有助于提高农民和小微企业主的收入水平，改善民生。

应对突发情况：如交通物流专项再贷款和保交楼贷款支持计划等，在应对突发事件（如疫情）时，能够迅速提供资金支持，保障社会经济的稳定运行。

⑥增强金融机构服务能力：

激励机制：通过激励资金等方式，鼓励金融机构加大对特定领域的信贷投放，提升了金融机构的服务能力和积极性。

风险管理：结构性货币政策工具在一定程度上也帮助金融机构分散风险，提高其资产质量和服务水平。

第20章　货币政策与财政政策的搭配

一、概念题

1. 基本赤字

答： 基本赤字是指税收收入、非税收收入减去经常性、资本性支出的差额，收支项目中不包括债务收入以及偿付债务本金和利息的支出。它反映了现时的政府活动如何引起公共部门净负债情况变化，在评估政府赤字的维持能力方面有重要意义。财政赤字虽然可以持久地出现并用债务弥补，但基本赤字最终必须为正数才能以盈余越来越多地抵消债务利息而使政府债务不至于永久地膨胀下去。

2. 财政支出

答： 财政支出是指国家对通过财政收入集中起来的财政资金的再分配。财政支出包括行政、国防、文教卫生、社会福利、经济服务、对国内外的补助等传统支出项目以及获取固定资产和股票等资本性支出。在全部财政分配中，财政支出是国家为具体实现自己的职能提供财力保证的过程。财政支出的实质是国家为行使其职能而消耗社会经济资源。合理地安排财政支出，可以较好地满足社会公共需要，促进经济社会的快速协调发展，促进人民物质文化生活水平的提高，保障国家安全和社会稳定。全部财政支出工作的核心，是正确处理国家同财政资金使用者之间的分配关系，提高财政资金使用效果。由于财政支出效果具有多样性、外在性、难于计量性等特点，从而使财政支出效果的准确评价非常困难。目前人们使用的支出效果评价方法主要有“成本－效益分析法”“最低费用选择法”“公共劳务收费法”等。

3. 国家债务

答： 国家债务是指政府作为借债主体（债务人）所形成的债务。国家债务最初源于弥补财政赤字的需要，后来进一步发展成为政府主动调节经济的一种筹资手段。因此，在市场经济中，国债具有三方面的积极意义：

①具有反通货膨胀作用。当财政出现赤字时，若不用借债弥补，那就只能依靠扩大货币供应，就会出现通货膨胀。用国债弥补赤字属于购买力转移或结构调整，社会需求总量不变，但能防止出现通货膨胀。

②具有促进社会经济稳定和发展的作用。财政支出要与社会生产力的发展水平相适应，虽是一个长期性的总的原则，但一经确定就有较强的刚性，难以因经济的临时或短期波动而削减，相反，经济萧条时财政收入减少了，但为了社会稳定和维持劳动力再生产，财政支出还得增加。国债解决了这种一减一增的矛盾，是促进经济社会稳定和发展的作用的一个方面。另一方面，与这种消极应付不同，国债还可以用来筹集大型基础设施和公共工程等建设需要的资金，这更是它在市场经济条件下在促进经济社会发展方面无以替代的积极作用。

③国债及其市场的发展还能为宏观经济调控提供手段。国债本来属于财政政策范畴。但在现代市场经济中，它又是中央银行实施货币政策三大传统手段中公开市场操作的主要对象，国债市场是实施财政政策与货币政策的结合点。

4．国债市场

答：国债市场是指进行国债交易的证券市场。在典型的市场经济国家，国债是财政与金融的主要联结点。这是因为：

①财政收支作用于货币供给，主要是通过发债的途径。

②国债是发挥财政政策和货币政策合力作用必不可少的条件及操作手段。

国债作为财政性信用工具，既能实现财政调控，又能实现金融调控，具体表现为：

①政府在国债市场上发行国债弥补财政赤字，筹集建设资金，实施财政调控；中央银行则利用国债开展公开市场业务，调节基础货币和信贷规模，进行金融调控。可见，国债是政府将相对独立的财政政策和货币政策有机结合、协调运用、实现宏观调控、促进经济增长的重要工具。

②必要的国债规模还是金融机构调剂头寸之所必需。国债由于其安全性好、流动性高，成为商业银行最适宜的二级储备。

二、选择题

1．财政支出效益和微观主体支出效益的区别表现在(　　)。

A．提高效益的目的不同　　B．评价方法不同

C．选优标准不同　　D．计算的所费与所得的范围不同

【解析】财政支出效益和微观主体支出效益的区别主要有：①计算的所费与所得的范围不同，微观经济主体只需分析直接的和有形的所费与所得，政府则还需分析长期的、间接的和无形的所费与所得；②选优标准不同，微观主体的目标是追求利润，绝不可能选择赔钱的方案；政府则追求整个社会的最大效益，力求少花钱多办事的同时，局部的亏损也是可行的、必要的。两者的评价方法相同。

2．下列属于经常性支出的是(　　)。

A．国家储备支出　　B．基本建设投资

C．支付债务利息　　D．购置交通工具支出

【解析】经常性支出的特点是它的消耗会使社会直接受益或当期受益。基本建设投资，国家储备支出和购置交通工具支出有一部分是在当期受益，但更多的是在以后的较长时间内受益，故属于资本性支出。发行国债是世界各国弥补财政赤字的普遍做法，债务是要还本付息的，债务的付息，通常是列入经常性支出的。

3．以下关于财政支出结构的说法，正确的有(　　)。

A．财政支出结构与政府职能存在着紧密的对应关系

B．简单地说，财政支出结构是指各类财政支出占总支出的比重

C．我国行政管理费的增加趋势符合瓦格纳法则的阐述，属于支出结构的优化

D．我国财政支出中亏损补贴比重下降，是支出结构优化的体现

【解析】财政支出结构是各类财政支出占总支出的比重。财政支出结构既与一国经济体制和相应的政府职能有关，又受经济发展阶段的制约；中国的财政支出结构的演变是与前者相适应的，而合理的财政支出结构最终还是要取决于经济发展阶段。财政支出结构优化

1ACD　2C　3ABD

是指在一定时期内，在财政支出总规模占国民生产总值比重合理的前提下，财政支出内部各构成要素符合社会共同需要且各构成要素占财政支出总量的比例相对协调、合理的状态。我国目前的行政管理费增长速度过快，结构变化也不尽合理。

4. 控制债务负担率的方法主要有（　　）。

A. 控制基本赤字

B. 减少国债的利息支出

C. 强调国债投资效益，保持适度的高经济增长率

D. 国债利率要适度

【解析】国债负担率的变化取决于：实际利率、经济增长率、基本赤字率三个因素。控制债务负担率的方法主要有：①控制基本赤字；②国债利率要适度；③强调国债投资效益，保持适度的高经济增长率。

三、判断题

1. 发行国债作为一种扩张政策，当运用于治理周期性衰退时，主要注重于它的长期需求效应，刺激需求，拉动经济增长。（　　）

【解析】发行国债作为一种扩张政策，当运用于治理周期性衰退时，主要注重于它的短期需求效应，刺激需求，拉动经济增长。但实际上，国债不仅具有需求效应而且同时具有供给效应，即增加供给总量和改善供给结构。事实上，需求与供给是一个问题的两个方面，二者是相互伴随不可分割的。

2. 发行国债所带来的不利后果主要有以下两点：一是财政赤字过大，形成债台高筑，最终会导致财政收支的恶性循环；二是社会的闲置资金是有限的，国家集中过多往往会侵蚀经济主体的必要资金，从而降低社会的投资和消费水平。（　　）

【解析】发行国债是世界各国弥补财政赤字的普遍做法，而且被认为是一种最可靠的弥补途径。政府在国债市场上发行国债弥补财政赤字，筹集建设资金，实施财政调控，但发行国债过多会带来财政赤字上述两种不良后果。

四、简答题

1. 分析财政支出增长趋势的学说有哪些？

答：财政支出增长似乎是市场经济国家经济发展中的一条规律。社会主义国家的支出比重在改革以前也呈现出扩张的趋势，改革时期或有下降，但一旦经济体制迈上市场经济的运行轨道并达到一定阶段以后，下降趋势就会转为趋于上升。

分析财政支出增长趋势的学说主要有：

(1)瓦格纳法则：指的是公共部门的相对增长，可以表述为：随着人均收入的提高，财政支出的相对规模也随之提高。瓦格纳把导致政府支出增长的因素分为政治因素（随着经济的工业化，市场与市场的当事人之间的关系会复杂，需要建立司法组织建立和执行法律，也就需要更多的资源用于提供治安和法律的设施）和经济因素（工业发展推动都市化的进程，需要政府进行管理与调节，以解决拥挤等外部性问题）。

(2)皮考克与威斯曼的支出增长论：他们提出了导致公共支出增长的内在因素（正常情

4ACD　　▍　　1×　2√

况下收入上升、税收上升，政府支出与GDP上升呈线性关系）与外在因素（如果出现外部冲突，政府可能会被迫提高税率），并认为，外在因素是说明公共支出增长超过GDP增长速度的主要原因。

（3）马斯格雷夫和罗斯托的支出增长论：他们用经济发展阶段论来解释公共支出增长的原因。经济发展的初级阶段政府投资在社会总投资中占有较高的比重，公共部门为经济发展提供社会基础设施；中期阶段，政府投资还应继续进行，但只是对私人投资的补充；经济成熟阶段，公共支出将从基础设施支出转向对教育、保健和福利的支出，这方面的增长将超过其他方面的支出，也会快于GDP的增长速度。

2．简述国债的分类。

答：（1）以发行区域为标准，可分为内债和外债。

①内债。内债指国家在本国的借款和发行的债券。

②外债。外债指国家向其他国家政府、银行、国际金融组织的借款和在国外发行的债券。

（2）以发行期限为标准，可分为短期国债、中期国债和长期国债。

①短期国债。短期国债通常是指发行期限在1年以内的国债。

②中期国债。中期国债是指发行期限在1年以上、10年以下的国债。

③长期国债。长期国债是指发行期限在10年以上的国债（含10年）。

（3）以国债发行的性质为标准，可分为自愿国债和强制国债。

①自愿国债。自愿国债是指居民和团体自愿认购的国债，能够自由买卖、自由转让，其发行量取决于债息水平、银行利率水平、通货膨胀率等因素。

②强制国债。强制国债是国家凭借政治权力，利用行政的强制手段，强迫居民或团体购买的国债。这种国债一般是在国家财政发生特别困难而社会各界又对认购自愿国债不积极甚至采取抵制态度时采取的方式。

（4）以国债的流动性为标准，可分为可流通国债和不可流通国债。

一般说来，自由转让是国债的基本属性，国家债券理应是可以进入证券市场自由买卖的，但也有一些国债券不能进入流通，不允许公开出售，如美国的“储蓄券”和我国1984年以前发行的国库券。

（5）以举借债务方式为标准，国债可分为国家债券和国家借款。

①国家债券。国家债券是通过发行债券形成国债法律关系。国家债券是国家内债的主要形式。

②国家借款。国家借款是按照一定的程序和形式，由借贷双方协商，签订协议或合同，形成国债法律关系。国家借款是国家外债的主要形式，包括外国政府贷款、国际金融组织贷款和国际商业组织贷款等。

（6）以使用用途为标准，国债可分为赤字国债、建设国债、特种国债和战争国债。

①赤字国债。赤字国债是指用于弥补财政赤字的国债。在实行复式预算制度的国家，纳入经常预算的国债属赤字国债。

②建设国债。建设国债是指用于增加国家对经济领域投资的国债。在实行复式预算制度的国家，纳入资本（投资）预算的国债属建设国债。

③特种国债。特种国债是指为实施某种特殊政策在特定范围内或为特定用途而发行的

国债。

④战争国债。战争国债是指用于弥补战争费用的国债。

(7)以发行的凭证为标准，可分为凭证式国债和记账式国债。

①凭证式国债。凭证式国债是指国家用填制国库券收款凭证的方式发行的债券。

②记账式国债。记账式国债又称无纸化债券，是由财政部通过无纸化方式发行的、以电脑记账方式记录债权，并可以上市交易的债券。

五、论述题

1. 试论述货币政策与财政政策的相互配合的意义。[天津大学2019年研]

答：(1)货币政策是指中央银行为实现其特定的经济目标而采用的各种控制和调节货币供应量或信用量的方针和措施的总称。

(2)财政政策是指政府变动税收和支出以便影响总需求进而影响就业和国民收入的政策。

(3)货币政策与财政政策是政府宏观调控的两大政策，都是需求管理的政策。国家干预经济的宏观调控，其焦点在于推动市场的总供给与总需求恢复均衡状态，以实现成长、就业、稳定和国际收支平衡等目标。要使总供给与总需求从失衡恢复均衡，或是调节总供给，或是调节总需求，或是调节总供求双方。就短期均衡来说，关键是调节短期内易于调节的总需求，使之与短期内比较难以调节的总供给达到均衡状态。财政政策与货币政策需要配合，需要搭配实施，是由于它们各有所长又各有所短。

①在经济疲软、萧条的形势下，要想通过扩张的宏观经济政策克服需求不足，以促使经济转热，货币政策不如财政政策。财政扩大投资使私人厂商拥有无须自己冒投资风险却可以获得维持乃至扩大经营的好机会。投资支出以及由此带动的消费支出，再加上增加财政性社会保障和社会福利支出所直接引出的消费支出，对于扭转经济发展的颓势往往起着关键的作用。

②在经济过热的形势下，要想通过紧缩的宏观经济政策抑制需求过旺，以克服通货膨胀和虚假繁荣，财政政策不如货币政策。对于紧缩货币供给以压缩总需求，货币政策效果更显著，而财政政策要紧缩，难度颇大。对所有国家来说，财政支出有极强的刚性，不仅难以绝对压缩，甚至压缩增幅也并非易事。税收和支出政策的调整均需通过立法程序，而增税和减少福利支出这类问题，是很难获准通过的。

③同时，不管是货币政策还是财政政策，在利用其积极有利的一面时，总会伴随有不可避免的副作用。两者相互搭配使用，才有可能使副作用有所缓解。

2. 试述国债的结构。

答：国债的结构是指中央政府各种债务的组成。

合理的国债结构可以满足不同类型的投资需求，提高社会资金的使用效益；可以分散国债风险，避免偿债高峰期的债务危机；可以拓展国债宏观调控经济的能力空间。

合理的国债结构包括以下内容：

(1)合理的国债期限结构

①国债期限多样化

即国债的期限结构的建立，既要考虑政府的意愿，又要满足应债能力不同、投资偏好不同的各个应债主体对国债期限多样化的要求。政府和应债主体对期限的偏好往往各不相同。政府从国债使用需要以及缓解偿债压力的考虑出发，愿意发行更多的长期国债，应债主体往往考虑到不确定性给国债带来的风险，而青睐流通能力和变现能力相对较强的中、短期国债。

②国债期限分布合理化

即债务期限分布上，长期、中期、短期债务之间比例恰当，搭配合理，使到期存量债务和当年的偿债能力相适应，从而降低偿债风险，均衡财政的偿债压力。

(2)合理的应债主体结构

国债的应债主体包括中央银行、商业银行、机构投资者(如证券公司、保险公司、投资基金等)及外国投资者等。应债主体结构体现了社会资金在社会各经济主体之间的分配格局。培养不同层次、不同需求的国债持有者，并调整应债主体结构，使各个经济主体持有国债的比例合理、均衡，将起到增加社会资金融通渠道，拓宽国债发行空间的作用。

(3)合理的国债利率水平及结构

国债利率水平及结构对国债的偿债成本、发行情况及国民经济运行都有较大的影响。国债利率既是构成债务总成本的重要内容，又是衡量通过国债发行市场投资收益的重要指标。利率越高，发行需求越大，但偿债成本也越大，债务负担加重，反之亦然。所以应保持利率水平略高于同期银行储蓄利率，使国债具有一定的吸引力，发行无困难且偿债压力小。同时，国家可以调节利率水平来刺激或抑制生产和消费，进行宏观经济管理。在经济增长过热时，提高利率水平，可对经济产生紧缩效应；在经济增长缓慢时，降低利率水平。可对经济产生扩张效应。

合理的国债利率结构，首先应满足它与国债期限结构相适应，适当拉大不同期限国债的利率差距：偿还期限长的国债，相应的投资风险也大，利率宜定高；偿还期限短的国债，相应的投资风险也小，利率宜定低。用途不同的国债的利率也应有所差别，如投资风险大的经济建设债券的利率应大于其他债券的利率。其次，国债利率结构要均衡并富有弹性，以有效地规避国债风险。

(4)合理的国债投资结构

国债投资，既要注重宏观经济效益，以实现产业结构优化、区域经济平衡、国民经济健康发展等宏观性、战略性目标，又要注重微观经济效益，加强对投资项目的可行性研究和个体效益考核工作，建立国债投资的预算编制制度，从而提高国债资金使用效益。缩短其回报周期，实现“以债养债”的良性循环模式。

第21章　开放条件下的政策搭配与协调

一、概念题

1. 米德冲突［上海大学2024年研；中国人民大学2021年研］

答：米德冲突是指在许多情况下，单独使用支出调整政策或支出转换政策而同时追求内、外均衡两种目标的实现，将会导致一国内部均衡与外部均衡之间冲突。在开放的经济环境中，宏观经济政策不仅要实现内部均衡（即稳定通货），还要实现外部均衡（即保持国际收支平衡），并且伴随着稳定通货和平衡国际收支，实现经济的适度增长和充分就业。为实现内外均衡目标，在市场经济条件下，可供选择的政策工具，除了财政政策和货币政策，还有汇率政策。粗略地说，以财政政策、货币政策实现内部均衡，以汇率政策实现外部均衡。

然而，若一国采取固定汇率制度，汇率工具就无法使用。这时，仅剩下财政政策与货币政策。要运用财政政策和货币政策来达到内外部同时均衡，在政策取向上，常常存在冲突。例如，国际收支发生赤字，外部均衡要求实行紧缩性政策；如果这时的国内经济处于疲软、萧条状态，从国内角度则需要实行扩张性政策。在这样的形势下，财政政策和货币政策要紧缩，则难以同时扩张；要扩张也难以同时实现紧缩。两方面的要求确实无法同时实现。同样，当一国国际收支盈余与通货膨胀同时存在时，财政政策、货币政策也会左右为难。对于这一矛盾，经济学上称之为“米德冲突”。

2. 克鲁格曼三角形

答：克鲁格曼三角形是指只能在金融政策的三个基本目标中执行其中两个，而不是三个。保罗·克鲁格曼认为，一个国家的金融政策有三个基本目标：①本国货币政策的独立性；②汇率的稳定性；③资本自由流动。而这三个目标是不可能同时实现的，他用一个三角形来表示其中的关系（见图21－1）。

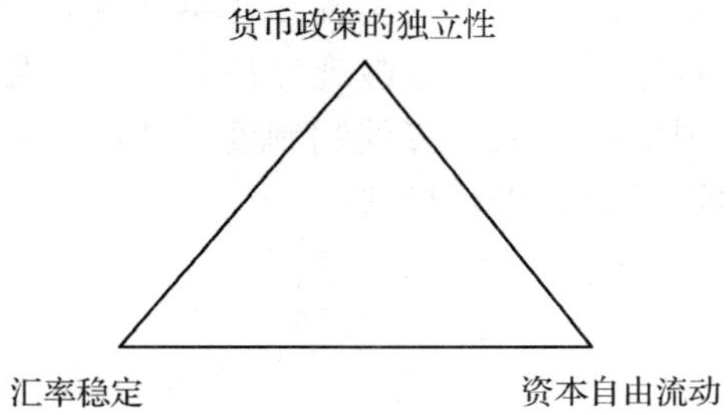

图21－1　克鲁格曼三角形

三角形的三个角代表金融政策的三个基本目标。如果某一国家或地区的金融政策选定了某一条边，则意味着它也选定了该边两端的政策目标；而与该边相对的角所表示的政策目标则无法实现。这一表述，称为克鲁格曼的三角形或“三元悖论”。

3. J曲线效应（J-Curve Effects）［中南财经政法大学2025年研；对外经济贸易大学2013年研；中央财经大学2012年研；东北财经大学2006年研］

答：J曲线效应的含义是：当一国货币贬值后，最初会使贸易收支状况进一步恶化而不是改善，只有经过一段时间以后贸易收支状况的恶化才会得到控制并趋好转，最终使贸易收支状况得到改善。这个过程用曲线描述出来，与英文字母“J”相似，所以贬值对贸易收支改善的时滞效应被称为J曲线效应，如图21－2所示。

本币贬值对贸易收支之所以存在J曲线效应是因为贬值对国际收支状况的影响存在时滞。本币贬值对贸易收支状况产生影响的时间可划分为三个阶段：

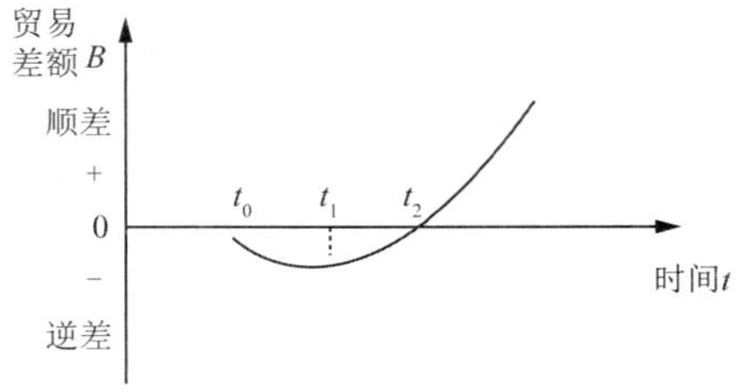

图21－2　J曲线效应

①货币合同阶段（价格、数量“双黏性”）

进出口合同一般为本币贬值前签订，因此进出口价格、数量不会因货币贬值而改变；以本币表示的贸易差额取决于进出口合同规定的计价货币；若以外币计价，则进出口的本币价格会与本币贬值幅度同比例上升。这样，如果贬值前进口支出＞出口收入，则贸易赤字会进一步扩大（$t_0 \to t_1$）。

②传导阶段（数量黏性）

进出口价格在签订新的合同时可以改变，但进出口数量却因进出口的供求黏性而不能改变；在本币贬值条件下，进口的本币价格上升，但数量一时无法减少，以本币表示的进口支出会增加；另外，出口供给黏性使出口的外币价格会与本币贬值呈同幅度下降，因此贸易赤字不会减少（t_1）。

③数量调整阶段

进出口合同数量可以改变，本币贬值对国际收支的正向效应开始凸显；国际收支差额从谷底上攀（$t_1 \to t_2$）；越过t_2后，本国国际收支转为顺差运行。

二、简答题

汇率的波动对一国经济和金融会产生什么样的影响？

答：汇率是一项重要的经济杠杆，其变动能反作用于经济，对进出口、物价、资本流动和产出都有一定的影响。

（1）汇率对进出口的影响

一般地说，本币汇率下降，即本币对外的币值贬低，能起到促进出口、抑制进口的作用；若本币汇率上升，即本币对外的币值上升，则有利于进口，不利于出口。此外，汇率变化影响进出口，还要求进出口需求要有价格弹性——进出口需求对汇率和商品价格变动的反应灵敏，即需求弹性大，进而才会因为价格变化而引起交易数量的改变。当然，就出口商品来说，还有一个出口供给弹性的问题，即汇率下降后出口商品量能否增加，还要受商品供给扩大的可能程度的制约。

（2）汇率对物价的影响

从进口消费品和原材料来看，汇率下降会引起进口商品在国内的价格上涨。至于它对物价总指数影响的程度，则取决于进口商品和原材料在国民生产总值中所占的比重。反之，本币升值，其他条件不变，进口品的价格有可能降低，从而可以起到抑制物价总水平的作用。从出口商品看，汇率下降有利于扩大出口。但在出口商品供给弹性小的情况下，出口扩大会引发国内市场抢购出口商品并从而抬高出口商品的国内收购价格，甚至有可能波及国内物价总水平。

(3)汇率对资本流动的影响

由于长期资本的流动主要以利润和风险为转移，因而受汇率变动的影响较小；但短期资本流动则常常受到汇率的较大影响。在存在本币对外币贬值的趋势下，本国投资者和外国投资者就不愿持有以本币计值的各种金融资产，并会将其转兑成外汇，发生资本外流现象。同时，由于纷纷转兑外汇，加剧外汇供求紧张，会促使本币汇率进一步下跌。反之，则可能引发资本的内流，促使本币汇率进一步上升。如果金融体制不健全，短期内汇率剧烈变动有可能会引起金融危机。

(4)汇率对产出和就业的影响

汇率的变动既然能够影响进出口、物价和资本流出入，不难看出，它对一国的产出和就业也会产生重要作用。

当汇率有利于刺激出口和抑制进口时，出口品生产的增长和进口替代品生产的增长会带动总的生产规模的扩大和就业水平的提高。同时，生产出口品和进口替代品行业的利润增长，甚至会引起一国生产结构的改变。相应地，不利的汇率会使出口急速缩减，而该国的出口又关系整体经济的发展，给生产和就业带来极大的困难；不利的汇率会使进口增长，严重时则会冲击本国的生产并从而增大失业队伍。

有利于资本流入的汇率，对于缺少资本的国家是好事；有利于资本流出的汇率，则是资本过剩的国家所期望的。缺资本，有资本流入；资本过剩，可以找到有利的投资机会，这无疑有利于经济的发展，有利于促进生产和就业。

三、论述题

具体说明蒙代尔的“政策搭配理论”。

20世纪60年代，蒙代尔指出只要适当地搭配使用财政政策和货币政策，就可以同时实现内外部均衡。蒙代尔认为，财政政策与货币政策对国际收支与名义收入有着相对不同的影响。因此，在固定汇率制度下，一国也存在两种独立的政策工具来实现内外两方面的经济目标。比如，紧缩性财政政策趋于降低利率，而紧缩性货币政策则会提高利率。在其他条件不变的情况下，本国利率提高会改善资本账户收支，而本国利率下降则会恶化资本账户收支。由此可见，财政政策与货币政策的取向如果都是紧缩，对国际收支也会分别有不同的作用。所以，只要对财政政策与货币政策合理搭配使用，就有可能同时实现内外均衡。

图21－3说明了政策搭配原理。图中横轴表示利率水平，代表货币政策；纵轴表示财政支出水平，代表财政政策。

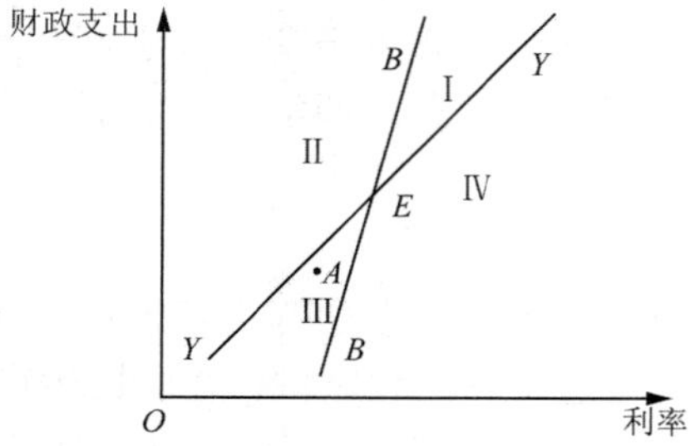

Ⅰ：国际收支盈余；通货膨胀　Ⅲ：国际收支赤字；失业
Ⅱ：国际收支赤字；通货膨胀　Ⅳ：国际收支盈余；失业

图21－3　开放条件下财政政策与货币政策的搭配

*BB*线为外部均衡线，该线上任意一点都代表由一定的利率水平与财政支出的组合而达成的国际收支均衡状态。*BB*线向右上方倾斜，即斜率为正。这是因为，当利率提高时，会导致外部资本流入，且紧缩国内需求促使进口减少——两者都会导致国际收支盈余。这时，必须增加财政支出，扩张国内需求，促使进口增加，方能对国际收支盈余产生反向作用，导致国际收支均衡。*BB*线左上方的任一点，表示财政支出过度，超过了均衡的财政支出水平，导致进口增加的程度太大，高出了利率提高所带来的进口减少程度，从而发生国际收支赤字。同理，*BB*线右下方的任一点，表示发生了国际收支盈余。

*YY*线为内部均衡线，线上任意一点都代表使国内均衡得以实现的利率水平与财政支出的组合。*YY*线也是正斜率。这是因为，利率提高时，国内需求紧缩，促使就业和物价水平下降，国内总需求低于总供给。这时，必须增加财政支出，扩张国内需求，方能对国内的总供求失衡产生反向作用，导致国内总供求均衡。*YY*线左上方的任一点，表示财政支出过度，超过了均衡的财政支出水平，导致国内总需求扩张的程度太大，高出了利率提高所带来的总需求减少程度，从而发生供不应求，出现通货膨胀。同理，*YY*线右下方的任一点，表示国内需求不足，存在失业。

*BB*线较为陡峭，这是由国际资本的流动造成的。利率提高，不仅紧缩国内需求、促使进口减少，还带来外部资本流入，这就从经常项目和资本项目两个方面促使国际收支盈余。而财政支出增加，仅仅是扩张国内需求、促使进口增加，也即只从经常项目一个方面对国际收支盈余产生反向作用。要达到均衡，这个反向作用必须足够大，也即财政支出的力度要足够大。这样，利率小变动一下，财政支出就会大变动一下。而利率和财政支出变动对国内总供求的影响，由于不涉及国际资本流动，故而*YY*线较为平坦。由于两条线一个较陡峭，一个较平坦，必然会存在一个交叉点。这个交叉点*E*就是内外部同时实现均衡的均衡点。

现假定一国经济处于*A*点，即处于失业与国际收支赤字并存的失衡状态——内外部都不均衡。有一种政策搭配方案，可以将经济调整到内外部均衡状态，即以货币政策来解决国际收支赤字问题，以财政政策来解决失业问题。从*A*点开始，先实行紧缩性货币政策，提高利率，使之逼近*BB*线，国际收支平衡；接着，实行扩张性财政政策，增加财政支出，使之逼近*YY*线，缓解国内失业。如此交替使用紧缩性货币政策和扩张性财政政策，就可以一步一步地向内外全面均衡状态逼近，并最终达到全面均衡点*E*。由此，蒙代尔得出了他的政策“分派原则”：在固定汇率制下，只有把内部均衡目标分派给财政政策，外部均衡目标分派给货币政策，方能达到经济的全面均衡。这就是蒙代尔的“政策搭配理论”。

依据这样的思路，有一个最佳政策配合的设计，如表21－1所示。

表21-1　不同失衡状态下的最佳政策配合

经济失衡状态	通货膨胀 国际收支盈余	失业 国际收支盈余	通货膨胀 国际收支赤字	失业 国际收支赤字
最佳政策配合	紧缩性财政政策 扩张性货币政策	扩张性财政政策 扩张性货币政策	紧缩性财政政策 紧缩性货币政策	扩张性财政政策 紧缩性货币政策

和所有的理论模型一样，面对实际经济生活，“政策搭配理论”用于实践会受到很多制约。但是它大大开阔了政策制定者的思路，有助于不断提高宏观决策水平。

第4篇　金融运行的微观机制

第22章　利率的风险结构与期限结构

一、概念题

1. 利率的期限结构[厦门大学2024年研；贵州大学2023年研；同济大学2021年研；中南财经政法大学2005年研]

答：利率期限结构是指在某一时点上，在影响利率的其他因素相同时，不同期限资金的收益率与到期期限之间的关系。通常用收益率曲线(又称“回报率曲线”)作为描述债券利率期限结构的工具。利率的期限结构反映了不同期限的资金供求关系，揭示了市场利率的总体水平和变化方向，为投资者从事债券投资和政府有关部门加强债券管理提供可参考的依据。一般来说，收益率曲线有四种基本的形态：水平状、向上倾斜状、向下倾斜状和驼峰状。最常见的是向上倾斜的收益率曲线，因为一般情况下，长期债券的利率高于短期债券的利率。

利率期限结构理论主要有预期理论、流动性偏好理论、市场分割理论。

①预期理论是指投资者的预期决定未来利率走向的一种理论，该理论认为，远期利率等于市场整体对未来短期利率的预期。换句话说，流动性溢价为零。当预期利率上升时，会有上升的收益率曲线，反之，收益率曲线下降。

②流动性偏好假说认为，相对长期债券而言，投资者通常更偏好短期债券。因为长期债券的流动性比短期债券要差，持有长期债券的投资者担负着更大的市场风险——价格波动和难以变现的风险，因此这类债券持有者必须要求相应的更高的收益补偿。这种由于增加市场风险而产生的对长期债券收益的报酬称为流动性溢价。

③市场分割理论认为，资金在不同期限市场之间基本上是不流动的，就决定了收益率曲线有不同的形态，如当长期市场上资金供过于求，导致利率下降的同时，短期市场资金供不应求，导致利率上升，就会形成向下倾斜的收益率曲线。

2. 到期收益率

答：到期收益率是指持有债券到期，债券获得的收入的现值与当前价值相等时的利率水平。对于息票债券来说，到期收益率是使未来各年息票利息支付额的现值与最后偿还的债券面值的现值之和等于债券当前价值(即债券价格)的利率。到期收益率是事前评价债券收益的重要指标。

二、选择题

1. 以下关于利率的期限结构说法错误的是(　　)。[中央财经大学2012年研]

A. 利率期限结构通常表现出短期利率波动大，长期利率波动小的特征

1B

B．市场分割理论不能解释收益率曲线通常向上倾斜的特征

C．预期理论能够解释短期利率和长期利率的联动关系

D．流动性升水理论假设不同期限的债券之间存在不完全的替代性

【解析】B项，市场分割理论认为资金在不同期限市场之间基本是不流动的。不同金融机构有不同的负债性质，因而对资金的期限有特定需求。例如，当长期市场上资金供不应求，导致利率上升的同时，短期市场资金供过于求，导致利率下降，就会形成向上倾斜的收益率曲线。

2．到期收益率取决于(　　)。

A．债券面额　　B．债券的市场价格

C．票面利率　　D．债券期限

【解析】到期收益率取决于债券面额、债券的市场价格、票面利率和债券期限。在债券偿还期内，面额、票面利率和期限是不会变化的(除非是浮动利率债券的票面利率可变)。因此，影响到期收益率变化的基本因素就是债券的市场价格。

3．利率对风险的补偿，即风险溢价可以分解为多个项目，其中包括(　　)。

A．需要予以补偿的通货膨胀风险　　B．需要予以补偿的违约风险

C．需要予以补偿的流动性风险　　D．需要予以补偿的偿还期风险

【解析】风险溢价是投资者面临风险的一种补偿，包括通货膨胀风险、违约风险、流动性风险、偿还期风险。风险越高，投资者要求的风险溢价相应也越高。

4．在期货交易中，交易者往往根据收益率曲线的形状来预测利率的变动方向(　　)。

A．当收益率曲线向下倾斜时，长期利率高于短期利率

B．当收益率曲线向上倾斜时，长期利率高于短期利率

C．当收益率曲线平缓时，长期利率等于短期利率

D．收益率曲线大多是向下倾斜的，偶尔也会呈水平状或向上倾斜

【解析】一般来说，收益率曲线有四种基本的形态：水平状、向上倾斜状、向下倾斜状和驼峰状。当收益率曲线平缓时，表示长期利率与短期利率相等；当收益率曲线向下倾斜时，表示短期利率高于长期利率；最常见的是向上倾斜的收益率曲线，因为一般情况下，长期债券的利率高于短期债券的利率。

三、判断题

实际利率，是指物价水平不变，从而货币购买力不变条件下的利息率。(　　)

【解析】名义利率是指包括物价变动(包括通货膨胀和通货紧缩)因素的利率，实际利率是指物价水平不变从而货币的实际购买力不变时的利率，名义利率－通货膨胀率＝实际利率。

四、简答题

1．利率与收益率之间是什么关系？如何度量收益率？

答：(1)收益率是收益与投入本金的比率。利率是指在借贷期内所获得的利息额与借贷

2ABCD　3ABCD　4BC　▌　√

资本金的比率。

收益率实质就是利率。作为理论研究，这两者无实质性区别。而在实际生活中，由于种种原因——往往是习惯的原因——使两者出现差别。收益率的适用范围比利率广泛。

(2)收益率包括年利率、月利率和日利率。现实中，有些金融交易行为是根据一定的利率设计的，但未标明。把这个隐含的率算出来，也称之为收益率。

收益率的度量取决于名义利率、购买价格、面值和发行价格等因素。

名义利率，是指包括补偿通货膨胀风险的利率。名义利率与实际利率的关系可以写成：$r = i + p$，式中，r 为名义利率；i 为实际利率；p 为借贷期内物价水平的变动率，它可能为正，也可能为负。只要存在物价水平并非保持不变的条件，市场各种利率都是名义利率。如果出现物价下降的通货紧缩局面，则意味着货币购买力上升。如果收益率保持不变，其实际收益上升，反之则下降。

购买价格与收益率呈负相关关系，即购买价格越高，收益率越低；反之则越高。面值和发行价格主要是通过影响购买价格和出售价格来影响收益率的。

从本质上讲，收益率取决于收益与投入本金，凡是能够影响收益和投入本金的因素都能影响收益率。

2．请用适当的理论解释利率的结构。

答：市场上的利率均由两个部分组成：无风险利率和风险溢酬。利率的结构包括利率的风险结构和利率的期限结构。

(1)利率的风险结构。信用风险的存在使金融工具在其他因素不变的条件下就有不同的收益率，也就有不同的利率构成，因此形成利率结构的风险溢酬说。该理论认为，因投资者的各种金融资产的实际收益率的概率分布不同，所以它们的风险溢酬不同，从而也就决定了金融资产利率结构的形成，并指出经济周期、市场分割以及金融工具的信用评级都会对风险溢酬产生影响，继而影响利率结构。决定利率风险结构的因素主要包括违约风险、流动性风险和税收因素等。

(2)利率的期限结构。利率期限结构是指利率与金融资产期限之间的关系，是在一个时点上因期限差异而产生的不同的利率组合。收益率曲线是描述利率期限结构的重要工具。在理论分析中，经济学家大多不考虑其他因素的变化对收益的影响，仅从债券期限的不同考察收益与期限的关系。其中，有代表性的是预期假说、市场分割假说和偏好停留假说。

①预期假说是利率期限结构理论中最主要的理论。它认为任何证券的利率都同短期证券的预期利率有关。如果预期未来短期利率上升，则长期利率会高于现时的短期利率；如果预期未来短期利率下降，则长期利率就会低于现时的短期利率。相应地，就表现出不同形状的收益期限结构曲线。

②市场分割假说则认为不同期限的利率水平是由长短期证券市场各自的供求情况决定的，彼此之间互不影响。它认为不同期限证券的市场是互相分割开来的，不同期限的债券难以相互替代。看重流动性的投资者偏好短期证券，看重收入的稳定性的则偏好长期证券，从而使长短期资金市场各有其独立性。资金的借入者常在需要资金的期限内到适当的资金市场上去寻找所需资金。资金的贷出者买进同期证券，为避免资本风险，他不会买进较之更长期限的证券。因此资金的借贷双方都会在运用或需要资金的期限内借贷资金。各个市场决定各自的利率水平。

③偏好停留假说是预期假说和市场分割假说的折中。它接受了前者关于未来收益的预期对收益曲线有影响的论点，但同时也认为不同期限的证券收益和相对风险程度也是影响收益曲线形状的一个很重要的因素。它认为市场可能更偏好某些期限的证券，但是不同期限和不同性质的信贷在一定程度上提供了相互替代的可能性。一般而言，长期利率受短期利率的影响并且前者应高于后者，作为风险的补偿。

五、计算题

已知从现在起不同时期的即期利率：

年数	1	2	3	4
即期利率	5%	5.5%	6.5%	7%

计算从1年到2年，2年到3年和3年到4年的远期利率。

答：由公式：

$$f_{n-1,n}=\frac{(1+s_n)^n}{(1+s_{n-1})^{n-1}}-1$$

得：

$$f_{1,2}=\frac{(1+5.5\%)^2}{(1+5\%)}-1=6\%$$

$$f_{2,3}=\frac{(1+6.5\%)^3}{(1+5.5\%)^2}-1=8.5\%$$

$$f_{3,4}=\frac{(1+7\%)^4}{(1+6.5\%)^3}-1=8.5\%$$

六、论述题

什么是利率的风险结构？为什么企业债券的利率通常要高于相同期限国债的利率？

答：(1)到期期限相同的债券或许有着不同的利率，这些不同利率之间的联系被称为利率的风险结构。通常而言，利率的风险结构由债券发行人的违约可能、债券流动性以及税收政策等因素共同决定。

①违约因素

违约因素直接影响债券的利率水平，由违约因素导致的偿债风险通常被称为违约风险。违约风险也称信用风险，是指债券发行人到期无法或不愿履行事先承诺(或约定)的利息支付或面值偿付义务的可能性，这种可能性将对债券利率产生重要影响。在到期期限相同的情况下，有违约风险的企业债券与无风险的国债之间的利差便是风险溢价。

通常而言，有违约风险的债券总会存在正的风险溢价，而且风险溢价会随着违约风险的上升而增加。既然违约风险对于债券的定价、利率以及预期回报率产生如此大的影响，那么让债券投资者及时而全面地了解债券违约的可能性就显得十分必要。目前，投资者一般可通过信用评级机构的评级了解所要投资债券的品质和违约的可能性。

②流动性因素

流动性是影响债券利率的另一重要因素。流动性被用来衡量金融资产转换为现金的能力。债券的流动性越强，意味着它转换成现金时所支付的成本会越低。正因如此，投资者通常喜欢持有流动性强的债券。不过，流动性强同时意味着收益率低，如果投资者选择持有流动性强的债券，就得以放弃部分收益为代价；反之亦然。

流动性会影响投资者持有债券的愿望，在到期日和利率相同的情况下，投资者通常会选择持有流动性强的债券。要让投资者对流动性较差的债券产生需求，债券发行者就得提供相应的流动性补偿。直观地说，在流动性较差的债券的利率中，有必要包含一个利差，即流动性溢价。

③税收因素

债券利息的税收政策同样会影响债券利率。比如在美国，州和地方政府发行的市政债券存在违约的可能性，其流动性也弱于国债。但是长期以来，市政债券的利率要低于国债。究其原因，针对市政债券利息的相关税收政策异于国债。具体地说，在美国，市政债券的利息可以免缴联邦所得税（与此相对应，国债可以免缴州与地方所得税），这就等同于提高了市政债券的预期回报率。对于投资者来说，即使市政债券的利率较低、流动性较差，有时还存在违约风险，但若考虑了税收减免因素，持有市政债券的回报仍然较高。结果，市政债券的市场需求增加了。

（2）在分析国债和企业利率时，也要从违约因素、流动性因素和税收因素三个方面进行分析。

①通常情况下，国债被认为不存在违约风险，因为政府有税收作后盾，从而具有较强的清偿债务的能力。正因如此，国债又被称为无风险债券。相比之下，企业债券的违约风险要大得多。当企业遭受经营困境甚至发生重大损失时，由于不存在其他稳定可靠的资金来源渠道，极有可能丧失偿债能力，因此发生债务违约的可能性极大。违约风险的差异在很大程度上决定了债券利率的差异。对于相同到期期限的债券，企业债券通常要比国债支付更高的利率。

②国债通常具有很强的流动性，相比之下，企业债券的流动性就较差。无论出现什么情况，国债可以随时随地十分方便地出售；对于企业债券，在紧急情况下，可能很难找到买主，即便找到了买主，也不会卖出一个好价钱。特别是，投资者一旦持有长期企业债券，如果没有相应的二级市场，就只能一直持有至到期日；如遇意外情况，很容易陷入流动性困局。既然如此，投资者在购买这种企业债券时，一般会三思而后行。

③国债免缴所得税，这就等同于提高了国债的预期回报率。因此，相同期限国债利率要低于企业债券的利率。

第 23 章 资产组合与资产定价

一、概念题

1. 市场证券组合[上海财经大学 2002 年研]

答：市场证券组合是指个人或机构投资者所持有的各种与整个资本市场的构成完全相同的有价证券组合的总称，通常包括各种类型的债券、股票及存款单等。证券组合的分类通常以组合的投资目标为标准。证券组合按不同标准可以分为避税型、收入型、增长型、收入和增长混合型、货币市场型、国际型及指数化型等。投资者构建证券组合的原因主要有：①降低风险。资产组合理论证明，证券组合的风险随着组合所包含证券数量的增加而降低，资产间关联性极低的多元化证券组合可以有效地降低非系统风险。②实现收益最大化。理性投资者的基本行为特征是厌恶风险和追求收益最大化。投资者力求在这风险和收益中达到可能的最佳平衡。如果投资者仅投资于单个资产，他只有有限的选择。当投资者将各种资产按不同比例进行组合时，其选择就会有无限多种。这为投资者在给定风险水平下获取更高收益提供了机会。当投资者构造证券组合来平衡风险和收益时，他能够得到比投资单个资产更为满意的收益与风险的平衡。具体来说，市场证券组合具有如下特点：①市场证券组合包含了资本市场上全部种类的上市证券；②每一种证券在市场证券组合中所占的比重，与该种证券的总市值占整个资本市场总市值的比重相等。

2. 分离定理[中央民族大学 2025 年研；东北财经大学 2007 年研]

答：分离定理是指函数将决定投资者在效率边界上的具体位置，就是说，效用函数将决定投资者持有无风险资产与市场组合的份额。根据分离定理，投资者的投资决策分为两个阶段：

第一阶段是对风险资产的选择。在这一阶段，投资者对每一项风险资产的期望收益和风险状况以及各资产间的相互作用程度进行估计，在此基础上确定风险资产组合集合及其效率。在这一阶段内，投资者只需考虑每项资产的期望收益、方差和相关系数，即只考虑风险资产本身的特性，而无需考虑自身的风险偏好。因此，不管投资者之间的风险偏好差异多大，只要他们对风险资产的特性的判断相同，他们将选择同样的风险资产组合。

第二阶段是最终资产组合的选择，投资者将选定的风险资产组合与无风险资产相结合，构造出一个新的资产组合集合，即考虑风险资产和无风险资产后的总的资产组合集合的效率边界。在这一效率边界上，投资者根据自己的风险偏好安排所持有的无风险资产与风险资产的比例，选择适当的资产组合。

3. 套利

答：从广义上来说，套利是指利用不同市场中某一方面(如汇率、利率、价格、风险水平等)的差异来获利的活动。其基本方式是在一个市场购进(或借入)某种资产(如货币、商品、证券等)，同时在另一个市场卖出(或贷出)同种资产。具体来说，套利主要有以下几种形式：①货币套利，又简称为套汇，指利用不同外汇市场中同一种或多种货币的汇率差异，在汇率低的市场买进，同时在汇率高的市场卖出，以套取投机利润的活动。根据我国外汇管理条例的规定，凡在我国境内的企业或个人采取各种方式，用人民币或物资非法换取外宾、侨民或其他个人和团体的外汇的行为，统称为套汇。②利率套利，又简称为套利，指利用不同市场中利率的差异进行牟利的投机活动。③商品套利，又简称为套购，指利用不同市场中同种商品的价格差异，在价格低的市场买进，同时在价格高的市场卖出，以套取投机利润的活动。④证券套利，指利用不同的市场中同种证券的价格差异，通过贱买贵卖的方式以获取投机利润的活动。目前，由于电子技术的广泛应用，以及交易信息的及时报道等原因，证券套利已基本不复存在。⑤风险套利，又称之为收购套利。

从狭义上来讲，套利则特指货币套利和利率套利。

二、选择题

1．某5年期、面额100元的债券，以80元的价格贴现发行，其票面收益率为（　　）。

A．4%　　B．20%　　C．5%　　D．16%

【解析】贴现债券票面收益率＝（票面额－发行价）/（发行价×债券期限）×100%＝（100－80）/（80×5）×100%＝5%。

2．市盈率的计算公式为（　　）。

A．每股税后利润÷股价　　B．股价÷每股税后利润

C．股票成交量÷上市流通量　　D．股票涨跌÷上一交易日收盘价

【解析】市盈率又称为本益比或股价收益率，是股票的市场价格与其每股税后利润之比，即：市盈率＝股价/每股税后利润；C项是换手率的计算公式；D项是涨跌幅的计算公式。

3．影响期权价格的因素主要有（　　）。

A．期权合同的有效期长短　　B．证券行情变化趋势

C．不同证券价格的波动程度　　D．期权合同订立时证券的价格高低

E．期权合同执行时证券的价格高低

【解析】影响期权价格的因素主要有：①期权合同的有效期长短，期限越长，买方选择余地越大，所以期权价格越高；②证券行情变化趋势，如目前行情看涨，则看涨期权的价格要高，看跌期权的价格要低；③不同证券价格的波动程度，如有些证券价格波动幅度大、频率快，涨跌频繁，比较活跃，期权价格相对要高。

4．关于期货交易与现货交易的区别，下列描述错误的是（　　）。

A．现货市场上商流与物流在时空上基本是统一的

B．并不是所有商品都能够成为期货交易的品种

C．期货交易不受时空限制，交易灵活方便

D．期货交易的目的一般不是为了获得实物商品

【解析】现货交易一般不受交易时间、地点、对象的限制，交易灵活方便，随机性强，可以在任何场所与对手交易。期货交易必须在高度组织化的期货交易所内以公开竞价的方式进行。

三、判断题

1．期货交易双方必须缴纳一定数额的保证金，并且在持仓期间，所交纳的保证金额度

1C　2B　3ABC　4C　❙　1×

不变，且不能支取保证金。(　　)

【解析】期货交易实行每日无负债结算制度，交易双方必须缴纳一定数额的保证金，并且在持仓期间始终要维持一定的保证金水平。

2. 期货交易尽管在一定程度上也能起到调节供求关系、减少价格波动的作用，但由于缺乏流动性，所以其价格的权威性和分散风险的作用大打折扣。(　　)

【解析】远期交易尽管在一定程度上也能起到调节供求关系、减少价格波动的作用，但由于远期合同缺乏流动性，所以其价格的权威性和分散风险的作用大打折扣。

3. 期货交易和远期交易都有实物交割和对冲平仓两种履约方式。(　　)

【解析】期货交易有实物交割与对冲平仓两种履约方式，其中绝大多数期货合约都是通过对冲平仓的方式了结的。远期交易履约方式主要采用实物交收方式，虽然也可采用背书转让方式，但最终的履约方式是实物交收。

4. 有效市场理论的论证前提是认为经济行为人是理性的，是在理性地根据成本收益的比较做出效用最大化的决策；而行为金融学则彻底否定了人类行为具有效用最大化的前提。(　　)

【解析】有效市场理论的论证前提是认为经济行为人是理性的，是在理性地根据成本收益的比较做出效用最大化的决策；而行为金融学并没有彻底否定了人类行为具有效用最大化的前提，只有认为人们的理性是有限的。

5. 资本市场线是以预期收益为纵坐标，β 为横坐标的坐标系中的一条直线。(　　)

【解析】资本市场线是在期望收益和标准差的坐标系中，连接无风险资产 F 与市场组合 M 的射线；题中描述的为证券市场线的概念。

四、简答题

1. 简述风险中性定价原理。

答：(1)将股票折现值公式一般化为：

$$PV = \sum_{r=1}^{T} \frac{C_t}{(1+r)^t}$$

式中，PV 是未来现金流的折现值，C_t 是各时段 $t=1$，2，…，T(T 可以包括 ∞)的现金流，r 是折现率。

r 可以用资本资产定价模型来确定。但是无套利均衡分析认为，涉及风险补偿的折现率是难以找到的。因为人们的风险厌恶程度不同，从而不同的人所要求的风险补偿也不同，这就无法找到一个可以代入折现公式的统一的、共同的折现率。

而在由风险中性的人所构成的假想的风险中性的世界里，因为人们的风险偏好不同而无法确定一个统一的折现率的难题不复存在；对于任何现金流，都可以统一地采用无风险利率作为折现率。

对于未来预期的收入现金流的计算，无套利均衡分析认为，对未来可能发生的各种情况下的现金流的概率分布，在风险中性世界中也会不同于真实世界的概率分布，而应是一

2× 3× 4× 5×

个风险中性概率。对于一个金融市场来说，如果不存在无风险套利机会，如果有足够的金融商品可以充当构筑动态复制组合的零部件，那就意味着风险中性具有存在的充分必要条件。

(2)在假想的风险中性世界里的折现公式为：

$$PV = \sum_{i=1}^{T} \frac{E^*(C_t)}{(1+r_{ft})}$$

以此方式计算的假想世界里的现金流的价值就是该现金流所代表的金融产品的价值。其逻辑推理是：当套利机会出现时，因为它给予人们无风险套取利润的机会，所以不管发现套利机会的人的风险偏好如何，都会采取套利行动。就是说，套利活动与人的风险偏好无关；消除套利机会后的均衡价格也应是与人的风险偏好无关。既然可以认为无套利均衡价格就应该是现金流的折现值，在假想的风险中性的世界里得到的折现值，在真实世界里也就应该依然有效。

根据上述思路计算的均衡价格，称为风险中性定价。实践中更简明地归纳为：

①所有证券的预期收益率均为无风险利率。

②无风险利率是任何预期的未来现金流最为适当的折现率。

2．根据马科维茨模型，投资者会怎样选择证券组合？为什么？

答：根据马科维茨模型，投资者会将有效边界曲线与自己的偏好无差异曲线相切的切点所代表的证券组合作为自己的最佳选择。

在马科维茨假设下，每个投资者都将遵循“在给定相同期望收益率水平的组合中，投资者选择方差(从而标准差)最小的组合；在给定相同方差(从而给定了标准差)水平的组合中，投资者会选择期望收益率最高的证券组合”这一共同的筛选原则。因而他们均会在有效边界上选择一个组合。但由于不同投资者偏好态度的具体差异，他们会选择有效边界上不同的组合，其原因在于马科维茨假设未对有效边界上的组合之间的比较关系做出限定，而投资者个人根据自己的偏好态度拥有自己的无差异曲线。通过无差异曲线，投资者能够对任何证券之间的满足程度做出比较，特别地，他也就能对有效边界上不同组合的满意程度做出比较；位置越靠左上的无差异曲线上的组合满意程度越高。如此，有效边界上位于最靠上的无差异曲线上的证券组合便是所有有效组合中该投资者认为最满意的组合，即在该投资看来最优的组合。这一组合事实上就是无差异曲线与有效边界相切的切点所对应的组合。

3．微观主体在进行资产选择时通常要考虑哪些因素？

答：资产选择问题主要是研究个人在面对多种可能持有的实物资产和金融资产时，将如何进行选择。在发达的市场经济状况下，人们一般会考虑以下几个问题：

(1)资产本身的收益。这主要是指有息存款和债券的利息，以及股票的预期股息分红收入。而实物资产在不动用时没有收入，现金也没有收益。收益越高，需求越大。

(2)价格的收入。又叫资本利得，指因买卖差价或买入价与还本值不同而产生的收益。如债券和票据在低于还本值购入时，有一定的收益；股票预期价格上升时也产生了价差收益；实物资产在通胀严重时，价格上升有收益；而现金和存款一般不存在这种收益。收益越高，需求越大。

(3)交易成本。大部分的资产购入卖出时，都需要支付一定的手续费、佣金和税等等，这会在一定程度上抵消收益，也是考虑因素之一。交易成本越高，需求越低。

(4)风险。在获得收益的同时，持有主体也承担了一定的风险。如通货膨胀时，现金会贬值，而利率的波动和经济周期变化，会引起股票和公司债的价格波动。除了价格风险外，还有信用风险、再投资收益风险、国家政治风险等等。一般认为个人都是风险回避者，所以一种资产风险上升时，会减少对其的需求。

(5)流动性。个人在选择资产时，会考虑到未来偿付的可能性，因此必须保留一部分易于转化为现实购买力的资产，以满足自身交易和支付的需要。最明显的例子是，即使出现严重通胀，人们也会保留一些现金。

此外，个人在投资时还存在一定的偏好，这受到了风俗习惯、个人经历等的制约，是个性化的。一般来说，人们不会简单地选择一种金融资产，而完全排斥其他资产。相反，他们会选择一个投资组合，将各种资产相搭配，力求使收益最高，风险最小，同时保持适当的流动性。这就产生了"资产组合理论"。

五、计算题

1. 已知无风险收益率为5%，市场预期收益率为17%，某股票β系数为1.40，求其要求收益率。［东北财经大学2003年研］

答：由资本资产定价模型：$E(R_i)=R_f+\beta_i[E(R_m)-R_f]$，其要求收益率$=5\%+1.40\times(17\%-5\%)=21.8\%$

即其要求收益率为21.8%。

2. 某企业年初的资本结构如下：

长期债券(年利息率14%)	**3000万元**
优先股(年股息率18%)	**1000万元**
普通股(400000股，每股股利20元)	**4000万元**
合计	**8000万元**

拟年初增资发行长期公司债券1250万元，年利息率15%，融资费率为4%；发行优先股750万元，年股息率20%，融资费率为4%，由于增加了普通股股东的风险，为了维持普通股股票的价格，普通股每股股利增加到25元，且以后每年递增5%(企业所得税税率为33%)。

计算增资后的加权平均资本成本率(精确至小数点后两位)。［中央财经大学2004年研］

答：拟发行长期公司债券的资本成本$=1250\times15\%/[1250\times(1-4\%)]\times(1-33\%)=10.47\%$

拟发行优先股资本成本$=750\times20\%/[750\times(1-4\%)]=20.83\%$

发行新的普通股后，普通股资本成本$=25\times400000/40000000+5\%=30\%$

所以

$$\text{加权平均资本成本率}=\frac{3000\times14\%\times(1-33\%)+1250\times10.47\%}{3000+1250}\times\frac{3000+1250}{8000+1250+750}$$

$$+\frac{1000\times18\%+750\times20.83\%}{1000+750}\times\frac{1000+750}{8000+1250+750}+30\%\times\frac{4000}{8000+1250+750}=19.49\%$$

3. 某投资基金2000年的实际收益率是7.2%，经估算该投资基金的标准差为10%，它的β系数为0.9，市场组合的实际收益率是8%，标准差为14%。试用Jensen、Treynor和Sharpe三种业绩指数评价该投资基金的业绩。［东北财经大学2003年研］

答：（1）Jensen指数

$$\begin{aligned} J_P &= E(r_p) - \{r_F + [E(r_M) - r_F] \times \beta_p\} \\ &= 7.2\% - [r_F + (8\% - r_F) \times 0.9] \\ &= -0.1 r_F < 0 \end{aligned}$$

由于其指数为负，因此该投资基金的绩效不佳。

（2）Treynor指数

$$T_p = [E(r_p) - r_F]/\beta_p = (7.2\% - 5.2\%)/0.9 = 0.022 < 0.9$$

由于Treynor指数小于证券市场线的指数，因此该投资基金的绩效不如市场绩效好。

（3）Sharpe指数

$$S_p = [E(r_p) - r_F]/\sigma_p = (7.2\% - 5.2\%)/10\% = 0.2$$

$$S_M = [E(r_M) - r_F]/\sigma_M = (8\% - 5.2\%)/14\% = 0.2$$

位于资本市场线上的夏普指数与市场组合的夏普指数相等，表明该投资基金中等绩效。

第 24 章　资本结构与公司治理

一、概念题

1. 财务杠杆[北京师范大学 2023 年研；青岛大学 2013 年研]

答：财务杠杆是指由于债务存在而导致普通股股东权益变动大于息税前利润变动的杠杆效应。衡量普通股股东的获利能力一般是用普通股的每股利润。由于债务利息的存在，普通股每股利润的变动会超过息税前利润变动的幅度，这就是财务杠杆效应。财务杠杆反映的是每股利润变动要大于息税前利润变动。财务杠杆通常用财务杠杆系数，其计算公式为：财务杠杆系数 = 普通股每股利润变动率/息税前利润变动率。

2. 代理成本[首都经济贸易大学 2022 年研]

答：代理成本是指因企业的委托人和代理人之间的代理问题而产生的成本。在现代企业制度下，由于所有权与经营权分离，因此委托代理关系普遍存在。此外，委托人与代理人之间通常存在信息不对称。一般来说，代理人比委托人拥有更多的信息，因此代理人就有利用信息优势谋取自身利益或者损害委托人利益的激励，由此产生了委托代理问题以及代理成本。

二、选择题

1. 其他情况不变，若到期收益率(　　)票面利率，则债券将(　　)。[中国科学技术大学 2016 年研]

A. 高于、溢价出售　　　　B. 等于、溢价出售

C. 高于、平价出售　　　　D. 高于、折价出售

【解析】如果债券的市场利息率(到期收益率)低于同类债券的票面利息率，则债券的价格高于其票面值，债券溢价发行；如果债券的市场利息率(到期收益率)等于同类债券的票面利息率，则债券的价格等于其票面值，债券平价发行；如果债券的市场利息率(到期收益率)高于同类债券的票面利息率，则债券的价格低于其票面值，债券折价发行。

2. 无摩擦环境中的 MM 理论具体是指(　　)。[中国科学技术大学 2015 年研]

A. 资本结构与资本成本无关

B. 资本结构与公司价值无关

C. 资本结构与公司价值及综合资本成本无关

D. 资本结构与公司价值相关

【解析】无摩擦环境存在的假设条件：①不存在收入所得税；②不存在发行债务性证券或权益性证券的交易成本；③投资者可以按照与企业相同的利率借入资金；④企业的不同关联方能够无成本地解决它们之间的任何利益冲突。在这种无摩擦环境里的基本假设条件下得到 MM 定理Ⅰ：企业的市场价值与它的资本结构无关。MM 定理Ⅰ的一个推论是：公司的平均资本成本与公司资本结构无关。

1D　2C

三、简答题

1. 公司的代理成本主要有哪些，原因是什么，采取什么措施可以减少代理成本？［华中科技大学2016年研］

答：代理问题是指委托人与代理人之间因目标不一致而产生利益冲突。由于委托人与代理人之间的利益不完全一致，契约不完善和信息不对称使委托人无法完全约束和监督代理人的行为，因此代理人可能会为追求自身利益最大化而损害委托人的利益。

代理问题的两个主要表现是逆向选择和道德风险。逆向选择是指代理人利用其信息优势，在不同方案中做出不利于委托人的选择。道德风险是指在信息不对称的情况下，由于代理人的行为不可观察，并且代理人不用承担其行为的全部不良后果，因此代理人可能为了追求其私利不惜牺牲委托人的利益。逆向选择源于签约前的信息不对称，道德风险则源于签约后的信息不对称。显然，任何一种情况的发生，都会给委托人造成损失。不论是代理人给委托人造成的损害，还是为防止代理问题的发生或减少代理问题造成的损害而采取的措施，都必然产生一定的成本，这些成本都是代理成本。

当债权人将资金借给企业之后，在一定程度上就失去了对资金的控制权，只保留了相应的收益权。由于债权人与股东的利益不完全一致，他们之间的利益冲突在所难免。企业的经营控制权由代表股东利益的公司董事会和经理层掌握，当企业陷入财务危机时，股东可能会“损人利己”——为维护股东自身利益采取某些损害债权人利益的举措。

公司可以采取以下措施来降低代理成本：

（1）设立激励和约束机制——让代理人成为剩余索取权的拥有者。

（2）设立严格的监管机制。

（3）使信息透明化，改善信息不对称。

2. 简述存在公司税和无公司税的情形下，企业资本结构对企业价值的不同影响。［中国科学技术大学2013年研］

答：企业的资本结构有广义和狭义之分。广义的资本结构涵盖了企业全部资本的构成，不仅包括长期资本，也包括短期资本。狭义的资本结构仅指长期资本中债务资本与股权资本的比例关系，其实质是企业股东权益与债权权益的分配问题。要理解企业的资本结构，必须先理解企业的市场价值。通常说来，企业的市场价值由企业股权资本的市场价值和企业债务资本的市场价值组成。

莫迪利安尼和米勒于1958年提出的初始MM模型是一个无税模型，其核心内容是：在具备完美资本市场的经济中，若不考虑企业所得税因素，企业价值与企业的资本结构无关。或者说，企业资本结构的变化不会影响企业的市场价值，即企业不能单纯通过增减资本结构中债务资本的比例提高企业的市场价值。

有税MM模型建立在债务利息税前缴纳和普通股股利税后支付的前提之下。由于企业债务融资的利息支出可以在税前扣除，使得企业的税基减小、税收支出降低，由此产生税盾效应。在这种情况下，企业的市场价值就等于同等风险无负债企业的市场价值加上税盾效应的价值。根据有税MM模型，若给定其他条件，企业可以通过增加债务融资来提升其市场价值。

四、论述题

2023年10月的中央金融工作会议指出，金融市场上金融问题层出不穷，金融乱象，金

融监管缺失，金融治理水平低。请分别从内部治理和外部治理两个层面说明如何提高金融机构治理水平。［对外经济贸易大学 2024 年研］

答：（1）内部治理

①强化董事会职能

独立性：增加独立董事的比例，确保董事会的独立性和客观性。

专业性：董事会成员应具备金融行业的专业知识和经验，以便更好地监督和指导金融机构的运营。

透明度：定期召开董事会会议，公开会议纪要，提高决策过程的透明度。

②优化管理层激励机制

长期激励：引入股权激励、绩效奖金等长期激励机制，确保管理层的利益与股东利益一致。

风险管理：设置合理的风险控制指标，将管理层的薪酬与风险控制绩效挂钩，防止过度冒险。

③完善内部控制机制

风险管理体系：建立健全的风险管理体系，包括市场风险、信用风险、操作风险等，确保风险可控。

合规管理：设立专门的合规部门，负责监督金融机构的合规操作，确保各项业务符合法律法规要求。

审计监督：加强内部审计力度，定期进行内部审计，及时发现和纠正潜在问题。

④提升信息披露质量

透明度：定期发布详细的财务报告和业务报告，确保信息的真实性和完整性。

及时性：及时披露重大事项，避免信息滞后导致的市场波动。

（2）外部治理

①加强金融监管

法规完善：制定和完善金融法律法规，明确金融机构的职责和义务，提供明确的监管框架。

监管力度：加强对金融机构的现场检查和非现场监测，及时发现和纠正违规行为。

处罚机制：建立健全的处罚机制，对违规行为进行严厉处罚，提高违规成本。

②促进市场竞争

市场准入：适当放宽市场准入门槛，鼓励新的金融机构进入市场，增加市场竞争。

反垄断：加强对金融机构的反垄断监管，防止市场垄断和不正当竞争行为。

③增强外部监督

社会监督：鼓励媒体、公众和第三方机构对金融机构进行监督，提高社会监督的力度。

行业自律：推动金融机构行业协会的建立和发展，通过行业自律机制规范金融机构的行为。

④提升投资者保护

教育培训：加强对投资者的教育和培训，提高投资者的风险意识和投资能力。

投诉渠道：建立便捷的投诉渠道，及时处理投资者的投诉和纠纷，保护投资者的合法权益。

第 25 章　商业银行业务与管理

一、概念题

1. 表外业务[南开大学 2012 年研]

答：表外业务是指凡未列入银行资产负债表内且不影响资产负债总额的业务。广义的表外业务既包括传统的中间业务，又包括金融创新中产生的一些有风险的业务，如互换、期权、期货、远期利率协议、票据发行便利、贷款承诺、备用信用证等业务。通常提及的表外业务专指后一类，属狭义表外业务。其中，远期利率协议是一种远期合约，买卖双方商定将来一定时间段的协议利率，并指定一种参照利率，在将来清算日按规定的期限和本金数额，由一方向另一方支付协议利率和届时参照利率之间利息差额的贴现金额；票据发行便利是一种具有法律约束力的中期周转性票据发行融资的承诺，属银行的承诺业务；备用信用证是银行担保业务的一种主要类型，通常是为投标人中标后签约、借款人还款及履约保证金等提供担保的书面保证文件。

2. 中间业务[中央民族大学 2023 年研；北京师范大学 2004 年研；北京工商大学 2005 年研；中南财经政法大学 2005 年研]

答：中间业务是指银行并不需要运用自己的资金而代理客户承办支付和其他委托事项，并据以收取手续费的业务。最常见的商业银行的中间业务是传统的汇兑、信用证、代收和代客买卖等业务。中央银行的中间业务指中央银行为获得非利息收入，办理商业银行和其他金融机构资金划拨清算和资金转移的业务。中央银行是全国清算中心，由于商业银行的准备金集中在中央银行，因而他们彼此之间由于交换各种支付凭证所产生的应收应付款项，就可以通过中央银行的存款账户划拨来清算。同时中央银行通过资金划拨系统，用网络连接全国主要地区的主要政府部门和银行。中央银行不仅为商业银行办理票据交换和清算，而且还在全国范围内为商业银行办理异地资金转移业务。

二、选择题

1. 以下哪一选项属于商业银行的资产业务？（　　）[厦门大学 2012 年研]

A. 票据贴现　　B. 留存收益筹资　　C. 发行可转债　　D. 发行股票

【解析】商业银行的资产业务主要分为贷款和投资两大类，其中贷款按照保障条件可分为信用放款、担保放款和票据贴现。BCD 三项均属于商业银行的负债业务。

2. 下列哪项不是商业银行的资产？（　　）[清华大学 2012 年研]

A. 对企业贷款　　B. 在中央银行的存款

C. 购买的其他银行的股票　　D. 居民的信用卡欠款

E. 居民的理财产品余额

【解析】商业银行的资产业务是指将自己通过负债业务所聚集的货币资金加以运用的业务。这是取得收益的主要途径。对于所聚集的资金，除了必须保留一定部分的现金和在中央银行的存款以应付客户提存和转账结算的需求外，其余部分主要是以贴现、贷款和证券

1A　2E

投资等方式加以运用。

3. 认为银行只宜发放短期贷款的资产管理理论是(　　)。[中央财经大学 2011 年研]

A. 可转换理论　　B. 预期收入理论　　C. 真实票据理论　　D. 可贷资金论

【解析】真实票据论又称商业贷款理论，其认为为了保持资金的高度流动性，贷款应是短期和商业性的；用于商品生产和流通过程的贷款如果具有自偿性，最为理想。

4. 以下业务中属于商业银行表外业务的是(　　)。[浙江工商大学 2011 年研]

A. 结算业务　　B. 信托业务　　C. 承诺业务　　D. 代理业务

【解析】凡银行并不需要运用自己的资金而代理客户承办支付和其他委托事项，并据以收取手续费的业务统称中间业务。最常见的是传统的汇兑、信用证、代收、代客买卖等业务。承兑业务也可归入这一类。表外业务是指凡未列入银行资产负债表内且不影响资产负债总额的业务。广义的表外业务既包括传统的中间业务，又包括金融创新中产生的一些有风险的业务，如互换、期权、期货、远期利率协议、票据发行便利、贷款承诺、备用信用证等业务。通常提及的表外业务专指后一类，属狭义表外业务。

三、判断题

1. 长期贷款的证券化和票据发行便利，都属于增加流动性型金融创新。(　　)

【解析】票据发行便利并不是为了增加流动性，而是一种周转性发行短期票据的融资承诺，目的是以较低成本取得中长期资金融通。

2. 商业银行的表外业务主要有贷款承诺、证券代理、担保和信托咨询服务。(　　)

【解析】凡银行并不需要运用自己的资金而代理客户承办支付和其他委托事项，并据以收取手续费的业务统称中间业务；凡未列入银行资产负债表内且不影响资产负债总额的业务称为表外业务。信托是商业银行的中间业务。

3. 对于可赎回债券，赎回价格的存在降低了债券的内在价值。(　　)

【解析】可赎回条款的存在，降低了该类债券的内在价值，并且降低了投资者的实际收益率。一般而言，息票率越高，发行人行使赎回权的概率越大，即投资债券的实际收益率与债券承诺的收益率之间的差额越大。为弥补被赎回的风险，这种债券发行时通常有较高的息票率和较高的承诺到期收益率。

四、简答题

1. 解释商业银行资产业务、负债业务以及表外业务。[西南财经大学 2017 年研]

答：(1)资产业务是指商业银行运用资金的业务，也就是商业银行将其吸收的资金贷放或投资出去赚取收益的活动。商业银行盈利状况如何、经营是否成功，很大程度上取决于资金运用的结果，商业银行的资产业务一般包括：贷款、贴现、证券投资、金融租赁。

(2)负债业务是商业银行通过对外负债的方式筹措日常工作所需资金的活动，是商业银行资产业务和中间业务的基础，主要由自有资本、存款和借款构成，其中存款和借款属于吸收的外来资金，联行存款、同业存款、借入或拆入款项或发行债券等，也构成银行的负债。

3C　4C　❙　1×　2×　3√

(3)表外业务是指商业银行从事的，按通行的会计准则不列入资产负债表内，不影响其资产负债总额，但能影响银行当期损益，改变银行资产报酬率的经营活动。表外业务有狭义和广义之分，狭义的表外业务是指那些未列入资产负债表，但同表内资产业务和负债业务关系密切，并在一定条件下会转为表内资产业务和负债业务的经营活动。通常把这些经营活动称为或有资产和或有负债，它们是有风险的经营活动，应当在会计报表的附注中予以揭示。广义的表外业务指商业银行从事的，按通行的会计准则不列入资产负债表内，不影响其资产负债总额，但能获得利润收入，影响银行当期损益，改变银行资产报酬率的经营活动，除了包括狭义的表外业务，还包括结算、代理、咨询等无风险的经营活动。

2．什么是信托业务？［首都经济贸易大学2013年研］

答：(1)信托即信任委托。商业银行的信托业务是指它接受个人、机构或政府的委托，代为管理、运用和处理所托管的资金或财产，并为受益人谋利的活动。信托关系中的受益人既可以是委托人本身，也可以是委托人指定的个人或机构。信托业务最初由个人和保险公司经营，后来随着业务范围的扩展，债权债务关系的日益复杂，出现了专门的信托公司。同时，商业银行由于资本雄厚，业务经验丰富，也开始介入这一领域。目前美国约有四分之一的商业银行设有信托部。

(2)和信贷业务不同，商业银行对信托业务一般只收取有关的手续费，而营运中所获得的收入则归委托人或其指定的受益人所有。同时信托也不同于简单的代理活动，因为在代理关系中，代理人只是以委托人的名义、在委托人指定的权限范围内办事，在法律上，委托人对委托财产的所有权并没有改变；而在信托关系中，信托财产的所有权则从委托人转移到了受托人(商业银行信托部或信托公司)手中。受托人以自己的名义管理和处理信托财产。

(3)信托业务的种类可以从不同角度、按不同标准进行划分。

①按组成信托关系的对象，可分为个人信托和法人信托。

②按成立信托关系的方式，可分为任意信托和特约信托。

③按受益对象，可分为公益信托和私益信托。

④按信托资产的不同，可分为资金信托、动产信托和不动产信托。

信托业务的种类极多、范围极广，经营现代信托业务若无专门的知识、广泛的信息、丰富的经验则实难胜任。

3．简述商业银行的经营原则及其关系。［深圳大学2012年研］

答：(1)商业银行在经营管理上有三个基本经营原则，即营利性、安全性、流动性。

①营利性，是商业银行的基本方针，是银行从事各种活动的动因。充足的盈利可以扩充银行资本、扩大经营、增强银行信誉以及提高银行的竞争实力。如果银行无法盈利，投资者将丧失信心，银行的信誉将下降，可能引发银行的信用危机，导致客户挤兑，危及银行的生存。银行的盈利是放款利息收入、投资收入以及各种服务收入，扣除付给存款人的利息、银行自身的运营成本和费用所得的差额。

②安全性，是指银行的资产、收入、信誉以及所有经营生存发展条件免遭损失的可靠性程度。银行的特点在于极其依赖于从外部借入资金经营，因此安全性对于银行非常重要。它既体现在全部资产负债的总体经营上，也体现在每项个别业务上。安全性不仅关系到银行的盈利，而且关系到银行的存亡。银行倒闭往往不是因为盈利不足，而是因为其安全性

遭到破坏。

③流动性，是指一种在不损失价值情况下的变现能力，一种足以应付各种支付的、充分的资金可用能力。银行的流动性体现在资产和负债两个方面，其中资产的流动性指银行持有的资产能够随时得以偿付或在不贬值的条件下确有销路；负债的流动性指银行能够轻易地以较低成本随时获得所需要的资金。

(2)三者之间的关系：营利性、安全性和流动性之间是既相互矛盾又相互统一的。

①营利性和后两性呈反向变动，流动性强、安全性好，盈利率一般较低；营利性较高的资产，往往流动性较差、风险较大。

②营利性和后两性也存在统一性，一是在某个范围内，三性可以达到某种可被接受的程度。在保本和资产较小可能损失的区间之内，三性可以都令人满意。二是在一定条件下，营利性和后两性可以同向变化。例如，得到政府担保或可靠保险的项目，营利性和安全性都很高；对于行政干预要求支持，但经营管理水平又很低的企业贷款，其营利性和后两性都很低。

③安全性和流动性通常是统一的，安全性越高，流动性越大。不过在一定条件下，它们也会有反向变动的可能。例如，由政府担保的长期贷款，虽然安全性较高，但流动性不足。

对于三性的矛盾和统一，银行经营的总原则就是谋求三性的尽可能合理的搭配协调。三性的相对地位是：营利性为银行的目标，安全性是一种前提要求，而流动性是银行的操作性或工具性的要求。银行经营的总原则，就是在保证安全性的前提下，通过灵活调整流动性来致力于提高营利性。

4. 简述早期资本结构理论种类。

答：(1)净收益理论。净收益理论是早期资本结构理论中的一个极端理论。净收益理论认为，利用负债融资，提高企业的财务杠杆比率，可降低总资本成本率，从而提高企业的市场价值，故企业采用负债融资总是有利的。依照该理论，企业最佳的资本结构应是100%的负债，显然该理论不符合现实情况。

(2)净营业收益理论。净营业收益理论代表了早期资本结构理论的另外一个极端的看法。该理论认为不论企业财务杠杆作用如何变化，加权平均资本成本率是固定的，对企业总价值没有影响。

显然，按照该理论，企业的市场价值与财务杠杆的作用无关，从而不存在资本结构的决策问题，也不存在最佳资本结构。

(3)传统理论。传统理论实际上是介于净收益理论和净营业收益理论两种极端之间的一种折中理论。该理论认为，债务成本率、权益资本率和总资本成本率，均非固定不变，均可能随着资本结构的变化而变动。同时，企业存在一个可以使企业的市场价值达到最大化的最优资本结构，这个资本结构可以通过财务杠杆的运用来获得。在最佳资本结构点上，负债的实际边际成本率与权益资本的边际成本率相同。

5. 简述商业银行贷款管理中的“6C”原则。

答：商业银行贷款管理中的“6C”原则是指商业银行为了降低信用风险，在贷款之前从多方面对借款人的信誉进行分析的原则。由于信用贷款没有任何抵押品作为贷款偿还的保证，因此，贷款的偿还在很大程度上取决于借款人的信誉。商业银行在贷款之前能否对借款人的信誉进行深入和准确的分析，关系到贷款信用风险的大小。

商业银行对借款人信誉的分析主要包括6个方面的内容，即品德（character）、能力（capacity）、资本（capital）、担保品（collateral）、环境（conditions）、连续性（continuity），这也是通常所说的“6C”原则。

（1）品德（character）

对借款人品德的考察，主要是判断借款人对贷款本息偿还的意愿。如果借款人是个人，则品德主要表现在此人的道德观念、个人习惯和偏好、经营方式、经营业务、个人交往以及在社区中的地位和声望等；如果借款人是企业，那么品德就是企业在管理上的完善性、在同行和金融界的地位和声望、经营方针和政策的稳健性等。不论是个人还是企业，履行借款合同的历史记录，在其品德的评价中都起着非常重要的作用。

（2）能力（capacity）

借款人的能力包含了法律和经济两个方面的内容。从法律方面来讲，借款人的能力是指借款人能否承担借款的法律义务，当商业银行贷款给合伙企业时，银行必须确认签约的合伙人具有代表合伙企业的权利；在贷款给公司时，商业银行必须确认谁是公司的法定代表人。从经济的角度，借款人的能力，是指借款人是否具有按期偿还债务的能力。

分析企业借款人能力的主要方法，是分析其现金流量。通过对现金流量的分析，商业银行可以了解借款人的预期财务状况，判断其到期的偿还能力。如果借款人是个人，商业银行要考察的主要是他预期的收入能力，而收入能力又取决于借款人的受教育程度、年龄、事业心和精明程度。

（3）资本（capital）

资本的数量也是体现借款人信誉的一项重要因素。借款人的资本越是雄厚，承受风险的能力也就越强，因而信誉也就越高。借款人购置的资产的质量，是决定该企业的资金实力的重要因素。借款人取得贷款的能力，在很大程度上取决于它所拥有的资产的数量和质量。

（4）担保品（collateral）

对贷款进行担保可以减少甚至消除风险。由于长期贷款的期限超过了10年，因而风险就相当大，因此商业银行在发放长期贷款时一般都要求抵押或担保；而中期贷款一般只要求担保。

（5）环境（conditions）

对经济环境的分析主要是分析经济环境对借款人所在行业的影响，分析该行业在国民经济中的比重、市场结构，分析借款企业在该行业中的地位，技术更新对该行业产品需求的影响等。

（6）连续性（continuity）

连续性是指借款人经营前景的长短。由于科学技术更新的日益加快，产品更新换代的周期变得越来越短，市场竞争更加激烈。企业只有能够适应不断变化的市场需求，才能生存和发展。

6．论述商业银行的经营原则和经营管理方法。并联系实际浅谈如何进一步建立我国现代商业银行的资产负债管理体系。

答：（1）商业银行的经营原则

在长期的经营实践中，商业银行的管理者形成了三条基本的银行管理原则，即安全性原则、流动性原则和营利性原则。这三项原则实际上可以说是利润最大化目标的进一步具体化。

①安全性原则

安全性原则是指避免经营风险，保证资金的安全。银行因其自由资本所占比重很小，资产主要依靠外源资金，是一个风险高度集中的行业。坚持安全性原则，力求避免或减少各种风险造成的损害，历来是银行经营中首先要考虑的一个问题。银行所面临的风险，传统上主要包括信用风险、利率风险和流动性风险。但近年来，由于银行业务的国际化以及银行大量参与衍生产品的交易，使得国家和转移风险、市场风险、操作风险、法律风险和声誉风险也日渐突出。

②流动性原则

流动性原则是指银行应能随时满足客户提取存款及各方面资金需求。银行缺乏流动性，会降低自己的竞争力，甚至有可能面临“挤兑”而陷入破产清理的境地，故保持必要的流动性对银行经营是至关重要的。银行在安排资金运用时，一方面要求使资产具有较高的流动性，另一方面则必须力求负债业务结构合理，并拥有较多的融资渠道和较强的融资能力。

③营利性原则

营利性原则是指银行以获取利润为经营目标。获取利润既是银行改进服务、开拓业务和改善经营管理的内在动力，又是其生存和发展的必要条件。

(2)商业银行的经营管理方法

商业银行的经营管理方法主要有资产管理方法、负债管理方法、资产负债联合管理方法。

①资产管理方法

商业银行资产管理方法强调在资金来源一定的条件下，按适当比例将资金分配于不同的资产，以获得充分的流动性，主要有资金集中法、资产配置法、线性规划法。

资金集中法是指不论商业银行的资金来源如何，把活期存款、储蓄存款、定期存款、借入存款、资本金等都集中起来，按资产流动性的高低顺序配置到不同的资产上去，同时还考虑到营利性的需要，尽可能降低高流动性资产的比重。

资产配置法是针对资金集中法不区分资金来源的性质运用资金的缺点提出来的，是对资金集中法的发展和提高。资产配置法主要按照资金来源的流动性强弱来确定资金的分配顺序和数量。负债流动性的划分标准，一是这项资金来源的周转率，二是对其法定准备金率的高低。进行资产分配时，如果资金周转速度快，法定准备金率要求高，资金的稳定性就弱，那么这类资金来源就应分配给流动性较强的资产项目，相反，就应分配给营利性较强、流动性较弱的资产项目。

线性规划法是直接利用运筹学方法解决资产分配问题的管理科学方法。一般包括三个步骤：一是建立目标函数式，二是加上约束条件，三是在利润最大化的前提下，在约束条件下求该目标函数式的最佳资产组合解(各资产的最佳资产分配额)。

②负债管理方法

负债管理方法主要有两种：储备头寸负债管理和贷款头寸负债管理。

储备头寸负债管理：用增加短期负债向银行有计划地提供流动性的管理方式，商业银行预先定下资金缺口，将自己的可用资金尽可能地投放在高收益、低流动性的资产，一旦储备不足，就购买中央银行资金补充流动性，而当储备有盈余时，就卖出中央银行资金。该方法可以提高银行资金的运用效率，提高其盈利能力。

贷款头寸负债管理：银行用来扩大资产负债规模的办法，首先通过不同利率从市场上借入资金以扩大银行贷款，其次通过增加银行负债的平均期限以减少存款的可变性，从而降低银行负债的不确定性，典型方法是发行大额可转让存单。

储备头寸负债管理着重于短期负债弥补流动性方面的管理，贷款头寸负债管理实质是对所有到期负债进行严密管理，所以前者是后者的一个分支。

③资产负债联合管理

无论是资产管理，还是负债管理，都只是侧重一个方面来对待银行的营利性、流动性、安全性，于是很难避免重此轻彼或重彼轻此现象的发生。资产负债联合管理的基本思想是将资产和负债两个方面加以对照并作对应分析，通过调整资产和负债双方达到合理搭配。资产负债联合管理方法有资金缺口管理、持续期缺口管理、资产负债比例管理。

a. 资金缺口管理：资金缺口管理是银行在对利率进行预测的基础上，调整计划期利率敏感性的资产和负债的对比关系，规避利率风险或从利率风险中提高利润水平的方法。

利率敏感性资产和利率敏感性负债是指那些在一定期限内到期或需要根据最新市场利率重新确定利率的资产和负债。这种资产和负债的差额就是资金缺口。

资金缺口＝利率敏感性资产－利率敏感性负债

资金缺口用于衡量银行净利息收入对市场利率的敏感程度。当利率敏感资产大于利率敏感负债时，资金缺口为正值，当相等时为零，小于时为负值。当预测利率要上升时，银行应尽量减少负缺口；反之，则尽量减少正缺口。

b. 持续期缺口管理。市场利率的变动不仅影响利率敏感性的资产和负债，对利率不敏感的资产和负债的市场价值也会产生影响。

持续期又叫持久期，是固定收入金融工具的所有预期现金流入量的加权平均时间，或是固定收入金融工具未来的现金流量相对于其价格变动基础上计算的平均时间，计算公式为：

$$D=\frac{\sum_{t=1}^{n}\frac{t\cdot C_t}{(1+i)^t}+\frac{n\cdot F}{(1+i)^n}}{P}$$

式中，D 为持续期；t 为各现金流发生的时间；C_t 为金融工具第 t 期的现金流或利息；F 为金融工具面值（到期日价值）；n 为该金融工具的期限；i 为市场利率；P 为金融工具的现值。

持续期缺口为：$D_{GAP}=D_A-UD_L$

式中，D_{GAP} 为持续期缺口；D_A 为资产持续期；D_L 为负债持续期；U 为负债资产系数；即总负债/总资产。

总资产加权平均持续期与总负债加权平均持续期之间的缺口会导致银行净值随市场利率变动而变动，而且缺口值的绝对值越大，银行面临的利率风险越大。银行资产负债管理就是要尽可能地减小持续期缺口的绝对值。

c. 资产负债比例管理。它是通过一系列资产负债比例指标对商业银行的资产和负债进行监控和管理。它既可以作为商业银行自身的一种业务管理方式，也可以作为银行监管部门对商业银行实施监管的一种手段。我国银行在20世纪80年代末开始试行这一管理方法，并从1998年起取消对商业银行的贷款限额控制，实行“计划指导，自求平衡，比例管理，间接调控”的新管理体制。

(3)进一步建立我国现代商业银行的资产负债管理体系

资产负债管理是西方商业银行在发达的市场经济条件下经过多年的改进逐步成熟的。我国目前正处于市场经济体制的转型期，国有商业银行要按照国际惯例进行资产负债管理，其本身的经营机制和外部经营环境尚存在若干制约因素。目前我国商业银行实行的资产负债联合管理是资产负债比例管理方法。其包括两个层次：一是银行业监督管理机构对商业银行的比例监管，二是商业银行采用比例方式的资产负债管理，即商业银行自身的资产负债比例管理。资产负债比率管理对国有商业银行按社会主义市场经济发展要求规范经营、合理运作具有重大意义。贷款限额取消后，各国商业银行的自律意识增强，对资金安全性、流动性和营利性的关注程度普遍增强。

推行资产负债管理是我国金融深化的一个重要标志，虽然银行推行资产负债比例管理还面临着内外部众多困难，但全面推进资产负债比例管理是市场经济对商业银行经营管理的客观要求。

①银行要尽快实现两个根本性转变，即金融机构设置由外延扩张型向内涵效益型转变，信贷资金运用由粗放型向集约型经营转变。

②要加强资产负债比例管理体系的建设。建立比例管理决策机构，建立一套与之相适应的组织与协调机构，从组织上保证资产负债比例管理的全面实施。

③金融监管机构要积极改进金融监管体系，健全监督考核机制，强化非现场金融监督，为资产负债比例管理的实施提供强有力的保障。

④积极发展金融市场，健全、完善货币政策工具，加快企业制度建设，转换政府职能，为资产负债比例管理的实施创造良好的外部环境。

7. 试述商业银行资产负债管理理论。

答：商业银行资产负债管理理论有广义和狭义之分。狭义的资产负债管理主要指以净利息差额为目标，通过策略性调整利率敏感性资金的配置状况，在利率不断变化中，确保目标实现，或者通过调整总体资产和负债的持续期，保证期限的搭配，使银行收入保持正值。广义的资产负债管理是指商业银行为实现流动性、安全性和营利性三原则的均衡，按一定的策略配置资金。按其发展历程看，可分为资产管理理论阶段、负债管理理论阶段和资产负债综合管理理论阶段。

(1)资产管理理论认为：作为外生变量，银行不可控制资金来源的水平和结构。因此应通过调整和组合资产业务来实现三性的原则和经营目标。具体包括以下三种理论：

①商业性贷款理论。该理论的主要观点是：银行的主要资金来源是流动性很高的活期存款，由于资金来源的外生性以及不稳定性，故其运用只能是短期的工商企业周转性贷款。这种贷款期限较短，且以真实的商业票据为贷款的抵押，票据到期后会形成资金自动偿还，所以该理论又被称为自偿贷款理论和真实票据理论。

②资产可转换理论：虽然强调流动性，但认为保持流动性的最好方法是持有可转换资产。

③预期收入理论：强调贷款偿还取决于借款人预期收入，而非贷款类型。因此商业银行的流动性与借款人未来的预期收入和银行对贷款的合理安排密切相关。

(2)负债管理理论基本内容是：要通过调整资产负债表负债方的项目，即通过在货币市场上主动负债或者购买资金来实现银行三性原则和既定的增长目标。

(3)资产负债综合管理理论，也称相机抉择资金管理，主要认为：在融资计划和决策中，银行主动地协调和控制对利率变化敏感的资金负债，达到最优的配置状态，维持银行正的净利息和资本净值。具体包括资金缺口管理和资金持续期缺口管理。

8. 试述商业银行在国民经济中的作用。

答：金融体系是现代经济的重要组成部分，而作为金融体系主体的商业银行，更是在经济中发挥着多方面的重要作用。它的主要作用有：

(1)充当信用中介。充当货币供应者与货币需求者之间的中介，是银行最基本的职能。一方面，它动员集中社会上各种暂时闲置的资金，作为银行的资金来源；另一方面，它再将集中起来的货币资金贷放出去，投向需要资金的企业和部门，将闲置资金转换到生产用途中，这个职能对于提高全社会的资金使用效率，促进经济发展具有重大作用。

(2)充当支付中介。银行可接受企业或客户的委托，办理货币的收付与结算、货币与贵金属的保管等业务。银行为客户办理非现金结算，对于加快资金的流通、节省货币流通费用有很大的作用。

(3)创造信用流通工具。银行能创造出信用工具，执行货币支付手段和流通手段职能。银行最初创造的信用工具是银行券，在中央银行垄断货币发行权以后，纸币由中央银行发行。而后，银行产生的支票又逐步成为现代经济社会最主要的支付工具。

(4)作为信用创造的主体。商业银行吸收的存款，在留足法定准备金与超额准备金之后，可以基于盈利的动机，利用剩余的准备金进行贷款或投资，形成存款的增加和信用的扩张。由于商业银行接受存款和提供各种金融服务的能力远远超过其他金融机构，所以在信用创造方面起着不可替代的主导作用。

(5)提供广泛的金融服务。商业银行利用自身的资源、技术、信息等方面的优势，可以开展广泛的金融服务，来满足不同层次的服务需求。例如，商业银行开展的代转工资、信息咨询、电脑处理等等服务都超出了传统的资产负债业务范畴，既增加了自身的盈利，又可以借以扩张自身的资产负债业务。

五、计算题

阿尔美得银行在其最新财务报表中报告其净利息收益率为 3.25%，利息收入总额为 8800 万元，利息成本总额为 7200 万元，则银行收益资产为多少？假设该银行利息收入上升 8%，其利息成本和收益资产上升 10%，则其净利息收益率为多少？

答：(1)银行收益资产 =（利息收入 − 利息成本）/净利息收益率 =（8800 − 7200）/3.25% =49230.769(万元)

(2)净利息收益率 = (8800 ×1.08 −7200 ×1.1)/(49230.769 ×1.1) =2.93%

六、论述题

商业银行稳健发展的基础是妥善管理风险。商业银行所面临的风险主要有哪些种类？商业银行管理利率风险的方法主要有哪些？

答：商业银行风险是指商业银行在经营活动中，因不确定因素的单一或综合影响，使商业银行遭受损失或获取额外收益的机会和可能性。

（1）商业银行所面临风险的种类

商业银行的风险分类有很多种：按风险的主体构成分为资产风险、负债风险、中间业务风险和外汇风险；按风险产生的原因分为客观风险和主观风险；按风险的程度可分为低度风险、中度风险和高度风险；按业务面临的风险分为流动性风险、利率风险、信贷风险、投资风险、汇率风险和资本风险等等。最后一种风险的分类方法最为常见。

①流动性风险，是指商业银行没有足够的现金来弥补客户取款需要和未能满足客户合理的贷款需求或其他即时的现金需求而引起的风险，该风险将导致银行出现财务困难，甚至破产。评判商业银行流动性风险及其程度的指标主要有：存贷比率、流动比率、大面额负债率和存贷变动率等等。

②利率风险，是指由于市场利率波动造成商业银行持有资产的资本损失和对银行收支的净差额产生影响的金融风险。该风险因市场利率的不确定性而使银行的盈利或内在价值与预期值不一致。

③信贷风险，是指接受信贷者未能按约偿付贷款的可能性。信贷风险将导致银行产生大量无法收回的贷款呆账，将严重影响到贷款资产质量，过度的信贷风险可致银行倒闭。信贷风险对银行的影响往往不是单一的。信贷风险常常是流动性危机的起因，贷款不能按时收回将直接影响银行的流动性。同时，利率风险会波及信贷风险，当利率大幅度上升时，借款偿债力下降，银行信贷风险加大，信贷风险与利率风险和流动性风险之间有着内在联系，具有联动效应。

④投资风险，是商业银行因受未来不确定性的变动而使其投入的进程和预期收益产生损失的可能性。按商业银行投资的内容分，投资风险包括证券投资风险、信托投资风险和租赁风险等等。投资风险属银行信用风险之列。商业银行投资风险来自三个方面：经济风险、政治风险和道德法律风险。

⑤汇率风险，是指银行在进行国际业务中，其持有的外汇资产或负债因汇率波动而造成价值增减的不稳定性。

⑥资本风险，是指商业银行最终支持清偿债务能力方面的风险。该类风险的大小说明银行资本的耐力程度。银行的资本越充足，它能承受违约资产的能力就越大。但是银行的资本风险下降，营利性也随之下降。

（2）商业银行管理利率风险的方法

利率风险是银行的基本金融风险之一，利率风险管理也成为银行进行资产负债管理的重要内容。资金缺口管理和持续期管理是利率风险管理的主要方法。

①资金缺口管理

资金缺口管理是银行在对利率进行预测的基础上，调整计划期利率敏感性的资产与负债的对比关系，规避利率风险或从利率风险中提高利润水平的方法。

当银行进行资金缺口管理时，通常将资金缺口和利率敏感比率两项指标结合起来共同考察银行资产、负债的利率敏感程度，这样才能有利于作出科学的决策。其中：

资金缺口（GAP）= 利率敏感资产（RSA）- 利率敏感负债（RSL）

利率敏感比率（SR）= 利率敏感资产（RSA）/利率敏感负债（RSL）

a. 银行资产负债结构的利率敏感性分析。资金缺口管理就是在银行对利率预测的基础上，调整计划期内的资金缺口的正负和大小，以维持或提高利润水平。当预测利率将要上升时，银行应尽量减少负缺口，力争正缺口；当预测利率将要下降时，则设法把资金缺口调整为负值。资金缺口管理的关键是对资金缺口的调整，而调整的基础是对资产负债结构的利率敏感程度的分析，所以银行资金配置状况的利率敏感性分析是资金管理的基础。

b. 利率波动周期与资金缺口管理。对于银行而言，利率波动是由市场因素决定的外生变量，其变动独立于银行经营管理决策之外。所以对于银行管理人员来讲，进行资金缺口管理就是要力争准确预测利率的变动方向，及时调整资金缺口的方向与大小。

②持续期缺口管理

当市场利率变动时，不仅仅是各项利率敏感资产与负债的收益与支出会发生变化，利率不敏感的资产与负债的市场价值也会不断变化。持续期缺口管理就是银行通过调整资产负债的期限与结构，采取对银行净值有利的持续期缺口策略来规避银行与负债的总体利率风险。持续期缺口管理能够综合反映银行资金配置状态对利率变动的敏感性，以银行净值即股东权益最大化为其管理目标。

持续期缺口是银行资产持续期与负债持续期和负债资产现值比乘积的差额。用公式表示为：

$$D_{GAP}=D_A-UD_L$$

式中，D_{GAP}为持续期缺口；D_A为资产持续期；D_L为负债持续期；U为负债资产系数。

下面的公式表明了银行净值变动、持续期缺口与利率变动三者之间的关系。

$$\frac{\Delta NW}{P_A}=-\frac{\Delta i}{1+i}\cdot D_{GAP}\text{（其中 }\Delta NW\text{ 为银行净值变动额）}$$

当持续期缺口为正值时，银行净值随利率上升而减少，随利率下降而增加；当持续期缺口为负值时，银行净值随市场利率上升而上升，随利率下降而下降；当持续期缺口为零时，银行净值在利率变动时保持不变。

第5篇　金融发展与稳定机制

第26章　货币经济与实际经济

一、概念题

1. 货币中性［华东师范大学2023年研］

答：货币中性是货币数量论一个基本命题的简述，即流通中的货币数量只影响经济中的价格水平，不会影响就业、产出等实际变量。有关货币中性的问题是理论界长期争论的一个重要问题。传统的货币数量论认为货币量的增减只会导致一般物价水平同方向、同比例的变化，而不会带动实际收入水平的变化，货币是中性的。反之，如果货币因素能改变实际资源的配置，那么货币就是非中性的。

2. 货币政策超中性

答：货币政策超中性是指保持动态均衡的目标。超中性的货币政策要求：货币数量增长（人口的增长、科技进步、经济增长都使实际货币需求增大）；货币量增长率应与实际经济变量相适应，以求得资源配置的动态均衡。

3. 货币非中性［上海交通大学2004年研］

答：货币非中性是与货币中性论相对立的关于货币在经济中的作用问题的一种理论。货币非中性是指名义货币供给量的变动能够引起相对价格和利率的变动，从而引起消费或投资方式的变化，进而改变经济中的实际变量。这是因为，从短期来看，价格不可能立即随货币数量的变动而同比例的变动。相反，各类价格会以不同的比率对某种货币变化做出反应，进而影响相对价格体系，并对就业和产出产生影响。更为重要的是，价格水平的变化会造成实际收入在债权人和债务人之间分配的变化，价格的骤然下跌会导致债务人大批破产，对国民经济产生有害的影响。短期货币非中性是凯恩斯主义货币理论的一个基本特点，这一特点产生于下述论断：在经济中存在大量失业的状况下，价格并不随货币数量的增加而同比例上涨，由此而造成的实际货币数量的增加将导致利率下跌，并因此而使投资和国民收入水平增长。短期货币非中性也是现代货币主义者的基本信条，M·弗里德曼指出：在短期内，如5~10年间，货币变动会主动影响产出；另一方面，在几十年内，货币增长率则主要影响价格。

4. 货币面纱论

答：货币面纱论是认为货币对实际产出水平不产生影响的典型理论。“面纱论”认为，货币对于实际经济过程来说，就像罩在人脸上的面纱，它的变动除了对价格产生影响外，并不会引起诸如储蓄、投资、经济增长等实际经济部门的变动。如果说，在一定条件下，货币供给在短期内还具有增加实际产出的效应，从长时期考察，也只能增加名义产出量，而不能提高实际产出水平。

二、判断题

1. 一国的货币化率越大，说明该国的货币化程度越高。(　　)

【解析】货币化率也叫马歇尔 K 值，就是指一国通过货币进行交换的商品和服务的值占国民生产总值的比重，货币化率 = M2/GNP。这个比重越高，说明一国的货币化程度越高。随着商品经济的发展，使用货币作为商品和服务交换媒介的范围越来越广。通常这种现象称为社会货币化程度的不断提高。

2. 在一国的经济发展过程中，国民财富的增长比金融资产的增长更为迅速。(　　)

【解析】在一国的经济发展过程中，金融资产的增长比国民财富的增长更为迅速。戈德史密斯在《金融结构与发展》一书中，详尽地研究了截至 1963 年的近 100 年内 30 多个国家的金融发展状况，得出以下主要判断：从纵的方向看，在一国的经济发展过程中，金融资产的增长比国民财富的增长更为迅速。

3. 仅通过货币化率指标不能判断不同国家的货币化程度高低。(　　)

【解析】由于各国的经济、金融结构与发展模式不同，以及一国不同发展阶段的差异，使得诸如货币化率、金融相关率等一系列金融发展的衡量指标不同，因此不能通过简单的纵向或者横向比较而轻率做出结论。例如，我国 2007 年的货币化率(广义货币/GDP)为 1.62，而同期美国的货币化率仅为 0.54，但不能由此得出我国经济的货币化程度高于美国的结论。

1√　2×　3√

第 27 章　金融发展与经济增长

一、概念题

1. 贷款损失拨备覆盖率

答：贷款损失拨备覆盖率是指拨备占不良贷款的比例，该比率越高，银行运营的安全性越强。拨备是指商业银行根据“一逾两呆”“五级分类”或更严格的“十二级分类”方法来估计贷款资产中的不良贷款比率，并根据成为坏账的风险高低计提的准备金。

贷款损失拨备覆盖率计算公式为：贷款损失拨备覆盖率 = 贷款损失准备金计提余额/损失贷款余额。它是衡量商业银行贷款损失准备金计提是否充足的一个重要指标，反映了商业银行对贷款损失的弥补能力和对贷款风险的防范能力。

由于各家银行计提标准不尽相同，因此不同银行间的拨备覆盖率可比性不强，投资者应更多关注具体银行的不良贷款率和拨备覆盖率与自身历史数据的比较，看是否改善或恶化。当不良贷款率上升时，计提的拨备也会上升，银行利润就会下降；相反，不良贷款率下降会减轻银行计提拨备的压力，对利润就会有积极贡献。鉴于此，有时银行也会通过改变计提拨备的标准来调节利润，投资者可能会发现银行不良贷款率和拨备计提出现不正常的快速下降而制造出“虚假”利润增长。

2. 金融压抑

答：金融压抑是指一国的金融体系不健全，金融市场机制未能充分发挥作用，经济生活中存在过多的金融管制措施，而受到压制的金融反过来又阻滞着经济的成长和发展。“金融压抑论”是由美国经济学家罗纳德·麦金农(Ronald Mckinnon)提出的一种理论，揭示的是发展中国家存在的政府当局对金融的过分干预，严格管制(人为压制)利率和汇率，使之不能真实地反映资金和外汇供求，以至不能充分动员国内储蓄资源而过分依赖外资，政府又不能有效地抵制通货膨胀，从而制约经济发展，经济落后反过来又进一步采取金融压抑措施，形成恶性循环的现象。金融压抑主要表现为以下方面：金融市场发展不够、金融商品较少、居民储蓄率高、利率管制、实行选择性的信贷政策、对金融机构进行严格管理以及人为高估本国汇率提升本国币值等。

3. 金融发展

答：金融发展是指金融交易规模的扩大和金融产业的高度化过程带来金融效率的提高。体现为金融压制的消除、金融结构的改善，即金融工具的创新和金融机构适应经济发展的多样化。其量的方面(规模)可以以金融资产与实物资产的比率(金融相关比率)等指标来衡量。质的方面(效率)可以以实际利率、金融工具与经济部门的分类组合(金融相关矩阵)，各部门的资金流量表的合并(金融交易矩阵)和融资成本率等指标来衡量。经济主体为追逐潜在收益而进行的金融创新(包括制度创新和技术创新)是金融发展的根本动力。金融发展的一般规律是金融相关比率趋于提高。

4. 金融同质化

答：金融同质化是指所有的金融机构正在提供同质的或类似的产品与服务。这是第二次世界大战以后，各国原先普遍推行的业务日益交叉，走向多样化和综合化的结果。金融同质化的途径有三种：①直接开办其他金融机构所经营的业务。②通过收购、合并或成立附属公司的做法，互相渗入对方的营业领域。③通过金融创新绕过管制，向顾客提供原来只由竞争对手所经营的产品与服务。目前，金融同质化已成为美国、英国、日本和加拿大等国的共同现象，它反映了金融机构对各种管制的不满及其追求全面服务的强烈愿望，有助于满足顾客多样化的要求。

5．金融相关率

答：金融相关率是指某一时期一国全部金融资产价值与该国经济活动总量的比值。金融资产包括：非金融部门发行的金融工具（股票、债券及各种信贷凭证）；金融部门，即中央银行、存款银行、清算机构、保险组织和二级金融交易中介发行的金融工具（通货与活期存款、居民储蓄、保险单等）和国外部门的金融工具等。经济活动总量，在实际统计时，常常用国民生产总值或国内生产总值来表示。

6．金融生态

答：从狭义上讲，金融生态是指金融基础设施及其运行状况；从广义上讲，金融生态是指金融体系运行的外部环境，是影响金融体系生存发展的各种因素的总和，包括经济、政治、文化、地理、人口等一切与金融运行相关的方面。完善的金融生态环境是维护金融稳定的基本条件和重要保障。

一般地，金融生态就是指微观层面的金融环境，包括法律、社会信用体系、会计与审计准则、中介服务体系、企业改革的进展及银企关系等方面的内容。金融生态的改善包括以下几个方面的内容：①建立良好的法律和执法体系；②加快企业客户的市场化改革；③完善社会信用体系；④提高审计、会计、信息披露等标准；⑤要提升中介机构的专业化服务水平。

二、选择题

1．以下改革措施当中，不属于金融深化的范畴的是（　　）。

A．取消利率上限，以减少通货膨胀

B．放松汇率限制以减少高估货币对出口的打击

C．统一并减少金融工具的种类

D．允许金融机构之间开展竞争

【解析】金融深化是指一个国家的金融和经济发展之间呈现相互促进的良性循环状态，其具体表现为：①取消利率上限，以减少通货膨胀；②放松汇率限制以减少高估货币对出口的打击；③允许金融机构之间开展竞争等。

2．在发展中国家的金融自由化改革实践中，被视为成功范例的国家是（　　）。

A．韩国　　B．阿根廷　　C．智利　　D．新西兰

【解析】金融自由化指政府放弃对金融市场和金融体系的过度干预，并放松对利率和汇率的严格管制，使利率和汇率成为反映资金供求和外汇供求对比变化的信号，从而有利于增加储蓄和投资，促进经济增长。在发展中国家的金融自由化改革实践中，新西兰是一个成功的范例。

1C　2D

3. 下列属于金融抑制的有(　　)。

A. 对存贷款利率及汇率水平进行管制　　B. 对商品价格进行管制

C. 对金融市场业务的隔离　　D. 对国外资本的进入进行限制

【解析】金融抑制是指由于政府对金融实行过分干预和管制，人为压低利率和汇率并强行配给信贷，造成金融体系与实际经济同时呆滞落后的现象，金融压制使金融和经济发展之间出现相互制约的恶性循环。金融抑制针对的是金融市场，因此，B 项不符合题意。

4. 金融自由化的主要内容有(　　)。

A. 放松利率管制　　B. 发行直接融资工具

C. 放松汇率限制　　D. 缩减指导性信贷计划

【解析】金融自由化的主要内容包括：①实现完全的利率和汇率的自由化、市场化；②改变境内外金融市场的分离状态，对外开放金融市场，实行外汇交易自由化等等。

三、判断题

1. 金融发展决定经济发展。(　　)。

【解析】金融发展可以推动经济的发展，但不能说金融发展决定经济发展，经济发展是由生产力的发展决定。

2. 以“金融深化”为主题的金融改革的一个重要方面是减少金融机构审批限制以促进金融同业竞争。(　　)

【解析】通过金融自由化政策、金融深化政策来促进金融部门自身的发展，进而促进经济增长，改革核心内容主要有以下几个方面：①放松利率管制。②缩小指导性信贷计划实施范围。③减少金融机构审批限制，促进金融同业竞争。④发行直接融资工具，活跃证券市场。⑤放松对汇率和资本流动的限制。

3. 发达国家的企业主要依靠内部积累融资。(　　)

【解析】发达国家金融市场发达，企业可以直接从市场上融资，而不是主要依靠内部融资。

4. 金融机构从集团化向单一结构方向发展是金融机构创新的主要表现之一。(　　)

【解析】随着金融机构创新的进行，金融机构逐渐从单一结构向集团化发展。

5. 解除金融压制，促进金融深化，是发展经济繁荣金融的必要条件。(　　)

【解析】麦金农和肖认为，金融压抑(压制)政策所带来的金融萎缩严重制约了发展中国家的经济增长，使得发展中国家陷入了金融萎缩和经济萎缩的恶性循环。他们认为，发展中国家必须解除对金融资产价格的不适当管制，通过金融自由化政策、金融深化政策来促进金融部门自身的发展，进而促进经济增长，以打破这一恶性循环。

四、简答题

1. 简述爱德华·肖的“金融抑制”论的主要观点。

答：(1)“金融抑制”论是考察发展中国家金融与经济发展的关系的一种理论。该理论

3ACD　4ABCD　**|**　1×　2√　3×　4×　5√

认为，由于政府当局过分干预金融，人为地压低利率和汇率，使两者无法真实地反映资金和外汇的供求关系，而政府又不能有效地控制通货膨胀，结果造成金融与经济发展的恶性循环关系；金融制度的落后阻碍经济发展，而经济停滞或落后又制约着金融制度的发展。

(2)“金融抑制”论主要代表人物为美国经济学家罗纳德·麦金农(Ronald-Mckinnon)和爱德华·肖(Edward Shaw)。其中，麦金农的观点主要是揭示了货币与实质资本之间在发展中国家不存在“替代”关系而只有一种“互补”关系，并且金融抑制会阻碍总产出量的增长。

美国的另一位经济学家E. S·肖对麦金农提出的金融抑制论作了进一步完善和发展，肖也否定了货币与实质资本的替代关系而承认其互补性，但是他不同意麦金农的关于实质现金余额增减会导致总产出增减的“互补效应”，而是提出了“债务中介论”。实质货币不是财富货币，也不是生产要素，实质货币余额的增减不会影响社会收入变化，货币只是金融体系的债务中介，金融中介机构通过货币这个债务中介对整个社会经济的发展起重大作用。金融中介机构通过发行更多的金融资产，政府当局通过提高实际利率等手段可以使金融市场的资产收益率水平和结构更加合理，从而导致储蓄、投资、就业和收入增加四大效应。

肖认为，发展中国家造成金融抑制的手段也是对名义利率规定最高上限，而无法控制通货膨胀，结果，实际利率往往是负数，金融资产持有者得到的不是报酬，而是惩罚。这样，很低的、负数的及不确定的实际存款利率和总需求量，降低了这种金融过程提供储蓄的能力。与此同时，由于实际贷款利率很低甚至是负数，对金融机构的过多贷款需求只能靠配给办法来解决，因为贷款利率未能发挥判别投资的作用。这种贷款配给制度产生了许多不良后果：腐败现象、资金配给不合理、社会成本增大、投资－产出比率很高。此外，贷款利率的严格限制，导致了场外直接金融交易的猖獗和高利贷的产生。除利率压制手段以外，肖还认为有其他的压制手段，如本币币值高估、外汇强行配给、财政税收政策对金融资产的压制等。

肖认为，发展中国家产生的这些金融压制的根源较为复杂。有些国家是在迫不得已的情况下无意识地卷进；有些国家则是有意识地选择这一发展政策；有些国家是患了殖民地时代经济的后遗症；有些国家则是受到各阶层利益关系的牵扯；也许还有些国家之所以选择金融压抑策略，是由于反高利贷，货币当局不能控制名义货币量，或者以错误的理论对货币政策进行指导。在肖看来，不管是何种原因或理由造成的金融压制，都是一种不利于发展中国家经济发展的选择。要使发展中国家的经济得到持久而稳定的发展，必须抛弃金融抑制手段或政策，进行金融改革和深化。

2. 试分析金融压制论的主要观点。

答：“金融压制”论的主要代表人物是美国经济学家罗纳德·麦金农(Ronald Mckinnon)和爱德华．肖(Edward Shaw)。该理论考察了发展中国家金融与经济发展的关系，它认为，由于政府当局过分干预金融，人为地压低利率和汇率，使两者无法真实地反映资金和外汇的供求关系，而政府又不能有效地控制通货膨胀，结果造成金融和经济的恶性循环关系：金融制度的落后阻碍了经济的发展，而经济停滞或落后又制约着金融制度的发展。

金融压制论的主要观点可以从以下几个方面进行分析：

(1)金融抑制的根源

金融抑制现象的产生并不是偶然的，它有着复杂的经济、政治和社会历史根源。根据麦金农和肖的观点，金融抑制的原因主要有以下几点：

①发展中国家经济的严重分割性。麦金农认为，发展中国家的经济具有严重的分割性，资金、技术、土地、劳动力等生产要素分散于零散的经济单位之中，国内市场也处在割裂状态，市场价格千差万别，这种“分割经济”也就决定了金融体制的割裂与脆弱。市场机制的不健全使得有限的金融机构不能充分发挥导管的作用，因而投资多局限于本行业之中，造成了“内源融资”的盛行和储蓄不足，进而影响到社会的再投资能力，造成全社会范围内效益的损失，延缓了经济发展。

②政府的过多干预。从政治方面看，由于大多数发展中国家对市场的作用持怀疑态度，加之本国经济的落后与割裂，因此它们宁肯相信政府干预的力量也不愿将国家的经济命脉交由那只“看不见的手”来操纵。

③信贷管制。对大多数发展中国家来说，高利贷就意味着剥削，意味着社会财富的分配不公，而且支付了高额利息的生产商又会通过成本推进效应，将这笔费用计入最终产品的价格中，从而导致通胀率的上升。因此，发展中国家大多实行了较为严格的信贷管制。

(2)金融抑制的手段和表现

由于上述的种种原因，发展中国家的政府常常实施一些错误的金融政策和金融制度，主要表现为：政府对金融活动的强制干预，它主要包括以下几方面内容：

①规定存贷款利率上限。由于惧怕高利率会引发高通胀，一些发展中国家政府采取了规定存贷款利率上限的做法，这种僵硬的名义利率往往低于实际的通货膨胀率，对于储蓄者来说，得到的实际利率为负数，当然就不愿将货币余额再存入金融体系之中；另一方面，较低的贷款利率又刺激了借款人的强烈的借款需求，导致资金需求远远大于供给。于是借款人纷纷转向非组织的金融市场来寻求所需的资金。这种游离于金融体系之外的融资反过来又加剧了金融管制的盛行。

②汇率管制。由于本国经济的长期落后，有相当数量的产品需要依赖进口，于是政府常常采取高估本币低估外币的方法来保持本币币值的相对稳定性。这一方面导致发展中国家外汇市场发育缓慢，另一方面也对该国的出口造成了灾难性的打击，并造成经济上的长期依赖性和落后性。

③金融管理方面的弊病。例如政府部门高度集权、管理机构重复设置、财政政策和货币政策相互矛盾等。

④金融体系的抑制现象。包括金融市场的不健全和金融工具单调等等。

(3)金融抑制后果

由于金融与经济的密不可分性，金融抑制战略会对经济发展产生影响，主要表现为以下四个负效应：①负收入效应；②负储蓄效应；③负投资效应；④负就业效应。

3. 和发达国家相比，发展中国家的金融体制相对落后。试从金融结构角度简述发展中国家的这一特点。

答：从金融机构角度考察，发展中国家的金融体制具有如下特点：

(1)发展中国家的金融工具形式单一，规模有限。而发达国家的金融工具多种多样，规模庞大。

(2)发展中国家的金融体系存在着明显的“二元结构”：一是以大城市和经济发达地区为中心的以现代大银行为代表的现代部门；二是以落后的农村为中心的由钱庄、当铺、合会为代表的传统部门。

(3)发展中国家金融机构单一，商业银行在金融活动中居于绝对的主导地位，非银行金融机构则不发达；金融机构的专业化程度低，金融效率低。而发达国家的金融机构体系却功能全面。

(4)发展中国家的直接融资市场极其落后，并且主要是作为政府融资的工具而存在；企业的资金来源主要靠自我积累和银行贷款。

(5)由于发展中国家实行严格的管制，致使金融资产价格严重扭曲，无法反映资源的相对稀缺性。具体表现是压低实际利率，高估本国货币的币值。

4. 许多发展中国家都实行的是金融压抑政策，简述这一政策的内容。

答：发展中国家的政府都想积极推动经济发展，但面对的现实是经济发展水平低、政府财力薄弱、外汇资金短缺。为获得资金实现发展战略，政府常常采取“压抑”性的金融政策：

(1)发展中国家通常以设定存贷款利率上限方式来压低利率水平；同时，由于依靠通货膨胀政策来弥补巨大的财政赤字，通货膨胀率居高不下，实际利率通常很低，有时甚至是负数。这就严重脱离了发展中国家资金稀缺从而必然要求利率偏高的现实。过低的实际利率使得持有货币(这里是指广义货币 M2)的实际收益十分低下，从而降低了人们对货币的需求，金融资产的实际规模也就无从得到发展。

(2)发展中国家通常面临着巨大的资金短缺。面对这种情形，往往实行选择性的信贷政策，引导资金流向政府偏好的部门和产业。而这些为政府所偏好的企业和项目，大多是享有特权的国有企业和具有官方背景的私有企业，由此导致的直接后果是资金分配效率十分低下。

(3)对金融机构实施严格的控制，直接后果是金融机构成本高昂、效率低下、金融机构种类单一。

(4)为了降低进口机器设备的成本，发展中国家常常人为地高估本币的汇率，使其严重偏离均衡的汇率水平。发展中国家产品的国际竞争力本来就处于弱势，过高的本币汇率使其更弱；经济的落后本来需要进口，过高的本币汇率使进口需求更高。其结果是汇率政策使资金陷入了更为严重的外汇短缺境地。

5. 简述金融抑制对经济发展的不良效应。

答：麦金农认为，由于发展中国家人为地压低利率，或由于通货膨胀率较高，或由于二者的共同作用，导致实际利率太低甚至为负，则会导致货币积累不足，即储蓄不足，从而导致投资不足，抑制经济的发展，这被麦金农称为“金融抑制”。

金融抑制对经济和金融的发展有四个方面的不良影响：

(1)负收入效应。许多奉行金融抑制的发展中国家都存在着严重的通货膨胀，作为实际货币余额 M/P 的持有者和使用者，公众和企业为避免承受物价上涨的损失，就会减少货币形式的储蓄。储蓄下降导致投资减少，总需求下降，国民收入的增长放慢，收入增长也随之下降，国民经济和收入的增长速度都进入了负循环之中。

(2)负储蓄效应。许多发展中国家都存在着市场分割和经济货币化程度低、金融工具品种单一、数量少的问题，甚至许多地区仍然停留在物物交换的阶段。由于通货膨胀率既不稳定也无法预测，官定利率又不能弥补价格上涨给储蓄者造成的损失，加上上述实际货币余额持有的增加，人们更加倾向以储藏物质财富、增加消费支出和向国外转移资金的方式规避风险，储蓄率的提高受到极大影响。

（3）负投资效应。金融抑制限制了许多发展中国家对传统部门的投资，农业投资的减少致使农业产出下降，增加了这些国家对粮食和原材料进口的需求，这种需求在相当程度上不得不依靠外援来满足；本币的高估和对小生产者贷款的限制，严重阻碍了这些国家的出口增长，这使得经济的对外依赖进一步提高；同时，这些国家的领头部门存在着较高的资本－劳动比率，不熟练的生产技术和经常性的过剩生产能力，降低了投资的边际生产力；最后，对城市基础设施建设的滞后，恶化了投资环境和投资条件。所有这些都阻碍了这些国家投资的增长。

（4）负就业效应。除了负收入和负投资效应所造成的就业机会减少以外，金融抑制对传统部门的抑制，也是负就业效应的重要原因。因为向城市转移的大量劳动力中，只有小部分能为工资水平相对较高的资本密集型产业所吸收，没有被吸纳的部分，或是滞留于工资水平相对较低的行业、企业中，或是干脆处于失业状态。城市化和工业化过程中对就业产生积极影响的过渡效应、溢出效应或联动效应，在金融抑制的国家都得不到充分明显的表现。

五、论述题

试述金融深化对经济发展的效应。

答：（1）金融深化对经济发展的正效应可以归纳为以下四种：

①收入效应。所谓收入效应是指实际货币余额的增长引起社会货币化程度的提高，从而对实际国民收入的增长所产生的影响。这种效应是双重的，即：由于货币行业服务对国民经济具有促进作用而产生的正效应；由于货币供应需要耗费实物财富和劳动，从而减少可用于国民收入生产的实际资源而产生的负效应。金融深化所导致的收入效应是有利于经济发展的正效应。

②储蓄效应。储蓄效应表现在两方面：一是金融深化引起实际国民收入增加，社会储蓄总额也将按一定比例增加；二是金融深化提高了货币的实际收益率，导致整个经济社会的储蓄倾向增强。

③投资效应。它也包括两方面：一是储蓄效应增加了投资总额；二是金融增长提高了投资的效率。

④就业效应。由于货币实际收益率的上升导致了投资者资金成本的提高，因此投资者倾向于以劳动密集型的生产替代资本密集型的生产以节约资本的使用，从而使整个社会的就业水平得以提高。

（2）金融深化的逆效应分析

①冲击银行体系的稳定性。以金融自由化为特征的金融深化将把银行体系置于广阔的市场风险之中：首先，金融深化的短期金融市场利率和资本市场利率（公司债券与股票市场利率）、国际业务汇率被随市场供求而变动的自由利率所替代，提高了金融业务预期收益的不确定性和风险性；其次，金融深化为企业开辟了更多的直接融资渠道，银行间的金融业务竞争加剧，从而使银行利润下降。若银行储备金中的一部分来自利润，就会减少银行应付呆账、坏账贷款的储备金，削弱银行战胜金融危机的能力；若银行欲获取短期内的最大化利润，就会助长银行的非生产性和潜在不稳定性的投机行为，把银行置于破产倒闭的危险之中；再次，金融深化往往使实际利率高于市场出清的均衡利率。当利率上升时，所有

投资项目的回报率下降，低风险项目可能不获利，激励效应会引致公司转而追求更具风险的项目。因信息是不对称的，即借款者比贷款者知道更多有关拟建项目的信息，若银行把利率作为审查标尺，又无完善的对借贷人行为的监督机制，则可能使银行因可贷资金的过度供给而产生恶习性风险。

②债务危机。一些发展中国家在未能有效控制财政赤字、实现预算平衡的情况下急于推行金融深化战略，从而提高了实际利率。一方面，政府为避免财政赤字所导致的通货膨胀，往往以高于市场利率的利率在国内大量举债，这势必增加政府负债的融资成本；另一方面，政府为推动经济起飞而大量从国外融资，为国内经济运行注入资金，但因微观经济活力不足、投资收益率低下，因而难以征收足够的税收来弥补政府赤字、偿还债务。债务高利率的累积效应将使债务与其GNP的比例上升到无法控制的地步，从而引发债务危机。

③经济滞胀。发展中国家金融深化的实践表明：金融深化可能导致投资和产出的增加，可能导致实际利率高于均衡利率，居民的边际储蓄倾向提高，银行可贷资金供给增加。但是也存在如下问题：首先，居民的边际消费倾向下降，减少了拉动投资的社会总需求；其次，高利率增加了企业流动资金的成本和融资成本，降低了投资收益率，甚至使企业无利可图或亏损，从而制约了企业的投资动力；再次，短期外国资本流入和追求高利润常导致更多的消费信用等。所有这些，加上政府为控制赤字而减少支出所产生的投资减少乘数效应会大规模收缩经济，使经济出现停滞和衰退。

④可能导致破坏性的资本流动。金融深化使国内存款利率高于世界金融市场的利率水平，而其间的利差往往不能通过国内货币的预期贬值而抵消；资本的边际生产力通常较高，国内企业能从国外大量融资；政府为扩张经济而大量吸引外资，因此过早地放松或取消了对资本流动的限制。这些都会导致大规模的短期资本流入，破坏中央银行控制货币流通基数的能力，引起严重的通货膨胀。一旦抑制经济过热，又会引起资本大量流出，导致经济迅速衰退。

第 28 章　金融脆弱性与金融危机

一、概念题

1. 金融脆弱性

答：金融脆弱性简称“金融脆弱”，又称“金融内在脆弱性”。金融脆弱是指风险积聚所形成的“状态”与稳定、坚固、不易受到破坏、摧毁相对的状态。狭义的金融脆弱性是指金融业由于具有高负债经营的行业特点而容易失败。广义的金融脆弱性泛指一切融资领域，包括金融机构融资和市场融资中的风险积聚。

2. 金融风险

答：金融风险是指潜在的损失可能性。金融风险与金融脆弱性意义相近。金融脆弱是指风险积聚所形成的状态。金融风险概念既用于微观领域，也用于宏观领域。金融脆弱性多用于对金融体系的讨论。

二、选择题

1. 金融危机的危害主要表现为(　　)。

A. 金融机构经营困难　　B. 财政负担加重

C. 货币政策效率降低　　D. 出现债务紧缩效应

【解析】金融危机发生会造成金融机构经营困难，收入减少，财政收入减少，同时政府投资也很大可能增加，从而造成财政负担加重。通货存款比减少，货币乘数减小，货币政策效率降低。金融危机之后的萧条阶段，银行信用必然过分紧缩。

2. 金融自由化改革的核心内容有(　　)。

A. 放松利率、汇率管制

B. 缩小指导性信贷计划实施范围

C. 减少金融机构审批限制，促进金融同业竞争

D. 发行直接融资工具，活跃证券市场

【解析】金融自由化改革的核心内容主要有：①放松利率管制；②缩小指导性信贷计划实施范围；③减少金融机构审批限制，促进金融同业竞争；④发行直接融资工具，活跃证券市场；⑤放松对汇率和资本流动的限制。

三、判断题

1. 金融脆弱性是内生的。(　　)

【解析】金融脆弱性，有时称为“金融内在脆弱性”，有时简称“金融脆弱”；20 世纪 80 年代中期，明斯基较早地对金融内在脆弱性问题作了系统阐述，形成了“金融脆弱性假说”。金融脆弱性假说认为私人信用创造机构，特别是商业银行和其他相关的贷款者，它们的内在特性使得自己不得不经历周期性危机和破产浪潮；而它们的困境又被传递到经济体的各个组成部分，进而产生了经济危机。

1ABCD　2ABCD　▎　1√

2．金融自由化改革必须与价格改革或自由定价机制相配合。(　　)

【解析】金融自由化改革必须与价格改革或自由定价机制相配合，如果价格机制扭曲，会导致新的资源配置结构失调。

3．通过金融自由化的改革，中央银行提高了自身控制货币的能力。(　　)

【解析】通过金融自由化的改革，中央银行降低了自身控制货币的能力。

4．放宽金融机构开业的限制可能会使银行从事高风险的业务，加大金融体系的潜在风险。(　　)

【解析】机构准入自由包括两个方面：一是放宽本国金融机构开业的限制；二是对外开放，允许外资金融机构准入。两个方面的结果，都使银行竞争加剧，降低了银行特许权价值。准入的限制使银行的执照对其持有者来说具有很高的价值。因此，为了保住这种宝贵的执照，银行关注稳健经营。当自由化改革导致银行竞争加剧并减少了收益时，特许权价值被侵蚀，这就会削弱银行管理风险的自我激励，并有可能加大脆弱性。如果在金融自由化过程中缺乏足够的谨慎监管和监督措施，银行就可能通过各种途径从事高风险的业务，加大金融体系的潜在风险。

5．只要出现突发的金融事件，就会爆发金融危机。(　　)

【解析】并非只要出现突发的金融事件，就会爆发金融危机。如果突发的金融事件能得到及时有效的控制，就不会爆发金融危机。

四、简答题

1．金融脆弱性的内在机制是什么？［兰州大学2020年研］

答：金融脆弱性在狭义上是指金融业高负债经营的行业特点决定的更易失败的本性；广义上是指一种趋于高风险的金融状态，泛指一切融资领域中的风险积聚，包括信贷融资和金融市场融资。

对金融脆弱性成因的研究，按照研究对象基本可分为：①传统的、通过金融机构运作的信贷市场的脆弱性；②金融市场的脆弱性。金融脆弱性的内在机制可从以下角度分别阐述：

(1)金融脆弱性假说：企业角度

金融脆弱性假说认为商业银行和其他相关的贷款者，它们的内在特性使得自己不得不经历周期性危机和破产浪潮；而该困境又被传递到组成经济体的各个部分，进而产生了经济危机。

(2)安全边界说：银行角度

克瑞格引用了安全边界概念来解释金融脆弱性。安全边界可理解为银行收取的利息之中包含有必要风险报酬的“边界”，它能向银行提供一种保护。银行家虽然比较了解市场竞争状况和竞争者的未来计划，可是他对未来市场状况的把握不一定很准。在这种情况下，银行家主要看借款人过去的信用记录来决定是否贷款。在经济稳定扩张之际，很多有较大风险的项目也不会出问题，于是有良好信用记录的借款人越来越多。至于信贷的项目本身风险，银行家赋予借款人正面信用记录的权重提高了，相应地降低了安全边界。时间一长，

2√　3×　4√　5×

先前不能从银行家那里获得贷款或者被要求很高安全边界的借款人，也能逐渐获得贷款。经济扩张、安全边界与信用记录权重的相互配合，使得银行家没有发现信用风险正在扩大。

(3)一般均衡信贷链模型

信贷过程所具有的信息特征，决定了任何企业既是借款人又是贷款人。如图 28－1 所示，在由许多企业(图中的 A0 至 A7)相互链接形成的圆周上，破产会导致一个企业沿着圆周传递并形成一系列的破产。一旦发现某企业存在破产的可能性，处在圆心的银行必然选择更加谨慎的信贷政策，从而形成了一条很长的信贷危机链。

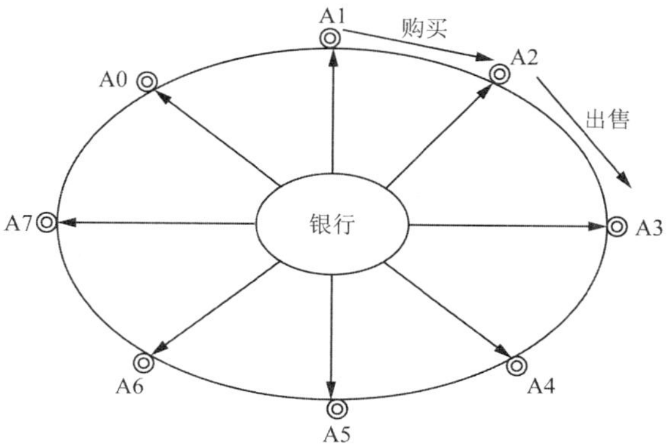

图 28－1 信贷关系的一般均衡模型

该模型揭示出，即使经济的基本面未见异常，若银行认为某些企业的还款能力低下，就会拒绝向它们提供新的贷款，由此诱使信贷链上的相关企业与原有的信贷联系被中断，结果是该企业破产。信贷链的这种局部性的变化会沿着企业圆周不断放大，最终导致金融体系的崩溃。银行越是预期企业违约，其金融行为就越是保守，则企业的信贷承诺就越是趋于软化，促使了大量的违约的发生。

(4)金融市场的脆弱性

人们常常从价格波动的角度来研究金融市场的脆弱性，金融资产价格的过度波动是其累积的重要来源。由于投资者对未来收入流量变化有所预期，该心理预期将会影响资产价格的波动，从而造成金融市场的脆弱性。

2. 从信息不对称角度简要解释信贷市场脆弱性。

答：信贷市场上借贷双方存在着信息不对称性，金融机构的存在可以在一定程度上减少信息不对称的矛盾。当存款人将他们的资金集中到某家金融机构中时，事实上是委托该金融机构作为代理人来对不同的借款人进行筛选，决定是否贷款，以及如何对贷款进行定价。而零散的存款人是难以掌握进行这样决策所需要的信息的。同时，相对于零散的储蓄者，金融机构也处于更有利的地位来监督和影响借款人在取得借款后的行为。

金融机构解决信息不对称问题的成效要受到两个前提条件的限制：第一个条件是，只有在所有的存款人对金融机构保持信心并从不同时提款的条件下，才可以保证金融机构将其零散存户的流动性负债转化为对借款人的非流动性债权，并获得利润；第二个条件是，只有金融机构对借款人的筛选和监督是高效率、低成本的，才能赚得利润。然而，对于可以在一定程度上减少信息不对称的金融机构来说，也还是由于信息不对称的存在，使这两个条件都不能绝对成立。挤兑往往是由某些意外事件的发生所引起的，意外事件本身通常并不会使银行丧失清偿力。但是，纵然可以提供这样的信息，也难以左右存款人的行为；

面对意外事件，每一单个存户的最明智的选择就是立即加入挤兑的行列。金融机构对借款人的筛选和监督也不能保证高效、低成本。事实上，借款人总是要比金融机构更了解其项目的风险与收益特征。金融机构难以解决资产选择和储户信心问题，金融脆弱性必然生成。

3. 简述世界银行所总结的金融自由化改革教训。

答：发展中国家金融自由化改革的进展状况相当不平衡。在已经进行的改革中，既有成功的经验，也有失败的教训。世界银行对金融自由化改革所总结的主要教训有：

(1)以金融自由化为基本内容的改革一定要有稳定的宏观经济背景。否则，利率和汇率浮动，从而资金不规则地流动，会引起企业和银行的破产，造成种种经济不安定状况。

(2)金融自由化的改革必须与价格改革或自由定价机制相配合。假若一国的价格依然是保护价格或管制价格，在这种价格信号扭曲的条件下实行金融自由化，资金流动就会被错误的价格信号所误导，结果出现新的资源配置结构失调。

(3)金融自由化改革并不是要完全取消政府的直接干预，而是改变直接干预的方式。在放松管制的过程中若不注意建立一套适合本国国情的谨慎的监管制度，就会在信贷的分配方面出现失控或营私舞弊等现象，情况严重时会使许多银行丧失清偿能力并面临破产威胁。

(4)政府当局在推行金融自由化改革和价格改革政策时，必须预先判断出相对价格变动对不同集团利益的影响，并出于公平原则和政治均衡要求的考虑，适当采用经济补偿手段。

4. 简述金融脆弱演化为金融危机的机制。

答：由金融脆弱到金融危机有个演化过程。金融危机的爆发以金融脆弱积累到一定程度为条件，但最终在何时发生，还需要某一或某些触发点。某些突发的金融事件，如特大企业的倒闭、欺诈丑闻的揭露等造成公众信心的动摇，往往就是这样的触发点。

以最古老的金融危机——支付危机为例：金融机构资产负债表恶化，引起挤兑；为满足支付，金融机构急于获得现金，不得不出售资产；金融机构急于出售资产，导致资产价格暴跌；资产价格暴跌，进一步恶化私人部门的资产负债表……这样，危机通过了自我实现的过程。金融危机必然引发信贷紧缩，并损害实体经济，导致经济滑坡。经济滑坡、破产增加、信心失落，互为因果、恶性循环。在封闭经济中，中央银行可以通过其“最后贷款人”的功能来消除“自我实现”的恐慌。但货币供应量的大幅扩张又会引发、加重通货膨胀。

这一“自我实现”过程，正是以金融脆弱性为前提的。金融体系越脆弱，人们提防它出问题的警觉就越高，金融危机发生的可能性也就越大。

5. 简述金融危机的防范措施。

答：金融危机的防范治理措施主要有：

(1)建立危机的预警系统。

(2)采取措施稳定金融市场。包括动用外汇储备干预外汇市场；提高利率，增加借用本币资金的成本，抑制投资操作，影响资本流出入，改善本币状况；动用财政资金，稳定股市；保障金融债权，维护存款人信心等。

(3)管理国际资本流动。在稳定金融市场的措施中，暂时实施资本账户管制，特别受到关注。这包括，直接性的资本流动控制，加强外债的管理，课征短期资本流动税——托宾税等。

(4)重组和改革银行业。

(5)实施扩张性的财政政策和扩张性的货币政策。

(6)调整经济结构。在新兴市场国家，主要是消除制约市场机制发挥资源配置作用的因素。

6. 阐明金融自由化激化金融脆弱性的机制。

答：金融自由化的方方面面在不同程度上都激化了金融固有的脆弱性。

(1)利率自由化是金融自由化的核心内容。利率自由化的风险可分为阶段性风险和恒久性风险。前者是指：一旦放开利率管制，长期受到压抑的利率水平会无限制升高，危及宏观金融稳定；自由化又使利率水平变动不定，长期在管制状态环境生存的商业银行一时来不及发展金融工具来规避利率风险。利率水平的骤然升高和不规则的波动性这两个方面加剧了银行脆弱性，其影响之大，常常直接导致银行危机的发生。利率自由化的恒久性风险，即是通常所讲的利率风险。与阶段性风险不同，利率风险源自市场利率变动的不确定性，具有长期性和非系统性；只要利率管制放开，这样的风险必然不请自至。

(2)金融自由化的另一项主要措施是放松金融机构业务范围的限制，使金融业由分业经营走向混业经营。最常见的混业经营是银行业与证券业的融合，再广一点可以把保险业和实业也包括进来。银证混业和银行对房地产领域的投资会强化金融脆弱性。而业务经营自由导致的金融机构同质化，也会削弱中央银行货币控制的能力。金融机构的职能日益接近，货币创造主体已不再限于中央银行与商业银行，而是趋于多元化。传统的货币控制方法是以控制商业银行对存款货币的创造而设计的，而多元化必然使传统的控制方法难以奏效。此外，由于脱离货币政策控制与监督范围的业务和机构越来越多，这也会降低中央银行控制货币的能力。

(3)自由化包括放宽金融机构开业的限制。准入的限制使银行的执照对其持有者来说具有很高的价值。因而，为了保住这种宝贵的执照，银行关注稳健经营。当自由化改革导致银行竞争加剧并减少了收益时，特许权价值被侵蚀了，这就会削弱银行管理风险的自我激励，并有可能加大脆弱性。如果在金融自由化过程中，缺乏足够的谨慎监管和监管措施，银行就可能通过各种途径从事高风险的业务，加大金融体系的潜在风险。

(4)发展中国家以及有些发达国家，长期实行政府对银行信贷业务的行政干预，形成大量不良贷款。但在政府的保护措施下，对银行流动性的威胁只是潜在的。一旦实行银行私有化，问题暴露，潜在的金融风险很容易突然转化成为现实的金融风波，乃至金融危机。

第 29 章 金融监管

一、概念题

1. 金融监管

答：金融监管是金融监督和金融管理的复合词。金融监管有狭义和广义之分。狭义的金融监管是指金融主管当局依据国家法律法规的授权对金融业(包括金融机构以及它们在金融市场上的业务活动)实施监督、约束、管制，使它们依法稳健运行的行为总称。广义的金融监管除主管当局的监管之外，还包括金融机构的内部控制与稽核、行业自律性组织的监督以及社会中介组织的监督等。

2. 金融监管体制

答：金融监管体制是指金融监管的制度安排，它包括金融监管当局对金融机构和金融市场施加影响的机制以及监管体系的组织结构。由于各国历史文化传统、法律、政治体制、经济发展水平等方面的差异，金融监管机构的设置颇不相同。根据监管主体的多少，各国的金融监管体制大致可以划分为单一监管体制和多头监管体制。

3. 机构型监管与功能型监管[中南财经政法大学 2007 年研]

答：机构型监管模式是指在分业经营、分业监管的局面下，以机构为中心，由不同的监管部门对不同类型的机构进行监管。该模式的优点是专业性强，监管部门对违法活动的反应速度快，程序简单；缺点是对不同类型机构间的交叉业务会形成监管盲点。

功能型监管，是指在一个统一的监督机构内，由专业分工的管理专家和相应的管理程序对金融机构的不同业务进行监管。其优点主要是：①功能型监管关注的是金融产品所实现的基本功能，并以此为依据确定相应的监管机构和监管规则，从而有效地解决混业经营条件下金融创新产品的监管归属问题，避免监管真空和多重监管现象。②功能型监管针对混业经营下金融业务交叉现象层出不穷的趋势，强调要实施跨产品、跨机构、跨市场的监管，主张设立一个统一的监管机构来对金融业实施整体监管，这样可使监管机构的注意力不仅限于各行业内部的金融风险。③由于金融产品所实现的基本功能具有较强的稳定性，使得据此设计的监管体制和监管规则更具连续性和一致性，能更好地适应金融业在今后发展中可能出现的各种新情况。功能型监管也存在不足之处。由于协调过多，程序复杂，对金融机构经营行为的风险确认速度比不上机构型监管模式。随着电子计算机在金融领域的广泛运用，以及金融信息网的建成完善，功能型监管的不足之处将会降到最少。

二、选择题

1. 监管当局的监管内容是(　　)。

A. 社会的收益　　B. 对证券交易的核准

C. 对上市公司的持续性监督　　D. 制止和处罚交易当中的违法行为

E. 制定明确的交易规则和交易方式、方法等

【解析】监管当局的监管内容包括：①对证券交易的核准；②对上市公司的持续性监督；

1BCDE

③制止和处罚交易当中的违法行为；④制定明确的交易规则和交易方式；⑤对证券市场的剧烈波动进行干预；⑥限制有关人员进入交易市场。

2．银行资本主要包括（　　）。

A．核心资本　　B．附属资本　　C．平均资本　　D．加权资本

E．自有资本

【解析】银行资本是指可以自主取得以抵补任何未来损失的资本部分，《巴塞尔协议》把银行资本划分为核心资本和附属资本两档。

3．中国证券监督管理委员会的主要职能包括（　　）。

A．建立统一的证券期货监管体系

B．对证券期货监管机构实行垂直领导

C．提高信息披露质量

D．注重证券期货市场金融风险的防范和化解工作

E．只对市场运营进行集中监管

【解析】证监会的主要职能有：①建立统一的证券期货监管体系，按规定对证券期货监管机构实行垂直管理；②加强对从事证券期货中介业务的机构的监管，提高信息披露质量；③加强对证券期货市场金融风险的防范和化解工作；④负责组织拟订有关证券市场的法律、法规草案，研究制定有关证券市场的方针、政策和规章；⑤统一监管证券业。

4．监管当局处置有问题银行机构的主要措施有（　　）

A．采取必要的管制措施

B．协调银行同业对有问题银行机构进行救助

C．同类银行进行救助

D．对有问题银行机构进行兼并

E．接管有问题银行

【解析】处置有问题银行机构的主要措施有：①督促有问题银行机构采取有效措施，制订详细的整改计划，以改善内部控制，提高资本比例，增强支付能力；②采取必要的管制措施；③协调银行同业对有问题银行机构进行救助；④中央银行进行救助；⑤对有问题银行机构进行重组；⑥接管有问题银行机构。

5．下列说法不正确的是（　　）。[中央财经大学2012年研]

A．金融全球化促进金融业提高效率

B．金融全球化增强国家宏观经济政策的效率

C．金融全球化会加大金融风险

D．金融全球化会增加国际金融体系的脆弱性

【解析】金融全球化的积极影响主要有：提高金融市场运作的效率；促进资金在全球范围内的有效配置；促进了国际投资和贸易的迅速发展以及促进了金融体制与金融结构的整合。同时金融全球化的负面影响主要有：导致国际金融体系和金融机构内在脆弱性的加深，削弱国家货币政策的自主性，加大了各国金融监管的难度以及使资产价格过度波动的破坏

2AB　3ACD　4ABE　5B

性大。

三、判断题

1．金融监管是指金融监管机关通过制定市场准入、风险监管和市场退出等标准，对金融机构的经营进行干预，确保金融机构的安全稳健运行。因此，金融监管并不能保证金融机构不发生金融风险和损失。（　　）

【解析】金融监管仅仅是一种外部力量，因此，金融监管并不能保证金融机构不发生金融风险和损失。

2．就整体来说，在市场经济体制下，可以通过定量分析很容易地比较金融监管的社会成本与监管所能带来的社会效益孰大孰小。（　　）

【解析】就整体来说，在市场经济体制下，通过定量分析并不能很容易地比较金融监管的社会成本与监管所能带来的社会效益孰大孰小。

3．实行集权多头式金融监管体制的国家，对不同金融机构或金融业务的监管，由不同的监管机关来实施，但监管权限集中于国会。（　　）

【解析】实行集权多头式监管体制的国家，对不同金融机构或金融业务的监管，由不同的监管机关来实施，但监管权限集中于中央政府。

4．由于金融监管的溢出效应，监管当局做出的不协调的监管决策很可能会导致世界范围内严重的低效金融产出，影响资源配置的有效性。（　　）

【解析】溢出效应是指任何一国针对本国金融机构所做出的监管决策将影响该金融机构的经营行为，进而会波及该金融机构在国际金融市场上的经营行为，而各国金融机构在国际市场上的业务联系使得这种行为调整可能会影响该金融机构的合作者或交易对手，进而会对他国的金融机构产生影响。由于金融监管的溢出效应，监管当局做出的不协调的监管决策很可能会导致世界范围内严重的低效金融产出，影响资源配置的有效性。

5．巴塞尔委员会是一个中央银行监督国际银行活动的联席代表机构和协调机构。（　　）

【解析】十国集团中央银行行长于1974年底建立了银行法规与监管事务委员会，也就是现在所称的巴塞尔银行监管委员会，简称巴塞尔委员会。巴塞尔委员会是一个中央银行监督国际银行活动的联席代表机构和协调机构。

6．《巴塞尔协议》要求银行的核心资本至少占全部资本的50%。（　　）

【解析】《巴塞尔协议》的主要内容有：①关于资本的组成。把银行资本划分为核心资本和附属资本两档：第一档核心资本包括股本和公开准备金，这部分至少占全部资本的50%；第二档附属资本包括未公开的准备金、资产重估准备金、普通准备金等。②关于风险加权的计算。协议对资产负债表上的各种资产和各项表外科目定出了风险度量标准，并将资本与加权计算出来的风险挂钩，以评估银行资本所应具有的适当规模。③关于标准比率的目标。协议要求银行经过5年过渡期逐步建立和调整所需的资本基础。到1992年底，银行的资本对风险加权化资产的标准比率为8%，其中核心资本至少为4%。

1√　2×　3×　4√　5√　6√

四、简答题

1. 试析金融监管理论依据的“金融风险论”。

答：金融风险论主要从关注金融风险的角度，论述了对金融业实施监管的必要性。

(1)金融业是一个特殊的高风险行业。与一般企业不同，金融业高负债率的特点，决定了金融业的资金主要来源于外部。以银行业为例，其资本只占很小的比例，大量的资产业务都要靠负债来支撑，并通过资产负债的匹配来达到盈利的目的。在其经营过程中，利率、汇率、负债(主要是存款)结构和规模、借款人偿债能力等因素的变化，使得银行业时刻面临着利率风险、汇率风险、流动性风险和信用风险，成为风险集聚的中心。而且，金融机构为获取更高收益而盲目扩张资产的冲动，更加剧了金融业的高风险和内在不稳定性。以银行为例，当社会公众对其失去信任而挤提存款时，银行就会发生支付危机甚至破产。

(2)金融业具有发生支付危机的连锁效应。在市场经济条件下，各种金融工具的存在，都是以信用为纽带，社会各阶层以及国民经济的各个部门，都通过债权债务关系紧密联系在一起。因而，作为整个国民经济中枢的金融体系，其中任一环节出问题，都会引起牵一发而动全身的后果。不仅单个金融机构陷入某种危机，极易给整个金融体系造成连锁反应，进而引发普遍的金融危机，更进一步，由于现代信用制度的发达，一国的金融危机还会影响到其他国家，并可能引发区域性甚至世界性的金融动荡。

(3)金融体系的风险，直接影响着货币制度和宏观经济的稳定。信用货币制度的确立，在货币发展史上具有极其重要的意义，它极大地降低了市场交易的成本，提高了经济运行的效率。但与此同时，实体经济对货币供给的约束作用也越来越弱；货币供给超过实体经济需要而引发通货膨胀的过程一直对许多国家形成威胁。另一方面，存款货币机构的连锁倒闭又会使货币量急剧减少，引发通货紧缩，并将经济拖入萧条的境地。

金融风险的内在特性，决定了必须有一个权威机构对金融业实施适当的监管，以确保整个金融体系的安全与稳定。

2. 从存款货币银行特征角度，说明对其应实施监管的必要性。

答：(1)存款者一般难以判断银行真实的经营情况，往往是银行倒闭了存款者才醒悟，他们存款选择不当。但评价银行的可靠性绝不是单个存款者力所能及的。为了维护存款者利益和金融业的稳健经营与安全，设立负责存款保险的机构，加强监管是必要的。

(2)流通中货币量的主要部分是由商业银行创造并提供的，一旦发生银行倒闭风潮，通过派生存款倍数缩减机制，相当部分的货币供给就会突然消失，由此将造成严重的经济震荡甚至萧条。

(3)整个社会转账支付系统是以商业银行的活期存款为依据的，庞大的支付系统中哪怕只出现一个短暂的故障，也会引起支付链条的中断并造成极大的混乱和损害，因此必须力求防止这种情况的发生。金融监管当局对商业银行的流动性及资本充足性给予足够重视。

(4)防止由于挤兑引起银行连锁倒闭。当公众看到某些银行倒闭时，他们也可能向其他银行提取存款，造成挤兑风潮。如无监督管理，这种挤兑也会导致那些经营良好和安全的银行随之倒闭。此外，限制大银行不合理的扩张，保护银行顾客不受歧视等，在某些国家也都成为必须对商业银行进行严格监管的理由。

3. 简述金融监管的目标和基本原则。

答：(1)金融监管的总体目标就是通过对金融业的监管，维持一个稳定、健全、高效的金融制度，这是由金融业在社会经济中举足轻重的地位和作用决定的。具体来讲，金融监管目标可以分成四个层次：

①保证金融机构的正常经营活动，保护存款人的利益和金融体系的安全。

②创造公平竞争的环境，鼓励金融业在竞争的基础上提高效率。

③确保金融机构的经营活动与中央银行的货币政策目标保持一致。

④增强本国金融业在国际市场上的竞争力。

(2)金融监管的原则主要是：

①依法监管的原则，即银行机构必须接受国家金融管理当局的监督；必须保持管理的权威性、严肃性、强制性和一贯性，从而达到有效性。

②合理、适度竞争原则，即金融监管的重心应放在创造适度的竞争环境上；放在形成和保持适度竞争的格局和程度监测上；放在避免造成金融机构高度垄断失去竞争的活力和生机上；放在防止出现过度竞争、破坏性竞争从而危及金融业的安全稳定上。要求管而不死，活而不乱，限制竞争又不消灭竞争，使金融机构追求利润但又不能疯狂冒险，有风险但又要保障安全。

③自我约束的原则，即将内部的自我约束与外部强制管理相结合。

④综合性管理原则，即银行监督应具有综合配套的系统化和最优化的要求，应将行政、经济、法律等管理手段配套使用。

⑤社会经济效益原则，即在实施监管的过程中，应充分考虑到：金融机构的设立及其业务活动是否符合经济发展的需要，是否有利于提高社会经济效益，金融市场的运行状况及各个主体的行为是否有利于促进整个社会经济的稳定运行和发展，在此基础上来确定监管重点和选择相应的管理手段。

⑥管理机构的一致性原则，即金融监管各级机构应该按同一标准进行监管。

4. 金融监管的发展趋势。［中南财经政法大学2006年研］

答：国际金融监管的主要发展趋势可以概括为：

(1)监管理念方面，发生重心转移。注重加强监管者与被监管者之间的合作，变“猫鼠对立关系”为“脑与四肢的协同关系”。即监管者激励良好的金融操作，令金融机构的管理层感到金融监管在协助自己朝监管目标靠拢。

(2)监管机制方面，走向多元化。突出地表现为国家专门监管机制、银行内控机制及自律机制的齐头并举。多元化监管机制实现的关键在于引入市场约束，强化金融机构的信息披露，便于存款户、投保者、股东等多方市场主体及时掌握金融机构的风险状况。

(3)监管模式方面，向功能型监管转变。所谓功能型监管，是指在一个统一的监督机构内，由专业分工的管理专家和相应的管理程序对金融机构的不同业务进行监管。其优点主要是能有效地解决混业经营条件下金融创新产品的监管归属问题，避免监管真空和多重监管现象。强调要实施跨产品、跨机构、跨市场的监管，主张设立一个统一的监管机构来对金融业实施整体监管。监管体制和监管规则更具连续性和一致性，能更好地适应金融业在今后发展中可能出现的各种新情况。

(4)监管技术方面，出现了一种激励相容的新方案。该方法最初是由美联储经济学家Kupiect和O·Brien于1995年提出的。主要内容是：监管当局设定一个测试期，银行在测试期初向监管当局承诺其资本水平，为该期间内可能出现的损失做准备，在整个期间内，只要累计损失超过承诺水平，监管当局就对其进行惩罚，如交纳额外资本费给中央银行。监管当局的任务只是制订恰当的处罚方案，而不必关心银行的风险管理模型是否准确可靠，其资本金是否充分。预先承诺法的实行，标志着金融监管当局开始注重建立与适当的激励相容的制度安排，使被监管者即使出于自身利益的考虑，也能保证做到严格自律。

(5)监管范围方面，有所扩大。各国监管当局也相应扩大金融监管的范围，从单纯的表内业务，扩展到包括表外业务在内的所有业务；同时，由于银行附属公司从事的准银行业务并不在金融监管的范围内，金融监管机构不但通过统一监管标准和方法来弥补，还通过并表监督来加强监管。

五、论述题

1．为什么中央银行要进行金融监管？其监管的主要内容是什么？［对外经济贸易大学 2002 年研］

答：金融监管指国家政府通过一定的金融主管机关，依据法律准则和法规程序，对金融体系中各金融主体和金融市场实行检查、稽核、组织和协调，以维护经济金融体系稳定、有效运行的客观需要以及经济主体的共同利益。

(1)中央银行有三项主要职能，分别是制定和执行货币金融政策、对金融活动实施监督管理和提供支付清算服务，而监管就是其中之一。

中央银行的监管职能，是中央银行通过其对商业银行和其他金融机构的管理，对金融市场的管理，达到稳定金融和促进社会经济的正常发展的目的。也就是指中央银行作为全国的金融行政管理机关，为了维护全国金融体系的稳定，防止金融混乱对社会的经济发展造成不利影响，而对商业银行和其他金融机构以及全国金融市场的设置、业务活动和经济情况进行检查监督、指导、管理和控制。

(2)中央银行进行金融监管的主要原因

①从金融机构业务经营活动的特性来看，金融机构不同于一般工商企业，它是经营货币商品的特殊企业。在商品经济条件下，以货币信用制度和银行制度为主体的金融机构的基本特征是它经营一般等价物特殊商品，因此从它一开始产生起，就具有极其广泛深刻的渗透性和扩散性功能，要求一种标准的、严格的、持续性、全国性的统一监督和管理。同时，金融体系作为国民经济的神经中枢和社会经济的调节机构，具有影响国家最高利益和社会政治经济发展等特殊的公共性和全局性；金融机构又比一般的工商企业更具有冒险性，金融机构的经营状况，直接关系到金融制度的稳定，金融制度的稳定又直接关系到社会政局和国民经济的稳定。出于对金融制度的安全性和社会政治经济稳定性的考虑，世界各国对金融机构实行不同程度的监督管理。而且，在世界经济金融事业发展壮大的历史进程中，正反两方面的经验教训告诉我们，加强对金融机构的外部监管是十分必要的，这是由其业务经营活动的特殊性所决定的。

②从金融活动与一般经济活动之间的关系看，金融业是国民经济各行业中的一个组成部分，其经营活动与国民经济其他部门的经营活动交织在一起，构成了一个有机整体。金融企业的经营活动与一般经济实体的经营活动有共同的一面，也有不同的一面。根本上的区别是，金融业以货币信用为经营活动的内容，而一般经济实体则以有特殊使用价值的商品和劳务为经营活动的内容。金融活动与一般经济活动有着不同的特殊规律。金融业者经营活动的失败会导致全社会资金供应者和资金运用者的失败，破坏整个社会的信用链条，

以致动摇货币制度，造成社会经济的混乱；而一般工商业经营活动的失败，只能导致部分商品供求的失衡，造成局部的混乱。因此，必须从金融活动的特有规律出发，对金融业实行特殊的监督和管理。

③从金融体系内各金融机构相互之间的关系看，竞争是提高效率的有效手段之一，没有竞争就没有金融服务的高效率。在整个金融体系内部，存在着数量众多、分工不同、经营性质不一的各类金融机构。一方面，它们是在不同角度或同一角度的不同点上为社会提供服务，属于相互配合协作的关系；另一方面，它们又必然存在业务上的矛盾，这不仅表现在同类金融机构的竞争上，而且随着金融机构业务多样化的发展还表现在不同种类金融机构的竞争上。但是，竞争会带来金融动荡，于经济发展不利。同时也会产生垄断，进而降低金融服务效率。为防止这样的结果出现，国家必须限制竞争，注意缓和大银行和小银行之间、商业银行和储蓄银行之间、一般商业银行和投资银行之间以及国际性银行和区域性银行之间的矛盾。为此，必须从这方面出发对金融业实行监督管理。

④从银行信用活动对社会再生产过程中的作用看，银行信用是商品经济社会中最主要的信用方式。其基本作用有两个方面：一方面是积极作用。这主要表现在促进资源的合理分配，使国民经济全面发展；节约社会劳动，加速资金周转；集中社会闲置资金，推动社会化大生产。另一方面，它也有消极作用。这主要表现在银行具有创造信用的能力，它可以使生产在一定时期内脱离社会需要，盲目扩大，掩盖商品供求矛盾；刺激国民经济个别部门过度发展，造成经济总体结构失衡；能够刺激投机行为和轻视风险的经营活动。根据银行信用这两种不同作用同时并存的客观实际，中央银行不能不通过一定的方式和手段，鼓励银行信用积极作用的发挥，抑制和预防消极作用的发生和发展。

⑤从中央银行贯彻执行货币政策的需要来看，为了实现货币政策目标，中央银行除依靠三大传统政策手段外，还必须辅以其他强制或非强制的措施，这样才能使金融机构的经营活动更加符合中央银行的政策意图。因为：首先，真实、及时、准确的信息数据是研究制定货币政策的前提条件；其次，健全的金融微观运行机制是有效实施货币政策的基础，不建立健全金融监管体制就不可能建立健全金融微观运行机制，金融机构的经营行为缺乏必要的约束，金融秩序必然混乱，中央银行的货币政策就难以全面、有效地施行；最后，近几年来，世界上多数国家的许多问题和教训证明，如果没有健全有效的金融监管制度，即使是制定了正确的货币政策，也不可能有效地实施，而且会危及经济发展和社会安定。因此，为了全面贯彻执行中央银行货币政策，提高货币政策作用效果，普遍要求强化中央银行的辅助性货币政策工具——金融监督和管理。

⑥从金融业务国际化的发展状况来看，第二次世界大战以后，金融业务国际化浪潮几乎席卷全球。金融业务的国际化，一方面促进了国际贸易的增长，有助于提高各国的生产力，使资源配置更加合理，提高资金使用效率；但另一方面，也加剧了国际货币体系的动荡，在国际间传递通货膨胀造成借贷双方国家的经济动荡。因此，世界各国中央银行都十分重视与此相联系的金融监督和管理。

(3)中央银行金融监管的主要内容

中央银行金融监督管理的主要内容概括起来不外乎三个方面：为保证银行稳健经营的预防性监督管理措施；为解决银行资金周转困难而采取的应急措施；在银行倒闭时为保护广大存款人利益而采用的存款保险制度。

①预防性监督管理。预防性监督管理采取积极的进攻措施，是金融监管当局最为经常

的、持续的和大量的监督管理活动，成为各国中央银行金融监管的主体。

其主要内容是：

a. 登记注册管理。任何银行和金融机构开业必须向金融监管当局提出申请，经过严格审查批准后才能开始营业，这是所有国家的银行制度中对银行的管理的最初一项。

b. 资产流动性管制。资产流动性是衡量银行应付挤提存款能力的标尺。各国金融监管当局为了保证银行有足够的变现能力，一般都规定了商业银行对其资产必须维持某种程度的流动性。流动性资产包括：超额准备金、银行相互拆借、国库券等等。如新加坡金融管理局规定所有银行的库存现金占其负债总额的6%，流动资产占其负债总额的20%。

c. 业务活动限制。世界各国中央银行对银行业务活动的限制大致有两种情况：一是对银行业务没有严格的限制，如德国、瑞士、奥地利等国，商业银行可以从事长期短期资金融通业务、证券、信托、外汇以及个人收付等业务，甚至银行还可以持有企业股票；二是对银行活动实行比较严格的限制，如美国、日本、英国、加拿大等以及大多数发展中国家，严格划分了商业银行的界限，将银行业务与证券业务分开，而且禁止银行认购工商企业股票和债券，美国和日本还严禁银行从事担保业务。但是，随着20世纪80年代以来西方国家对银行业务的逐步放开，传统金融业务分工界限已进一步模糊，特别是近几年，美国、英国等一些西方国家的金融业务已经走向混业经营。

d. 资本充足管理。除了要求银行有最低限度的资本外，还要求银行资本与资产和负债保持一定的比例，即资本与总资产、资本与风险资产、资本与负债之间维持一种适当的比例。自身资本对各种资产的比例越高，说明银行经营的安全系数越高。当这些比例低于一定限度时，监督管理当局就会出面干预。

e. 银行检查。一般由金融监管机构的检查团来执行，派审计员现场检查。检查时间是1～10年一次，以1年1次为多。检查范围大多数国家仅限于银行总部，并不包括分支行。检查的内容主要是判断被检查银行的活动是否安全、健全与合法，特别注意贷款质量、资产负债的构成、某些不包括在资产负债表中的业务以及管理集团的能力等。

f. 贷款集中程度限制。大多数银行发生危机的主要原因是对个别客户贷款过分集中。为了使银行贷款分散风险，大多数国家的金融监管当局限制银行对个别借款者的借款数额，不能超过银行资本的一定百分比。如法国中央银行规定任何客户不能占有相当于银行资本75%以上的贷款。意大利银行规定，未经特别批准，对单个客户的贷款都不得超过银行资本的10%。

g. 外汇业务限制。银行从事外汇业务经常要承担汇率变动的风险，因此不少国家对中央银行从事外汇业务加以严格限制。但也有一些国家的中央银行（如美国、法国、加拿大等）对银行从事外汇业务不加任何限制。按照英国的规定，每家银行每笔外汇交易的净额不得超过该行资本的10%，全部外汇交易的净额不得超过该行资本的15%。

②存款保险制度。存款保险制度最初是直接针对银行倒闭情况提出来的。美国鉴于20世纪30年代金融危机中大批银行停业倒闭，于1933年决定建立联邦存款保险公司和联邦储蓄贷款保险公司，从而开创了世界现代银行存款保险制度的历史。大多数资本主义国家则是在20世纪60～80年代陆续建立了存款保险制度。发展中国家有的建立了存款“保险基金”，或者是在一旦发生银行破产倒闭时由中央银行或财政部门加以干预接管，以维护存款者的利益，维护金融和经济的稳定。

存款保险的最终目的是维护信用秩序，各国是相同的，但具体目的却有单一和复合之分。单一的目的就是保护存款者的利益；复合的目的则除了保护存款者的利益之外，还对面临破产的金融机构，提供清偿能力紧急援助或紧急资金援助。存款保险制度为金融体制的整体设立了一道安全网，提高了整个金融体系的信誉和稳定性，具有事先检查和事后监督双重稳定的特性。

③应急措施。任何国家都可能存在金融机构的破产倒闭、金融风险和金融稳定的问题。因此，即使没有正式的保险制度存在，中央银行或金融管理当局事实上都承担了紧急救助的责任，并成为一国金融体系的最后一道防线。

金融监管当局一旦发现了某一银行有不安全的资产，或经营管理不善时，应立即提请该行高级管理人员注意，以便及时加以纠正或调整，必要时可以宣布该行风险过大的业务活动。采取上述措施，假如还不能有效地制止情况的继续恶化，那么监管当局就有必要采取应急措施。

这些措施有：a. 由中央银行提供低利贷款；b. 通过金融监管当局和商业银行建立特别机构提供资金；c. 在存款保险制度具有复合职能的国家，由存款保险机构提供资金；d. 由一个或更多的大银行在官方的支持下提供支援。

除上述措施外，金融监管当局还可以实施官方任命经理、限期整顿、全面暂停业务等措施，由当局全面接管、予以强迫监督等等。

2.《巴塞尔协议Ⅲ》的主要内容是什么？其对西方商业银行的影响与对我国商业银行的影响有何不同？［对外经济贸易大学2013年研］

答：（1）《巴塞尔协议Ⅲ》的主要内容包括三个方面：

①明确了三个最低资本充足率要求，分别是普通股（含留存收益）最低要求为4.5%，一级资本最低要求为6%，总资本最低要求为8%。

②明确了两个超额资本要求：一个是资本留存超额资本要求，水平为2.5%，设立资本留存超额资本要求是为了确保银行具有充足的资本用于吸收经济压力时期的损失，并规定银行必须用普通股来满足资本留存超额资本要求；另一个是反周期超额资本要求，水平为0~2.5%，只有当出现系统性贷款高速增长的情况下，商业银行才需计提反周期超额资本，大多数时期反周期超额资本为0。

③明确过渡期安排。为了防止过快实施更高的资本标准影响全球经济的复苏，巴塞尔银行监督管理委员会要求，自2019年开始正常条件下商业银行的普通股（含留存收益）充足率、一级资本充足率和总资本充足率最低应分别达到7%、8.5%和10.5%。

（2）由于各国银行盈利模式及债务水平的差异，新规对全球银行的影响程度也有所差别。以欧洲和美国为代表的西方国家银行为例。

①对欧洲银行的影响

对于仍处在主债危机阴影之中的欧洲银行业，新监管规则的影响尤为明显。首先，欧洲银行普遍存在着资本充足率紧张的局面，需要募集资本，因欧洲银行大多是混业经营，巴塞尔协议Ⅲ对商业银行提出了更高的资本要求；其次，对受债务危机影响的国家来说，要满足更高的资本金要求，无论是从资本市场融资，还是用国家财政增资，当前情况都难以行得通。

②对美国银行的影响

《巴塞尔协议Ⅲ》对美国银行的影响不大。首先，自全球金融危机爆发以来，美国各银行已经筹集了大量的新资本，主要商业银行基本已经达到《巴塞尔协议Ⅲ》的要求；其次，鉴于美国大型银行当前的一级普通股权益资本比率的平均值已经达到甚至超过协议所要求的比例。

③对我国商业银行的影响

《巴塞尔协议Ⅲ》对我国商业银行的影响甚微。a. 由于我国商业银行资本结构相对西方商业银行要简单，同时批发性融资比例低，所以《巴塞尔协议Ⅲ》对我国商业银行市值影响小；b. 目前我国银行业监督管理机构对资本充足率的要求已经高于此次新规的要求；c. 我国商业银行已达到巴塞尔监管标准；d. 对我国商业银行可能有影响的是新规中逆周期的2.5%充足率缓冲要求，此外，如果推行2.5%反周期缓冲，对于银行利润分配也会有所限制，未来银行分红率将有所下降，而再融资的时间会明显缩短；e. 中资银行的海外拓展也可能面临新的障碍；f. 长期来看，资本补充、风险的覆盖、反周期资本的提取，以及对于重要金融机构附加值计提，银行面临较大的压力。

3. 论中央银行对商业银行的监管。［中南财经政法大学2002年研］

答：中央银行统领一国金融机构体系、控制全国货币供给、实施国家货币政策，是一个国家金融体系中居于“中心”地位的金融机构或组织，最高的金融机构。它代表国家管理金融，制定和执行金融方针政策。中央银行代表政府对商业银行等金融机构实行监管包括两层含义：一是中央银行对商业银行的业务程序进行全过程的监督和管理；二是通过国家的一系列法律法规来规范和约束商业银行等金融机构的运作，使商业银行等金融机构的业务经营活动符合社会公众利益。

(1)中央银行对商业银行实行监管的目的是为促进商业银行服务市场的竞争，提高商业银行经营效率，保持银行体系的稳定。具体表现如下：

①可以弥补银行财务信息公开程度不高的缺点，防止“多米诺效应”(Domino Effect)。商业银行具有一定的商业保密性，因而商业银行所提供的财务信息公开程度不高，这使得存款人不能充分了解存款银行的财务状况。当一家银行出现危机时可能引发多米诺效应，从而威胁到整个银行体系安全。这就需要中央银行等金融管理当局出面进行干预，防止出现“多米诺骨牌”一倒皆倒的连锁反应，以保持银行体系的稳定。

②有利于稳定金融体系和保护存款人。商业银行严重依赖外部资金来源，面临信用风险、利率风险、外汇风险等各种风险，稍有不慎，就会使得银行面临清偿力不足的危机，使存款人的利益受到影响。通过对银行业务管制，可以使银行资产负债结构保持合理状态，从而可能有效地避免金融危机。

③有利于保护和充分发挥商业银行在社会经济活动中的特殊作用，促进经济健康发展。商业银行在社会经济生活中的特殊作用表现在：a. 商业银行能适应经济增长的需要，提供流动性。商业银行提供的流动性一方面来自它的信用创造活动，另一方面来自它所提供的金融业务与服务；b. 商业银行已成为社会经济活动中的支付中心。对商业银行实行监管，就是要使商业银行保持合理经营。

(2)中央银行属于政府的职能部门，代表一国政府对商业银行实现监管有着现实的基础和法律依据：①合理配置银行贷款的需要；②负有维护金融秩序的义务；③广大储户和投资人需要政府的保护；④维护本国货币政策独立性的需要；⑤负有制定货币政策的义务；⑥保护某些具有特殊意义的商业银行金融机构的需要。

（3）中央银行对商业银行的监管原则为CAMEL（骆驼）原则。

C（Capital），代表资本。要求银行具备国际上统一的资本标准，以利于银行的平等竞争和银行的安全经营。

A（Asset），代表资产。资产品质是中央银行关注的一个问题，这是对银行的盈利能力和财务状况的考察，有利于对银行经营的监督。

M（Management），代表管理。用以评价银行管理人员包括董事会成员的品质和业绩。中央银行监管人员主要考察管理人员的素质、董事会职责的行使状况、银行战略计划的制定和执行情况等。

E（Earning），代表收益。银行的盈利能力主要由银行的资产收益率和资本收益率来衡量。

L（Liquidity），代表清偿能力。用来衡量银行满足提款和借款要求而又不必出售其资产的能力。政府监管主要是评价银行当前的清偿能力以及未来的变化趋势。而资本是否适度，资产质量直接影响到银行的清偿力，所以说监管的主要对象是这两方面，要达到一定的规定。

（4）世界各国对商业银行监管的主要内容有：

①银行业的准入。中央银行对银行业监管的最初手段是对银行业准入进行监管，目的是防止银行的过度集中。中央银行对银行核准与否主要是考虑以下因素：一是经济发展需要。中央银行要考察当地经济发展和金融竞争的需要。二是银行业的最低注册资本金。银行资本是保证银行经营稳定和公众利益所必需的，所以中央银行对新设银行机构要规定最低注册资本金。三是对金融机构法人及主要从业人员的要求。如主要从业人员品德、经验、业务素质等，以保证营业后机构的健康稳定运行。四是对银行业务范围的限制。中央银行核定商业银行的业务范围或限制其进入某些活动领域。此外，还对完备的设施服务和设备等方面进行限制。

②银行资本充足性。资本作为金融机构应付意外损失的缓冲器，对于保护存款人和其他债权人利益，维持市场信心方面有着重要意义。世界各国的金融监管机构通过立法或其他形式规定了商业银行的资本构成与充足率标准。目前世界各国主要是按《巴塞尔协议》规定的资本充足率8%，对商业银行进行资本监管。银行的资本充足性与其准备金政策之间有着内在的关系。因此，对资本充足性的监督必须考虑准备金因素。除了中央银行要求提的法定准备金以外，一般还设有风险损失准备金。

③银行的清偿能力。银行清偿能力包括资产和负债两个方面。从负债方面看，要考虑存款负债的异常变动、利率变动对负债的影响、银行筹集和调配资金的能力等；从资产方面，主要检查资产的流动性状况，各国金融监管当局都强调银行要保持一定数量的流动性较强的资产，作为当预期现金流入量无法实现时的应对措施，同时规定某些比例来量化对银行流动性的要求。

④贷款的集中程度。对贷款集中程度的监管是商业银行分散风险的需要，而分散风险既是银行的经营战略，也是金融监管的重要内容。从技术操作上来说，就是规定个别贷款对银行资本的最高比率。

4．金融创新与金融风险管理的关系如何？结合次贷危机说明金融风险管理的价值和意义。［苏州大学2013年研］

答：金融创新是金融深化的必然趋势，也是经济发展到一定程度后的客观要求。其内容包括：突破传统的金融格局和金融政策，在金融工具、金融技术、金融体制和金融市场等方面进行明显的变革。金融创新使金融工具多样化、灵活化，创新的工具具有更高的流动性和收益性，适合不同投资者的需要；金融创新增强了各国货币政策的复杂性，由于创新后的金融工具都增强了支付功能，这必然会增加货币当局在宏观调节中对货币层次划分和控制上的难度；金融创新使一些国家在既成事实面前被迫放宽某些金融管制，而这又成为推动创新的因素；金融机构传统的分工格局被突破，彼此业务全面交叉，同业竞争激烈，金融业务日益综合化、全面化。

金融创新与金融风险管理的辩证关系，具体如下：

(1)金融创新与风险管理是矛盾的统一体。

①金融创新与风险管理具有统一的关系。金融创新以转移和分散风险为目的，可以为商业银行提供先进的风险管理理念和技术，促进商业银行风险管理能力提高。同时，风险管理的目的就是为了消除金融创新产生的负面作用，确保金融体系稳健运行，为再次金融创新创造良好的基础条件。

②金融创新与风险管理具有对立的关系。金融创新产生了新的风险，很大程度上是将一种金融风险转化为另一种金融风险，将一种产品风险扩大为整个行业风险，增大了金融体系的不稳定，削弱了风险管控体系的效用。同时，风险管控体系的规则作用，则可能抑制金融创新的效率。

(2)金融创新与风险管理是动态博弈关系。

商业银行的发展一方面需要金融创新作为动力，另一方面又需要加强风险管控以维护安全，在相互依存中，不断扬弃，共同发展。商业银行通过金融创新逃避风险管控的规制，致使原有的风险管控体系不同程度失效，于是商业银行和监管当局不得不推出新的针对金融创新的风险管控措施进行规制。商业银行为了追逐利润，取得竞争优势，势必又将从事金融创新，多重博弈后，成功的金融创新将是总体上的金融发展加上可控制的风险水平和技术条件下的金融创新。

(3)金融创新与风险管理体现了效率与安全的关系。

商业银行金融创新与风险管理之间的关系实际上是金融效率和金融安全的关系，具有相互补充和相互替代的特点。

①相互补充一方面体现在金融安全是金融效率的基础。因为没有安全的金融体系，金融效率将无从谈起；另一方面体现在金融效率的提高，有利于增强金融安全。有效的金融市场促使信息传导更充分，市场结构更合理，金融市场的风险分散、转移能力更强，金融体系更为安全。

②金融效率和金融安全之间的替代性表现为，偏重金融效率的提高，而放松金融风险管控可能会破坏金融安全；偏重金融安全，过度的风险管控可能会降低金融效率。

次贷危机是指因次级抵押贷款机构破产、投资基金被迫关闭、股市剧烈震荡引起的金融风暴，它致使全球主要金融市场出现流动性不足危机。美国次贷危机是从 2006 年春季开始逐步显现的，2007 年 8 月开始席卷美国、欧盟和日本等世界主要金融市场。

金融风险管理对于缓解次贷危机至关重要，具体表现在以下几个方面：

(1)有效的金融风险管理可以使经济主体以较低的成本避免或减少金融风险可能造成的损失。资金借贷者、外汇头寸持有者、股票买卖者等市场参与者通过对利率、汇率、股票价格的变化趋势进行科学预测，并采用措施对这些市场风险加以规避，可以避免在金融交易中出现亏损。债权人根据严密的资信评估体系对借款人进行筛选，可以在事前规避信用风险；发放贷款后，债权人还可以凭借完备的风险预警机制，及时发现问题并采取措施，防止借款人到期不履行还本付息的义务。金融机构或企业经过严格的内部控制，可以避免雇员利用职务之便从事违规金融交易，从而防止内部人为谋私利而损害所有者利益。

(2)有效的金融风险管理可以稳定经济活动的现金流量，保证生产经营活动免受风险因素的干扰，并提高资金使用效率。经济主体通过制定各种风险防范对策，就能够在经济、金融变量发生波动的情况下，仍然保持相对稳定的收入和支出，从而获得预期利润率。

(3)有效的金融风险管理为经济主体做出合理决策奠定了基础。表现为下述方面：①金融风险管理为管理经济主体划定了行为边界，约束其扩张冲动，也对市场参与者的行为起到警示和约束作用；②金融风险管理也有助于经济主体把握市场机会。

(4)有效的金融风险管理有利于金融机构和企业实现可持续发展。金融风险管理能够使金融机构或企业提高管理效率，保持稳健经营，避免行为短期化；同时，一个拥有健全的风险管理体系的金融机构或企业在社会中可以树立良好的形象，赢得客户信任，从而得以在激烈的竞争中不断发展壮大。